U0906901

职业院校电子商务
专业精品系列课程

网店运营

ONLINE STORE OPERATIONS

主　任：孙玉伟

主　编：张小青

副主编：张　鹏　廖亚军

参　编：陈娇娇　谭昌耄　陈　勖

李　强　胡　艺　段梦轩

中国财富出版社有限公司

图书在版编目（CIP）数据

网店运营 / 张小青主编 .— 北京：中国财富出版社有限公司，2022.3

（职业院校电子商务专业精品系列课程）

ISBN 978-7-5047-7680-8

Ⅰ.①网… Ⅱ.①张… Ⅲ.①网店—运营管理—高等职业教育—教材 Ⅳ.① F713.365.2

中国版本图书馆 CIP 数据核字（2022）第 049698 号

策划编辑 李彩琴 **责任编辑** 张红燕 杨白雪 **版权编辑** 李 洋
责任印制 梁 凡 **责任校对** 孙丽丽 **责任发行** 董 倩

出版发行 中国财富出版社有限公司
社 址 北京市丰台区南四环西路 188 号 5 区 20 楼 **邮政编码** 100070
电 话 010-52227588 转 2098（发行部） 010-52227588 转 321（总编室）
010-52227566（24 小时读者服务） 010-52227588 转 305（质检部）
网 址 http：//www.cfpress.com.cn **排 版** 宝蕾元
经 销 新华书店 **印 刷** 宝蕾元仁浩（天津）印刷有限公司
书 号 ISBN 978-7-5047-7680-8/F · 3489
开 本 787mm × 1092mm 1/16 **版 次** 2022 年 11 月第 1 版
印 张 25.25 **印 次** 2022 年 11 月第 1 次印刷
字 数 465 千字 **定 价** 56.00 元

版权所有 · 侵权必究 · 印装差错 · 负责调换

内容摘要

本教材以网店运营为核心，以淘宝网为平台，将网店运营岗位的知识与技能要求进行重组，形成十个学习项目，分别是网上开店、网店商品构图、网店装修管理、网店商品发布管理、网店流量导入、打造爆款产品、无线端网店装修、淘宝营销活动报名、网店物流配送与管理及综合实例。每个项目几乎都精心设计了学习目标、任务分解、任务情境、任务分析、任务实施、素养园地、知识链接、同步实训、检测练习九个环节，除此之外还配备了线上专属资源，为学生自主学习和教师教学提供了丰富的“学”和“教”的资源。

本教材适用于职业院校电子商务专业“网店运营”，也可以作为网店运营岗位的学习指导用书。

前言

2021年是中国共产党百年华诞，也是“十四五”开局之年，我国进入了开启全面建设社会主义现代化国家、向第二个百年奋斗目标进军的新征程。在这一年里，我国电子商务坚持创新驱动，不断加快数字产业化和产业数字化步伐，据商务部发布的《中国电子商务报告（2021）》显示，2021年全国电子商务交易额达42.3万亿元，同比增长19.6%；网上零售额达13.09万亿元，同比增长14.1%；实务商品网上零售额达10.8万亿元，占社会消费品零售总额的比重为24.5%；电子商务相关产业吸纳及带动就业超过6700万人，直播电商、即时零售等模式业态创新不断激发消费活力，带动了网络零售提质升级，助力构建全国统一大市场。

习近平总书记在中国共产党第二十次全国代表大会报告中提到，教育、科技、人才是全面建设社会主义现代化国家的基础性、战略性支撑。电商行业企业人才需求量大，技术更新快，亟需一大批有使命担当，富于思辨精神，具有创新精神的技术技能人才，不断塑造电商行业发展新动能、新优势。

“网店运营”是职业院校电子商务专业的一门核心课程，本书以淘宝平台为依托，理实一体地介绍成功运营一个网店的基础知识和核心技能，包括网上开店、网店商品构图、网店装修管理、网店商品发布管理、网店流量导入、打造爆款产品、无线端网店装修、淘宝营销活动报名、网店物流配送与管理等。

本教材在开发的时候，主要突出了以下特点。

1.教材的适用性

职业院校的“网店运营”内容不同于社会培训体系，其不仅要教会学生怎么做，更要向学生讲述清楚为什么这样做。教材要符合学生的基本学情，要充分考虑到学生学习内容与今后就业岗位相匹配的问题，故内容上更成体系，且实战性更符合企业的工作实际。

2. 内容的实战性

教材在编写过程中，考虑到当下学生希望快速掌握知识点、实战技能的心理需求，引入实战教学案例，结合实战教学平台，将理论知识融入实战操作中，寓教于乐，学练结合。

本教材由电子商务领域众多专家、学者以及实践者共同编著而成。内容紧扣网店运营从业者需求，合理部署理论与实操内容，希望可以为电商企业、电商创业者提供帮助。

编　者

2022年11月

目　录

项目一　网上开店

学习目标

◈ 知识目标

1. 了解产品市场。

2. 识记网店定位与分析的方法。

3. 描述网店开设流程。

◈ 技能目标

1. 能做好开店前的市场分析及选择合适的货源渠道。

2. 能对网店进行定位与分析。

3. 能开设网店并对其进行基础设置。

◈ 思政目标

1. 具有法律意识，了解《中华人民共和国消费者权益保护法》，在网店市场分析工作中做到合法合规。

2. 具有系统观念，在网店开店时能够进行全局性谋划。

任务分解

本项目包含了以下任务：

任务一　网店开设前期准备

任务二　网店市场定位与分析

任务三　网上开店的流程

本项目旨在引导学生了解开店前的准备工作，明确网店的开设流程，完成开店前期的市场调研、目标人群定位等，并能够按照相关平台要求完善信息，确定网店名称并完成店标设计。

任务情境

小刘是某职业技术学校的一名学生，毕业在即，其他同学都在为寻找工作而奔波，小刘却另有计划。经过几年的校园生活，他深切感受到电子商务为生活、学习带来的便利。于是，他和同宿舍其他几个同学打算开设一家淘宝店铺，售卖家乡出产的蜂蜜柚子茶。在开店前，小刘和同学们首先从网店开设前的准备工作着手，进行行业分析和自身分析。

任务一　网店开设前期准备

任务分析

在开设网店之前，我们要充分地了解市场，客观地分析自身优势及不足，进而在后期的网店开设及运营工作中更有针对性和计划性。本任务主要是了解网店开设前的准备工作，包括常见的电商模式、产品进货渠道的选择。

任务实施

一、常见的电商模式

（一）B2B电子商务模式

B2B（Business to Business，企业对企业）电子商务模式是指企业与企业之间通过互联网进行产品、服务及信息的交换。通过B2B的交易方式，买卖双方能够在网上完成整个业务流程，从最初建立印象，到货比三家，再到讨价还价、签单和交货，最后到客户服务。B2B减少了企业之间交易中许多事务性的工作流程和管理费用，降低了企业经营成本。网络的便利性及延伸性扩大了企业活动范围，让企业跨地区、跨国界发展更方便、成本更低廉，以阿里巴巴、慧聪网（首页如图1-1所示）为代表的B2B电子商务平台共同构筑了目前中国B2B电子商务市场的主体。

图1-1　慧聪网首页

（二）B2C电子商务模式

B2C（Business to Consumer，企业对消费者）电子商务模式是企业对消费者的电子商务模式，该电子商务模式主要是以网络零售业为主，借助网络开展在线销售活动，然后消费者通过网络完成网上购物、网上支付等一系列行为。B2C是我国最早的电子商务模式，其优点在于极大地节省了企业和消费者的交流时间，缩短了二者之间的空间距离，提高了企业和消费者之间交易的效率。B2C代表平台是天猫（首页如图1-2所示）、京东（首页如图1-3所示）、唯品会（首页如图1-4所示）等。

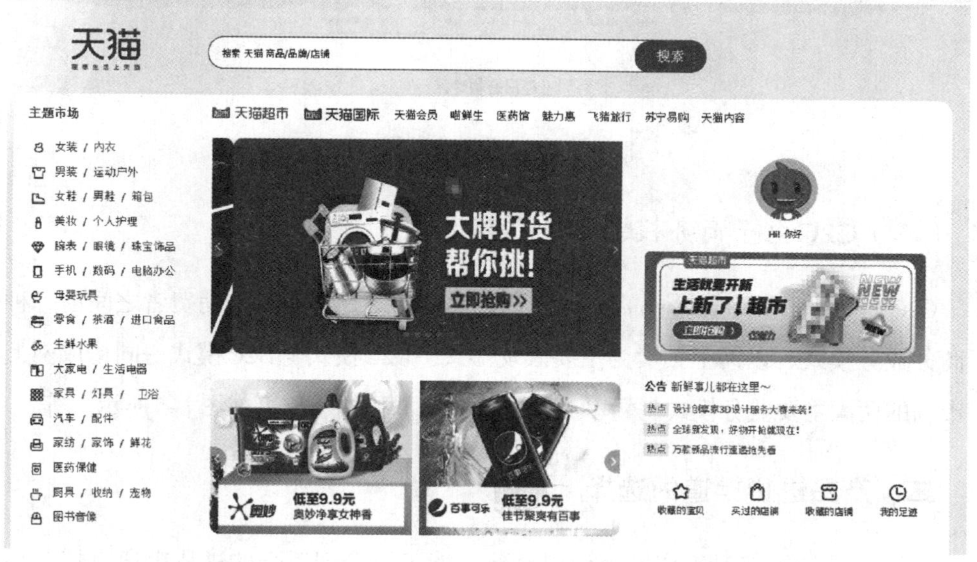

图1-2　天猫首页

图1–3　京东首页

图1–4　唯品会首页

（三）C2C电子商务模式

C2C（Consumer to Consumer，消费者对消费者）是消费者与消费者之间的一种电子商务业务模式，以网上拍卖为主要表现形式。C2C模式与B2C模式一同构成网上零售市场的两大主要业务模式。领军品牌包括淘宝、拍拍（首页如图1–5所示）等。

二、产品进货渠道的选择

产品的进货渠道对于店铺来说很重要，能否挑选到适合的进货渠道直接关系到

图1-5　拍拍首页

一个店铺运营的成功与否。商家在进行货源选择时，主要有线上和线下两种渠道，选择合适的进货渠道可以节省开店的成本，保障货源的质量，提高买家的满意度。

（一）线上渠道

1. 通过淘宝网寻找货源

淘宝网（首页如图1-6所示）上分布着众多的大型批发商，无论是淘宝卖家还

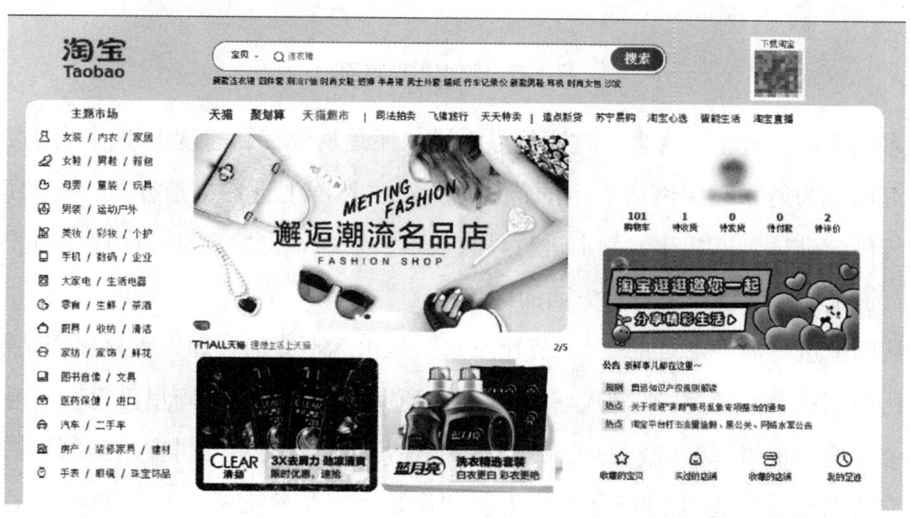

图1-6　淘宝网首页

是线下实体店都可以在淘宝网上寻找优质货源，在淘宝网上可以更清晰地看到买家对于产品、价格以及卖家信誉的评价，相比于阿里巴巴批发平台仅有数条评语的反馈情况更有参考价值。

在淘宝网上寻找货源较为便利的方法就是通过淘宝分销平台申请成为分销商，这样不仅可以不用任何费用就能代销供应商的产品，还可以赚取商品售价与定价之间的差价，从某种程度上讲，这是一条零成本、零风险的进货渠道。

2. 在专业采购网站上寻找货源

阿里巴巴（首页如图1–7所示）是全球最大的网上贸易市场，拥有近千万的卖家用户群体。淘宝卖家也可以通过阿里巴巴中的货源渠道进货销售。除此之外还有其他一些较为常用的批发网站，如中国物流与采购网、中国政府采购网、慧聪网等。

图1–7 阿里巴巴首面

无论是从“量小、次多”这个特点上讲，还是从效率和速度上来讲，通过网上进货都已成为越来越多网店店主的首要选择，虽然网上进货渠道存在一定的风险，但是与传统进货渠道相比，网上进货具有成本、选购、批发数量、库存压力、批发价格、资金周转、款式更新等方面的优势。

从网上进货需要注意的是，“货比三家”是永远不变的真理，不只比产品价格，还要比产品质量和商家的信誉。一定要注意商家的信誉，参考阿里巴巴诚信通指数是一个方面，也可以参考别的买家对商品的评价。建议使用支付宝这类的第三方交易平台进行交易，避免财产受到损失。如果是大宗货物交易，一定要签订书面合同，从而更好地维护自身的合法权益。

（二）线下渠道

1.厂家货源

对于商家而言，厂家货源最大的优势就是价格低，省去了中间商的环节。但对于首次接触的一般商家而言，能从厂家直接订货的概率很小。大多数厂家不愿意与小规模的商家进行合作，他们更愿意选择需求量大的经销商，如果需求量没有达到厂家的要求，一般商家便无法享受更为低廉的价格，因此这一货源不太适合刚刚起步、产品需求量较少的商家。

2.批发市场

商家如果想通过线下渠道进货，批发市场就是不错的选择，因为其包容性大、要求低、覆盖面广，全国各地都有批发市场，不同种类的产品也都有自己特定的批发市场，批发市场产品种类繁多、选择的范围更广、货品起批数量要求较低、售后服务相对全面，这对于刚刚起步的商家来说是比较好的选择。

3.原产地直发

由原产地直发渠道进货的产品主要是农产品商品。商家可以通过本地直采的形式寻找到优质的货源。如野生的黑木耳、金钱菇、猴头菇、榛蘑、元蘑菇等，这些干货多为大兴安岭附近的居民自己种植或者采摘的，再借助线上网店销往全国各地，如某销售大兴安岭干货的淘宝店就可以直接从当地居民处进行采购。

任务二　网店市场定位与分析

任务分析

网店的开设需要建立在充分的市场调研分析以及充分了解竞争对手的基础上，客观分析自身的优势、劣势、所面临的机遇和威胁，让后期的网店开设及运营工作更有针对性和计划性，本任务主要是了解网店市场定位的方式，掌握市场分析的方法。

任务实施

对网店进行市场定位，即是寻找网店差异化的过程，也是一个网店在市场中积极寻找自我位置的过程，它确定了网店所要面向的用户群体、网店的风格，以及后续的价格和运营策略等，这是开设网店前要做的第一要务。

一、网店市场定位的步骤

（一）确定目标用户群体

目标用户群体的确定是网店定位的第一步，它确定了网店主要消费者的年龄范围、收入情况、兴趣爱好、价值主张等。与此同时，网店也可以根据消费者的相关数据，实施对应的产品策略、价格策略和运营策略等。例如，想要经营一家珠宝饰品店，就要考虑到这个行业的两大类目标用户群体，一类是高端群体，另一类是中低端群体。高端的用户以中年女性居多，网店经营者必须针对该群体的用户画像进行选款和营销，尽量不要从女性化商品的角度对青年女性开展营销，那样收效甚微。

（二）竞争对手调研分析

竞争对手的调研分析对店铺的定位有实际的指导意义。商家通过浏览竞争对手的店铺、查看竞争店铺的历史交易记录等分析对手，确定其商品组成、价格、销售额等信息，然后将自己的网店与竞争对手进行综合比较分析，为店铺定位和后期运营提供有效数据支撑。

（三）自我优势分析

自我优势分析就是通过竞争对手来重新认识自我。一个商品通常是多个因素的综合反映，包括性能、构造、成分、包装、形状、质量、品牌、售后服务、价值主张等。商家通过分析、比较，才能确定自我优势，从而在后期推广和运营的时候，将其作为主要卖点进行宣传，从而在同行竞争中脱颖而出。

（四）确定网店定位

完成调研和自我分析后，结合调研与分析结论，为店铺确定一个最终的市场定位。当然，同样的调研分析数据在具体实施中，因为企业注重的方式不同，也会有多种呈现形式。

二、市场定位的方式

（一）迎头定位

迎头定位是一种与市场上最强的竞争对手“硬碰硬”的定位方式。这种方式有时是一种危险战术，很容易导致失败，但不少卖家认为，这是一种更能激励自己奋发上进的定位方式，虽然有风险，但一旦成功就会获得巨大的市场优势，产生高额利润。新手卖家如果要采用迎头定位方式，必须知己知彼，要客观估计自己的实力。

（二）差异化定位

差异化定位是一种避开强有力竞争对手的市场定位方式。这种定位方式不与强有力的竞争者直面相对，而是选择从自己有优势的方面入手，从而在不同的竞争层面超越竞争对手。其优点是能够迅速占据市场份额，并能在目标顾客人群心目中树立自己网店的形象。由于这种定位方式市场风险比较小，成功率较高，常常为大多数新手卖家所采用。

（三）二次定位

二次定位通常是对销路少、市场反应差的商品进行重新定位。这种定位方式旨在帮助商品摆脱困境，让商品重获新生。困境的产生可能是决策失误引起的，也可能是竞争对手反击或出现新的竞争对手造成的，还有可能是因为突然扩大商品销售范围而引起的，这时就需要二次定位。例如，目标市场为青年人的某款服装却在中老年顾客中流行开来，这种情况就是通过重新定位形成的。

三、网店定位应遵循的原则

（一）生产成本

生产成本是企业生产过程中所支出的全部生产费用。当企业具有适当的规模时，产品的成本较低。但不同的商品在不同的条件下，都有各自理想的批量限度，若超过了这个规模和限度，成本反而要增加。

（二）机会成本

机会成本指的是商家利用一定的时间或资源生产或销售一种商品时，而失去利用这些资源生产或销售其他最佳替代品的机会。如某服装店在某个月内销售新品、推广新品时，失去利用这些渠道去销售市场上其他流行服饰的机会。

（三）销售成本

销售成本是商品流通领域中的广告、推销费用。在市场经济体制下，广告、推销等都是商品实现其价值的重要手段，用于广告、推销的费用在商品成本中所占的比重也日益增加。因此，在确定商品的营销价格时必须考虑销售成本这一因素。

（四）储运成本

储运成本是商品从生产者手中转移到卖家手中所必需的运输和储存费用。商品畅销时，储运成本较少；商品滞销时，储运成本增加。不管发货的物流费用由谁负担，储运成本最终都包含在商品的综合总价里面。

任务三　网上开店的流程

任务分析

在了解了电商平台类型、进货渠道，熟悉了网店定位与分析的方法之后，就要熟练掌握网上开店的流程，本任务主要以淘宝为例，围绕网上开店的流程展开详细的讲解，包含淘宝网店注册/申请和网店信息完善两部分的内容。

任务实施

一、网店注册/申请

在不同的电子商务平台开通网店的操作略有不同，下面以淘宝网为例，可以选择开通个人店铺或企业店铺。

（一）个人店铺注册

淘宝个人店铺注册主要有以下几个步骤。

步骤1：进入淘宝网首页，点击右上角的“免费开店”，如图1–8所示。

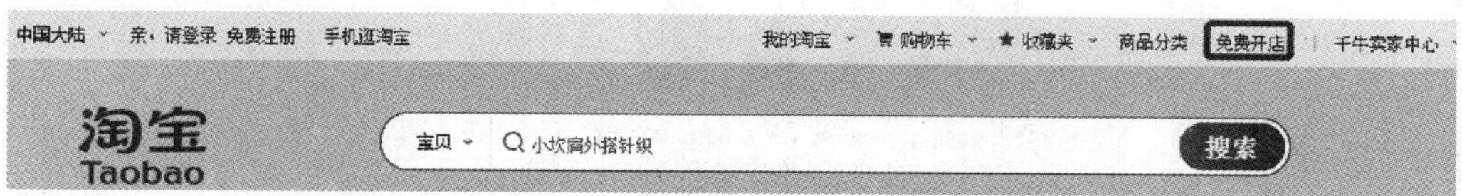

图1–8　点击“免费开店”页面

步骤2：在跳转的页面中选择“个人商家”，点击下方的“去开店”，如图1–9所示。

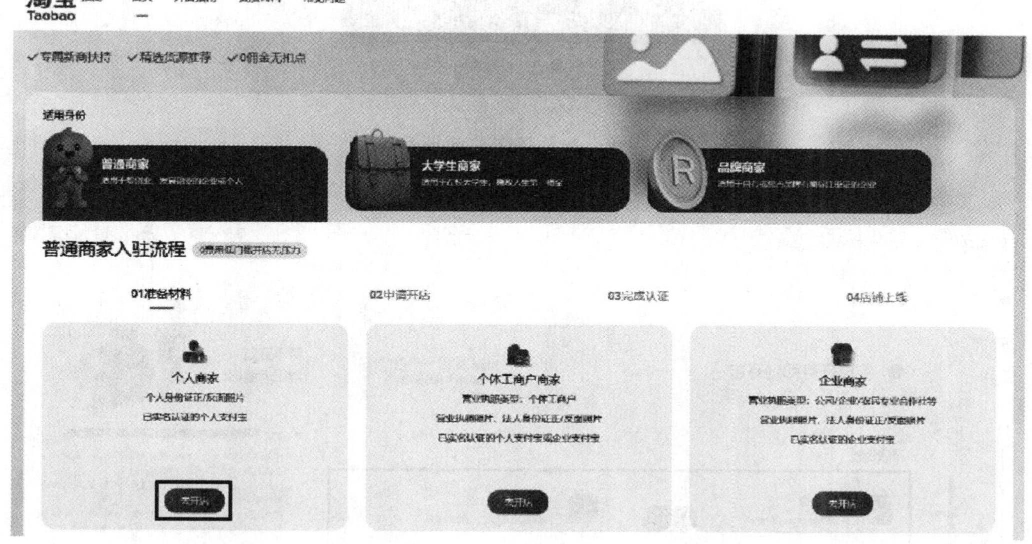

图1–9　选择“个人商家”开店页面

步骤3：根据个人开店的提示，填写店铺名称、手机号码，并填写验证码完成验证，开店资料填完之后，点击“0元开店”，如图1–10所示。

步骤4：开店资料填完之后，在开店前，还需要进行支付宝认证及店铺实际经营人的实人认证。进入千牛卖家中心首页，如图1–11所示。

步骤5：点击“支付宝认证—去认证”，显示二维码，点击手机支付宝扫一扫，即可进行认证（如图1–12所示），认证成功后，支付宝认证结果会显示已认证，如图1–13所示。

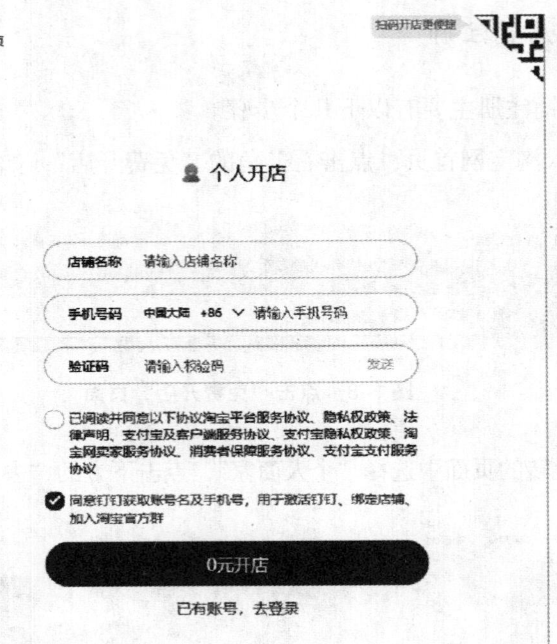

图1-10　个人开店资料填写页面

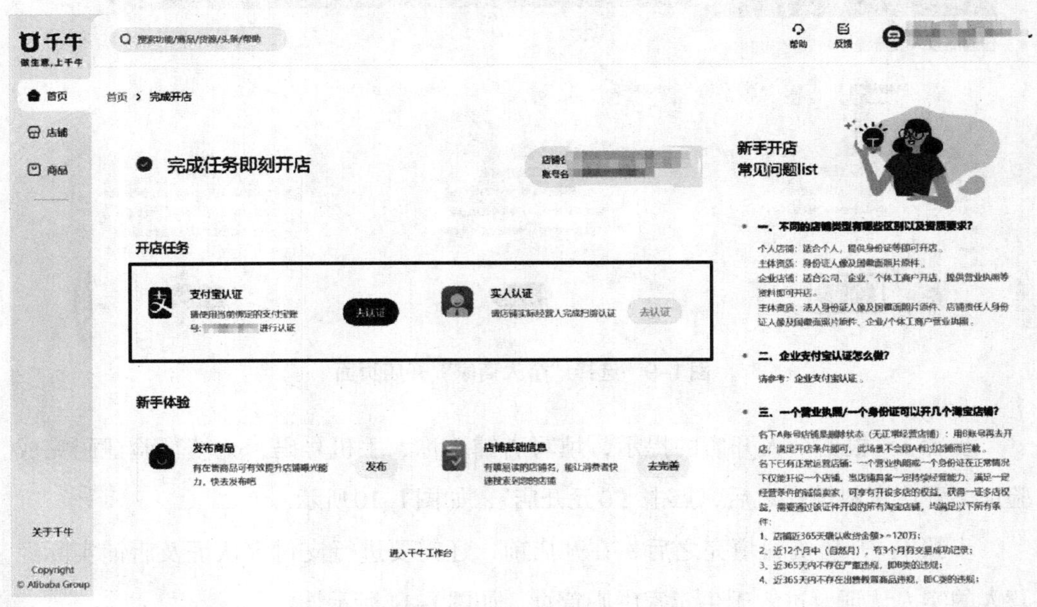

图1-11　千牛卖家中心首页

步骤6：需要上传个人身份证正面和反面照片（如图1-14所示），身份验证完成后会显示“身份信息已完善”，点击“完成”即完成身份验证，如图1-15所示。

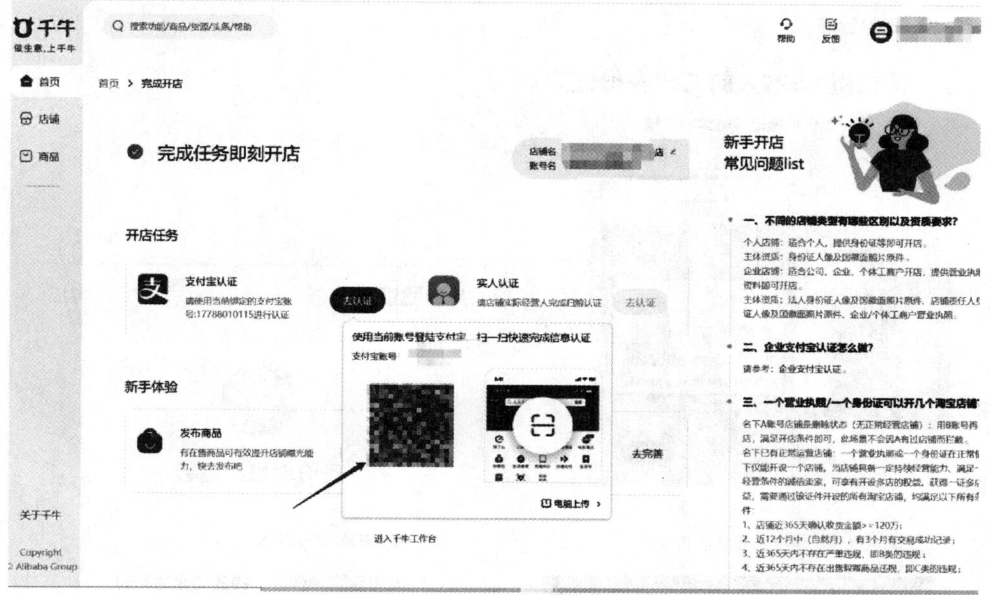

图1–12　支付宝认证页面

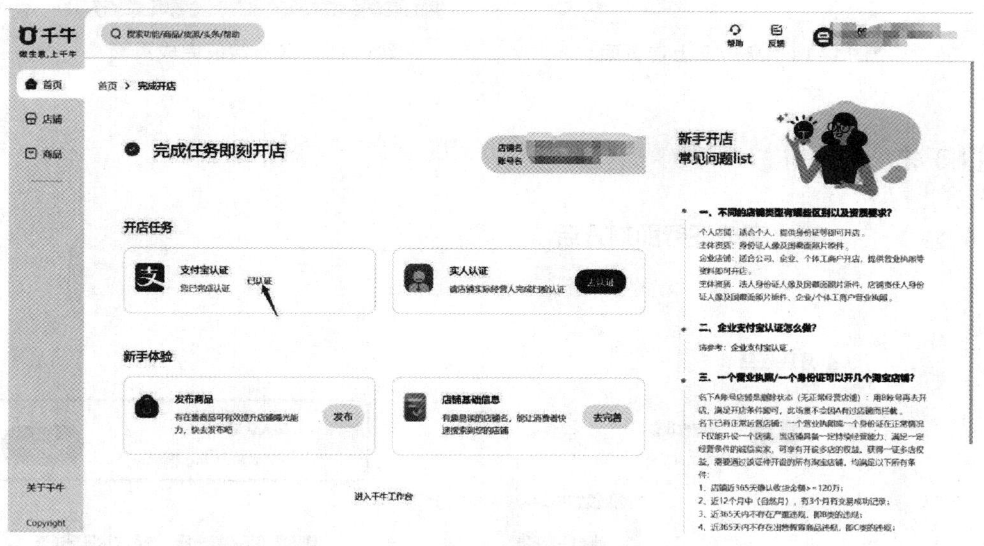

图1–13　支付宝已认证页面

步骤7：进行实人认证。如图1–16所示，点击“实人认证—去认证”，打开淘宝手机客户端扫描实名认证码（如无，则需要下载安装淘宝手机客户端并登录），根据认证提示，完成人脸识别认证，如图1–17所示，在认证通过后页面会提示“认证通过”，如图1–18所示。

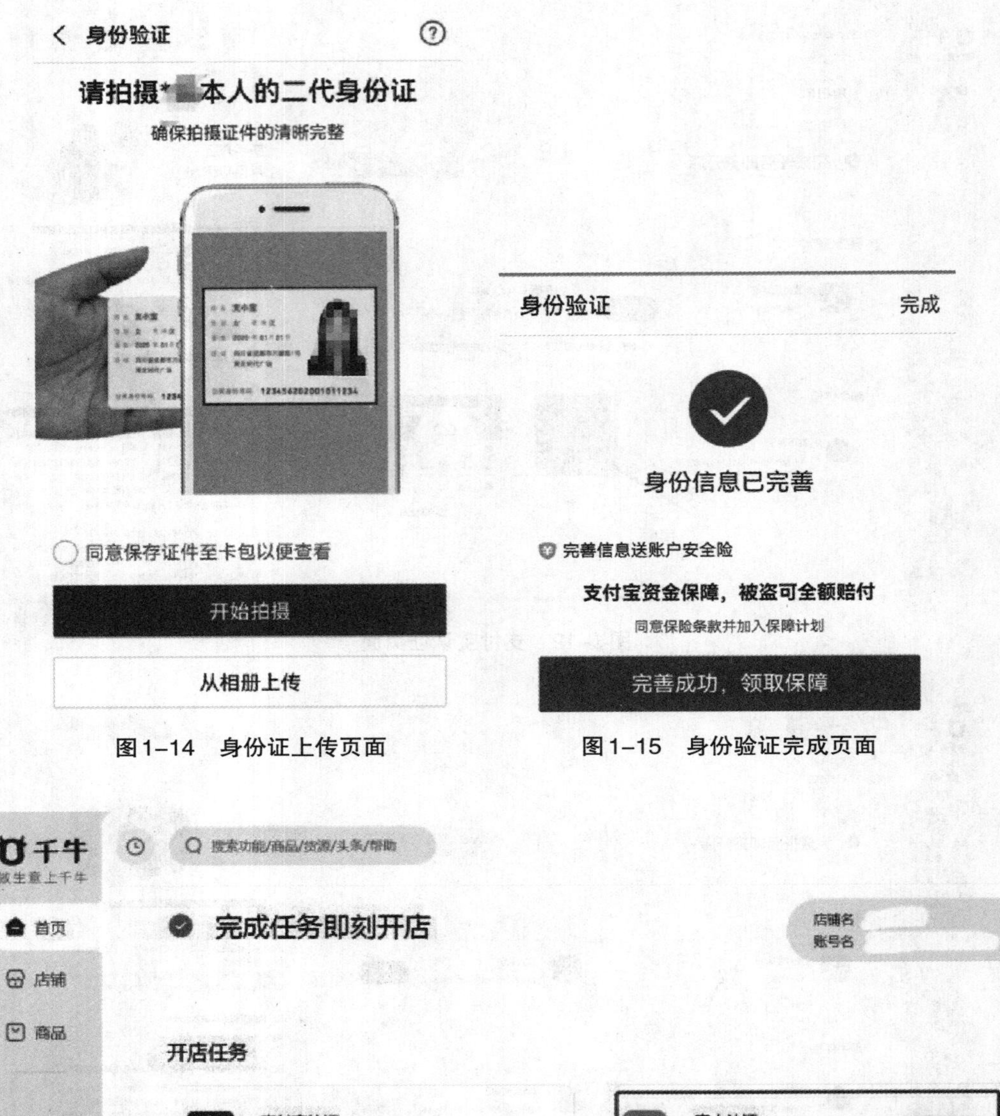

图1–14　身份证上传页面

图1–15　身份验证完成页面

图1–16　扫码认证页面

认证通过后，进入淘宝千牛首页，即完成了开店任务，如图1–19所示。

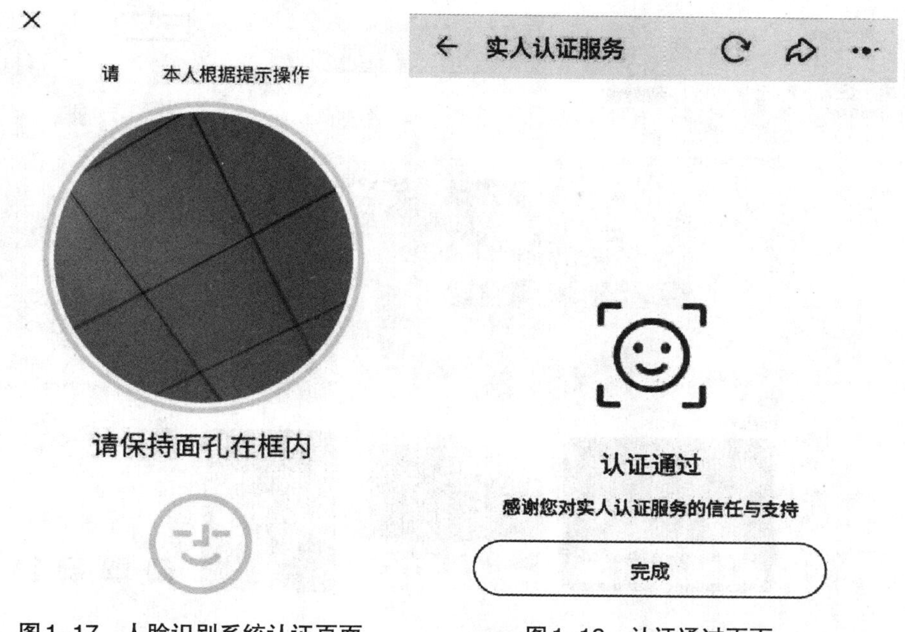

图1–17　人脸识别系统认证页面　　图1–18　认证通过页面

图1–19　开店成功页面

步骤8：接下来就可以完善店铺信息，设置店铺内容了。首先登录淘宝后台，进入“千牛卖家中心”，如图1–20所示；然后进入千牛首页，点击左侧导航栏“店铺”中的“店铺信息”，进入店铺信息设置页面，完成对店铺基本信息的设置，如图1–21所示。

图1-20　千牛卖家中心页面

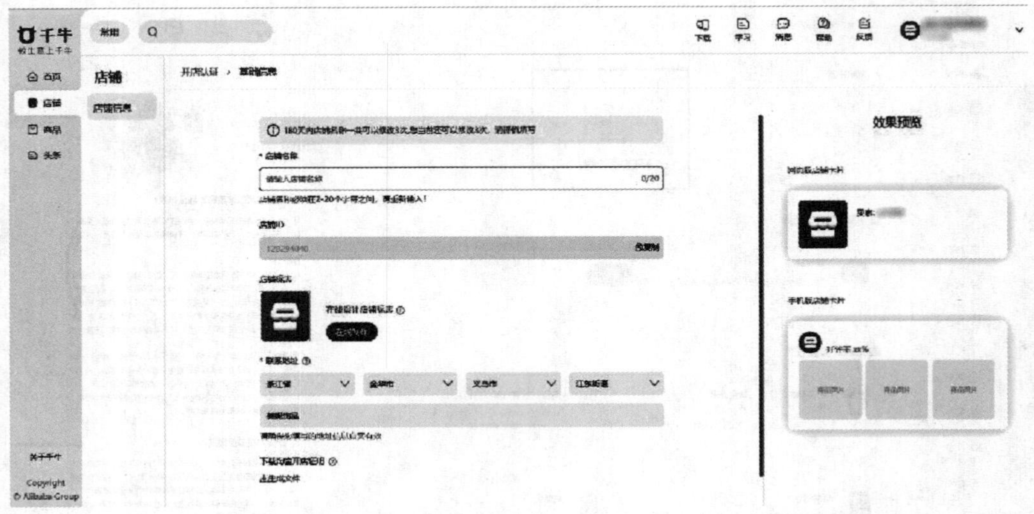

图1-21　店铺信息设置页面

（二）企业店铺申请/注册

成为企业店铺有两种方式：一是可以申请将原来的个人店铺升级为企业店铺；二是可以直接注册企业店铺。

1. 个人店铺申请升级为企业店铺

店铺升级分为两个阶段，第一阶段由申请人操作，第二阶段由接收人操作。具体操作流程如图1-22所示。

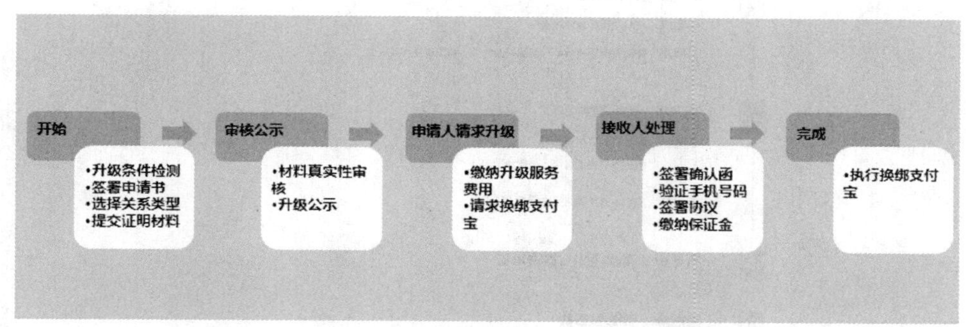

图1-22　个人店铺申请升级为企业店铺的流程

（1）个人店铺升级为企业店铺需要准备的资料。

如果申请人为法人，需要准备以下材料：淘宝账户认证人半身照（无须手持身份证）及申请方营业执照照片。如果申请人为股东，需要准备以下材料：淘宝账户认证人半身照（无须手持身份证）、申请方营业执照照片（允许法人与淘宝账户认证人不一致）、工商机读档案证明（工商局开具的股东证明）。

（2）个人店铺升级为企业店铺实操步骤。

首先进入淘宝千牛卖家中心，点击“店铺—店铺管理—店铺信息—店铺过户—去查看”，进入升级店铺页面，如图1-23所示。

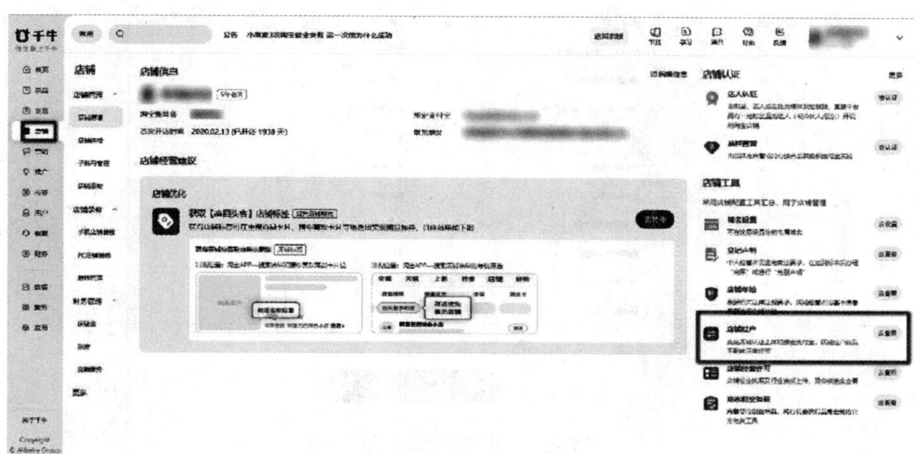

图1-23　进入升级店铺页面

页面下方会提示升级为企业店铺的流程及准备资料，如图1–24所示。

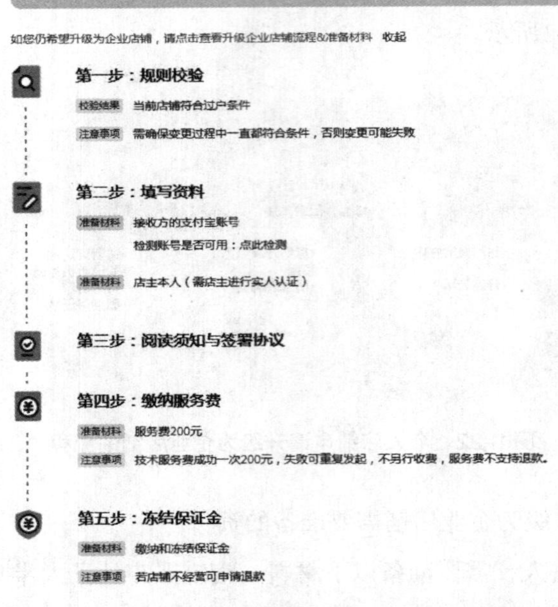

图1–24 升级为企业店铺流程及准备资料页面

然后点击图1–23中的“店铺过户”工具，在店铺过户页面了解完信息之后，点击“我要过户”，即可进入规则校验，如图1–25、图1–26所示。

店铺过户 > 过户流程

申请店铺过户需满足以下条件：您已满足所有条件

状态	需满足条件	当前情况	操作引导
●	无未完结的供销采购单	满足条件	
●	店铺类型是淘宝	满足条件	
●	1688认证与支付宝认证一致	满足条件	
●	保证金相关校验通过	满足条件	
●	店铺状态非冻结	满足条件	
●	无淘宝贷款	满足条件	
●	未开通融易收服务	满足条件	
●	退出司法拍卖会	满足条件	
●	退出珍品拍卖会	满足条件	
●	退出资产拍卖会	满足条件	

图1–25 规则校验页面（1）

图1–26　规则校验页面（2）

系统会自动检测条件是否符合，符合的会有绿色“√”提示；满足所有条件后即可点击“立即进入店铺过户流程”，然后填写接收方的支付宝账号信息，确认无误后点击“确认提交”，如图1–27所示，然后等待接收方处理。

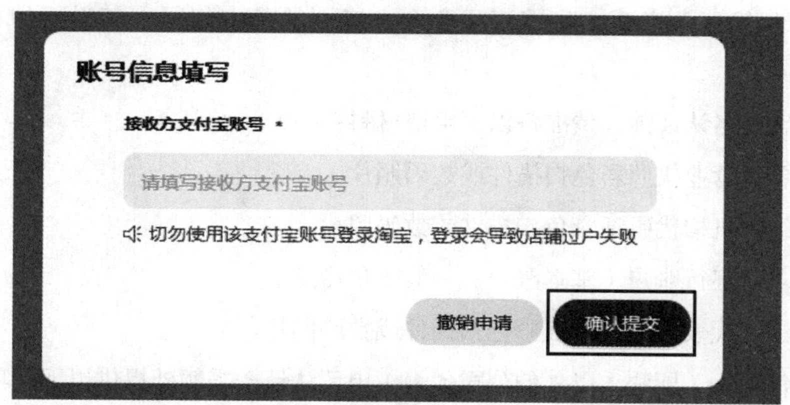

图1–27　接收方账号信息填写页面

最后根据图1–24中提示的流程，阅读须知与签署协议、缴纳服务费、冻结保证金。升级完成，审核资料时间为48小时，公示时间为1个月。公示期结果后，原来的个人店铺就会变更为企业店铺（如图1–28所示），店铺展示“企”字。

2. 企业店铺注册

企业店铺注册与个人店铺注册流程基本相同，前提是要使用支付宝企业账户绑定的淘宝账户，进行开店操作，除了完成与个人店铺注册相同的基本信息，注册时

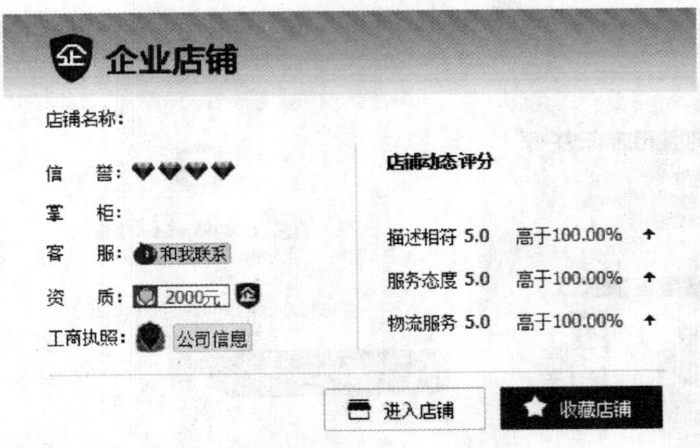

图1-28 企业店铺展示页面

还需要以法人名义申请，填写企业基本信息、上传营业执照、填写对公银行账户信息、上传法人证件图片等，在电子商务平台审核成功后，需要用银行卡给企业的对公银行账户打款，最后填写对公账户收到的汇入金额即可。

用户申请支付宝企业账户实名认证（企业类型）服务共有以下两种途径：法人申请和代理人申请，步骤流程和个人申请的基本相同，其需要的材料如下所示。

支付宝实名认证前，请准备以下申请材料：

（1）单位营业执照彩色扫描件或数码照片。

（2）组织机构代码证彩色扫描件或数码照片。

（3）对公银行账户（基本账户、一般账户均可）。

（4）法定代表人的身份证彩色扫描件或数码照片。

若为代理人（即法人以外的公司代表）申请认证，需额外提供以下两项材料：

（5）代理人的身份证彩色扫描件或数码照片。

（6）企业委托书，委托书上必须盖有公司公章或者财务专用章（合同专用章、业务专用章等无效）。

二、网店信息完善

进入淘宝千牛卖家中心，点击左侧导航栏“店铺”中的“店铺信息”，即可进行网店基础信息的完善，基础信息主要包括店铺名称、店铺ID、店铺标志、联系地址等信息，如图1-29所示。

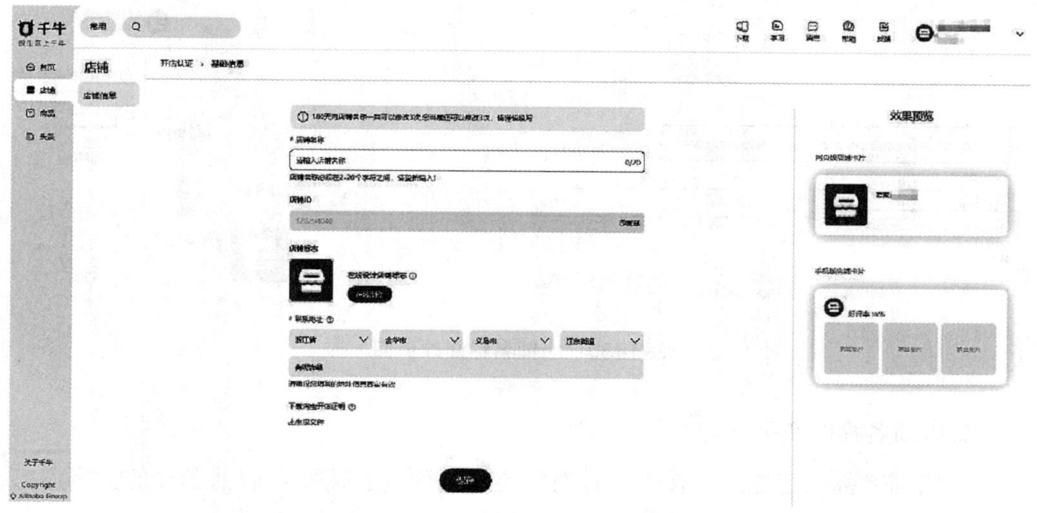

图1–29　网店基础信息完善页面

其中店铺名称和店铺标志是用户最先注意到的网店信息，直接影响用户的观感以及对网店的第一印象，而店铺ID是注册时已经确定的，不能更改，联系地址按实际填写即可。

（一）店铺名称

1. 店铺名称的确定

如图1–30所示，店铺名称在180天内最多可修改3次，需要谨慎修改；且店铺名称必须在2～20个字符。同时店铺名称不仅是一家店的代号，更是其外观形象的重要组成部分。从一定程度上讲，好的店铺名称能迅速地把店铺的经营理念传递给消费者，增强感染力，带来更多的客源。

需要注意的是，淘宝店铺取名应尽量简短，避免生僻繁体字，此外，取名不要违反相关法规规则，特别是未经授权，不要使用包含著名企业名称、知名品牌、人名、注册商标等的“授权店铺”“官方店铺”“旗舰店”“总代理”“专卖店”等类型的店铺名称。

比如，小刘开设的网店以蜂蜜柚子茶为主打产品，考虑到目标用户中女性居多，且通常集中在25～34岁，喜欢新鲜、有趣、时尚的设计，所以采用了拟人化设计，将网店命名为“萌仔茶饮”，既表明了自身形象特点，又传达了网店产品卖点。

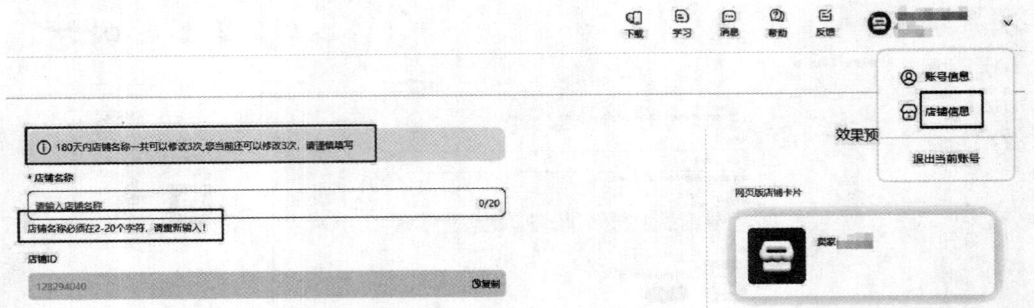

图1–30　店铺名称修改页面

2. 店铺名称的文字设计

在店铺名称确定之后，接下来针对淘宝店铺而言，需要对店铺名称的文字进行设计。店铺名称虽然只是一个符号，但由于它的字形、意义、笔画数、字体等不同，会对营销产生重要影响。

店铺名称的文字设计被经营者越来越重视，一些以标语口号、隶属关系和数字组合而成的艺术化、立体化和广告化的店铺名称不断涌现。但在店铺名称文字设计中应注意以下几点。

（1）美术字和书写字要注意尽量大众化，中文和外文美术字的变形不要太花哨，书写字不要太潦草，要让消费者容易辨认。

（2）文字内容必须与本店所销售的商品相吻合。

（3）文字尽可能精简，内容立意要深，还要读起来顺口，易认易记，使消费者一目了然。

（4）店名的字形、大小、色彩和位置上的考虑应有助于店招的正常使用。

（二）店铺标志设计

由于店铺标志代表着网店的形象，因此店铺标志设计需要凸显网店的特点、具有视觉冲击力、醒目易识别。在上传图标时应注意，仅支持最小宽度为120像素、最小高度为120像素，且宽高比为1∶1的图片，文件格式需为PNG、JPG、JPEG，如图1–31所示。

可以通过Photoshop等图片美化软件进行图片的调整和设计，结合网店定位及名称来设计。比如，小刘根据自己网店的名称和定位，将网店标志设计成如图1–32所示。

选择图片（仅支持 最小宽度为120像素、最小高度为120像素，且宽高比为1:1，格式为PNG、JPG、JPEG的图片）

欢迎使用图片空间

我的图片　按修改时间从晚到早　隐藏不可用图片

我的图片　上传图片

图 1–31　店铺标志上传页面

图 1–32　网店标志设计

素养园地

《中华人民共和国消费者权益保护法》是为保护消费者的合法权益，维护社会经济秩序，促进社会主义市场经济健康发展制定的一部法律。该法调整的对象是为生活消费需要购买、使用商品或者接受服务的消费者和为消费者提供其生产、销售的商品或者提供服务的经营者之间的权利义务。法则第二十九条表示，经营者收集、使用消费者个人信息，应当遵循合法、正当、必要的原则，明示收集、使用信息的目的、方式和范围，并经消费者同意。经营者收集、使用消费者个人信息，应当公开其收集、使用规则，不得违反法律、法规的规定和双方的约定收集、使用信息。经营者及其工作人员对收集的消费者个人信息必须严格保密，不得泄露、出售或者非法向他人提供。经营者应当采取技术措施和其他必要措施，确保信息安全，防止消费者个人信息泄露、丢失。在发生或者可能发生信息泄露、丢失的情况时，应当立即采取补救措施。经营者未经消费者同意或者请求，或者消费者明确表示拒绝的，不得向其发送商业性信息。

资料来源：中华人民共和国中央人民政府网（http://www.gov.cn/jrzg/2013-10/25/content_2515601.htm），有改动。

知识链接

店铺起名应注意的事项

（一）名称易于传播

店铺名字要响亮、上口、易记，这样才便于传播。要做到这一点，不仅要讲究语言的韵味与通畅，还要抓住消费者的心理需求与精神需求。凡是能与消费者心理产生共鸣的名称，一般都容易被买家记住，人们也乐于传播，特别是一些比较幽默、具有深厚内涵的名称。

有的开店者认为自己经营金属材料，便在店铺名字中添加“鑫”字，而经营木材的店铺可能会在店名中添加“森”字；还有的为求新颖，常用繁体字，如把“丰”字特意写成“豐”字。店铺面对的是大众消费群体，在命名时应尽量通俗易懂，切莫咬文嚼字。繁体字固然新颖，但有很多消费者不会辨认繁体字，消费者碰上不认识的繁体字，无法叫出店铺名字，会影响店铺在消费者中的口碑传播。当然，店铺名字虽然讲究通俗，但不要通俗过甚而成庸俗。

（二）名称与产品特性相辅相成

店铺名字不仅要讲究通俗易懂、朗朗上口，更重要的是要能体现商品的消费特征。如“辉煌”与“明亮”都容易让消费者与“灯”产生联想，而“豪杰”就不一定了。所以，店铺名字一定要结合所经营服务的项目和面临的消费群体而定，不宜随意起空而大的名字。

同步实训

一、实训概述

本实训项目要求学生以网上开店为主题，通过教师提供的网站素材，认真学习，并结合本教材完成厨具类网店开设的前期准备工作，掌握行业分析和竞品分析的方法与流程，同时能够完成个人店铺的注册。

二、实训步骤

实训一：确定店铺平台类型及选择产品进货渠道来源

教师提供产品的类型，学生根据教材所讲的常见平台类型及产品进货渠道来源，并结合已提供的产品类型，确定店铺平台类型，并选择合适的产品渠道来源。

产品类型：厨具类。

步骤1：确定店铺平台类型。

步骤2：选择产品渠道来源。

实训二：网店定位

教师以实训一中的厨具类产品为开设网店的主要商品，学生根据实训一中选择的产品，进行网店定位与分析。

学生可以从以下基本步骤着手准备。

步骤1：确定目标群体。

步骤2：市场调研分析。

步骤3：自我优势分析。

步骤4：确定网店定位。

实训三：个人店铺申请

学生根据教材项目一任务三中的操作步骤，用个人的手机号、支付宝账号及身份证信息注册个人店铺。

检测练习

扫码获取课后习题

扫码获取
教学课件

项目二　网店商品构图

学习目标

❖ 知识目标

1. 认识商品构图模块及构图技巧。

2. 理解商品图美化技巧及创意设计方法。

❖ 技能目标

能够独立完成商品构图、美化及创意设计。

❖ 思政目标

1. 具有设计思维，在网店商品构图时能够借鉴中国画的构图形式。

2. 引导学生关心中国传统文化，树立文化自信，激发爱国主义情怀。

任务分解

本项目包含了以下两个任务：

任务一　商品图构图技巧

任务二　商品图片美化

本项目旨在通过商品图构图技巧和商品图美化两方面的分析，引导学生学会商品图片的视觉优化方法，让商品在视觉上更具吸引力。

任务情境

某女装店铺是淘宝一家以优雅复古视觉体系女装为卖点的原创品牌服饰店，但如何在众多的淘宝女装店铺中脱颖而出，将商品以最直白的方式展示给买家，并在买家当中树立品牌形象，是该店铺当前的运营核心之一。从网店经营的性质可知，网店商品的展示图片是买家对店铺的第一印象，也是决定买家与店铺是否能持续“交涉”的开端。在此认知下，该店铺的品牌决策者清楚地明白网店商品图片对网店的重要性。

因此，该店铺的品牌决策者决定通过商品构图的方式，让商品图片的价值最大化，并结合对商品图片的美化将品牌形象具体展示在买家的视野里，在促进销售转化的同时进一步扩大品牌的感染力。

任务一　商品图构图技巧

任务分析

商品图构图是网店商品图片上架前的必要环节，好的构图可以提升商品图的质感，而各种构图技巧的灵活运用，能突出店铺要表达的核心内容并传达给买家，从而刺激买家的购买欲望。该店铺的商品图构图技巧在网店中主要应用于三个部分：商品主图构图技巧、焦点图构图技巧和商品详情图构图技巧。

任务实施

一、商品主图构图技巧

网店不同于实体店，商品图片是网店传递商品信息的主要元素之一。由于商品主图是买家搜索后首先看到的图片，也是买家决定是否进入详情页的关键影响因素，所以主图的呈现效果（示例如图2–1所示）在整个页面中显得尤为重要。

不同的构图方式会产生不同的视觉关注点，同时也能够营造出不同的商品氛围。商家在进行商品主图构图时，建议主图背景的选择要简约大气，层次清晰，同时注意区分商品属性与促销动态。常见的主图构图技巧有以下几种。

（一）故事性构图

拍摄时的构图与制作出有故事性的商品主图关联密切，有故事性的构图可以营造出一种氛围感。商家在拍摄商品图时可以选择视野开阔、环境光线较好的地方，拍摄出干净的画面，让人物与环境的联系紧密，同时突出商品主体。

图2-1　商品主图的呈现效果示例

如图2-2所示，商品图以复古的建筑物为背景，在构图时借助干净的画面颜色和层次分明的建筑线条，呈现出视觉的形式美，营造出强烈的故事性。

（二）图文结合式构图

异彩纷呈、美妙绝伦的商品图片视觉设计离不开文字和图形这两个基本元素，

图2-2　故事性构图示例

文字和图形相辅相成是秩序产生、美感形成的关键，商家在进行主图构图时采用图文结合的形式，能更好地体现出商品的特色，传递产品信息，引发买家共鸣，提升商品的吸引力。

采用图文结合式构图时，要让图片的整体色调和文字的色彩组合关系相匹配，文字一般使用黑色、白色等色彩，如图2–3所示的主图，采用图文结合式的形式构图，文字字体颜色选用黑边白色的形式，并覆盖在图片上。

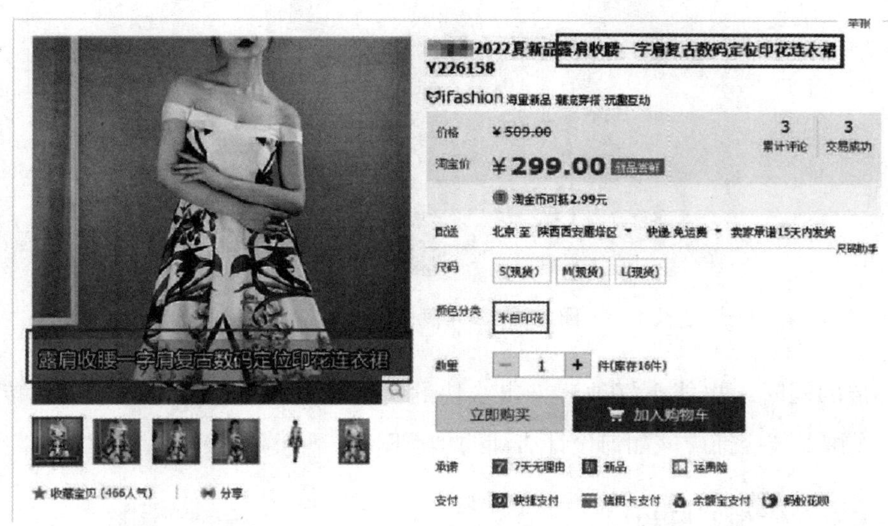

图2–3　图文结合式构图示例

（三）多角度图拼接构图

实体商品大多数都是立体的，通过单一的图片往往不能进行全面的展示，所以商家在制作商品主图时，可以采用多角度图拼接构图的形式，选择商品的正面图、侧面图、背面图、俯视图、仰视图等多角度图中的几种角度图拼接构图，也可选择从上到下、从整体到局部等不同的角度顺序进行构图。

如图2–4所示，通过商品的正面图、背面图和侧面图结合，将四张图拼接成一张商品主图，使服装的特点展示得更全面，从而吸引买家了解。

二、焦点图构图技巧

焦点图是网店商品风格和形象的一个展示窗口，一般多使用在网店首页版面或淘宝频道首页版面，通过图片的形式，以视觉触达买家并吸引其驻足，在为店铺产

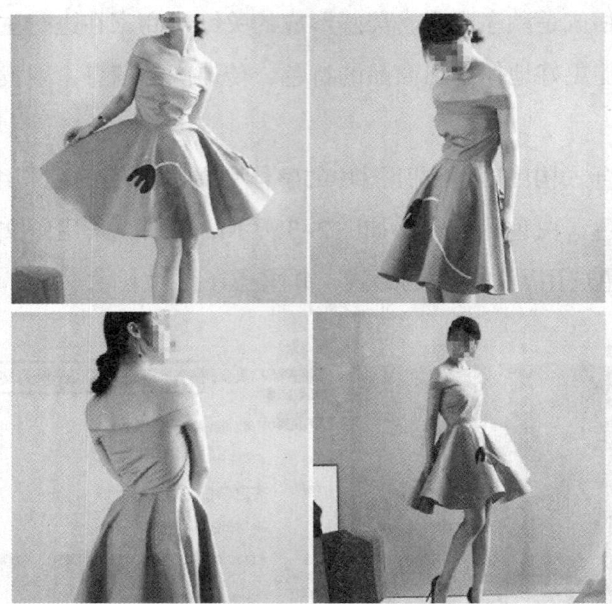

图2–4　多角度拼接构图

品做宣传的同时，也能更好地渲染出欢快的购物氛围，以达到更好的销售转化成果。那么该女装店铺应该如何设计店铺的焦点图呢？

（一）店铺焦点图构图

在进行店铺焦点图构图设计时，首先把文案梳理清楚，然后规划焦点图的布局结构。目前主流的焦点图布局有三种版式：左图右字、右图左字、两边图中间字，如图2–5所示。

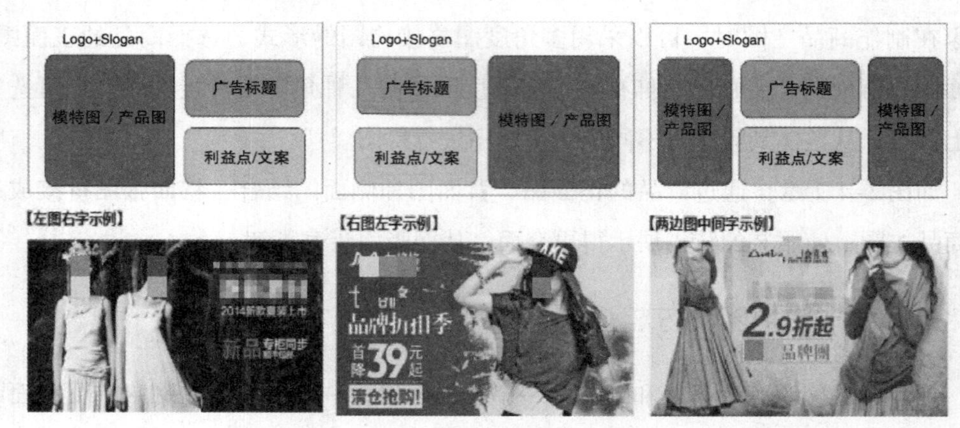

图2–5　焦点图布局版式

经过店铺决策者对营销策略的斟酌，该女装店铺选择了前两种版式作为构图规划。在有了基本的版式规划后，该女装店铺选择了垂直式构图与平衡式构图两种构图方式对店铺焦点图进行了设计与制作。

1. 垂直式构图

垂直式构图是焦点图设计中比较常见的一种构图类型，垂直的视觉效果和竖直的线条能充分地体现商品的品质以及深度，如图2–6所示。有秩序地排列和组合，会给人一种秩序感和稳定感。垂直式构图常用于单薄细长的商品，比如手机、眉笔、口红、连衣裙等。

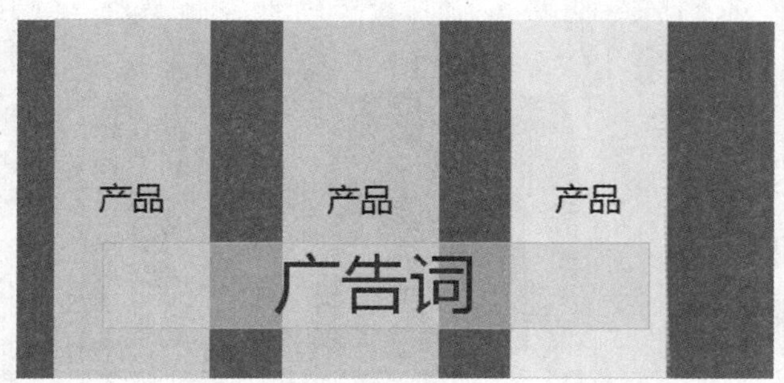

图2–6　垂直式构图版式

垂直式构图需要注意两点：画面中的模特应该是中景距离，且模特外形瘦高。该女装店铺采用垂直式构图方式完成某款商品的焦点图，其效果如图2–7所示。

图2–7　垂直式构图焦点图

在Photoshop中打开一张图片（如图2-8所示），根据垂直构图的结构，先将模特图并列排好，在排列时需要注意，当素材涉及大小调整或图片比重调整时，需按照原本的长宽比例进行缩放或修改。特别是含模特、产品等易辨识内容时，严禁压扁或拉长素材内容。

图2-8　在Photoshop打开一张图片

新建一个图层（如图2-9所示），使用矩形工具，在图层中绘制一个矩形，添加文案（如图2-10所示），并选择油漆桶工具进行颜色填充（如图2-11所示）。

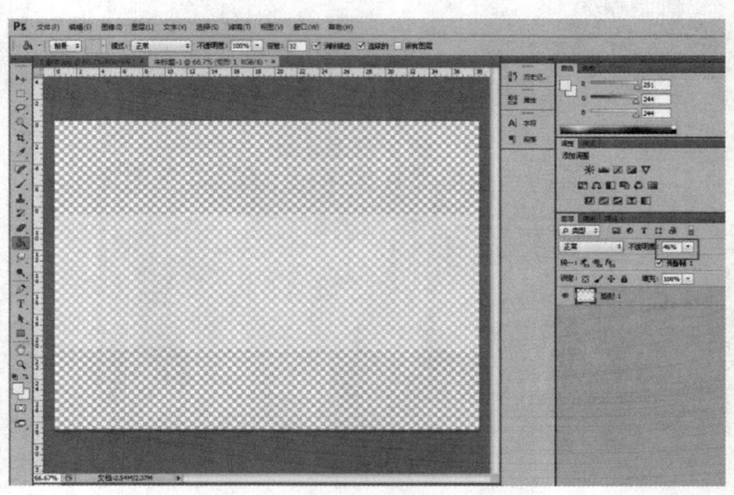

图2-9　新建图层

图2-10　添加文案

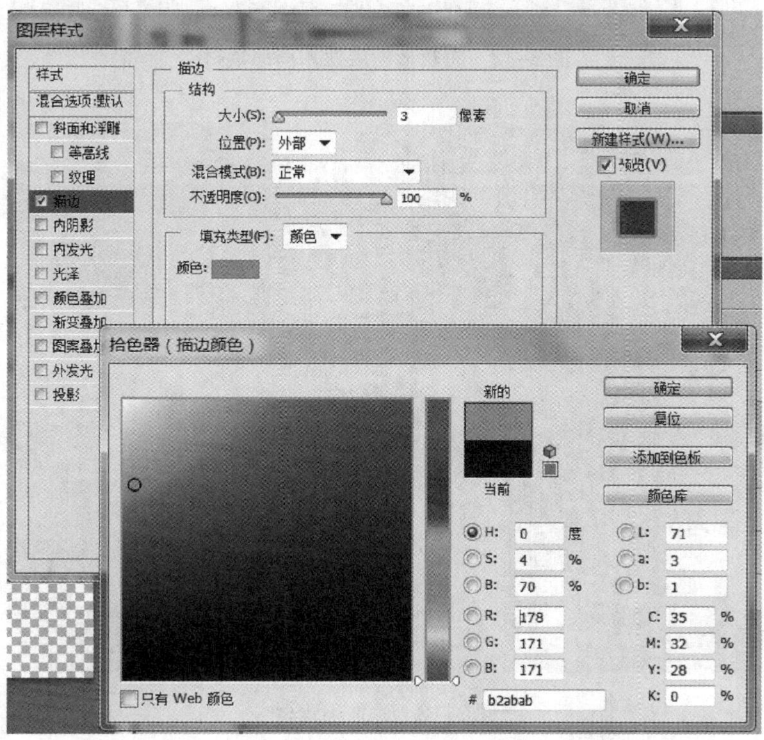

图2-11　颜色填充

将矩形图层置入商品素材中，调整大小，如图2–12所示。为了让画面更能吸引买家注意力，还可以选择添加恰当的小素材，这里选择用复古的藤花素材增加画面的层次感。点击“置入”，将准备好的藤花素材置入图中，右击对素材进行“扭曲”调整，如图2–13所示，调整合适大小后，保存即可。

图2–12　将矩形图层置入商品素材

图2–13　添加小素材

2. 平衡式构图

平衡式构图的特点是画面结构完整，安排巧妙，对应平衡，给人以稳定的感觉，如图2–14所示。该案例中的网店某款商品焦点图采用的平衡式构图效果如图2–15所示。

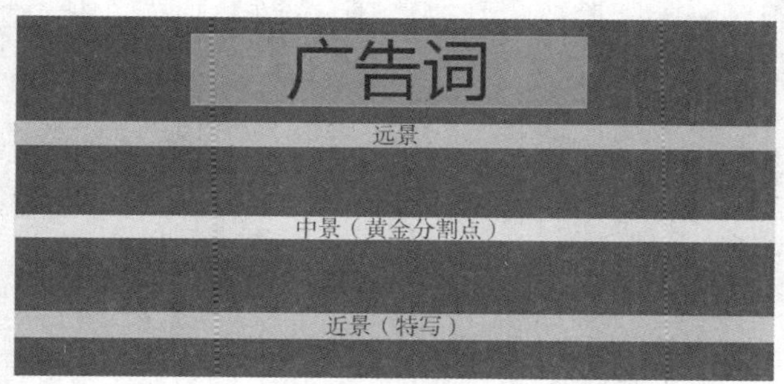

图2–14 平衡式构图版式

图2–15 平衡式构图焦点图

在Photoshop中新建一个图层，由于平衡式构图给人一种对应的感觉，故该女装店铺在设计时，想将产品的整体和细节都展现在买家面前，让买家第一时间就能全面了解产品。其在图层的两端分别置入一张远景素材与近景素材，如图2–16所示。

由于置入的素材有明显的边痕，不利于画面和谐，点击左侧工具栏的“模糊工具”图标，如图2–17所示，将素材除商品展示之外的部分进行模糊处理。

平衡式构图着重体现的是商品展示层次与广告语搭配协调，因此完成模糊处理后，还需要添加其他元素。选择圆形工具画出图形，并填充颜色，复制一层圆形，两个圆形重叠，并设置不同的透明度，如图2–18所示。

图2-16　置入素材

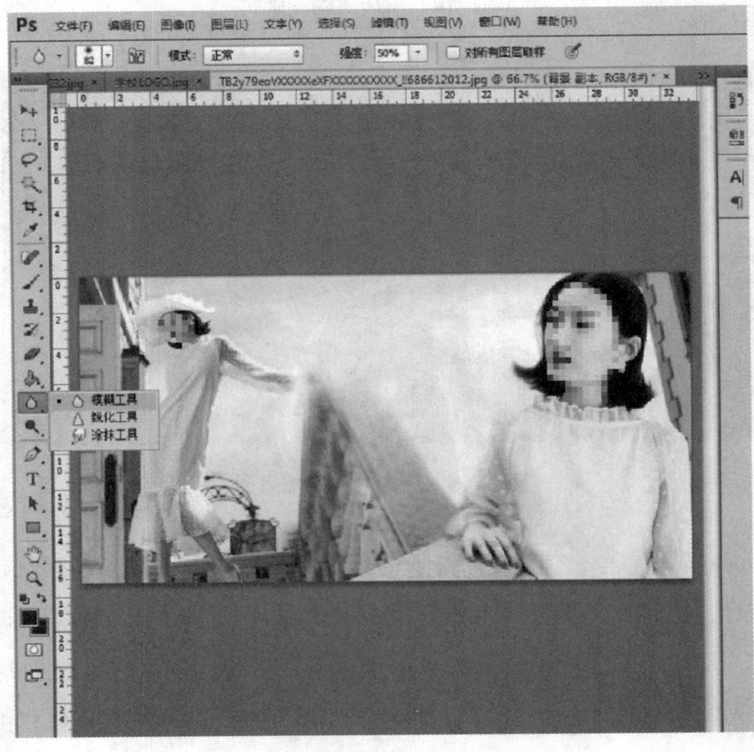

图2-17　模糊处理

完成上一步后，图片就基本成形了，这时在圆形中添加文本即可（如图2-19所示），选择文字工具，将文案添加上去，并设置字体、颜色、大小等，完成后保存即可。

图2–18 添加其他元素

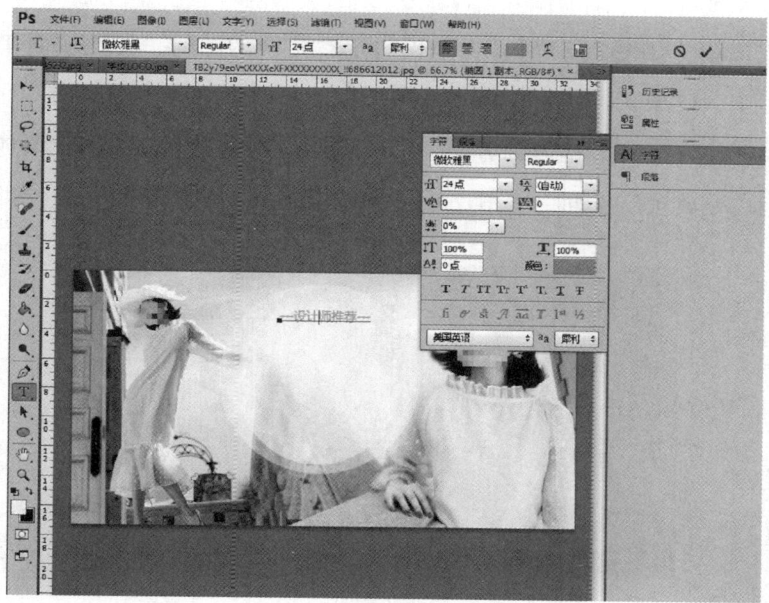

图2–19 添加文本

（二）其他常见焦点图构图

除了该女装店铺应用的焦点图构图技巧，常见的焦点图还有对角线构图、框架式构图、放射线构图、三角式构图、九宫格式构图等方式。

1.对角线构图

对角线构图（如图2–20所示）是焦点图设计中应用频率最高的构图形式，其设计简单，主要是把产品安排在对角线上，能有效利用画面对角线的长度，同时也能使之与广告词相对应。对角线构图可以使得画面变得更具张力，增强画面的纵深感。

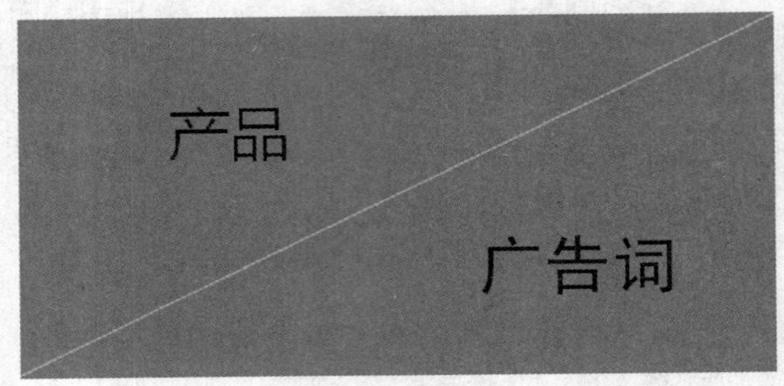

图2–20　对角线构图

2. 框架式构图

框架式构图（如图2–21所示）是仅次于对角线构图的一种比较简单的构图方式。在摄影中，框架式构图常用景物的框架做前景，增加画面的纵向对比和装饰效果，使图片产生深度感。在设计方面，框架构图运用主元素左右填充形成中间的空白，再在空白处放置广告词，使图片看起来协调统一，大方得体。

图2–21　框架式构图

3. 放射线构图

放射线构图（如图2–22所示）是以主体为核心，元素呈向外扩散的构图形式。在焦点图设计中常用于需要突出主体而元素又多又复杂的场景，或是产品多但单个产品和画面比例严重失调的情况。

4. 三角式构图

三角式构图（如图2–23所示）充分运用了三角形的稳定性特点，让构图具有稳定、均衡、稳重大气等特点，可以形成一个稳定的整体区域。三角式构图适合无须真人模特展示的商品。

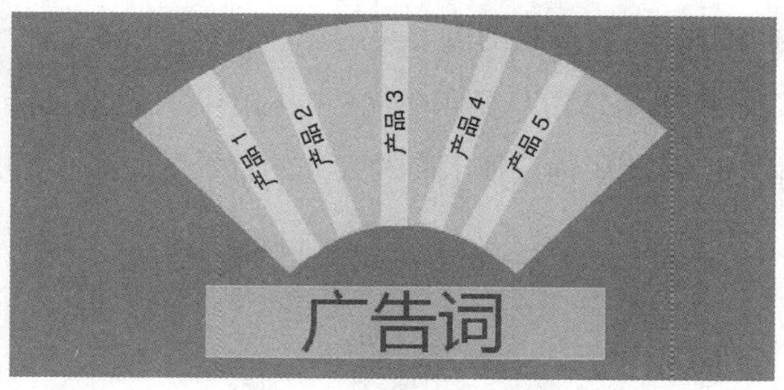

图2–22　放射线构图

图2–23　三角式构图

5. 九宫格式构图

九宫格式构图又称为“井”字构图，主要是将主体或重要元素放在“九宫格”交叉点的位置上，“井”字的四个交叉点就是主体的最佳位置。九宫格式构图相对比较灵活，适用于各种类目产品的焦点图构图（如图2–24所示）。

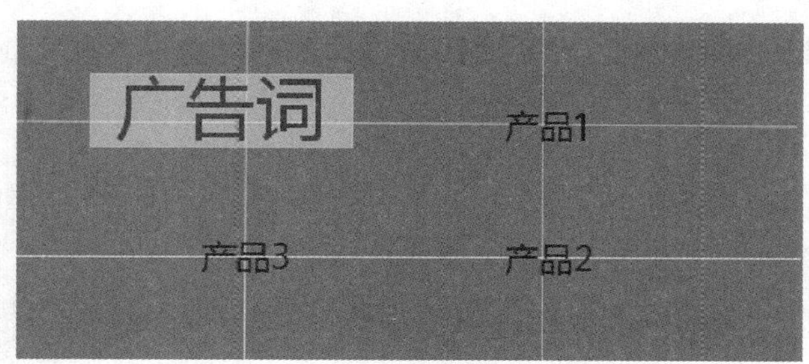

图2–24　九宫格式构图

三、商品详情图构图技巧

商品详情页面是激发买家的消费欲望，树立买家对店铺的信任感，让买家了解商品详情，也是网店推广自身商品的重要渠道。

该女装店铺设计师决定选用凸显商品优势的构图设计，考虑到过于花哨的背景会分散买家的注意力，故该店铺选择了简约大方的背景图，如图2–25所示。

图2–25　简约背景详情图

除了背景图的选择，该女装店铺在进行商品详情页构图时，还注意到了以下几点。

（一）引发兴趣

通常，详情页开头的大图是视觉的焦点，该女装店铺详情页开头的大图背景采用了能够展示品牌特性与商品特色的模特展示元素，再配上对商品特点概括描述的文案，如图2–26所示，这样能快速抓住买家的注意力，引导买家对商品继续了解。

图2–26　详情页开头的大图

（二）产品参数及尺寸图

产品参数及尺寸问题是买家关注的要点之一，针对这一点，该女装店铺设计师以图表上下划分的结构，在图片的上半部分放置商品的基本信息与模特展示图，让买家在了解商品信息的同时有具体的形象参考。下半部分展示尺寸参数，实现买家对商品尺寸的预期，进一步打消消费者对产品的疑虑，从而促成交易，如图2–27所示。

（三）整体与细节展示

当买家掌握商品的基本信息后，商品的整体展示同样重要。该女装店铺通过图片拼接的方式，以主推商品SKU（Stock Keeping Unit，最小存货单位）为主去展示不同视角的商品上身效果，让消费者更加全面立体地了解该款服装。

设计师在进行细节部分构图时，细节图片清晰富有质感，以整齐的方格错位构图有效地帮助买家了解该款商品的每个细节，同时搭配相关文案增添商品的说服力，如图2–28所示。

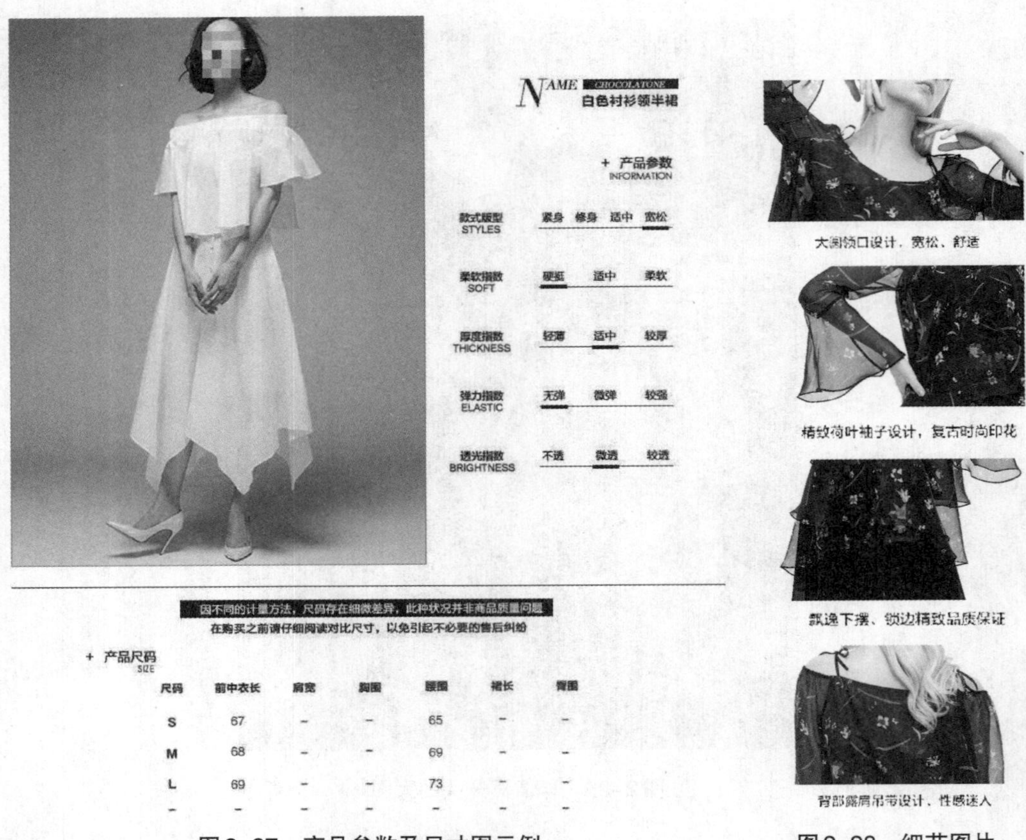

尺码	前中衣长	肩宽	胸围	腰围	裙长	臀围
S	67	–	–	65	–	–
M	68	–	–	69	–	–
L	69	–	–	73	–	–
–	–	–	–	–	–	–

图2–27　产品参数及尺寸图示例

图2–28　细节图片

（四）搭配关联

作为关联商品，一般出现在详情页主打商品的细节展示之后，而关联商品的构图方式以并列为主，如图2–29所示。该女装店铺通过这样的构图方式直白地告诉买家，除主推商品外，店铺还有哪些热卖单品或推荐搭配单品，为买家提供更多的选择空间。

（五）维护展示

详情页的结尾部分构图通常以注重品牌实力与售后维护的展示为主，商家可以通过展示店铺的品牌证书或是商品包装，来打消买家对品牌的顾虑；也可以从售后角度，解决买家的问题，如是否支持7天无理由退换货、快递情况、产品质量问题如何解决等。

图2–29　搭配关联

在构图时，通常采用简单有序的图文排版方式，更贴合详情页的设计风格，展示店铺为商品能够提供的服务及提示。如图2–30所示，为某网店某款产品的维护展示设计。

WASHING TIPS
洗 涤 小 贴 士

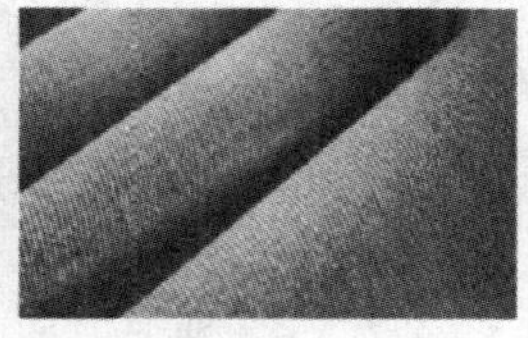

图2–30　维护展示

任务二　商品图片美化

任务分析

除了商品构图外，在视觉营销蓬勃发展的当下，商品图片的美化也成为网店运营中重要的环节之一，其不仅是商品图片的美化，也包含图片的创意设计。以Photoshop为主要设计工具对网店图片进行相关处理，已经成为主流，如何灵活运用修图工具让店铺更加出色，也是该女装店铺在运营中不得不关注的问题。

任务实施

一、商品图美化技巧

图片是视觉营销的主要元素，一般情况下，直接拍摄的图片是不能立刻被使用的，卖家需要解决图像色彩偏色、曝光不够、图片模糊等问题。该女装店铺主营女装商品，同样需要对这些问题图片进行处理，使其符合使用要求。

（一）颜色调整

在商品拍摄时因为环境光线，经常会拍摄出偏色的照片，会使消费者对商品实际颜色认知出现偏差，从而导致客户流失或增加商品的差评。模特身上的正红色裙子由于光线不足造成偏色产生了橘红色的色差，失去了商品的原色，利用Photoshop中的“曲线”工具进行本色还原，调整前后对比如图2-31所示。

偏色图

调整后

扫码查看高清彩图

图2-31　颜色调整前后对比

在Photoshop中将图片打开，执行“图片”→“调整”→“曲线”命令（如图2-32所示），在调整时，“通道”设置为RGB模式。

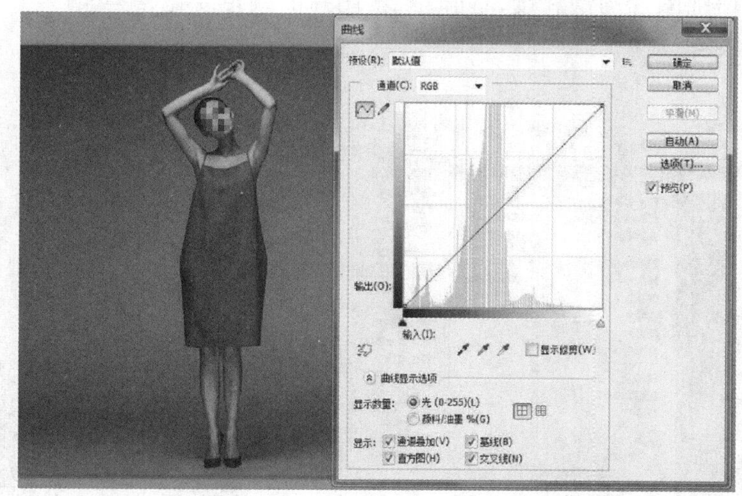

图2-32　打开“曲线”对话框

由于图片颜色偏暗故要调整图片亮度，将鼠标在斜线上单击向左上方调整，图片颜色变亮，调整为合理色调，反向操作则颜色变暗，如图2-33所示。

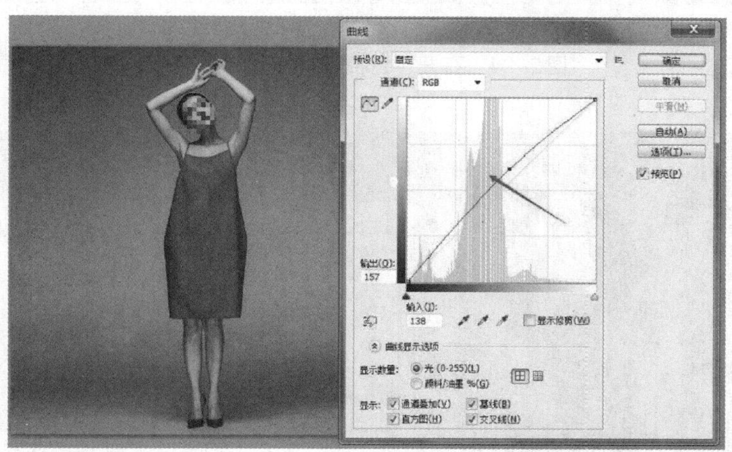

图2-33　颜色调整

（二）饱和度调整

网店商品图片拍摄时，常常会遇到图片颜色与实物相比较暗的情况，可以进行饱和度调整，使图片颜色变得鲜艳。

在Photoshop中打开一张图片，执行“图像”→“调整”→“色相/饱和度”命令，如图2-34所示。在弹出的“色相/饱和度”命令框中，拖动调整饱和度的滑块向右移动，增加图片的饱和度，同时观察图片的颜色变化，与实际颜色相同后停止，如图2-35所示。

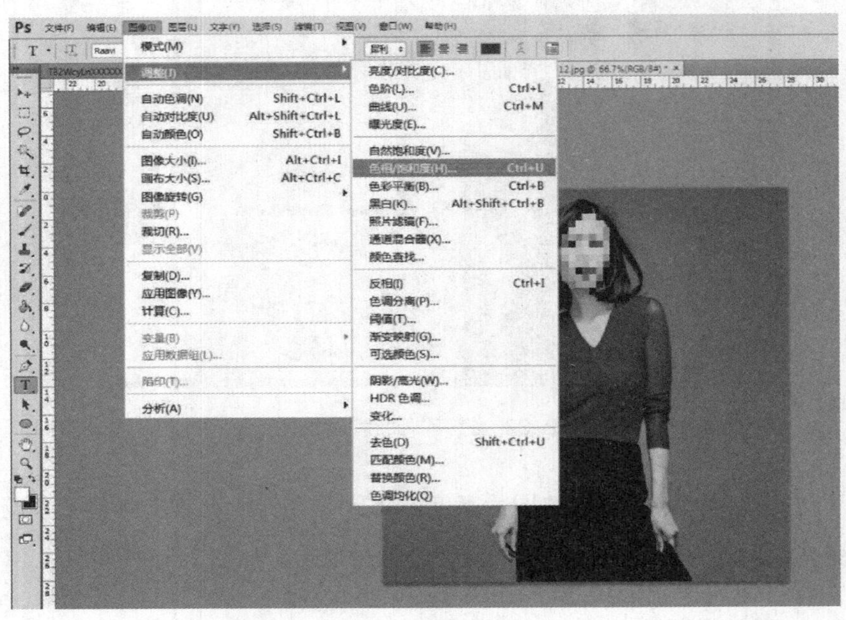

图2-34　打开“色相/饱和度”命令框

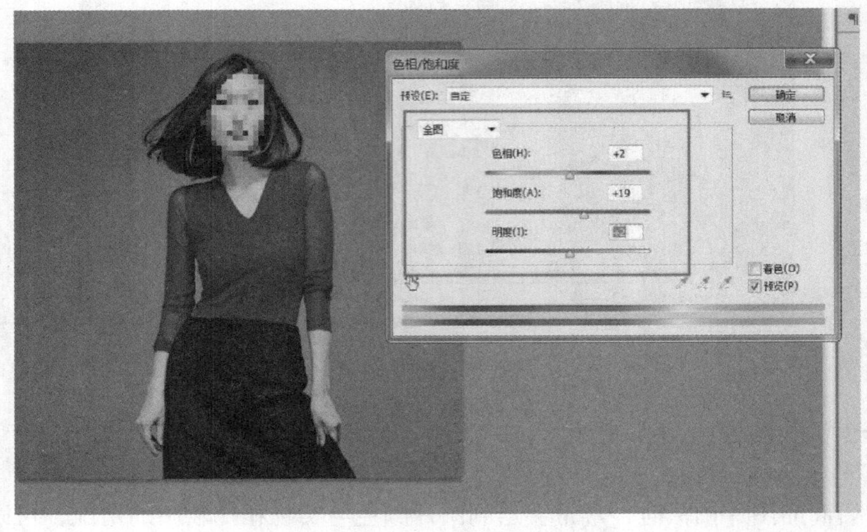

图2-35　饱和度调整

（三）亮度调整

商品在拍摄过程中，会因为拍摄时间的影响产生相关问题，例如天黑前光线较弱时，由于曝光不足，导致拍摄出的商品光泽太暗，影响商品自身质感。

通过Photoshop的色阶工具，可以调整图片的亮度。打开一张亮度偏暗的商品图片，执行“图像”→“调整”→“色阶”命令，如图2–36所示。在出现的“色阶”命令框中，通过三角形滑块进行亮度调整，如图2–37所示。

图2–36　打开“色阶”对话框

图2–37　亮度调整

（四）清晰度调整

清晰度高的商品图片能更好地展示商品特点，也能帮助网店提升商品转化率。商家可以利用Photoshop中的“USM锐化”工具处理模糊的图片，使图片更加锐利清晰。

打开一张模糊的图片，执行“滤镜”→“锐化”→“USM锐化”命令，如图2–38所示。打开“USM锐化”对话框，调整锐化参数“数量”“半径”“阈值”，如图2–39所示。“数量”与图片尺寸有关，调整至合适的清晰度后保存即可。

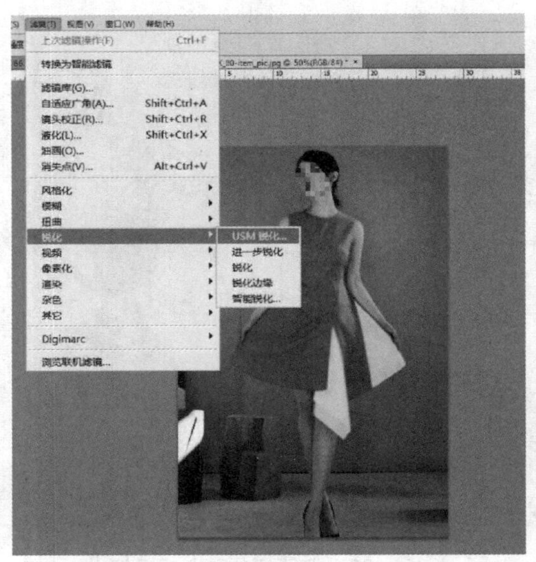

图2–38 打开“USM锐化”对话框

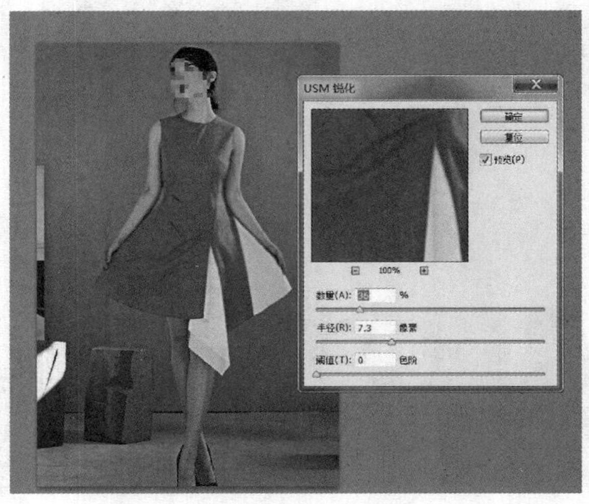

图2–39 清晰度调整

二、商品图创意设计

在网店交易中，商品图出色且具有营销魅力是店铺流量引入与销售转化的关键，但在某种程度上，店铺的定位决定着视觉的表现形式及其方向。在对商品图进行构图与美化调整后，为了进一步加强视觉营销的力度，商家还需要通过创意设计让自己在视觉营销的竞争中更具优势。

（一）主题包装式创意

从视觉营销的角度出发，可以根据品牌特点，对淘宝商品图进行主题包装式的创意设计，使用一个明确的主题在大量用户中捕捉到潜在的兴趣用户，在众多创意中脱颖而出并将消费者带入特定的消费情境。

主题包装式创意设计需注意：要突出营销主题，使用具有吸引力和引导性的文案，将消费者带入相应情景中，并使用辅助文案说明营销内容或商品特色。注意字体一般要大且突出，让消费者第一时间就注意到文案的内容。而图片的背景要简约、色调统一，能够突出主题文案内容，切忌突出单品，如图2-40所示的商品主图，通过“商场同款”的主题包装，吸引需要相应服装需求的目标人群，让图片更好地发挥出营销效果。

图2-40　主题包装式创意图

（二）色块式文案创意

商品图片的主体部分或背景较为复杂时，为突出创意主题，可利用面积色块的方式划分区域，在区域内突出商品卖点，有利于在展示商品主体部分的同时，保证卖点的可读性。

色块式文案创意设计需要注意：使用大面积纯色色块，将文案区域与商品区域进行明显切割。文案字体放大，充分表达商品卖点或利益点，色块文案区域整体色调需和背景保持一致，如图2-41所示，色块区域和商品展示的整体色调是深灰色，图2-42中，整体色调是藏蓝色。

图2-41　色块式文案创意主图

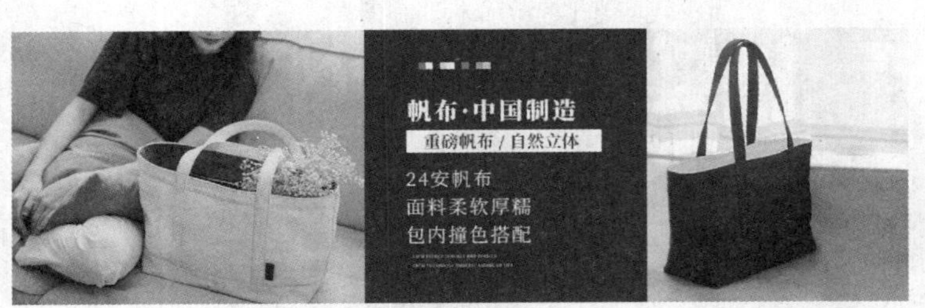

图2-42　色块式文案创意焦点图

（三）渐变区域式创意

利用渐变区域式的创意设计，可以解决商品图背景杂乱问题，让商品与背景融为一体。如图2-43所示，既能突出推广主题文案，也能展示主推商品图，同时使得文案区域与商品图有区隔却分割得不生硬。

图2-43　渐变区域式创意图

渐变区域式创意设计需要注意：渐变区域的颜色要与整体背景的颜色色调一致，使渐变区域能融入整体创意中，商品图片与背景不宜过于突兀。

素养园地

中国画构图方式与空间处理不拘泥于特定的时间与空间，常按照画家的主观意念自由经营组合，这代表了中国传统美学思想“情境交融”的审美追求。构图既与画面内容相联系，又具有相对的审美独立性，传统中国画构图形式多种多样，在绘画过程中，艺术家可选择一种构图形式，也可在同一画面中运用几种构图形式，但在综合运用的同时，又总要以某一种构图形式为主，最终形成一件作品构图的基本形式感。

一、全景式、鸟瞰式构图

全景式、鸟瞰式构图就是通过散点透视、移步换景的方法，把画家的所见、所知、所想综合成一种宏观意识，表现在同一幅画面中，创造出客观世界与主观情思交融后的鸟瞰式的画面形式。与西方画的焦点透视不同，这种构图形式突破了透视学的视力范围。为了突出主要形象，画家按照美的法则，将不同地点、不同时间、不同空间的事物放在同一时间与空间中，从而使中国画家很早就摆脱了时空观念的限制，追求艺术表现的自由。

如宋代画家张择端的《清明上河图》，以全景式构图的形式，描绘了北宋清明时节的汴河及两岸风光。这是一幅巨大的横览卷画，共分三段。首段表现了清淡平远的市郊风景，以田野、树木点出了特定时节——清明。中段为全卷的高潮，是全卷富于冲突的最精彩部分。画家选择虹桥作为全卷的中心内容（见图2-44），并设计了一个“开船”的场面，着力刻画了在众人关注下船过虹桥的紧张激越的场面，借此给画面增添浓厚的生动性，从而突破了一般表现热闹市容的平淡写生。后段表现的是市区街景，以高大的城楼为中心，街道纵横交错，各种店铺鳞次栉比、车水马龙。

图2-44　张择端《清明上河图》局部（虹桥）

如此庞大而繁杂的场面若按西方所惯用的焦点透视法是无法来表现的，只有通过中国画的散点透视才能更好地表现出来。另外，《清明上河图》虽展现的是大场面，但在细节处理上并没有疏忽。整幅巨作内容丰富，构图严谨，注重人与环境的关系处理，包括虹桥和船的构造，树木的姿态，不同人物表情及动态的呼应，以及车马、行人的穿插，都是经过画家反复周密安排和苦心钻研的结果。整幅画给观者呈现出层次分明、主体突出、多而不繁、杂而不乱的昌盛景象。由此可见，散点式的构图，既不是特定时空中客观事物的简单再现，也不是画家胡乱拼凑的主观随意性的任意发挥，而是超越表象、时空一体的独具中华气魄的幻化世界。

二、“之”字构图（“S”形构图）

“之”字构图中整幅画的重点在画面的中间，即画幅从下方偏右开始，接着稍上偏左，再上又偏右，再上又偏左；反之亦可。“之”字构图和西方绘画的“S”形构图非常相似，整个画面呈现多个曲线交接的外形，物象组合幽雅、舒展。西方绘画把“S”形构图分成了两种情况，一种是外轮廓线呈“S”形，另一种是纵深关系

图2-45　夏圭《西湖柳艇图》

呈“S”形。在西方风景画中后一种情况出现得更多，而在中国画中往往前一种情况出现得更多，画面讲究“起、承、转、合”，各个物象通过曲折变化的内在联系组合在一起。有时画面中会出现多个“之”形叠加在一起，气势往来顺逆，连绵不断，给观者刚柔相济之感。中国画的“之”字构图让画者在有限的画幅尽可能大地利用纸面表现意境，如南宋夏圭的《西湖柳艇图》（见图2-45）就是典型的“之”字构图图式，画面中云和水形成的空白将柳岸分割成“之”字的外形，让“势”在其中往来回转，曲径通幽，引人视线随之渐远，于是平渚柳林、风雾高天尽收眼底。

“之”字构图有丰富的起伏变化，它传达的是轻松活泼的流动感，有一种生命运动的韵律感。唐代张萱的《虢国夫人游春图》（见图2-46）描写的是唐玄宗的宠妃杨玉环的姐姐虢国夫人和秦国夫人及其侍从春天出游的行列，画中就运用了横向构图，情节简单，没有任何背景，画中只有9人，而这9个人物在画家的精心安排下有节奏地排列着，人物行走的方向一致，前后、疏密错落有致，所有的人物都贯穿在“之”字形的构图大势之中，人物神情悠然自得，画面富有流畅的美感。在视觉顺序上引导观者由近及远移动自己的视线，人物和马的动势与构图大势相结合，巧妙地表现出游春时的轻松、怡然自得，画面灵动轻快，富有和谐统一的韵律和节奏美感。

三、边角构图

边角构图形式活泼、大方、独特，有偏于一角的，也有对角线式的，在南宋山水画中比较常见。它的主要特点是画面上主要景物沿着画纸的四边，或聚集画面的一角，强调景物的局部特点，其他部分多留白，表现水天辽阔，空远宁静之感。这种构图非常适合表现“无限高远，天人合一”的哲学原则。

图2-46 张萱《虢国夫人游春图》

南宋马远的《梅石溪凫图》(见图2-47),剪裁、构图新巧。绘梅枝斜出石上,水中有群凫飞集浮泳。画面采用对角线式构图,正是山不见巅、树不见顶的边角截景、画面上岩石、梅树都偏居左上部分。在描绘峭壁时,画家并没有画出完整的峭壁,而只是画了中间的一部分,其上端和下端都被画家截出画面,使观赏者无法看到峭壁的全貌,画家只用长有梅枝的峭壁的一小部分来代替整个峭壁,这就是局部取景法。梅树枝条的走势更是强调了此种布局的形式感,右下方的野鸭起到了平衡画面的作用,画面上方留出空白,迷茫空濛,把观者引入意境悠远的尘外世界。

图2-47 马远《梅石溪凫图》

四、垂直线型构图

垂直线在艺术作品构图中能给人以上升、希望、宏伟、刚强、单纯、庄重、沉着等感觉。一些以单个垂直线为主的艺术作品，能充分体现这些特点，如表现伟人或名人的雕塑和绘画作品，建筑艺术中的塔形造型结构等。在绘画中常见的是以多条互相平行的垂直线组成的构图骨架样式，它可以同时把一排主要形象展示给观众。垂直线的多次重复，可以加强观者的印象和感受，同时利用这些互相平行的多条垂直线的高低、长短及局部倾斜度不同等来产生变化的因素，造成既有统一又有变化的艺术效果。如《永乐宫壁画》（见图2–48），就是一种上下通透的平行垂直线构图，表现出神仙行列的潇洒自如，突出丰富多彩的仙家气氛。

图2–48 《永乐宫壁画》局部

垂直线型构图在山水、花鸟和人物画中都比较常见。采用垂直线构图一般和画面的幅式有关。竖长条状的画面幅式较适宜采用垂直线型构图方式。各种视觉元素在画面底部排列成直线向画面顶部逐渐升发。如清代书画家郑燮的作品《竹石图》（见图2–49），作者在画面上三三两两布置了数竿修竹，竹子背后几根柱石傲然挺立。这些竹子大体上都呈直线，由画面底部向画面顶部升发，形成一种上冲的势头，很好地表现了竹子不畏严寒、宁折不弯的品格。同时，竹子背后的柱石同样以直线的形式，由画面底部延伸到画面的中上部。竹和石两者相得益彰，石头辅助了竹子的上升之势，使竹子的势不孤立，同时也有助于表现竹子孤高劲傲的品质，起到了丰富画面的作用。

图2-49 郑燮《竹石图》

党的二十大报告中提出“推进文化自信自强，铸就社会主义文化新辉煌”，中国有几千年文化，传承中华传统文化，将传统文化精髓应用到现代网店商品构图中，是当代青年坚持创造性转化、创新性发展的举措之一。

资料来源：搜狐网（https://www.sohu.com/a/295287873_656998），有改动。

知识链接

一、商品图美化技巧——裁剪技巧

裁切工具是Photoshop中的一种常用工具，类似于日常生活中使用的剪刀，操作简单，但要裁剪出合身的衣服、漂亮的窗花就不那么容易了，其中有很多的技巧。下面将讲解裁剪工具的使用及相关技巧。

（一）裁剪出正方形

卖家经常会遇到需要正方形图片的情况，而拍摄出来的照片一般是4：3的比例，这时就需要将图片剪裁成为正方形。剪裁成正方形的时候需要借助键盘上的Shift键来完成。剪裁页面如图2–50所示，选择裁剪窗口如图2–51所示，选择完成后，双击鼠标右键即可完成截图。

图2–50　剪裁页面

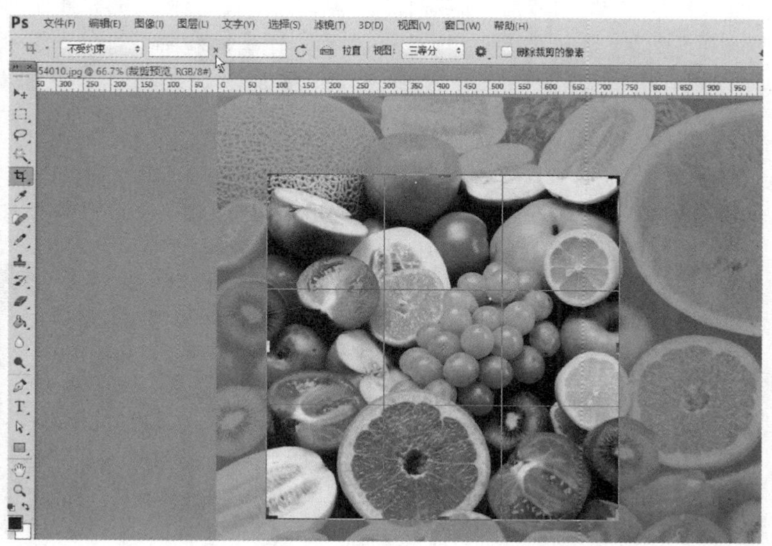

图2–51　选择裁剪窗口

（二）裁剪校正角度倾斜图片

拍摄商品时，由于摄影师或器材的问题，拍摄出的商品图片可能会出现倾斜或与商家要求不符的情况，此类问题就可以利用剪裁工具将其调整到正确的角度。首先拉出裁剪框，如图2-52所示，将鼠标移动到裁剪框外面，出现旋转箭头。然后在裁剪框外面按住鼠标左键调整图片的角度，如图2-53所示。裁剪后的效果如图2-54所示。

图2-52　拉出裁剪框

图2-53　调整图片角度

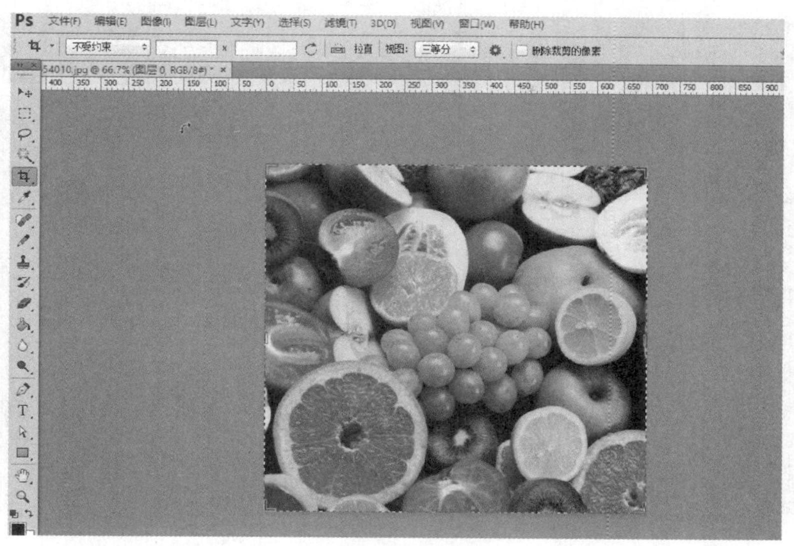

图2–54　裁剪后的效果

（三）重新构图

在商品拍摄过程中，难免会出现对构图不满意的情况，如背景过大、拍摄对象过小的问题，可以使用裁剪工具帮助卖家完成对商品的重新构图。原图如图2–55所示，裁剪后效果如图2–56所示。

图2–55　原图

图2–56　裁剪后效果

（四）放大裁剪突出细节

在商品描述中经常要用到产品细节图，除了在拍摄时可以用微距拍摄细节特写照片外，后期还可以将拍摄后的原图放大，从放大后的图片中裁剪出细节图，具体操作如下。

步骤1：选择裁剪区域，如图2–57所示。

图2–57　选择裁剪区域

步骤2：确认好裁剪区域后，单击Enter键，效果如图2-58所示。

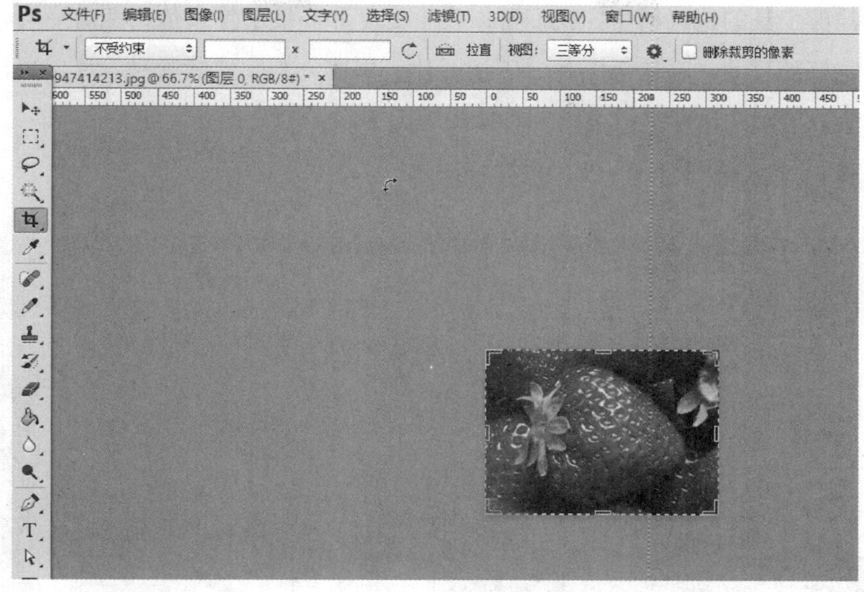

图2-58　确定裁剪区域

（五）改变信息点

每张图片都会有一个或多个信息点，信息点过多就无法突出重点，原图如图2-59所示。该图信息的重点应该是手表，但人们视觉习惯通常是优先关注人物的面部，所以在这里对图片下半部分进行了裁剪，再重新构图，改变信息点后的效果如图2-60所示。

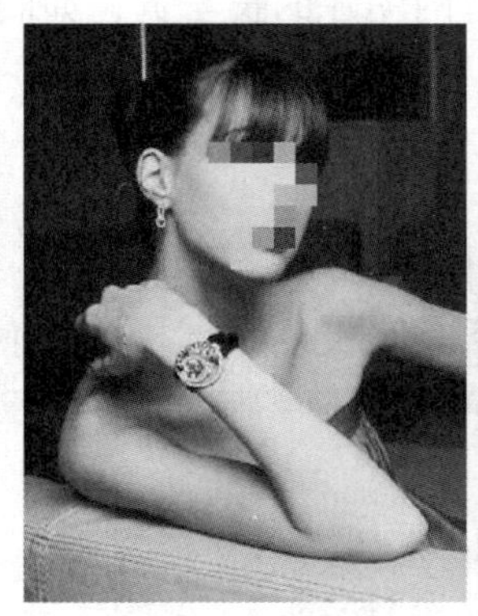

图2-59　原图

图2-60　改变信息点后效果

（六）固定尺寸裁剪

在裁剪工具的属性栏中，我们可以设置宽度和高度的像素值，裁剪后会自动缩放到设定好的尺寸。在轮播图片、店招图片、描述分割图的裁剪时，可以灵活使用这种方法。对固定尺寸进行裁剪的具体步骤如下。

步骤1：选择裁剪工具，如图2–61所示。

图2–61 选择裁剪工具

步骤2：在裁剪工具属性栏中，设置比例以及需要裁剪的图片的长与宽，如图2–62所示。

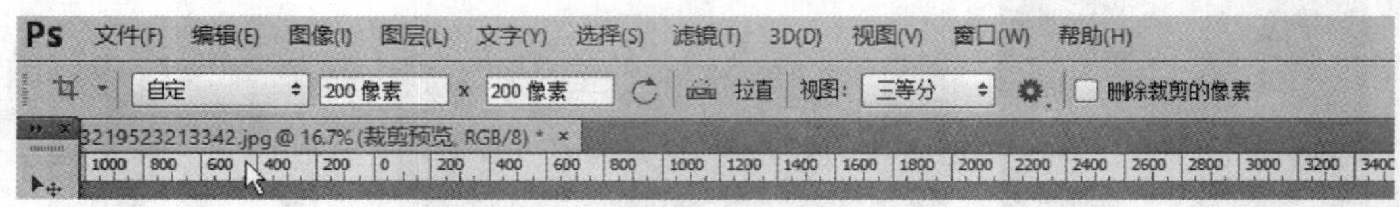

图2–62 设置裁剪工具属性

步骤3：将固定好的裁剪框移至需要裁剪的区域，如图2–63所示。

图2-63 确定裁剪框位置

步骤4：调整好裁剪的位置后，按Enter键确定，最终剪裁效果如图2-64所示。

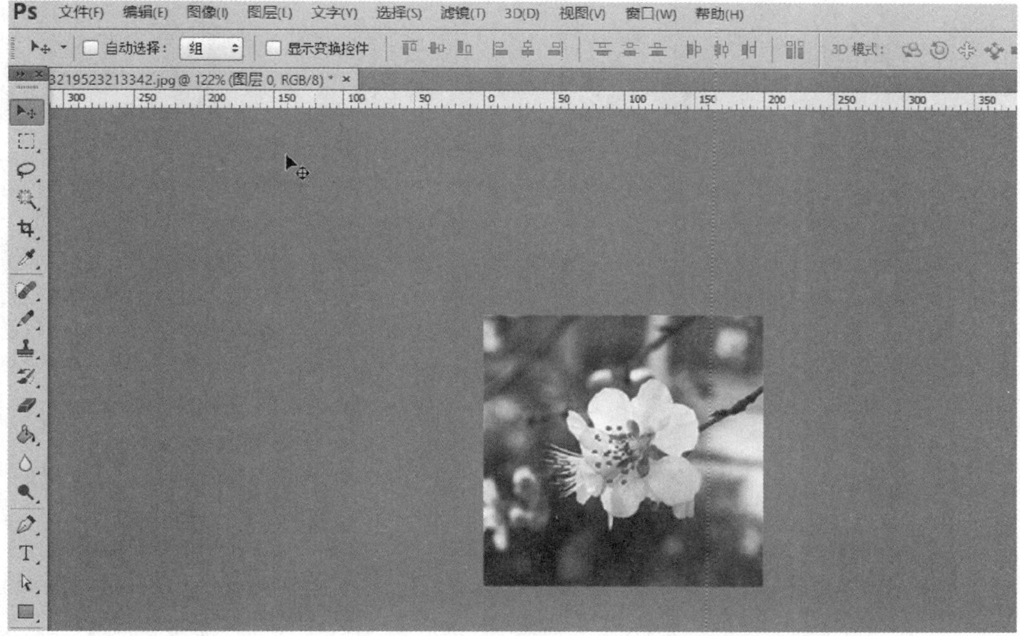

图2-64 最终剪裁效果

（七）裁剪校正透视变形

图2–65是一张拍摄出来的透视变形图片，图中的房子变形严重，调整后的效果如图2–66所示。

图2–65 原图

图2–66 调整后效果

具体操作步骤如下。

步骤1：打开图片，选择左侧工具栏中的“透视裁剪工具”，勾选上方属性栏中的“显示网格”，如图2–67所示。然后用裁剪工具分别在图片的四个角进行点击形成一个虚线方框，将需要裁剪的图片选中。

图2–67　勾选裁剪工具

步骤2：移动网格四角的点，直到房子变得正常不扭曲，如图2–68所示。

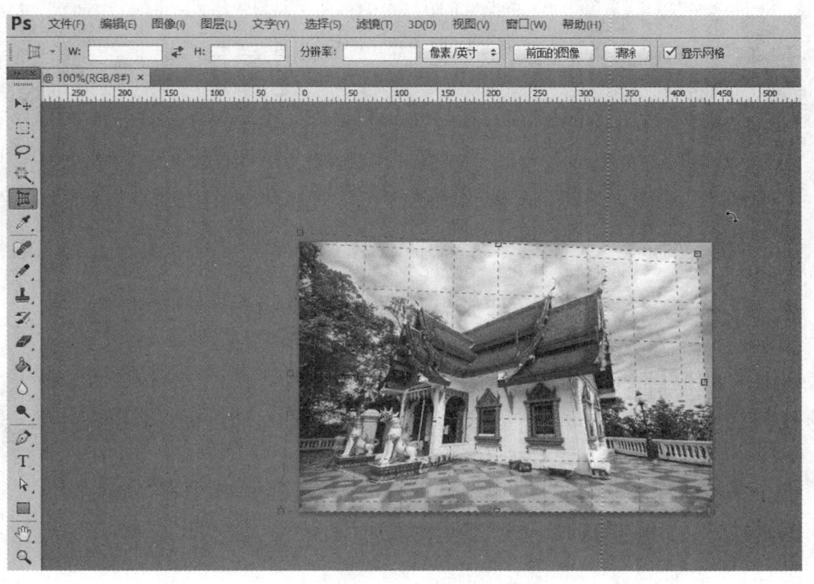

图2–68　校正变形图片

步骤3：移动好后，按Enter键确定，操作完成。

二、商品图美化技巧——抠图

“抠图”是将产品主体或图片中的一部分，从图片中复制或剪切出来。接下来将对Photoshop软件中常用的抠图技术和白底图处理技术进行讲解。

（一）规则图形、多边形抠图

首先我们来了解一下选框工具，如图2-69所示，选框工具分为矩形选框工具、椭圆选框工具、单行选框工具和单列选框工具。在操作时，我们只需根据需求选择合适的选框工具，之后在需要进行编辑的图片中，单击选择需要剪切、复制的区域，按住左键，在画布中拖动即可完成一个矩形、椭圆、行或列选区的创建，再完成对选区内的内容进行复制、剪切、填充等操作。

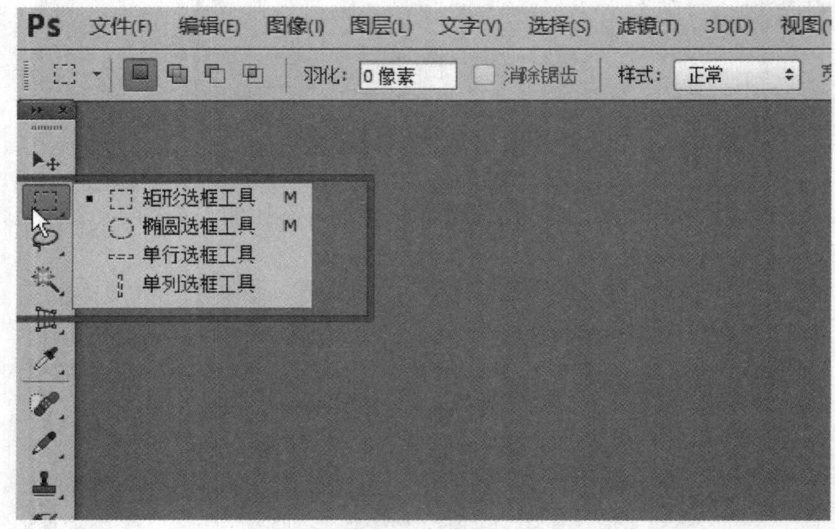

图2-69　选框工具

1.规则图形的抠图

矩形和椭圆选框工具的使用非常简单，根据产品的外形特征选择合适的工具，矩形及椭圆选框工具往往用于商品细节图的制作，一般是复制商品大图，将其粘贴在新建的图形中。如图2-70所示为规则图形抠图效果。

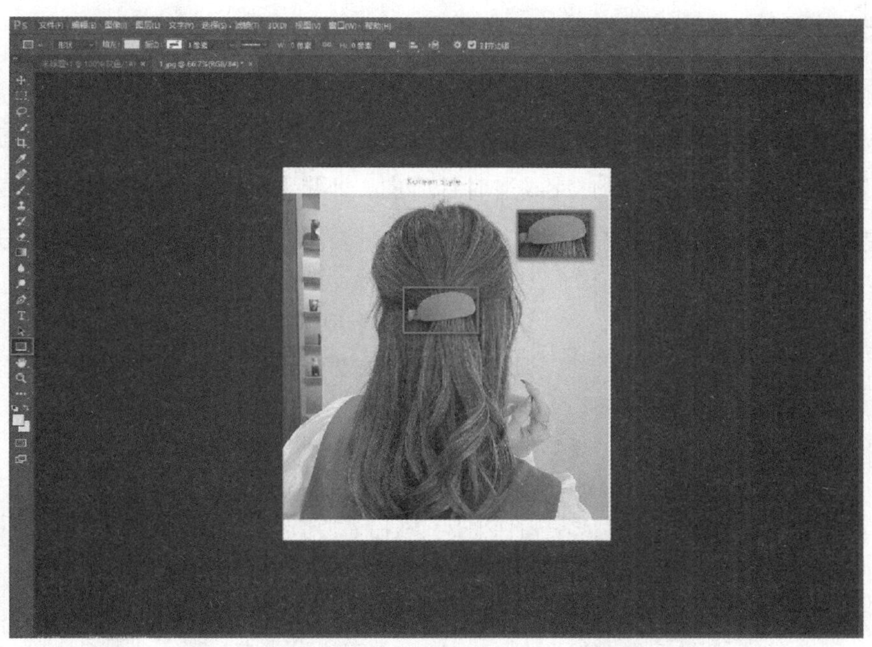

图2–70　规则图形抠图效果

2.多边形的抠图（多边形套索工具）

边界是直线的物体，如产品包装盒等在抠图时可以用“多边形套索工具”进行快速地处理。

图2–71是一个收纳箱的原始大图，我们需要将商品从杂乱的背景中抠出来，放在一个新建的白色背景文件中，操作步骤如下。

图2–71　收纳箱原始大图

步骤1：在“套索”工具上单击选择“多边形套索工具”。

步骤2：考虑到图片太小，我们可以将图片放大，按住键盘Alt键，将鼠标滚轮向前滚动，图片会放大显示，这样做可以在创建选区时更精准。用“多边形套索工具”沿着收纳箱的边沿按顺时针或逆时针方向，不断地单击创建选区。这里需要注意的是，完成选区的标准是出现重合的图标。打开图片，如图2–72所示，开始套索，如图2–73所示。

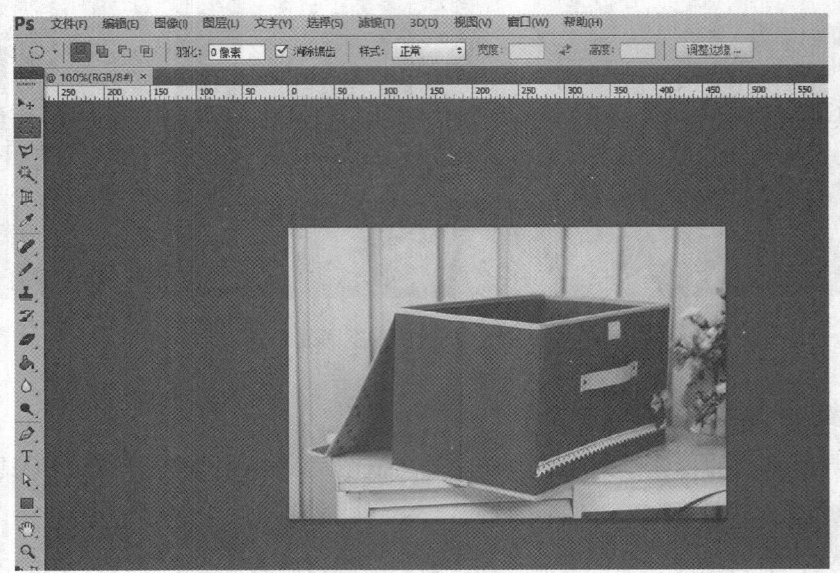

图2–72　打开图片

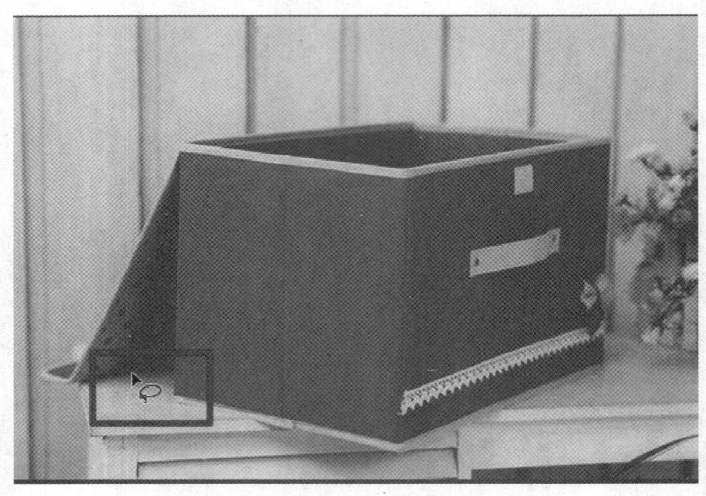

图2–73　开始套索

步骤3：选区创建完成后如图2–74所示，执行“编辑”→“拷贝”命令或按组合键Ctrl+C。

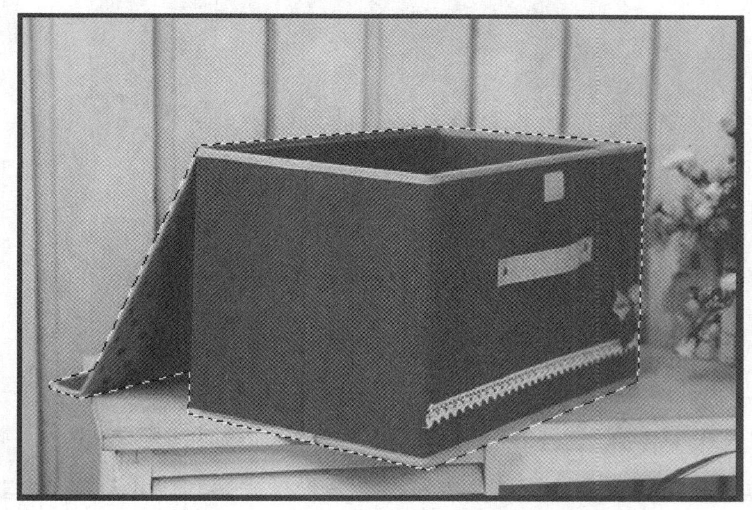

图2–74　选区创建完成

步骤4：执行“文件”→“新建”命令，如图2–75所示，创建白色背景画布。

新建

名称(N): 收纳盒白色背景

预设(P): 自定

大小(I):

宽度(W): 500 像素

高度(H): 400 像素

分辨率(R): 96 像素/英寸

颜色模式(M): RGB 颜色 8 位

背景内容(C): 白色

高级

确定

取消

存储预设(S)...

删除预设(D)...

图像大小：

585.9K

图2–75　新建背景画布

步骤5：执行“编辑”→“粘贴”命令或按组合键Ctrl+V，完成后保存即可。抠图完成的效果如图2–76所示。

图2-76 抠图完成的效果

（二）背景单一的抠图

在抠图过程中，有一些图片的背景色相对单一并且与要抠的主体在颜色与亮度上有明显的区别，这一类的图片使用魔棒、背景橡皮擦和色彩范围工具进行抠图或处理白底图效率高。

1. 魔棒工具

"魔棒工具"及其属性栏如图2-77所示。用"魔棒工具"单击一个位置的像素时，计算机会以单击处的像素为参考，根据容差值对周边连续的或整张图片中与之相邻近的像素进行判断并建立选区。

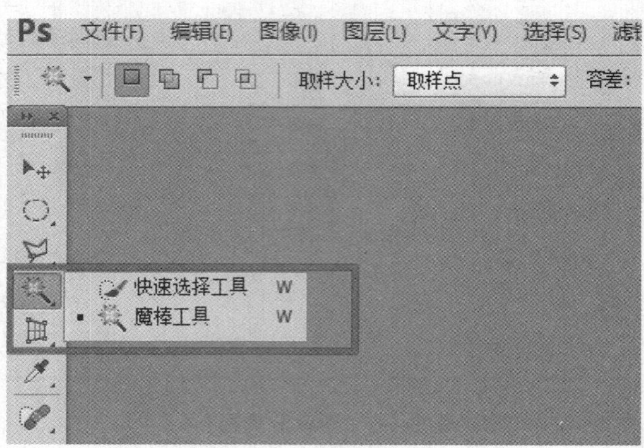

图2-77 "魔棒工具"及其属性栏

为了更直观地理解容差值以同一张图片在相同位置（图中点的位置），分别设容差值为5、10、20、30，其效果如图2-78所示。通过选择的虚线范围大小，我们可以得出，容差值越大，选取的范围就越大，反之选取的范围就越小。通常我们将选区设置为32。

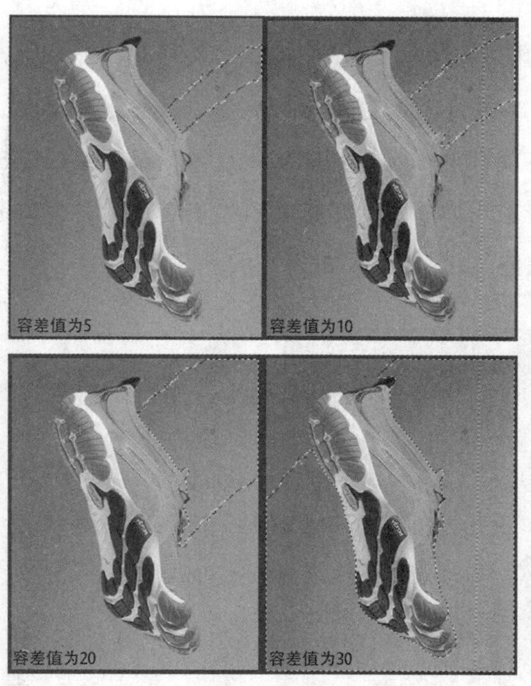

图2–78　不同容差值的比较

球鞋原图如图2–79所示，我们需要将球鞋从背景中抠出来，放在图2–80所示的操场背景中。

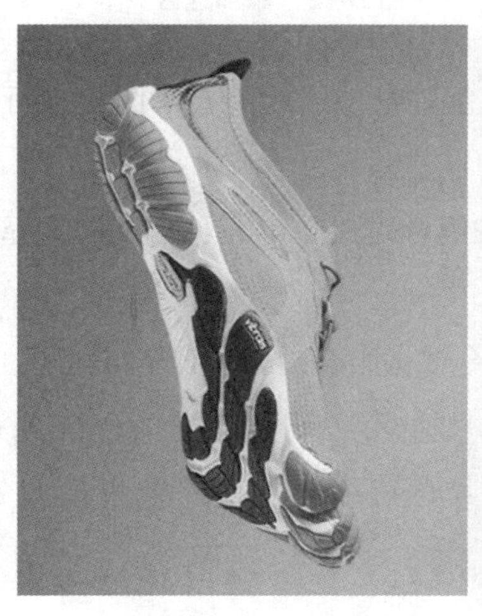

图2–79　球鞋原图

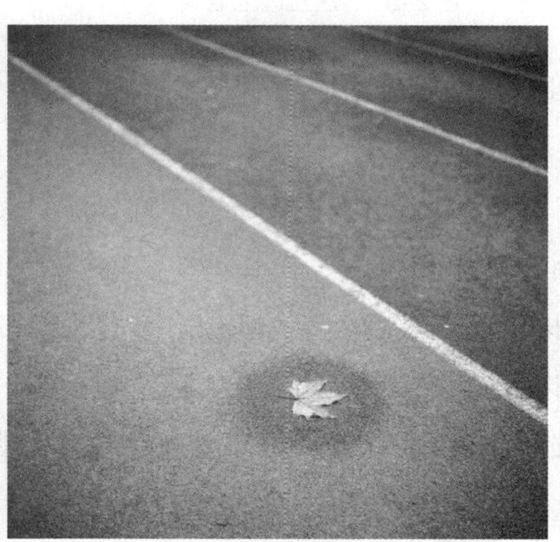

图2–80　操场背景

具体操作步骤如下。

步骤1：打开球鞋及背景图片。

步骤2：在球鞋窗口中选择“魔棒工具”，并设置容差为32，选择消除锯齿、连续。建立选区效果如图2-81所示。

步骤3：观察图2-81发现，容差为32时并未完全选中球鞋，因此，此处还需要将右下部分选中，在属性栏中选择“添加到选区”按钮或按住Shift键后单击需要继续选择的部分，这样就可以将每次单击后产生的选区合并到一起，重复此步骤，直到全部选中“商品主体”。添加选区如图2-82所示。

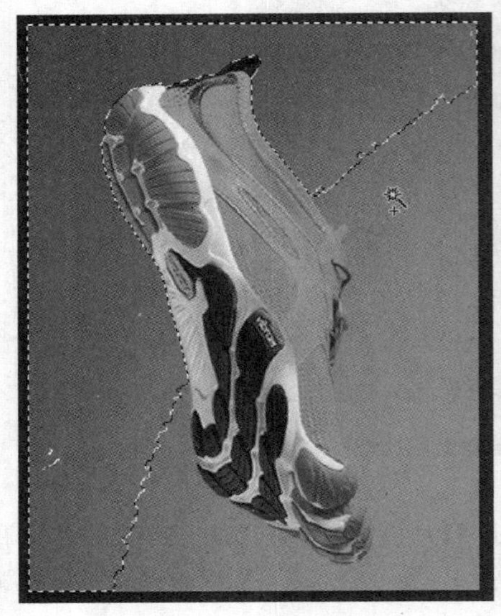

图2-81　建立选区效果

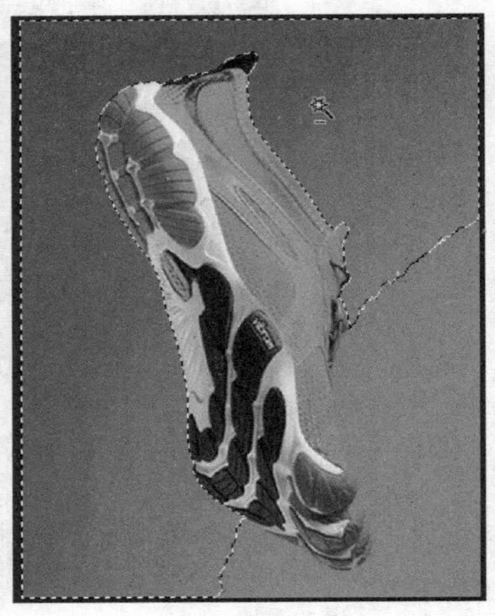

图2-82　添加选区

其实这个步骤选择的并不是球鞋，而是蓝色背景，因此需要对图片进行反向选择。

步骤4：执行“选择”→“反向”命令或按组合键Shift+Ctrl+I，反向选择后的效果如图2-83所示。

步骤5：完成后执行“编辑”→“拷贝”命令或按组合键Ctrl+C复制选区。

步骤6：在操场背景中执行“编辑”→“粘贴”命令或按组合键Ctrl+V粘贴选区，粘贴后可根据背景比例对商品图片进行缩放。最终效果如图2-84所示。

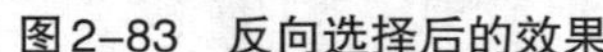

图2-83 反向选择后的效果

图2-84 最终效果

2. **钢笔工具**

钢笔工具是Photoshop软件抠图工具中功能非常强大且常用的一种，能轻松地抠出圆弧形物体和规则物体的圆滑精确的图片。单击钢笔工具或按快捷键P，钢笔工具属性栏如图2-85所示。

图2-85 钢笔工具属性栏

因为很多网店的商品图片大多是白底图，所以我们常常需要将商品从原图（如图2-86所示）的背景中独立出来，变成白底图。这时选择钢笔工具抠图是最为方便且精确的。具体操作步骤如下。

步骤1：打开图片文件。

步骤2：为方便精确抠图，将图片放大显示，沿着抠图主体的边缘部位单击，创建一个锚点（锚点是在路径中连接线的点，可以添加、删除及移动），如图2-87所示。

步骤3：沿着抠图主体的边缘接着单击，增加一个锚点，如图2-88所示，切勿松开鼠标左键，沿着边缘的方向拉伸或选择，调整两个锚点间的弧线，如图2-89所示，当弧线紧贴主体的边缘时松开鼠标左键。

图2-86　原图

图2-87　创建锚点

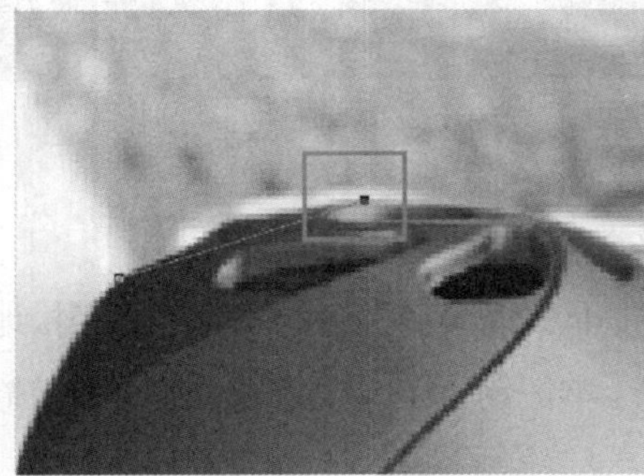

图2-88　增加锚点

图2-89　调整弧线

步骤4：在完成一个弧线后，挑选路径，按住Alt键调整锚点的方向与下一步锚点的方向一致。按住Alt键在锚点处挑选路径，如图2-90所示，挑选路径后创建下一个锚点，如图2-91所示。

图2-90　按住Alt键在锚点处挑选路径

图2-91　挑选路径后创建下一个锚点

步骤5：当抠图主体的边为直边时，可以直接单击下一个锚点，松开鼠标左键，不需要调整弧度就会出现一条直线。

步骤6：沿着抠图主体的边缘重复同样的操作，就可将其全部选中，锚点创建完成如图2–92所示。

步骤7：完成后，在创建的锚点路径上单击鼠标右键，在弹出的菜单中，选择“建立选区”（如图2–93所示），设置羽化半径为“1”像素，建立选区后的效果如图2–94所示。

图2–92　锚点创建完成

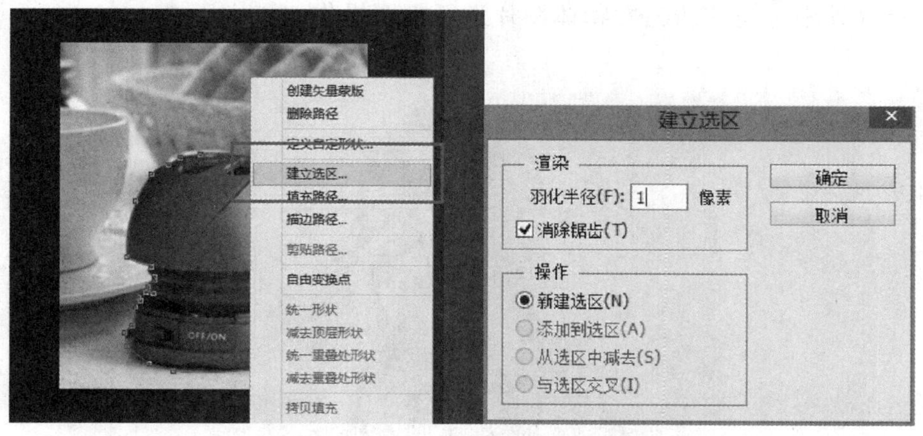

图2–93　建立选区

步骤8：选区建立后，执行“编辑”→“拷贝”命令或按组合键Ctrl+C复制选区。

步骤9：新建一个比复制图片稍大的画布，执行“编辑”→“粘贴”命令或按组合键Ctrl+V粘贴，之后根据图片的情况对其大小进行调整、移动等操作。最终效果如图2-95所示。

图2-94　建立选区后的效果

图2-95　最终效果

（三）毛发物体抠图

如图2-96中的人物头发部分，用前面所讲到的魔棒工具、钢笔工具等无法快速、高效地完成抠图操作，但利用Photoshop软件的通道技术，可以较高效地对背景相对简洁的毛发物体图片进行抠图操作。

图2-96　原始图

通道抠图是Photoshop软件抠图中相对复杂的一种方法，主要利用红、绿、蓝三色通道，选择毛发与背景对比度高的通道创建选区进行抠图。通过抠图替换原始图（如图2–96所示）的背景，最终效果如图2–97所示。下面来讲解一下通道抠图的具体操作步骤。

图2–97　最终效果

步骤1：执行“文件”→“打开”命令，在Photoshop软件中打开原图。

步骤2：按组合键Ctrl+J两次，在图层面板上产生两个新图层，即“图层1”和“图层1副本”，如图2–98所示。

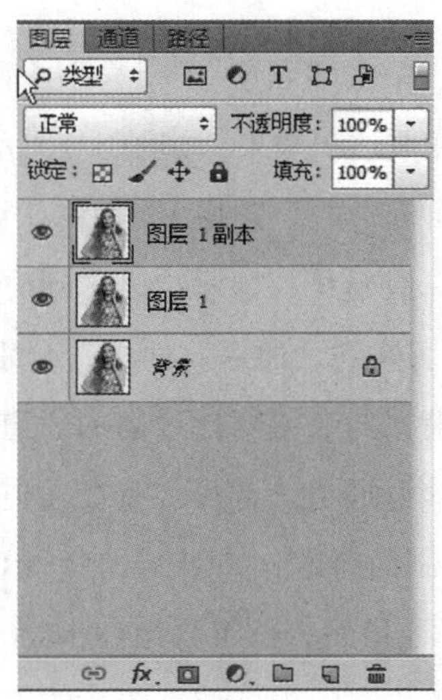

图2–98　新建图层

步骤3：单击“背景”和“图层1副本”左边的眼睛（“ ”），隐藏这两个图层。单击选中“图层1”，用钢笔工具沿着头发内将人物部分选中，创建选区，如图2–99所示。

图2–99 创建选区

步骤4：创建好选区后，单击“图层”→“图层蒙版”→“隐藏选区”按钮，隐藏选区外部的图像，使其变成透明效果，如图2–100所示。

步骤5：单击“图层”面板中的“图层1”前的眼睛图标隐藏“图层1”，单击“图层1副本”前的眼睛图标，使该图层显示出来，同时单击选中“图层1副本”。

步骤6：单击“通道”，切换到“通道”面板，分别单击红、绿、蓝三个通道，查看左侧图片的变化，选择背景与头发对比度高的通道，这里选择“蓝”通道。为了不损坏原通道数据，复制该蓝通道。选择“蓝”通道，单击鼠标右键，选择“复制通道”，选择并只显示所复制的通道，如图2–101所示。

步骤7：选择“蓝副本”通道后，按组合键Ctrl+I（反相显示）变成黑白对比图片，按组合键Ctrl+L打开“色阶”面板，调整图片的黑白对比度，让发丝能够清晰可见，如图2–102所示。

图 2–100　增加蒙版

图 2–101　选中“蓝副本”通道

图 2–102　调整色阶

步骤8：对比度调整好后，按住Ctrl键，鼠标左键单击“蓝副本”通道。

步骤9：单击“图层1副本”。单击图层面板下的“ ”添加矢量蒙版，单击“图层1”左边的眼睛，使“图层1”显示出来，如图2-103所示。

图2-103 显示图层1效果

步骤10：接下来按组合键Ctrl+Alt+Shift+E合并可见图层，得到背景透明的“图层2”。选中“图层2”，按组合键Ctrl+A全选，然后按组合键Ctrl+C复制。打开一个新的文档，打开背景图片，按组合键Ctrl+V将抠出的图像粘贴到新的背景上。为了消除头发边上的白边，执行“图层”→“修边”→“移去白色杂边”命令，最终效果就如图2-97所示。

同步实训

一、实训概述

本任务实训内容为产品图片的拍摄与美化，学生按照任务知识点及商品构图与美化的技巧，通过图片美化软件，以教师指定的任意商品作为拍摄与美化的主要对象，要求在商品的拍摄中运用构图技巧，熟练地使用美化软件进行图片的处理。

学生可以在实训规定的范围内选择一款日常用品，以之为对象进行拍摄，并进行图片的美化处理。具体场景素材如下：计算机若干台（装有图片处理软件）；相机1部。

二、实训步骤

步骤1：商品的拍摄。授课教师为学生提供目标商品（种类不同），学生运用构图技巧进行商品图片的拍摄。

步骤2：商品的美化。学生利用图片美化软件对商品图片进行处理，并掌握图片美化软件的使用技巧。

检测练习

扫码获取教学课件

项目三 网店装修管理

学习目标

❖ 知识目标

1. 了解店招的概念、要点以及共性。

2. 熟悉海报设计的原则和技巧。

3. 了解商品分类栏的重要性以及在网店中所起的作用。

4. 熟悉网店促销区的常见分类。

5. 了解商品自定义栏目图片排版的方法。

❖ 技能目标

1. 掌握店招设计与制作的方法以及装修的具体步骤。

2. 掌握海报设计与制作的具体方法。

3. 掌握商品分类栏设计与制作的过程以及装修的具体步骤。

4. 掌握网店促销区的设计与制作、装修步骤。

5. 掌握商品自定义栏目图片的切割方法。

❖ 思政目标

1. 具备耐心细致的态度以及良好的审美能力，在网店装修、设计过程中能够做好细节工作。

2. 了解文案撰写的相关法律法规及网店装修管理的相关规定。

任务分解

本项目包含了以下五个任务：

任务一　店招设计

任务二　海报设计

任务三　商品分类栏设计

任务四　促销区设计

任务五　自定义栏目设计

本项目旨在引导学生了解网店装修管理的相关知识，明确网店装修设计方法与步骤。编写过程中将每个任务进行分解，通过理论知识与实际操作来帮助学生加深对网店装修技巧的了解。

任务情境

小张是淘宝平台某女装网店的经营者，其店铺以销售欧美风格的原创女装为主，从建立至今获得了不少买家的认可与支持，但因近年来同类女装产品增多，他想对网店进行全面装修管理来提升店铺形象，打造出强势的女装品牌。本次小张将从店招、海报、商品分类栏、促销区、自定义栏目五个模块对网店进行装修管理，在装修前，小张上网查阅了网店装修方面的理论知识，并且准备了装修所需要的素材及工具。为此，他通过归纳总结，梳理出了以下内容。

任务一　店招设计

任务分析

店招是买家进入店铺首页后看到的第一个模块，可以说它是网店的窗口，通过店招我们可以了解店铺的商品、风格、活动等内容。设计前，小张通过浏览淘宝平台的一些旺铺店招，发现成功的店招通常在颜色、字体和版面的设计上都很讲究，给人一种强烈的视觉冲击感。他将学习所得进行归纳总结，并以此指导自己完成店招的设计与制作。

任务实施

小张现已确定以淘宝网作为经营平台销售女装，要开始着手准备店招设计。在设计之前，他不仅要了解店招，更要清楚店招的设计要点与共性，还需要掌握店招的设计方法。

一、店招概述

（一）认识店招

顾名思义，店招就是店铺招牌，是有关单位和个人在公共、自有或他人所有建筑物、设施及地面上设置，用于非商业性宣传或表明单位名称、标识的霓虹灯、标语、电子显示牌、灯箱、画廊、实物造型等户外设施。

随着网络交易平台的发展，店招概念延伸到了网店中，它位于店铺首页的顶端，是绝大多数买家进入店铺首页后看到的第一个模块，也是首页设计的重中之重。其装修一般都有统一的要求，以淘宝网为例，PC端装修店招的尺寸为950px × 120px，移动端装修尺寸为750px × 580px，支持JPG、JPEG、PNG、GIF等格式。其主要作用是向买家展示店铺的店名、所销售产品等，主要内容包括店铺Logo、店铺名称、品牌名称、简短的广告语和店铺产品等。

小张经过平台搜索与对比后发现近年来网店店招的装修与设计主要以静态图片为主。针对静态店招，一般默认的表现形式为“背景图片+店铺信息”，这种设置非常简单，其背景图片可以更换，也可以使用店铺默认的招牌背景图片，如图3–1所示。其展现的形式比较简单，除了常见的店铺名称、店铺Logo、广告语等信息，还可以在店招中添加爆款产品购买快捷窗口、品牌代言人信息等。

图3–1　静态店招表现形式

（二）店招的设计要点

（1）店铺名字：店铺名要与产品、客户群体相关，可以直接以产品命名，也可以选择与产品有关联性的名字，起到烘托的作用。

（2）实物照片：直观、具象地告诉客户自己店铺所销售的产品。

（3）产品特点：直接阐述自己店铺产品的特点，第一时间吸引并打动客户。

（4）店铺（产品）优势和差异化：告诉客户店铺的优势以及与同类店铺的不同之处，形成差异化竞争。

（5）促销信息：可以添加近期的促销活动，吸引客户消费。

（三）店招的共性

（1）店招模块上文字和背景的颜色对比鲜明。

（2）店铺名字都用粗体字，给人以厚重、可信赖的感觉。

（3）品牌和产品两个信息的传达都要明确，让客户容易理解。

（4）店招的主体风格要和整个店铺的风格统一。

二、店招的设计与制作

在认真学习与分析后，小张基本掌握了店招设计的知识与要点。在设计制作店招前，小张认为店招作为客户进店后看到的第一个模块，往往决定了客户对店铺的第一印象，在设计和制作上需要紧密结合店铺的定位与品牌的特征。这里小张选择了Photoshop作为店招制作的软件，下面他将开始设计与制作自己网店的店招。

步骤1：打开Photoshop软件，执行“文件”→“新建”命令，弹出“新建文档”对话框，新建一个宽度为950像素、高度为120像素、分辨率为72像素/英寸、背景色为白色的店招设计文件（如图3–2所示），然后单击“创建”，创建的店招背景如图3–3所示。

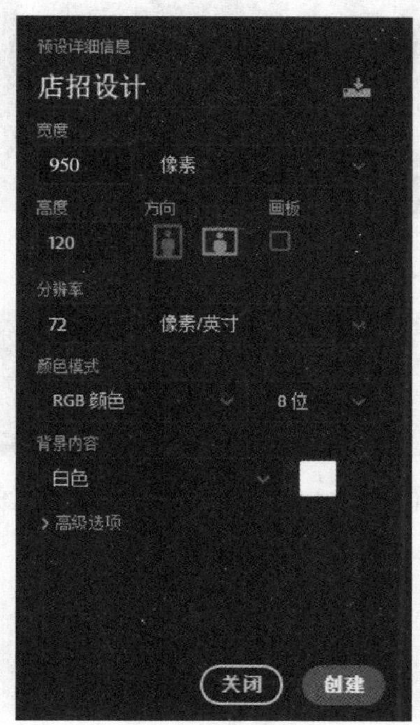

图3–2　设置店招尺寸

图3–3　创建的店招背景

步骤2：将提前准备好的素材图拖入图像窗口中，随后点击“保持长宽比”按钮，如图3–4所示，此时图像窗口出现变换框，适当调整图形的大小，使其作为店招背景铺满整个图像窗口，如图3–5所示。

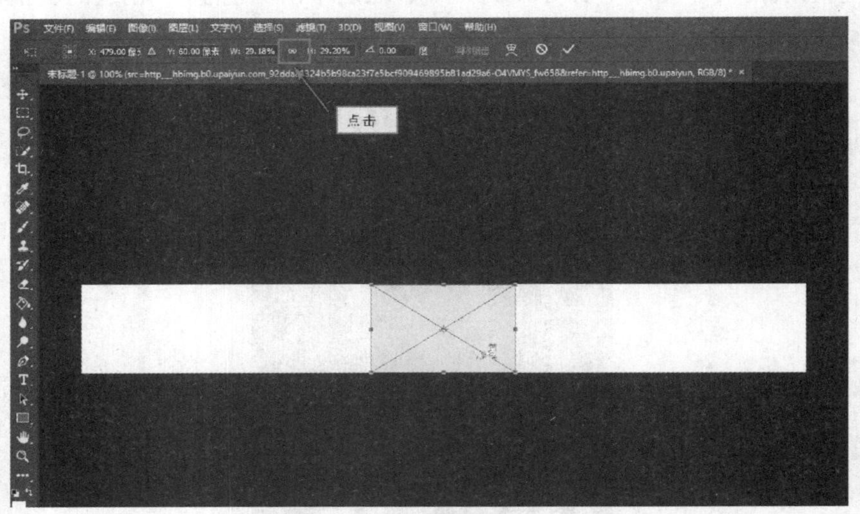

图3–4　拖入准备好的素材并点击“保持长宽比”按钮

图3–5　调整素材大小

步骤3：点击横排文字工具，在店招上方输入店铺名、Logo、广告语等信息，并在“字符”面板中分别设置文字属性，如图3-6所示。

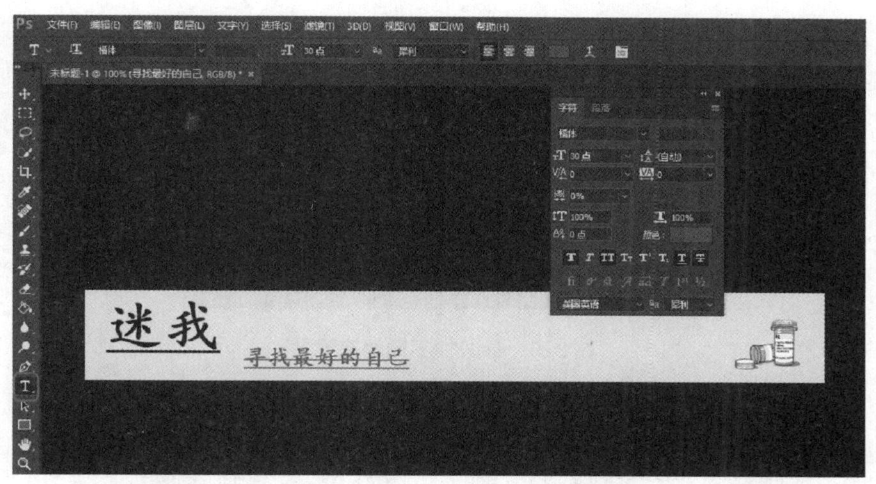

图3-6　店招文字设置

步骤4：将提前准备好的产品图直接拖入图像窗口中，作为店招的修饰图案，点击“保持长宽比”按钮，调整其大小和位置，如图3-7所示。

图3-7　店招添加产品图

步骤5：选择矩形框工具，在店招上画出一个矩形框，填充色设置为白色，随后再点击横排文字工具，在矩形框内输入“收藏店铺”，还可以在底部输入英文，并在“字符”面板中分别设置文字属性，效果如图3-8所示。

图3-8　店招添加文字效果

步骤6：选择矩形框工具，绘制店招上的输入框形状，在“图层”面板中设置其“不透明度”为90%，如图3-9所示。执行“图层”→“图层样式”→“描边”

命令，在弹出的对话框中设置各项参数（如图3–10所示），单击“确定”按钮，为输入框添加描边效果。

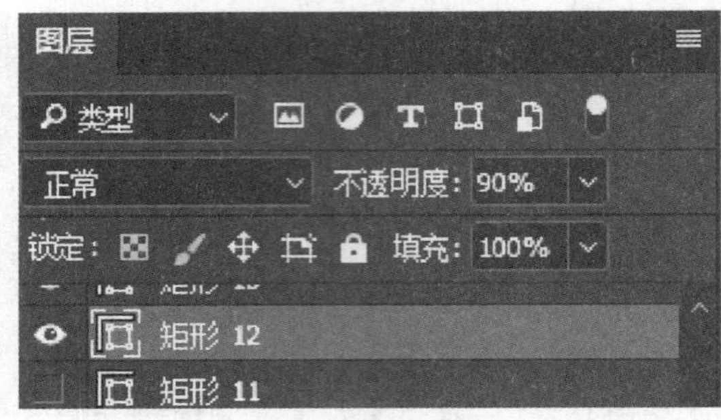

图3–9　参数框不透明度设置

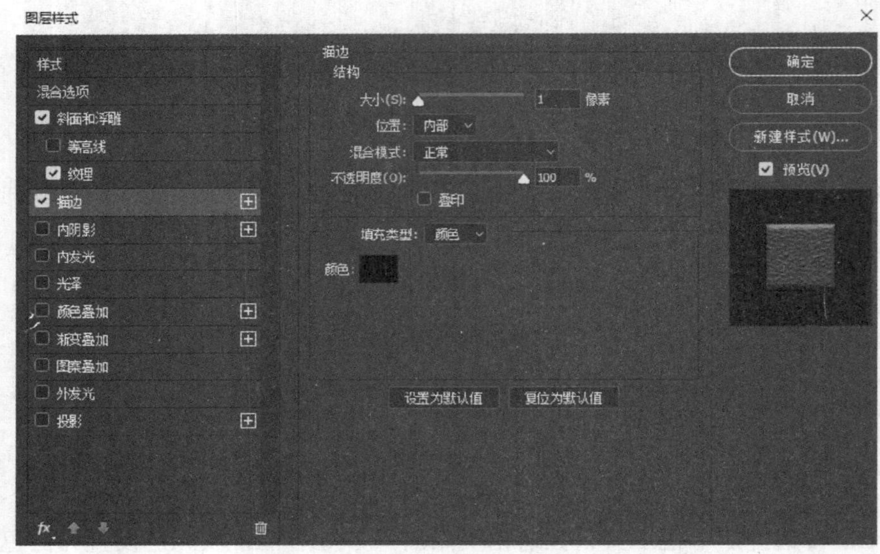

图3–10　输入框参数设置

步骤7：选择矩形框工具，在“收藏店铺”文字右侧绘制一个小的矩形框，叠放在大矩形框之上，随后再输入文字“搜索”，并设置其文字的大小和属性。至此，小张完成了网店店招的设计与制作，效果如图3–11所示。

图3–11　制作完成的店招效果

三、店招装修的步骤

小张在完成了店招的设计与制作后，就要着手网店店招的装修了，具体的操作步骤如下。

步骤1：登录“千牛卖家中心”，鼠标移至页面左侧栏的“店铺”（如图3–12所示），点击之后在弹出的选项框中选择“店铺装修”项。随后再点击“PC店铺装修”，进入基础页，如图3–13所示。

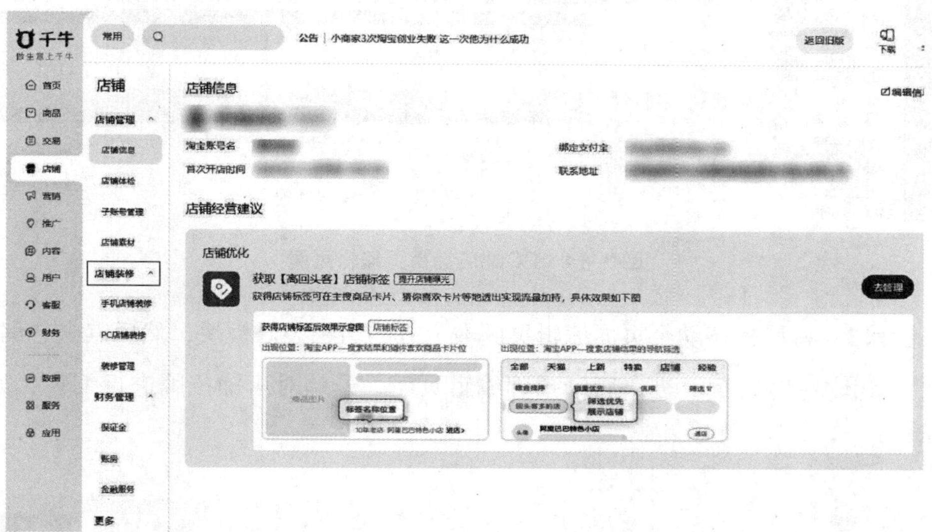

图3–12　“千牛卖家中心”—“店铺”页面

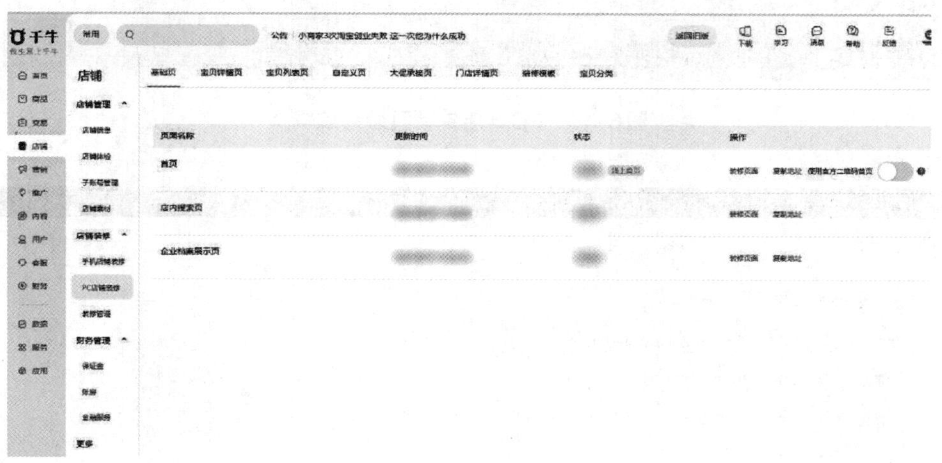

图3–13　“PC店铺装修”基础页

步骤2：在基础页页面，会看到有“首页”“店内搜索页”和“企业档案展示页”三个页面名称，将鼠标移至“首页”—“线上首页”—“装修页面”项，就会进入店铺首页装修编辑页面，如图3–14所示。

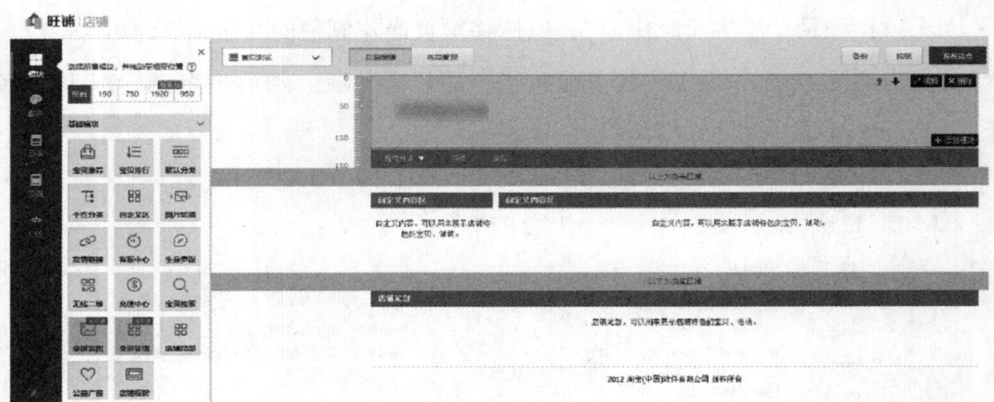

图3–14 PC端店铺首页编辑页面

步骤3：将鼠标移动至页面编辑页面右上方的店招装修模块，然后点击“编辑”选项，如图3–15所示。进入店铺招牌编辑页面，开始对店铺招牌进行编辑，如图3–16所示。

图3–15 PC端店铺首页装修编辑

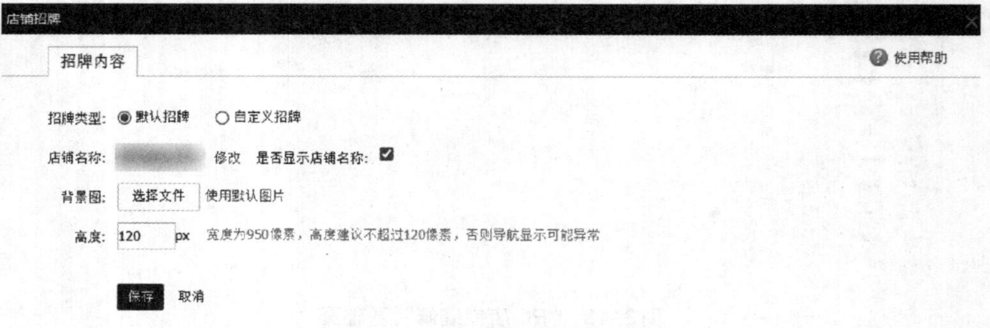

图3–16 店铺招牌编辑

这里需注意以下两点。

（1）店铺招牌编辑可分为“默认招牌”和“自定义招牌”两个类型。这里可以根据自己的需求选择招牌类型。

（2）淘宝顶部模块的高度默认是150px，顶部模块包括店铺招牌和导航条，其中导航条高度为30px，因此一般建议设置店铺招牌高度在120px以内。

步骤4：这里以“默认招牌”为例，接着取消是否显示店铺名称，然后点击“选择文件”，进入背景图选择页面，如图3-17所示。

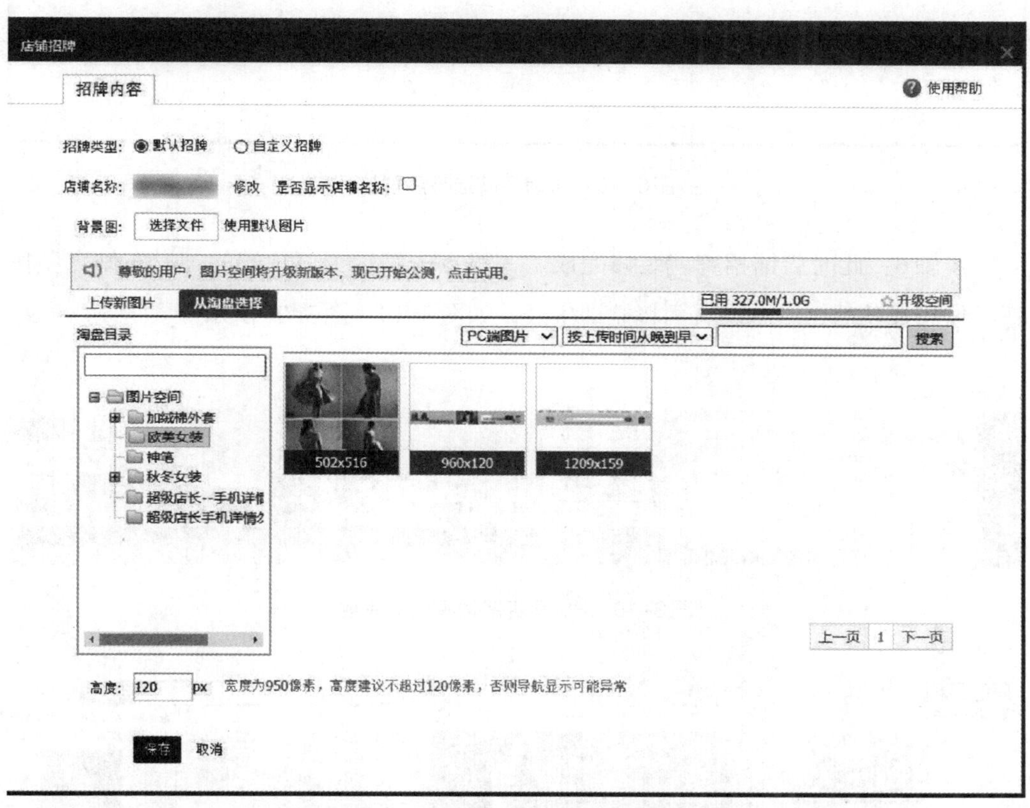

图3-17　店铺招牌背景图选择页面

步骤5：找到已经上传至图片空间的店铺招牌图片，点击图片，店铺招牌就会显示如图3-18所示的预览图片中，确认上传店铺招牌的尺寸大小无误后，点击“保存”即可。

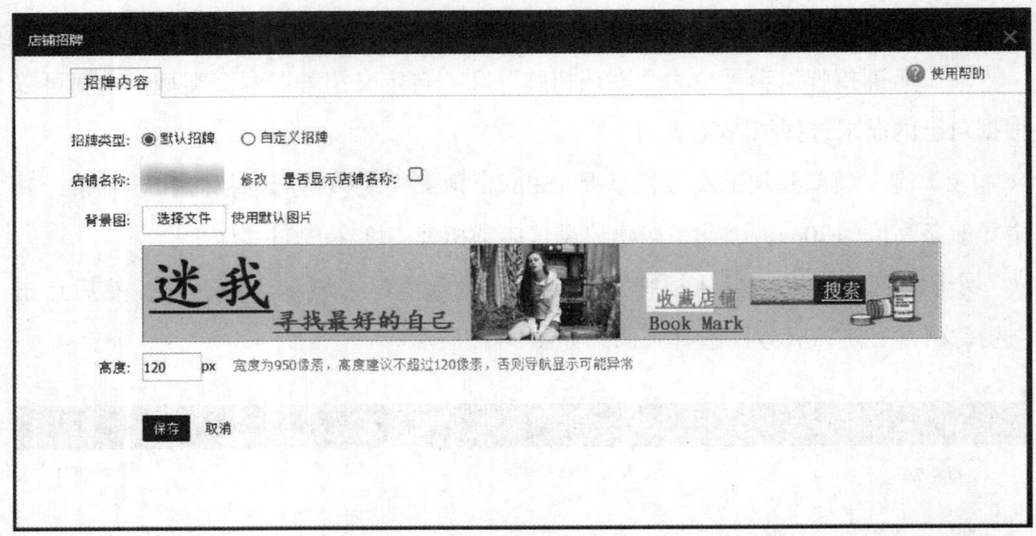

图3–18　店铺招牌选择后预览

步骤6：此时店铺招牌就装修完成了，可点击编辑页面顶端的“发布站点”按钮，发布成功后，电脑端页面将立即生效，如图3–19、图3–20所示。

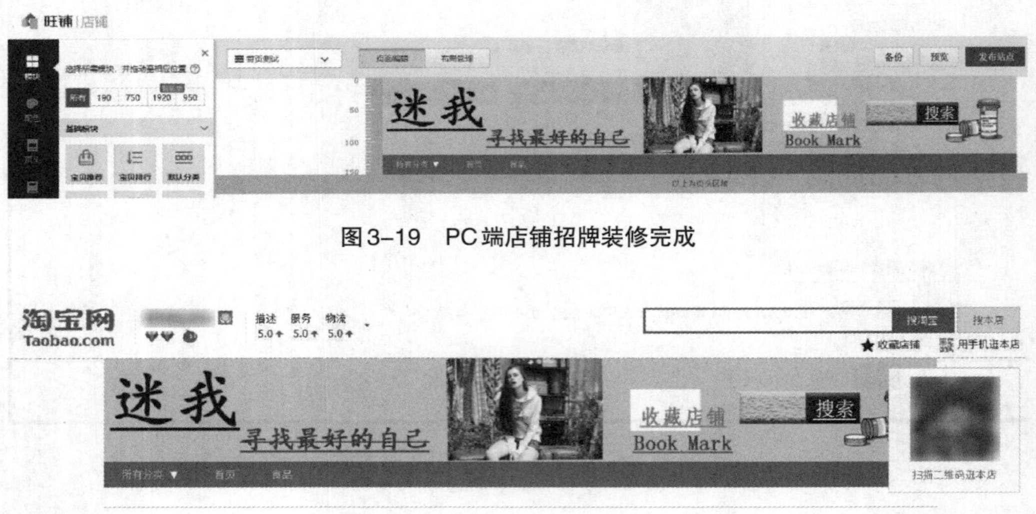

图3–19　PC端店铺招牌装修完成

图3–20　电脑端店铺招牌发布成功

此时，小张已经完成了自己网店店铺招牌（店招）的设计与制作以及装修操作，下面将进入其他模块的设计阶段。

任务二　海报设计

任务分析

海报的设计是一种视觉传达的表现形式，一张好的海报不仅可以生动地传达店铺的产品信息以及各类促销活动等情况，而且可以吸引客户的关注，提高转化率。海报的组成元素一般包括背景、产品、文案三个部分。本次任务小张主要是围绕网店海报设计前的理论认知以及设计与制作的操作方法而展开的，从而完成淘宝网店海报的设计与制作。

任务实施

一、海报概述

海报设计是视觉传达的表现形式之一，通过版面的构成在第一时间内吸引消费者的目光，并获得瞬间的刺激，这就要求设计者需要将图片、文字、色彩、空间等要素进行完整的结合，以恰当的形式向人们展示出宣传信息。

（一）海报的设计原则

海报是一种艺术化的信息传递方式。海报设计必须具备号召力与艺术感染力，要调动形象、色彩、构图、形式感等因素形成强烈的视觉效果。因此，设计出一张极具感染力的海报是网店提高转化率的重要环节。以下是小张总结归纳出的几点海报设计原则。

1. 一致原则

在设计过程中，设计师必须对整个设计流程有一个清晰的思路并逐步落实。整个海报的设计风格必须保持一致，包括背景、产品、文案等。如果没有统一，海报将会变得混乱不堪难以读取，因此，所有的设计元素必须以适当的方式组合成一个有机的整体。

2. 重复原则

海报设计中的重复原则是设计环节的重中之重。应用重复最简单的方法就是在海报的背景中创造一个图案然后重复应用，在背景中这些重复的图案会产生一种很有趣的视觉及构图效果，然后将背景与前景的元素连接起来。另一个应用重复的方法是利用一行重复的元素引导消费者的视线转移到一个重要的信息、标志或图片上。重复的元素能够产生一条路径引导消费者的视线，使消费者逐渐产生好奇心，从而继续看下去，就算它们并没有放在一起，但消费者的视觉仍会将它们视作一个整体，会潜意识地将它们联系起来。人的视觉对重复具有非常强烈的感觉，甚至有时在图中的对象并没有重复，我们也会将其看作是重复的。

3. 延续原则

延续通常与重复一起应用，当一个设计师应用延续原则进行海报设计时，会将作品中的对象组合到一起，引导消费者到另一个位置上。这个方法可以使海报中的图片吸引消费者将视线转移到所要传达的信息或品牌上。但如果不是用图片，而是用文字构成的图形，也是一种不错的选择。

4. 统一性原则

如果作品中各个元素的形状、颜色或外观都没有共同点，如果要让作品具有统一性，较为简单的解决办法是将这些元素都放在一个实色区域里。对于一些艺术事件或海报，消费者会花时间自己去了解每一部分的含义，然而，一些不和谐的元素有时能够传达极具趣味性的视觉效果。

5. 协调原则

无论是协调的构图还是不协调的构图都能够使海报的版面具有强烈的视觉效果，这是因为打破均衡会产生一种紧张的氛围感。消费者在浏览商品时，可能会在心里设想有一条垂直的中轴线及两边都对称的构图，协调或者对称的构图更容易达到消费者的这种预期。

（二）海报设计的技巧

海报与店招的相同之处在于制作时需要考虑店铺的定位，不同之处在于海报呈现的信息量巨大，在视觉上对客户更具有吸引力。因此，在设计上小张从点、线、面三方面总结出了如下内容。

1. 点

点的元素在海报设计中主要的存在意义是点缀活跃画面，烘托氛围以及丰富画面。在海报画面中常以绿叶与花瓣、玻璃碎片、火花、几何碎片、彩片等元素呈现，在运用这些元素时，需要注意近实远虚、近大远小以及疏密对比等呈现方式，如图3–21所示。

绿叶与花瓣

玻璃碎片

火花

几何碎片

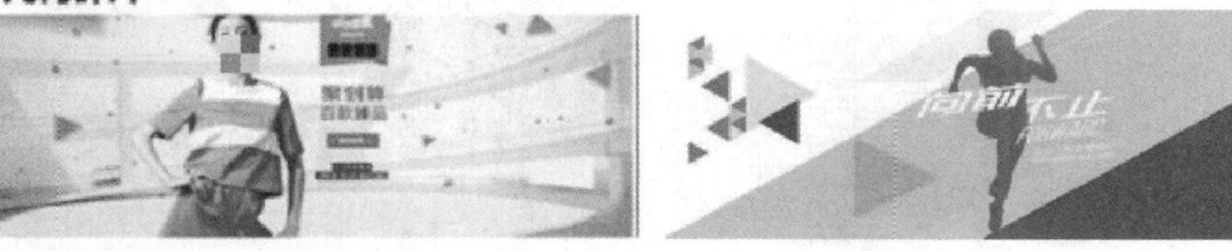

彩片、金币、红包（常见于扁平化风格）

图3–21　海报设计中的“点”元素

2. 线

线元素在海报设计中的运用主要起到渲染画面、引导或分割画面、串联画面中元素的作用。使用线条做背景最常见的两种类型分别为具有强视觉冲击效果的放射性线与失衡但具有运动感、视觉活力十足的斜线，但这两种线在运用时需要注意线条的粗细和长短对比。在文案中配合色块可以起到分割画面信息的作用，能让文案更有条理。有时候也能起引导指向作用，就整个画面而言，文案也可以理解为线，比如汉字下面添加的英文小字，它们的存在可以很好地增加画面的细腻感，如图3–22所示。

3. 面

面一般是画面中的主角，即店铺商品。一些常见的店铺首页海报基本都是通过色块也就是“面”来设计画面的，需要注意的是面与面之间需要通过不同的排列来灵活对比，另外运用几何色块元素来突出画面背景与产品层次也是海报设计中一个不错的选择，如图3–23所示。

图3–22　海报设计中的“线”元素　　图3–23　海报设计中的“面”元素

二、海报的设计与制作

在掌握了海报设计的技巧后，小张就可以开始着手海报设计与制作了。经查阅相关资料他发现常见海报可分为两种，一种是尺寸为1920px × 500 px /1920px × 600 px的全屏海报，另一种是尺寸为950px × 自定义px的950海报。小张从店铺布局考虑选择了后者。

步骤1：在Photoshop软件中新建一个950px × 393px的图层，并置入背景图片，调整图片大小，如图3-24所示。

图3-24 置入海报背景图片

步骤2：调整好图片后，选择矩形工具，在模特图的左侧置入撞色的丝绸图片，一方面用来增加画面的层次感，另一方面用丝绸图片来突出商品的材质，如图3-25所示。

图3-25 置入丝绸图片

步骤3：选择矩形工具，在丝绸图层上方错位画出错位放置的矩形并填充蓝色，蓝色的选择是为了区别于背景，能显示出稍后添加的文案，如图3–26所示。

高清彩图
扫码查看

图3–26　添加错位矩形

步骤4：选择文字工具，添加海报主题，为了突出海报主题，小张对“NEWEST（最新的）”字样进行了混合设置，塑造出丝绸的顺滑感，再一次呼应商品特点，如图3–27所示。

图3–27　字体混合设置

步骤5：设置完海报主题后，小张依次输入剩下的海报文案，通过合理的排版增加视觉效果，即可完成海报设计，如图3–28所示。

图3–28　设置完成的海报效果

任务三　商品分类栏设计

任务分析

商品分类栏设计的目的是为客户提供更直接的购买路径，其每一个链接都可以访问一个完整的页面。客户在访问页面时可能是随意的，所以店铺分类栏需要更主动地帮助客户提炼店铺信息。一个有创意的商品分类栏不仅可以生动地传达店铺的产品信息以及各类促销活动等情况，还可以吸引客户下单，提高客户访问效率，增加订单的成交率和转化率。

任务实施

一、认识商品分类栏

小张通过在购物平台搜索发现，通常网店商品分类栏的种类有很多，比如顶部导航栏、中部分割分类栏、底部导航栏、侧面分类栏和详情页跳转导航栏等。虽然这些商品分类栏的位置和形式不同，但其目的和作用都是为客户提供更直接的购买路径。这里以左侧商品分类栏为主，小张归纳出了其重要性与主要作用。

（一）商品分类栏的重要性

左侧商品分类栏是可以提高客户对店铺浏览深度的一个重要模块，而其中的产品类目排列则为重中之重。通过左侧商品分类栏模块可以向客户很好地展示店铺销售的类目产品，而这些类目产品通过合理的排序，可以让客户快速地寻找到所需要的商品。

卖家还可以在左侧商品分类栏增加相应的模块，如推荐商品、热销商品、促销商品、包邮商品等，在优化分类搜索的同时，更有针对性地向客户展示产品的卖点，增加客户黏性。

（二）商品分类栏的主要作用

左侧商品分类栏主要的作用是让新老客户快速地搜索到相应的产品，增加搜索关联度以及客户黏性，可以刺激客户产生反复点击或者购买的行为，而客户停留的时间越长，其购买率也就越高。

二、商品分类栏的设计与制作

小张给自己店铺风格色调定位为经典的黑白色，考虑到店铺装修的统一性，在进行商品分类栏设计时，其选择了相近色“灰+白”为底加以“黑色”的图标元素。

步骤1：打开Photoshop软件，执行“文件”→“新建”命令，弹出“新建文档”对话框，新建一个宽度为155像素、高度为98像素、分辨率为72像素/英寸的文件，背景色为白色，然后单击“创建”，如图3–29所示。

步骤2：选择“矩形选框工具”，画出选框，然后选择“油漆桶”，对选框进行颜色填充，如图3–30所示。

步骤3：选择“直线工具”在画布中画出一条直线，然后调整线条位置，在灰色与白色层之间添加三角形黑色图标，做出箭头的效果，引导买家点击浏览分类，如图3–31所示。

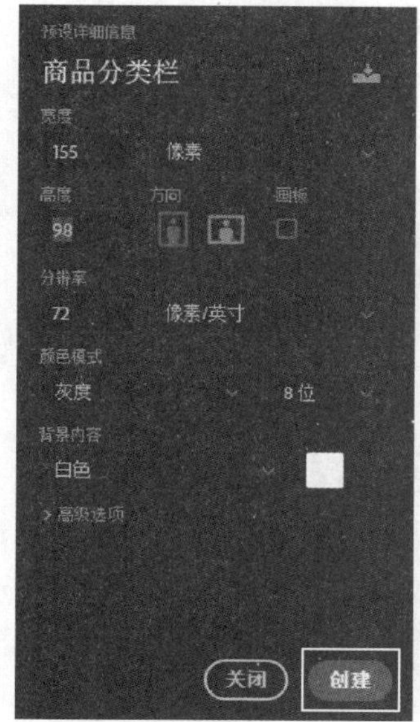

图3–29　分类栏尺寸设置

图3–30　填充选框

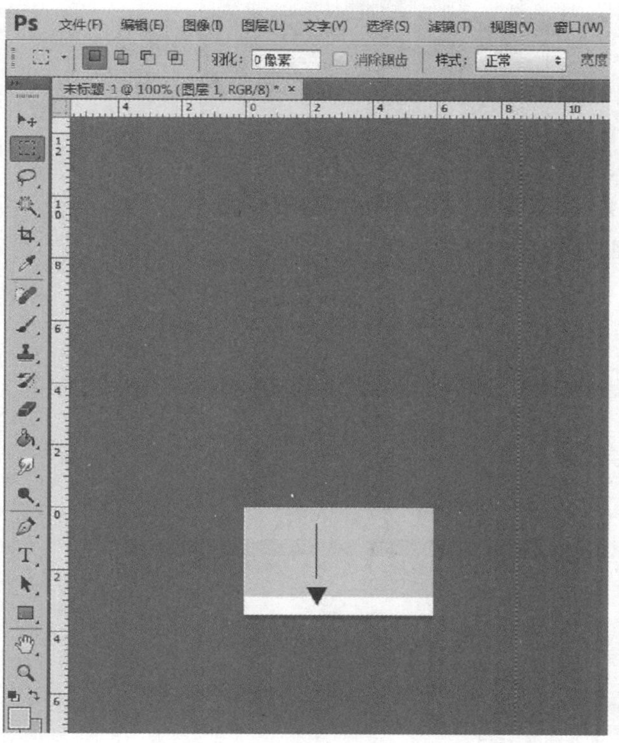

图3–31　分类框设置

步骤4：在直线左侧置入黑色图标元素，接着选择“横排文字工具”添加文字、设置文字格式大小等，如图3-32所示，最后将图片保存即可（保存的格式最好为JPG、JPEG、PNG、GIF），如图3-33所示。

至此，小张完成了网店商品分类栏的设计与制作，只需要将设计好的图片装修到商品栏中即可，制作完成的商品分类栏如图3-34所示。

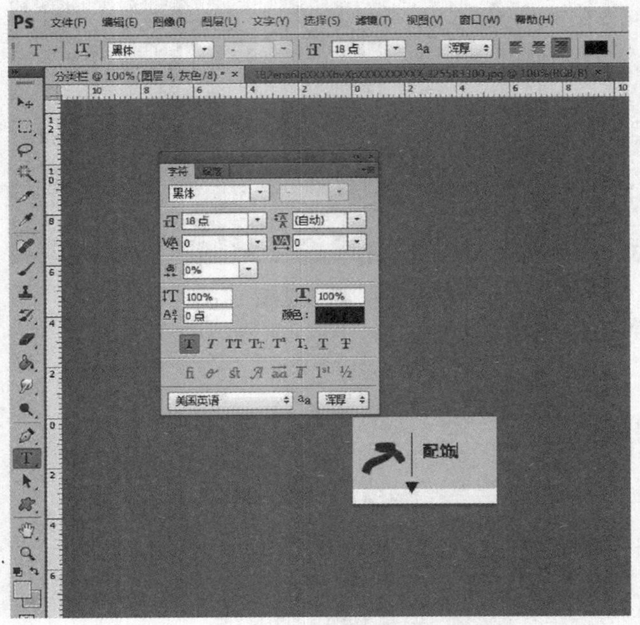

图3-32　文字格式设置

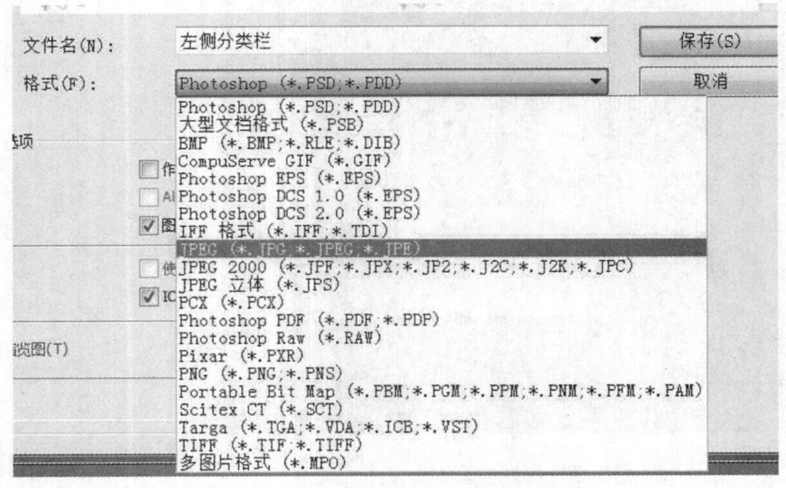

图3-33　保存分类栏图片格式

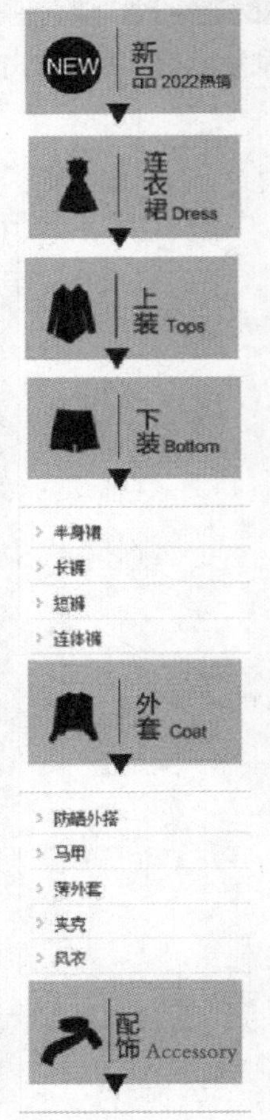

图3-34　制作完成的商品分类栏展示

三、商品分类栏的装修步骤

小张在完成了商品分类栏的设计与制作后，就要开始在后台装修商品分类栏了，具体的操作步骤如下所示。

步骤1：登录“千牛卖家中心”，鼠标移至页面左侧栏的“店铺”，点击之后在弹出的选项框中选择“店铺装修”项，如图3–35所示。随后再点击“PC店铺装修”，进入基础页，如图3–36所示。

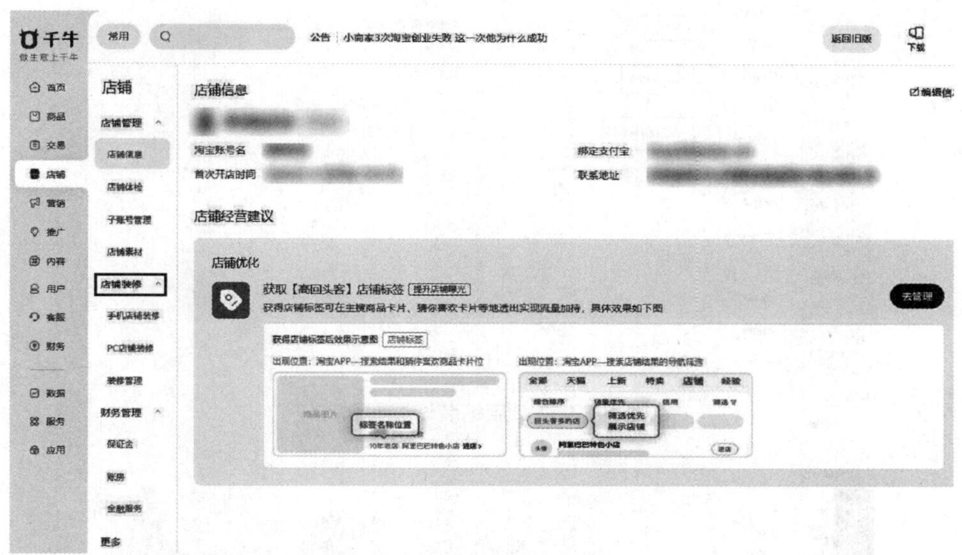

图3–35　“千牛卖家中心”—“店铺”页面

图3–36　“PC店铺装修”基础页

步骤2：在基础页页面会看到“首页”“店内搜索页”和“企业档案展示页”三个页面名称（如图3–37所示），将鼠标移至“首页”—“线上首页”—“装修页面”项，点击进入店铺首页装修编辑页面（如图3–38所示）。

图3–37　PC店铺装修页面名称

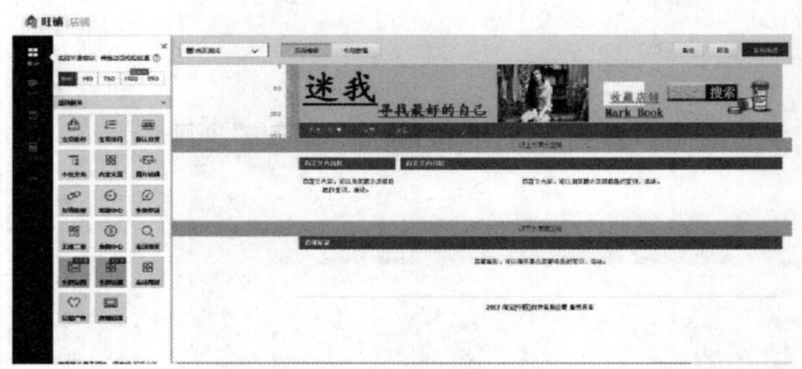

图3–38　店铺首页装修编辑页面

步骤3：在店铺装修页面中将鼠标下拉到“宝贝分类”模块，点击宝贝分类栏右上角的“编辑”，如图3–39所示，进入宝贝分类管理页面。

步骤4：在宝贝分类管理页面中有两个选项，分别是添加手工分类和添加自动分类。“添加手工分类”就是手动添加产品的分类；“添加自动分类”则是根据系统给出的产品属性自动进行分类，如图3–40所示。

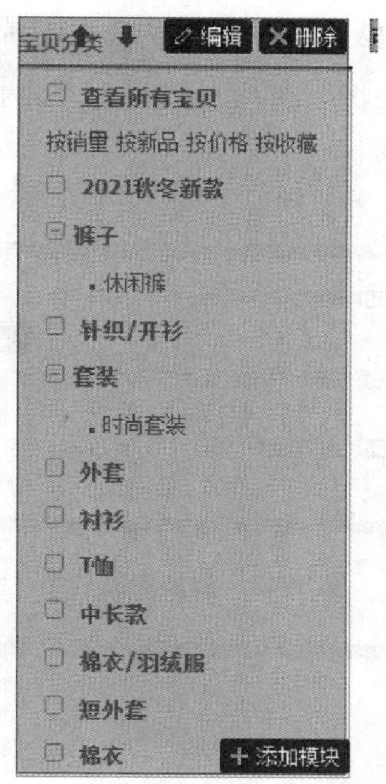

图3–39　商品分类设置模块

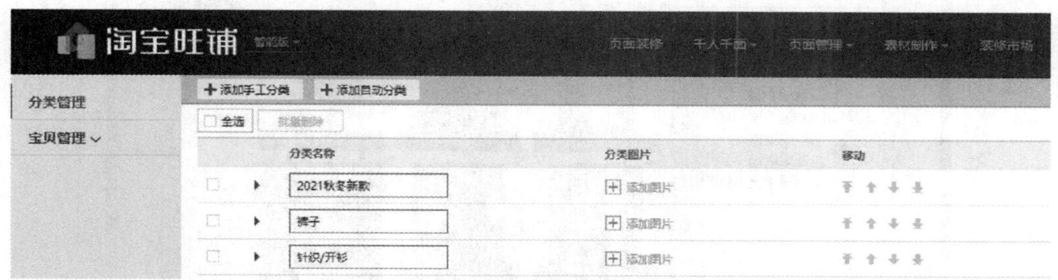

图3–40　商品分类管理页面

步骤5：下面以添加手工分类为例进行添加分类，首先点击“添加手工分类”，然后对应的在下方会出现分类编辑模块，点击“添加子分类”按钮，下方会出现子分类编辑模块，在一个产品分类下可以有多个子分类，如图3–41所示。

图3–41　添加手工分类

步骤6：点击添加图片前的“+”来添加商品图片，这里添加图片的方式有“内部图片地址”和“插入图片空间图片”两种，“内部图片地址”是将图片链接粘贴到地址框保存即可，如图3–42所示；使用“插入图片空间图片”时，这里有“上传新图片”和“从图片空间选择”两种上传方式，可根据需求进行添加，这里选择“从图片空间选择”，如图3–43所示。

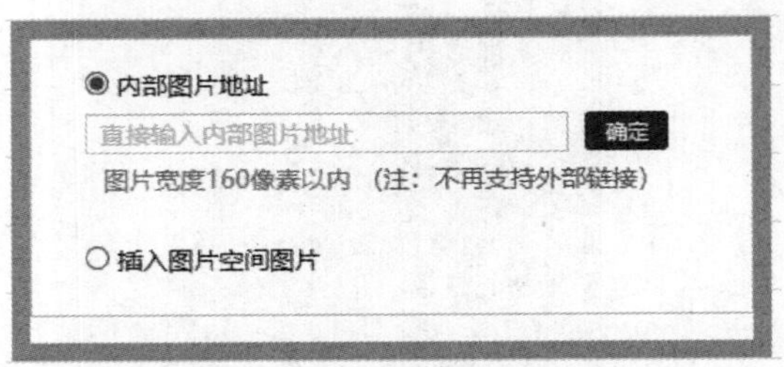

图3–42　添加商品分类

图3–43　选择“从图片空间”上传图片

步骤7：添加完成后点击“保存更改”。此时，店铺商品分类栏的装修就完成了。

任务四　促销区设计

任务分析

店铺的促销区是企业文化非常重要的展示区，店铺可以根据自身经营活动需要来设计和组织页面内容。利用好促销区不仅能合理展示企业商品，还能对商品营销起到良好的促进作用。通过对店招、海报、商品分类栏的装修设计，小张基本上掌握了企业经营商品的基本信息，考虑到店铺的营销发展，小张决定将这些信息灵活地糅合在促销区设计中，通过促销区的装修设计为自己的店铺带来更多的转化率。

任务实施

一、促销区概述

（一）认识促销区

促销就是营销者向消费者传递有关本店铺及产品的各种信息，说服或吸引消费者购买其产品，以达到增加销售量目的的一种活动。促销实质上是一种沟通活动，即营销者（信息提供者或发送者）发出作为刺激消费的各种信息，把信息传递给一个或更多的目标对象以影响其态度和行为。

在网店中，促销区是指网店经营者将其产品的优惠力度、热推商品等内容直接展示出来的区域，这些促销信息能抓住消费者对店铺的求知欲，从而引起消费者的高度关注，对店铺的营销起到很好的促进作用。一般情况下，为了页面的美观，促销区图片的高度会控制在500px内，插入的图片格式为JPEG、JPG，支持HTML代码。

（二）促销区的常见分类

根据对促销区的理解，小张将促销区具体分为以下6种类型，即特价区、限时秒杀区、包邮区、赠送区、红包与抵价券区及会员积分区。

1. 特价区

店铺利用节假日、店庆等时间段，定时定量推出部分产品，作为特价产品销售，享受 × 折优惠。如图3–44所示，促销区内容包括活动名称、商品名称、商品价格在活动前后的对比、活动时间。主要凸显出折后价，引导用户潜意识将活动时间“周三”定为店铺特价力度最大时刻，进而增加店铺销量。

图3–44　特价区

2. 限时秒杀区

限时秒杀区通常是由店铺不定期推出库存量较大的产品，在规定时间段统一发布，享受低价优惠，通过秒杀页面促进用户密集购买。如图3–45所示，该店铺的秒杀活动主题为“7月28日10点准时秒杀”，商品名称下标明秒杀价，并用重复的“秒杀”字样渲染出紧张热烈的秒杀氛围。

3. 包邮区

包邮，即在店铺内一次性购买商品总价超过一定金额或达到某单品数量时，即可享受包邮服务（规定区域限制、特殊产品限制）。如图3–46所示，卖家在促销区的海报上表明“两件包邮”，卖家通过购买两件以上单品即可享受包邮，以此来触动买家的消费欲望。

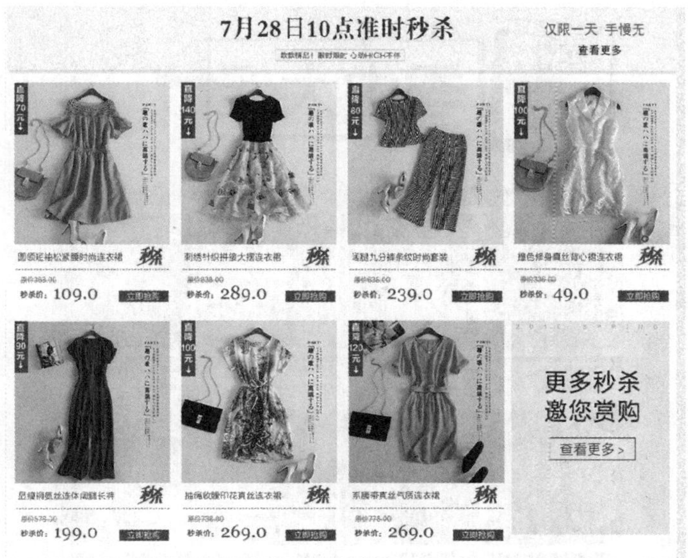

图3-45　限时秒杀区

图3-46　包邮区

4. 赠送区

赠送区，即在店内购买指定商品即可获得赠品一份，如购买单品总价达到一定金额，即可免费赠送同类或非同类单品一份。如图3-47所示，店家做的季中大促活动，凡是购买两件商品的消费者都会多获得同类单品一件，以此来提高店铺的转化率。

图3-47　赠送区

5. 红包与抵价券区

红包与抵价券，即店铺于某个时间点，开始派发红包（抵价券）活动，红包（抵价券）内含商品包邮、抵价券、少量会员资格等，其中抵价券不抵现不找零。如图3-48所示是一家网店的红包与抵价券区，内容主要为领取不同金额红包（代金券），促销内容主要以突出红包（抵价券）面值，并在金额下方标明购物满多少元使用，买家在领取后即可直接消费使用。

图3-48　红包与抵价券区

6. 会员积分区

用户只要在网店内购买商品就可能产生积分，当用户全年累计积分达到一定数量后，即可免费升级为会员，享受会员待遇，或者用于抵价商品，与抵价券功能相同，但不得同时累计使用。如图3–49所示，从图片中可以看出该店铺会员所享受的一系列权利，并且会员可以利用积分兑换不同金额的礼品，同时在图中也写明了会员积分的转化规则和兑换要求等。

图3–49　会员积分区

二、促销区设计与制作

根据对促销区的认知，小张在促销区图片的设计标准上要求主题突出、目标明确和形式美观。同时，小张还了解到一张优秀的促销区图片中应包括活动名称、商品名称、商品展示图片、活动规则等要素。在此基础上，小张开始着手促销区图片的设计与制作。

步骤1：打开Photoshop软件，执行“文件”→“新建”命令，弹出“新建文档”对话框，新建一个宽度为740像素、高度为500像素、分辨率为72像素/英寸的文件，背景色为白色，然后单击“创建”，如图3–50所示。

步骤2：打开模特展示图，使用裁剪工具截取展示图的重点部分，如图3–51所示。

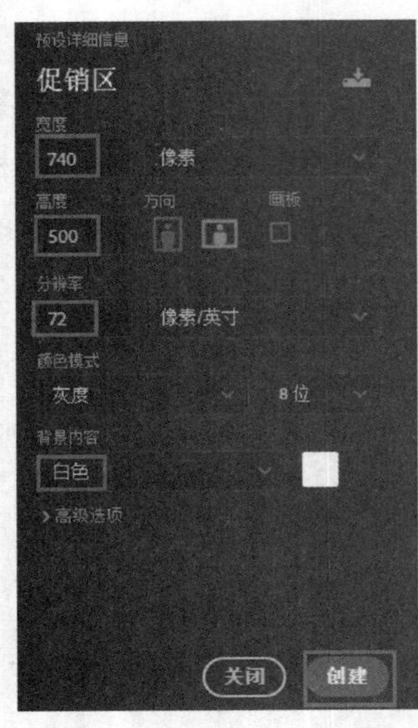

图3-50　促销区尺寸设置

图3-51　裁剪促销区展示图

步骤3：裁剪完成之后，将模特展示图直接拖入新建图层，由于大部分人的视觉习惯是从左到右，所以小张选择在左侧放置促销文案，右侧放置模特展示图，如图3-52所示。

图3-52　添加促销文案框

步骤4：为了让画面看起来更有活力，小张选择直线工具，在模特图的左半部分画出一条斜线，设置斜线的颜色为黑色，粗细为3像素，如图3–53所示；然后选择橡皮擦工具，擦除斜线左侧的图像内容，并移动斜线空出适当留白，营造出不规则的画面感，如图3–54所示。

图3–53　画出斜线

图3–54　擦除斜线左侧图像并移动斜线位置

步骤5：选择文字工具将促销活动要素，如活动名称等，逐一添加到图层中，排版后设置适当的字体和颜色，并通过矩形工具画出矩形填充颜色并添加文案，以模拟按钮的方式呈现，引导买家点击跳转促销商品页面，如图3–55所示。

图3–55　促销区文案设置

步骤6：完成后，点击“保存”，这样，小张就完成了店铺活动促销图，如图3–56所示。

图3–56　促销设计展示

三、促销区装修步骤

小张在完成了促销区的设计与制作后，就要开始着手网店促销区的装修了，具体的操作步骤如下所示。

步骤1：进入千牛工作台的“店铺装修”界面，在“页面编辑”页中，点击“自定义内容区”右上角的“编辑”按钮，如图3–57所示。

图3–57　自定义内容

步骤2：进入编辑页面后，在弹出的自定义内容窗口进行内容的设置，这里可以选择显示标题或者不显示标题，随后点击“插入图片”按钮，如图3–58所示，插入已经设计好的促销图，如图3–59所示。还可以给促销区添加链接，最后点击“立即保存”即可完成。

图3–58　促销区设置页面截图

图3–59　促销区图片上传

步骤3：此时店铺促销区就装修完成了，点击页面右上角的“发布站点”按钮，发布成功后，电脑端页面将立即生效，如图3-60、图3-61所示。

图3-60　电脑端店铺促销区装修完成页面

图3-61　电脑端店铺促销区发布成功页面

任务五　自定义栏目设计

任务分析

网店自定义栏目是淘宝店铺体现创意的最好途径，它是店铺非常重要的展示区，不仅可以推荐店铺商品，还可以展示店铺风格，更可以很好地促进网店的买家分流、商品促销等。因此，设置出有创意的自定义区对店铺的销量非常重要，本任务小张将给大家介绍自定义区的商品图排版和图片切割的具体方法。

任务实施

一、自定义栏目的图片排版

在淘宝店铺中，现有的自定义模块有“950像素”、“190像素”与“750像素”三种尺寸，这些自定义模块可以根据卖家的需求往里添加图片、文字以及HTML代码，小张准备将这些元素进行组合把自己的淘宝店铺装修得更具特色。

为了页面的美观，网店布局通常会采用表格的排版形式，而商品排版往往用于店铺宣传页及商品的促销栏目。如图3-62所示，图中1至7七个部分所占比例不一样，不规则的排版能使店铺的多种单品毫无违和地统一出现在首页。而这类自定义栏目的排版，小张可通过Photoshop来实现。以下是小张利用Photoshop进行图片排版的具体步骤。

图3-62　自定义区图片排版

步骤1：打开Photoshop软件，执行“文件”→“新建”命令，弹出“新建文档”对话框，新建一个宽度为740像素、高度为580像素（宽、高根据自己的需要设置）、分辨率为72像素/英寸的文件，背景色为白色，然后点击“创建”，如图3-63所示，所创建的自定义栏目如图3-64所示。

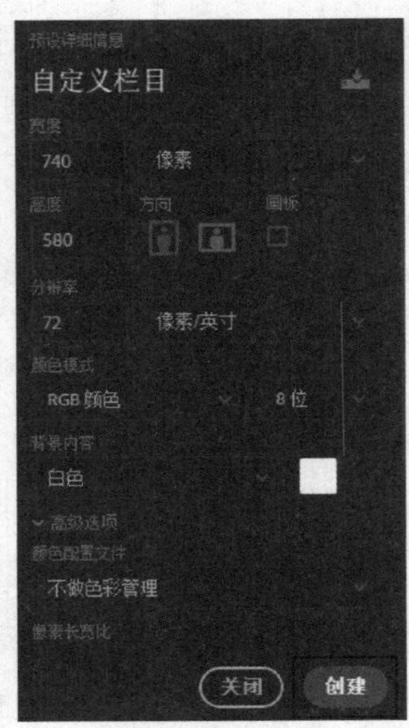

图3-63　创建自定义栏目

图3-64　新建自定义栏目展示

步骤2：将提前准备好的素材图直接拖入图像窗口中，随后点击“保持长宽比”按钮，如图3-65所示，此时拖拉图像窗口的变换框，适当调整图片的大小和位置，如图3-66所示。

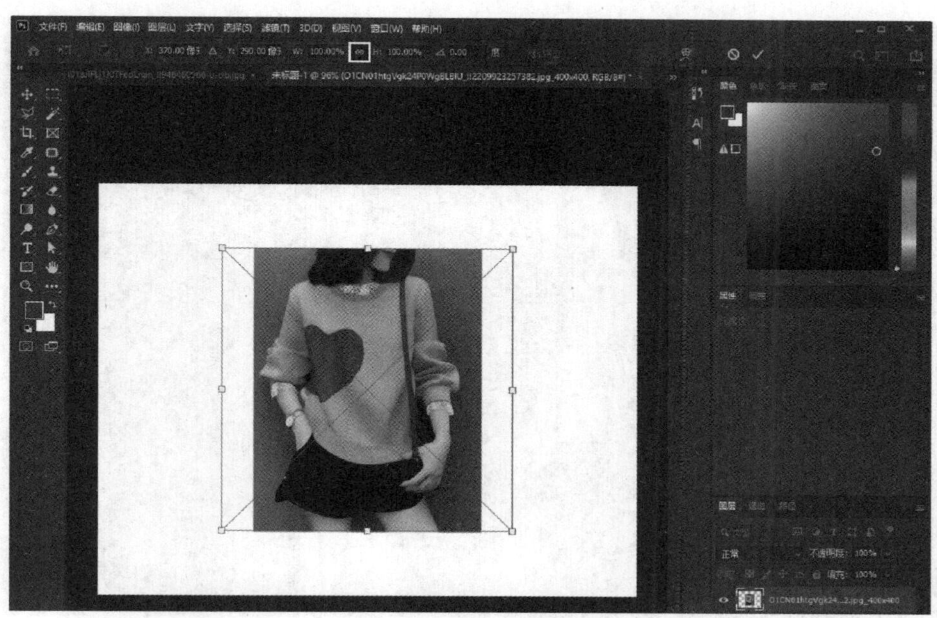

图3-65　拖入素材

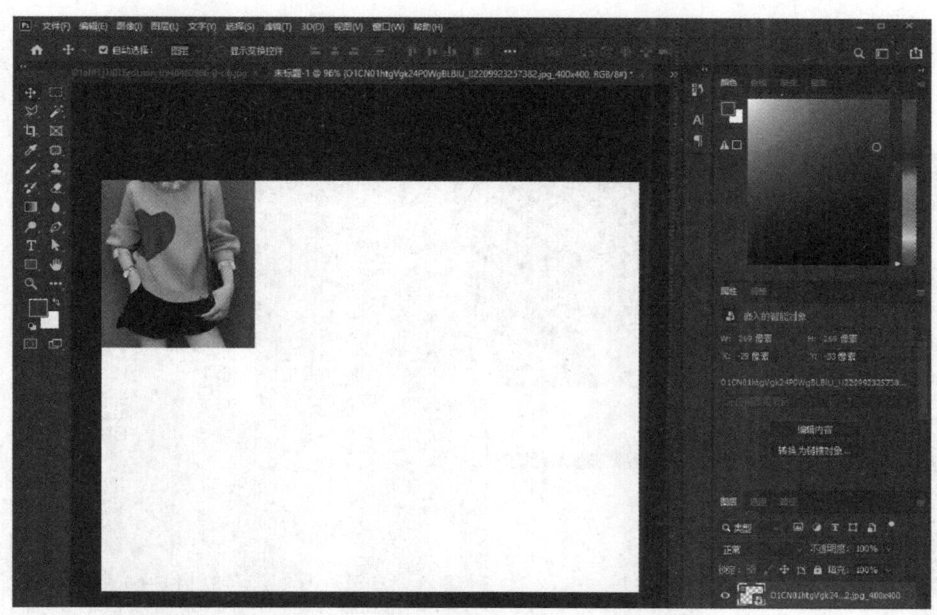

图3-66　调整图片

步骤3：同样的方法，依次拖入剩下的6张素材图，并且调整其大小和位置，即可完成图片的排版，为了对素材图进行区分，可在图片左上角输入序号，如图3-67所示。

图3–67　图片排版效果展示

步骤4：完成图片的排版后，小张需要对所排版的图片进行保存，执行“文件”→“导出”→“存储为Web所用格式”命令，如图3–68所示。

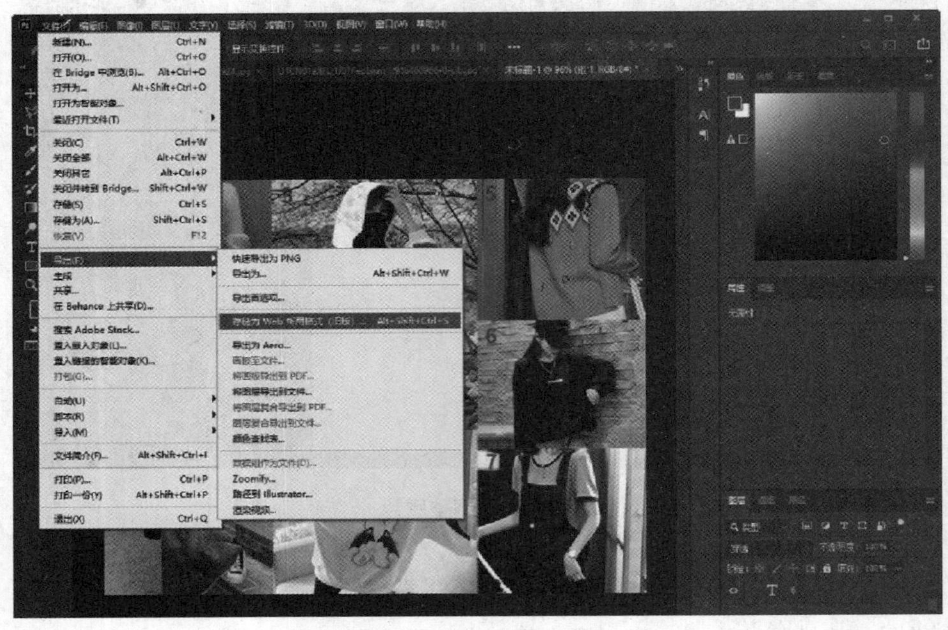

图3–68　导出图片命令

二、自定义栏目的图片切割

自定义栏目的图片可以是一整张大图，也可以由若干张小图片组成。相比前者，后者点击图片就可以直接进入该商品的详情页面，让用户以最快捷的方式对商品进行了解和购买，从而提升店铺的转化率，但如果是由若干小图片排版形成的整张图片是无法为每个商品分别添加超链接的。因此，小张可以通过Photoshop软件切图，将一张大图片分割为多个部分，再分别对各部分进行编辑。具体步骤如下。

步骤1：打开素材文件。在Photoshop软件中打开需要切割的图片，点击左侧工具栏中的切片工具，选择“切片选择工具”，如图3–69所示。

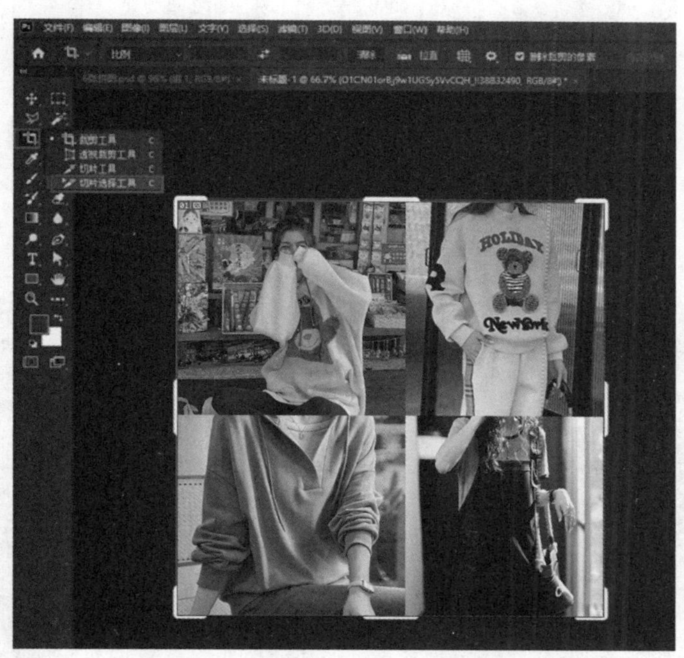

图3–69　选择切片工具

步骤2：点击图片左上角的“01”编号，此时，左上方工具栏中，“提升”“划分”变为可选状态，如图3–70所示。

步骤3：点击“划分”选项，弹出“划分切片”界面，在“划分切片”选框内，点击“水平划分为”前面的小方框，随后在底下的框内输入2，用同样的方法，在“垂直划分为”底下的框内也输入2，如图3–71所示。

步骤4：此时，素材图已经被切割成了4个部分，如图3–72所示。

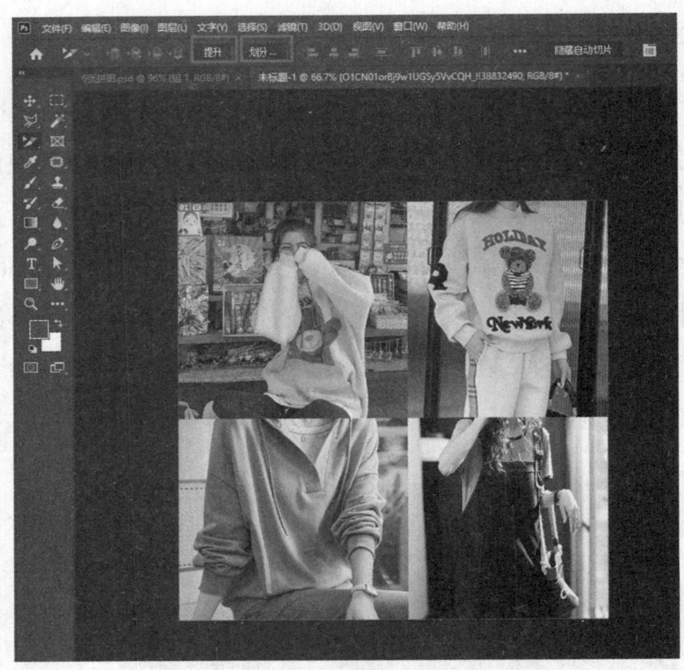

图3-70 “提升”“划分”设置按钮

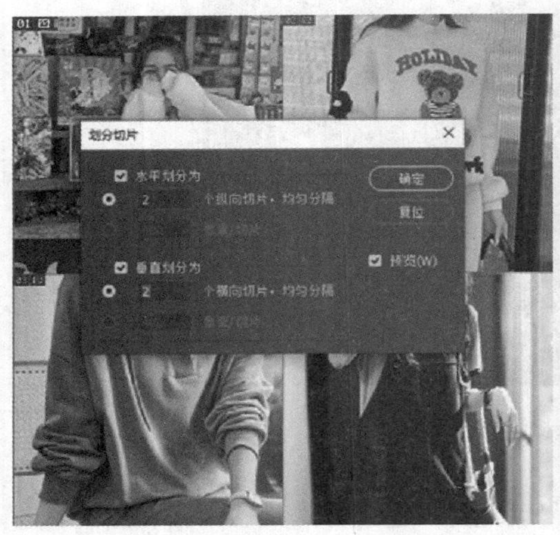

图3-71 “划分切片”设置

图3-72 已切割素材图

步骤5：图片切割完成后，小张需要对所切割的图片进行保存，执行“文件”→“导出”→“存储为Web所用格式”命令，如图3-73所示。

步骤6：为切片创建超级链接。打开产品页面，复制对应商品的链接，如图3-74所示。

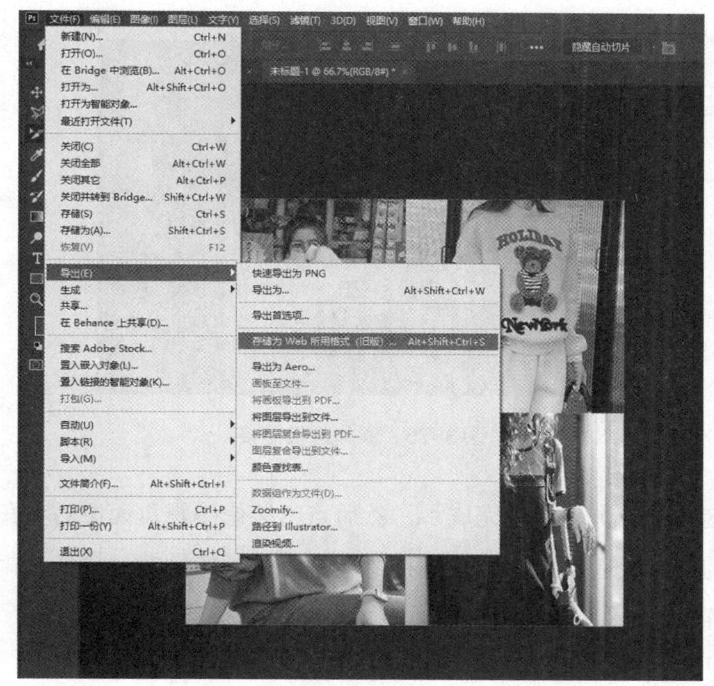

图3–73　保存图片

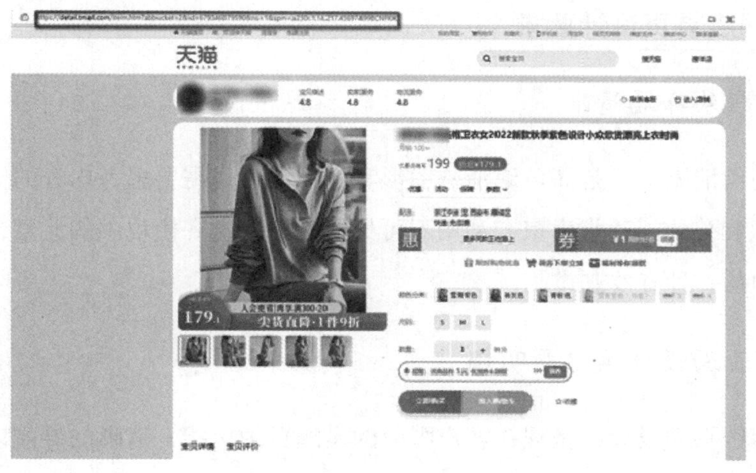

图3–74　复制商品地址

步骤7：回到Photoshop软件，使用切片选择工具双击需要建立超级链接的切片，弹出切片选型面板。在URL地址中粘贴步骤6中复制的商品地址，并在“目标”一栏中输入“_banck”，点击“确定”，即可完成切片图片的优化和超级链接的添加，如图3–75所示。

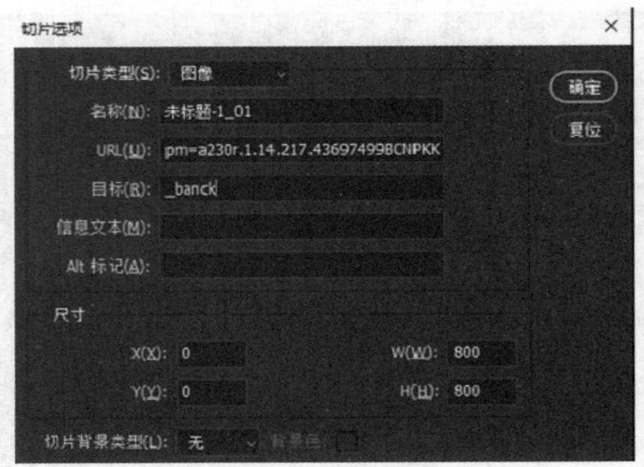

图3–75 添加超级链接

至此电脑端的首页装修就完成了，然后点击装修编辑页面中右上角的预览，检查装修页面的图片是否无误、图片链接跳转是否正常等情况。确认无误后点击“发布站点”，店铺首页就发布完成。

知识链接

一、网店首页设计要求

（一）模块布局清晰

布局简约清晰，不是简单地消减图形和文字，而是需要思考内容的顺序，对模块进行组织和分块。通常卖家会利用不可见的网格来对齐模块中的元素，这是吸引客户注意力的一种有效方式。

（二）页面设计风格要明确

好的店铺页面设计，呈现在客户眼前的是醒目的店招、清晰的导航以及具有视觉冲击力的轮播图，这三个部分是整个页面风格的风向标。在页面设计时需要考虑每一块元素是否与整体风格相协调、呼应。当设计的整体风格不同的元素过多时，整个页面会变得十分混乱，容易把客户的注意力从页面的焦点区引开。

（三）页面细节统一

页面中虽然有很多细节，但元素过多就意味着客户处理的信息会增多，导致客户注意力分散，所以卖家在页面设计上要尽量保持元素的细节统一，要注意如下几点。

（1）页面颜色不宜过多。

（2）页面要突出重点。

（3）保持各模块间的协调统一。

（4）保持字体、按钮等细节的风格统一。

在人的视觉中，不同颜色的线条和色块是处在不同层面上的，一般浏览习惯是从上到下、从左到右，所以卖家的价格标签通常会用亮色或相对大片的色块突出重点。在设计简单的客户体验时，不仅要避免干扰客户浏览的因素出现，而且需要明确重点，让客户在浏览的同时注意力保持集中。

二、店招常见类型

店招的设计与定位息息相关，从功能上说店招可以分为以下三种类型：品牌宣传类、活动促销类、产品推广类。

（一）品牌宣传类

通常情况下，以品牌宣传为主的店铺有雄厚的资金实力，以及影响力较大的产品，想要打造自己的专属品牌，店招就需要包括品牌Logo、关注、收藏等信息。

这类店招首先要考虑的内容是店铺名、店铺Logo、店铺Slogan，因为这是品牌宣传的基础内容；其次是关注按钮、关注人数、收藏按钮、店铺资质，这些信息可以侧面反映店铺实力；最后是搜索框、第二导航条等方便用户体验的内容。

（二）活动促销类

此类店铺的店招风格由活动主题决定，促销活动薄利多销，营造出活动氛围。所以店招首要考虑的因素是活动信息、时间、倒计时、优惠券、促销产品等活动或者促销信息；其次是搜索框、旺旺、第二导航条等方便用户体验的内容；最后才是店铺名、店铺Logo、店铺Slogan等品牌宣传为主的内容。这种类型的店招，不管是氛围设计还是内容展现，都要让活动信息占据更大的篇幅，否则买家对店铺的信息关注反而会降低。

（三）产品推广类

产品推广类店铺特点是有主推产品，想要主推一款或几款产品来增加店铺的销量。在店招上，这类店铺首先要主打促销产品、促销信息、优惠券、活动信息等促销信息；其次是店铺名、店铺Logo、店铺Slogan等品牌宣传为主的内容；最后是搜索框、第二导航条等方便用户体验的内容。

同步实训

一、实训概述

本实训项目要求学生在教师的带领下进入博星卓越网上商城，结合实训要求和教材完成网店装修管理的实际操作（包括店招、海报、商品分类栏、促销区、自定义区的设计和制作以及装修），学生在进行店铺装修设置时，应该注意突出对商品信息、店铺活动等方面的描述，可以通过图片或者文本等形式呈现。在操作过程中学生要遵守平台操作流程，熟悉各模块的理论知识，掌握各模块的装修技巧、方法、具体流程以及需要注意的事项；同时，小组间要团结合作，教师给予指导。完成后提交，教师通过管理账号对学生的自助操作内容进行打分及评审。

二、实训步骤

步骤1：学生先定位好自己店铺的特色与风格。

步骤2：利用Photoshop软件设计与制作出符合自身店铺风格的各模块图片，设计时要注意尺寸的规范、色彩的合理搭配、文案的篇幅等，制作完成后导出图片并保存。

步骤3：登录教师提供的网站，在网店基本装修编辑页面完成对网店首页各模块的装修管理，应注意各模块的装修要求。

步骤4：装修完成后可以在电脑端浏览其装修效果，如果不满意可以进行修改。

步骤5：学生对实训内容进行总结，并将完成的内容提交给教师，教师对内容进行点评与打分。

检测练习

扫码获取课后习题

项目四　网店商品发布管理

学习目标

❖ 知识目标

1.理解商品标题撰写技巧。

2.熟悉商品详情页的设计方法。

3.把握商品发布流程。

❖ 技能目标

1.能根据商品属性进行商品标题的撰写。

2.能进行商品详情页的设计。

3.能独立完成商品的发布。

❖ 思政目标

了解商品发布中的知识产权保护规定。

任务分解

本项目包含以下三个任务：

任务一　商品标题撰写

任务二　商品详情页设计

任务三　完成商品发布

本项目旨在引导学生了解网店商品发布管理的具体工作，明确商品标题撰写技巧，能根据商品属性进行商品标题的撰写，熟悉详情页设计方法，能进行商品详情页的设计，最终独立完成商品的发布。

任务情境

某女装官方店铺的运营人员每周定期发布的新品款式都比较多，以其中一款连衣裙为例。运营人员一般将商品发布管理工作分成商品标题撰写、商品详情页设计、完成商品发布这三大步骤。

任务一　商品标题撰写

任务分析

标题是商品自然流量的入口，好的标题能给商品带来更多的展现机会。标题主要为买家简单介绍商品，通常默认要求是30个汉字，60个字节。那么商品标题具有什么样的功能呢？本任务将围绕这一问题展开详细讲解。

任务实施

一、商品标题的功能

（一）承载能够被搜索到的重要任务

买家会通过输入自己所需要的商品关键词来进行搜索，而淘宝网就是通过商品标题来进行匹配。因此，商品标题中必须包含较高搜索量又和商品本身贴切的关键词，这样能使自己的商品可以通过买家搜索的关键词被快速搜索到，从而获得更多的曝光。

（二）激发买家的点击欲

当买家搜索后，众多的匹配商品会展现在买家的眼前。一般情况下，面对众多的选择时，买家会通过商品主图和商品标题来决定是否继续点击，所以好的商品标题一般都能激发买家的点击欲。

二、商品标题的构成

卖家在撰写商品标题之前，需要了解商品标题是如何构成的，在淘宝上搜索不同类目的商品关键词，可以发现商品标题基本上是由核心词、属性词、长尾词和促销词构成的。

（一）核心词

核心词一般包含产品词、类目词、品牌词和二级词。卖家在撰写标题时，应该从买家的角度考虑，买家在搜索时一般会搜哪些词，比如选择类目词时，卖家可以参考淘宝首页的类目划分，如图4–1所示。

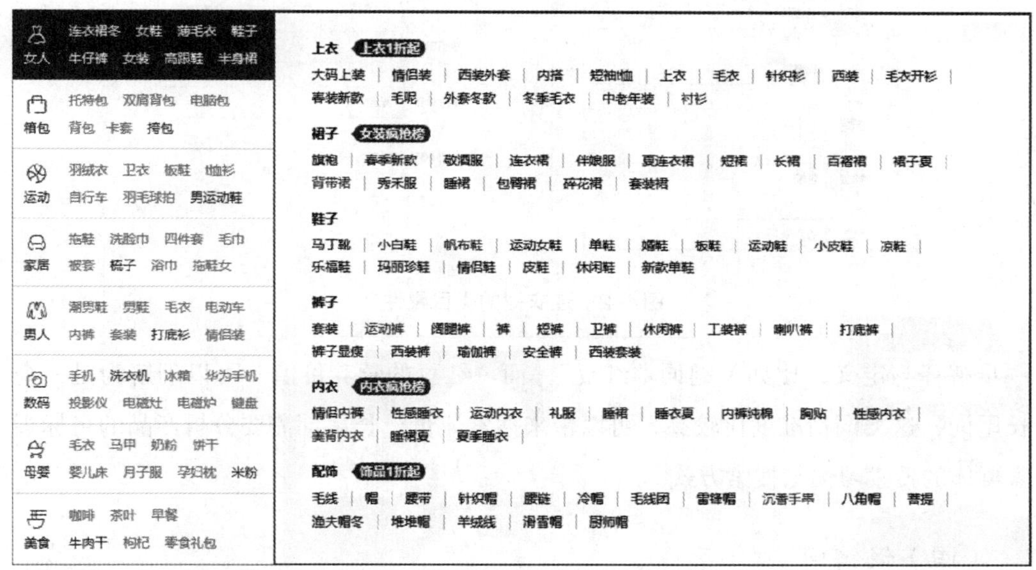

图4–1　淘宝网首页类目划分

（二）属性词

属性词是与商品属性相对应的词语，用来说明商品的尺寸、色彩、质地等相关信息，能让买家在搜索商品时，尽可能准确定位到商品的关键词。卖家在确定属性词时，一方面可以参考商品本身的信息，另一方面可以参考发布商品时，淘宝官方需要填写的商品属性信息，如图4–2所示为连衣裙的类目属性，包括款式、领型、袖型、适用年龄、年份季节等属性词。

（三）长尾词

长尾词是指与目标核心关键词高度相关的关键词，它通常可能是对目标词的进

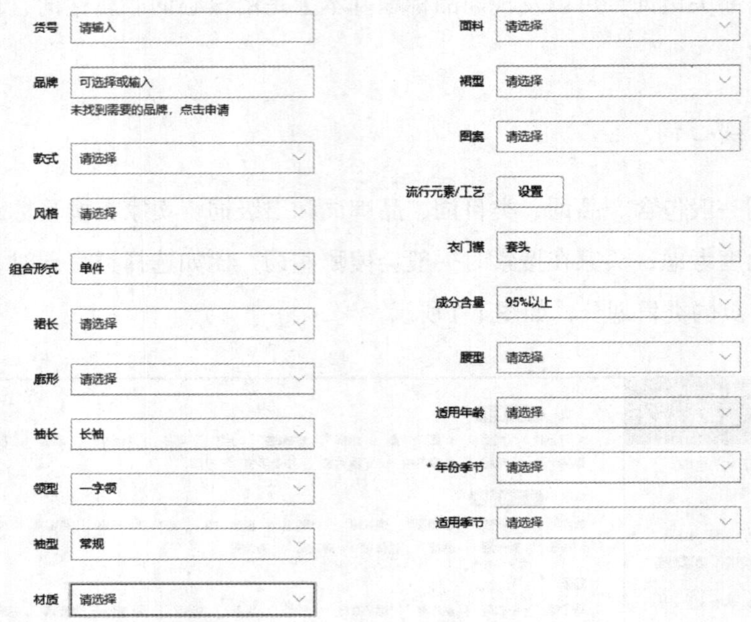

图4-2　连衣裙的类目属性

一步解释与定义，比如关键词“红豆”，而“红豆的营养价值”可以理解为是一个长尾词，这类词精准度比较高，可以带来搜索流量。长尾词需要分析产品的目标买家群体的搜索习惯与搜索方式。

（四）促销词

促销词是指与网店活动相关，能够吸引刺激买家产生购买欲望的词，如秒杀、包邮、特价、火爆热卖、限时打折等活动，如图4-3为标题带有促销词的商品。

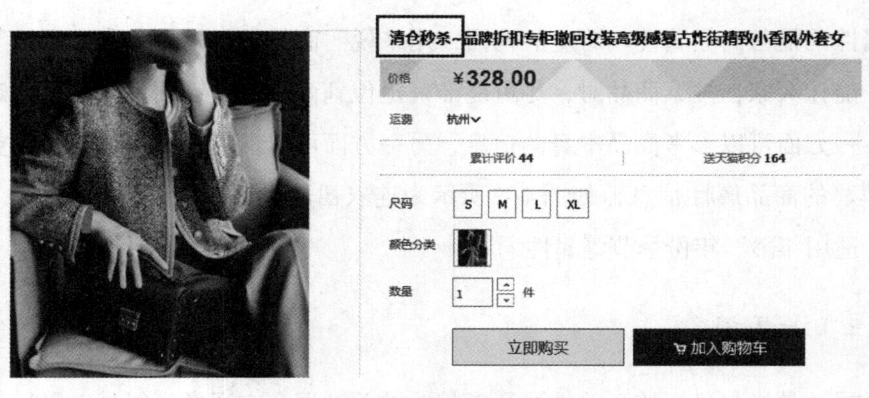

图4-3　商品标题中的促销词

三、标题关键词查找方法

1. 淘宝搜索下拉框

比如买家在淘宝首页的搜索框搜索“女装”时，下拉框中会出现一些系统推荐的与之相关的词汇，这些词是当下搜索量比较大且和搜索词相关度高的关键词。卖家在组建标题时可以把这些当下热搜词放到商品标题中，如图4–4所示。

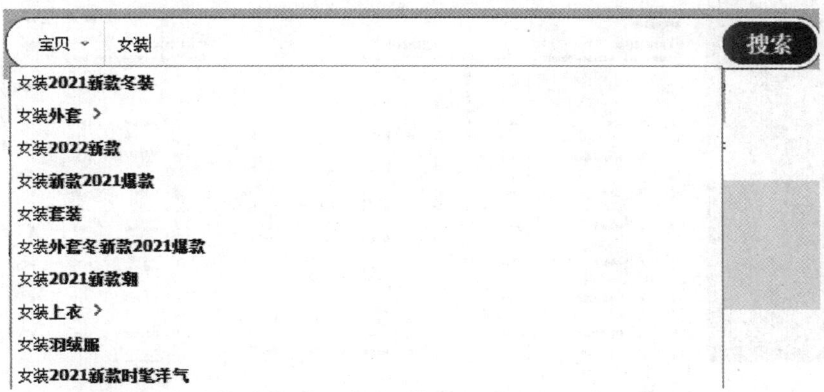

图4–4　女装类目相关词汇

2. 参考同行Top商品

在淘宝首页搜索产品核心词（女装），这时会出现很多同行的产品，我们点击销量排序，参考同行Top商品的标题，这些标题中的关键词都是通过市场筛选，具有一定优势的关键词，如图4–5所示。

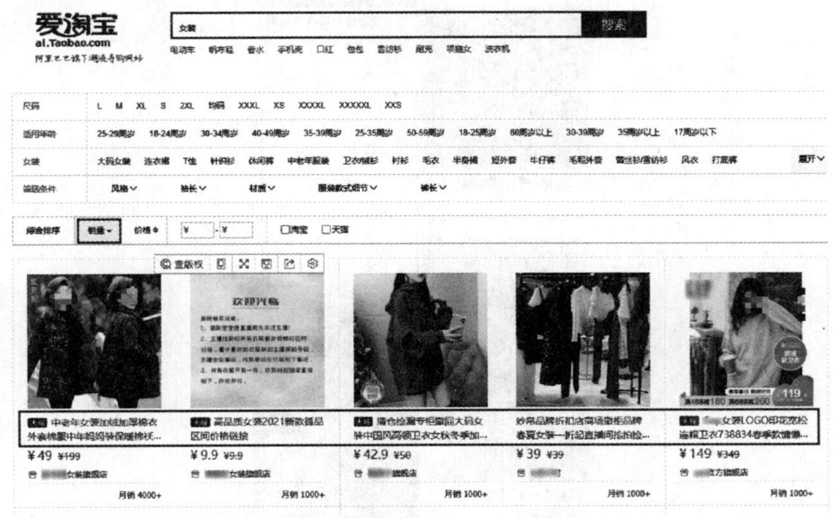

图4–5　“女装”同行Top商品

3. 直通车流量解析

打开直通车中的流量解析，输入产品核心词，下拉到相关词推荐页面，可以分别看到该行业当下的热搜词、飙升词和黑马词排行榜，把里面和宝贝高度匹配的关键词记录下来作为组建标题的预选词也是一种好方法，如图4-6所示。

图4-6 “女装”热搜词、飙升词和黑马词展示

4. 移动端锦囊词

移动端除了可以用淘宝搜索下拉框收集外，也可以参考输入关键词后结果页中间的细选词，即移动端锦囊词，如图4-7所示。

图4-7 移动端锦囊词

5. 生意参谋

利用官方数据平台找词是简单高效的方法之一。具体操作方法如下：打开生意参谋→选择“市场”→点击“搜索洞察”下的“搜索分析”→“搜索词分析”，我们在搜索词分析下的搜索框里面输入产品词（如“女装”），如图4-8所示；随后敲击回车键，可以看到“女装”核心词下的相关搜索词、关联品牌词、关联修饰词和关联热词（如图4-9所示），挑选其中和产品相关度高的词作为组建标题的预选词。

图4-8　生意参谋搜索词分析（以女装为例）

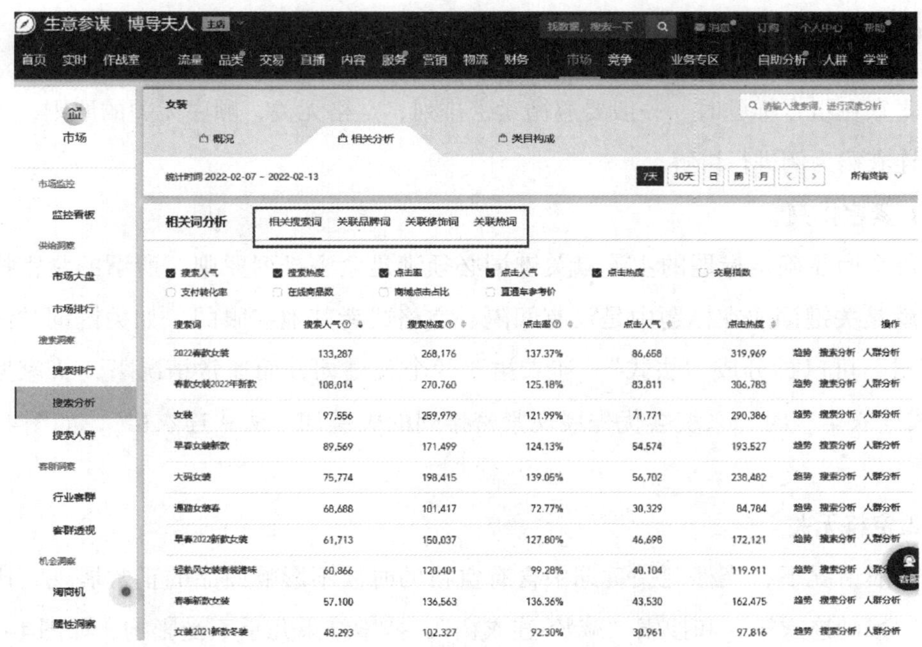

图4-9　生意参谋“女装”相关词分析

四、商品标题的撰写

（一）商品标题的撰写要点

卖家在撰写商品标题时，需要将核心词、属性词、长尾词和促销词组合起来，同时要具备以下几个特点。

1.标明商品卖点

商品卖点是对商品特色和主打优势进行的补充说明。可以让买家更直接、更快速地了解商品，同时可以添加促销说明，直接吸引买家购买。卖家在网店后台编辑商品信息时，应注意添加商品卖点，卖家可根据不同类目的市场行情，参考Top商家的描述，提炼能够吸引买家的商品卖点。

2.利于淘宝搜索引擎抓取

通常情况下，搜索引擎会抓取权重高的词，因此，标题的优化要符合搜索引擎的抓取规则。

3.具有可读性

一般情况下，商品标题的撰写描述要准确，需要符合买家的阅读习惯，简单明了又极具可读性的标题，让买家能够一目了然地了解标题所表述的内容。

（二）商品标题的制定原则

卖家在组合标题时，一般要遵循紧密排列、空格无关、顺序无关的原则，下文将以连衣裙为例进行讲解。

1.紧密排列

每个商品确定标题的主流量关键词必须满足紧密排列原则。所谓的紧密排列原则就是关键词放在标题中是没有间隔、空格或者其他字眼的。如关键词“法式连衣裙”可以拆分成“法式”“连衣裙”两个关键词，而通常情况下，买家搜索“法式连衣裙”时，系统会优先展现紧密排列的关键词“法式连衣裙”，如图4-10所示。

2.空格无关

一般情况下，当标题关键词中含有空格的时候不影响商品的正常展现，比如搜索“减龄连衣裙”和搜索“减龄 连衣裙”，搜索结果几乎不受影响，如图4-11、图4-12所示。淘宝宝贝标题的字数有限，空格也会占用有效字符，所以一般情况下可以在需要用空格拆分的关键词中添加其他利于搜索的关键词，充分利用标题字符。

图4–10　关键词“法式连衣裙”紧密排列的搜索结果

图4–11　“减龄连衣裙”无空格搜索排序

3. 顺序无关

标题关键词在组合时一般是不分先后顺序的，因为淘宝后台在监测关键词时是查看标题中是否包含搜索的关键词，而对关键词的顺序并没有要求。比如输入关键词“连衣裙泡泡袖”和“泡泡袖连衣裙”，只要包含“泡泡袖”和“连衣裙”两个关键词的商品均可以被搜到，如图4–13、图4–14所示。

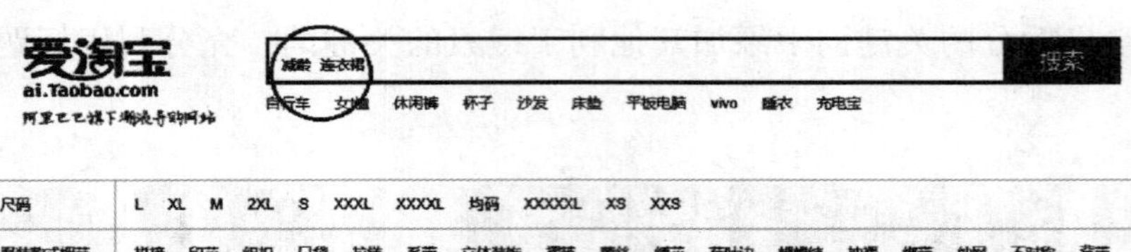

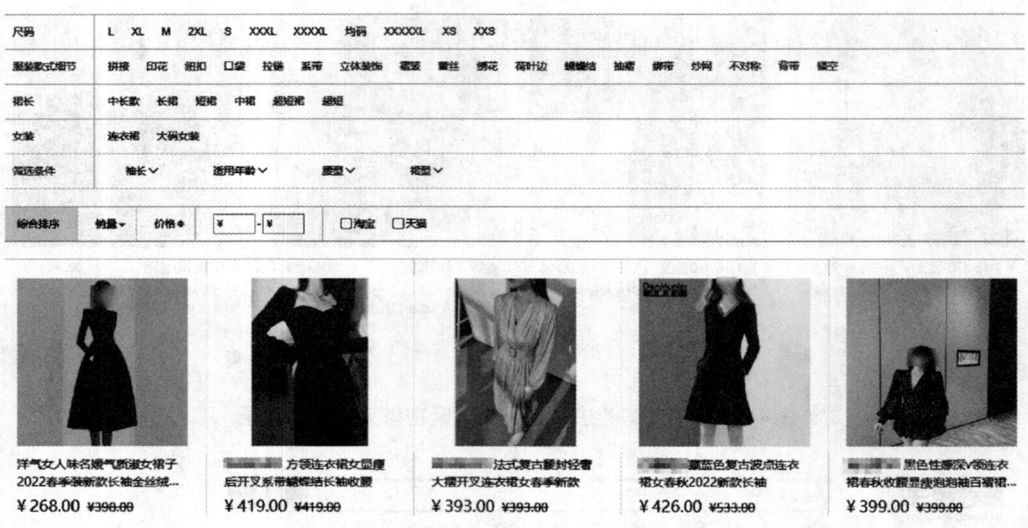

图4–12 “减龄连衣裙”有空格搜索排序

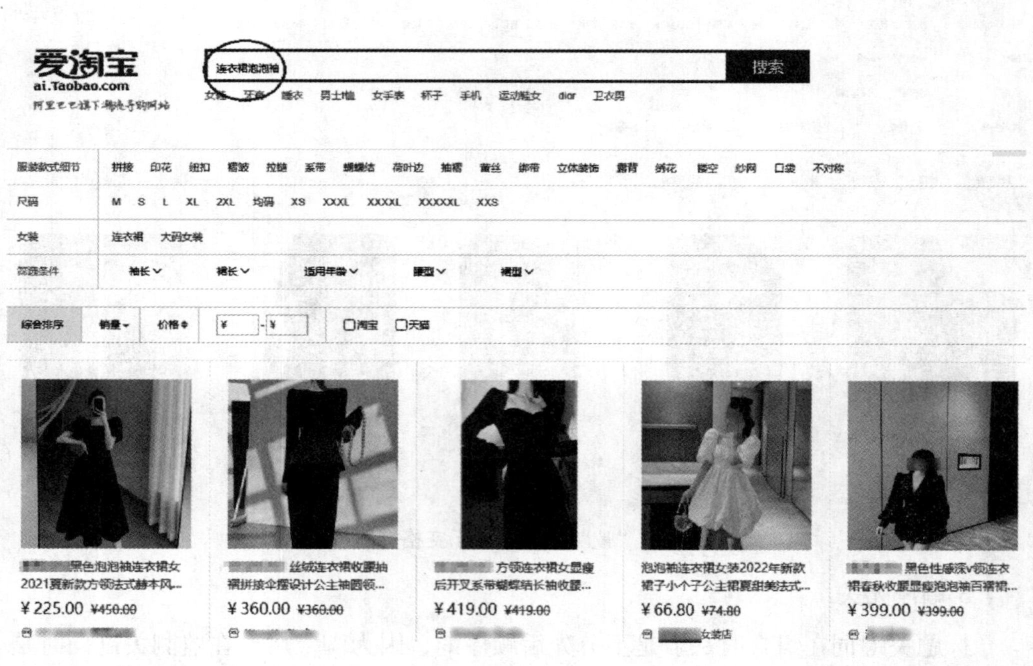

图4–13 “连衣裙泡泡袖”搜索排序

图4-14　“泡泡袖连衣裙”搜索排序

综合以上原则和买家的搜索习惯，最终来确定商品标题。

任务二　商品详情页设计

任务分析

商品详情页作为展示商品特性的主要页面，在内容构成上需要体现出商品各个方面的优势，让买家了解商品各项信息的同时，延长其在网店的停留时间，间接引导买家下单，提高网店的转化率。

任务实施

商品详情页是文字、图片、视频等多种元素的组合，是提高转化率的入口，树立买家对店铺的信任感，打消买家的消费疑虑，因此在设计详情页时，必须遵循一些简单有效的要点，让买家一眼就能看懂商品信息。

一、详情页设计的要点

（一）首屏聚焦

在进入详情页时，第一眼看到的就是详情页的首屏，虽然只在有限的空间内停留短暂的几秒，但对于买家是否继续浏览后续内容是至关重要的。因此，详情页首屏的体验设计显得格外关键。首屏聚焦指的是通过首屏的内容，用最短的时间抓住买家的眼球，让其能够产生继续看下去的兴趣。

（二）价值塑造

通过详情页的描述，把商品的各种价值呈现在买家面前，这个价值包括商品本身的价值、服务价值、附加价值、形象价值、品牌价值，让买家觉得购买是值得的。通过这种价值的叠加，来达到提升转化的目的。

（三）强化卖点

一般来讲，商品的详情页描述中要有一个核心卖点和若干辅助卖点，在描述辅助卖点的过程中，不断重复核心卖点，强化买家的感官，通过差异化、重复等形式使买家印象深刻，达到强化核心卖点的效果。

（四）统一设计风格

详情页的设计风格，应当与店铺的整体定位保持统一，看上去没有违和感。例如家用电器的详情页应当追求简洁、实用；食品的详情页应当突出健康、绿色、无污染，因为这才是买家的关注点。

二、详情页的基本构成

商品详情页设计的优劣在很大程度上影响着商品的成交与否，一般详情页是由以下几大必要的部分组成的。

（一）促销展示

促销部分主要包括热销产品、搭配产品、促销产品和优惠方式。卖家可以利用官方或是第三方制作软件，在详情页生成搭配产品、优惠活动等，让买家对店铺的促销活动、热卖产品一目了然，吸引买家继续浏览，同时可以为优质的产品带来更多流量，带动产品的销量与排名。如图4–15所示为某官方旗舰店商品详情页中的搭配展示。

（二）吸引购买

吸引购买部分主要包括卖点打动、情感打动、买家评价、实拍晒单和热销情况。卖点打动除了以图文形式突出商品的优势外，也可以通过与其他店铺的同类或相似商品进行详细对比，推动买家产生购买行为。详情页中添加已购买买家的好评、实拍晒单，可以让买家参照已购买买家的评价，提高买家对此商品的进一步认同感。另外如果该商品在同行中销量靠前，可以在详情页中展示商品热销情况。如图4–16为某官方旗舰店商品详情页中的卖点展示。

图4–15　搭配展示

图4–16　卖点展示

（三）商品展示

对商品进行细节展示，即将参数等方面扩大化地进行讲解。细节展示往往以主推颜色为主，通过突出一些产品的细节，如色彩、细节、优势、包装、搭配效果等。首先，商品的卖点、功能可以通过图文或视频的方式表达出来，突出卖点或是有代表性的功能。其次，由于是在线购买，买家并不能像实体店那样来判断产品，所以需要卖家尽可能详细地展示产品的细节，图片细节要清晰、有质感，以生动、简洁的形式拉近与买家间的距离，另外结合一定的文字描述，让买家更清楚地了解产品。如图4–17为某官方旗舰店商品详情页中的细节展示。

（四）实力展示

实力展示部分主要包括品牌、荣誉、资质、生产和仓库。通过介绍店铺的品牌，包括品牌的起源与发展、品牌理念、关联品牌的产品介绍等，增加品牌的曝光度和产品的可信度。同样，如果商品详情页中包含相关的资质证明或是仓库、线下实体店等，可以凸显产品的高质量，加强消费者对品牌的信任感。如图4–18为某官方旗舰店商品详情页中的品牌故事。

图4–17　细节展示

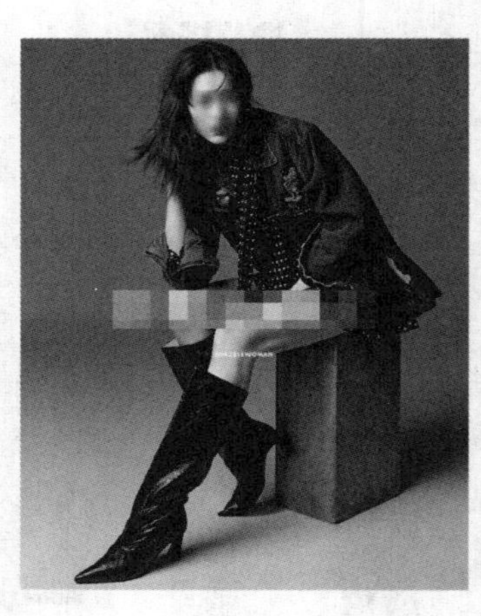

图4–18　品牌故事

（五）交易说明

交易说明一般出现在商品详情页的尾端，介绍商品的购买须知、物流、退换货和保修等事项，主要解决消费者已知或是未知的各种问题，比如是否支持7天无理由退换货、用哪家快递公司发货、如果产品有质量问题该如何解决等。认真负责的售后与物流服务一方面可以减少客服的工作量，另一方面可以提高买家对店铺服务的满意度。如图4–19为某官方旗舰店商品详情页中的价格说明。

三、详情页的文案设计

商品详情页除了图片设计，另一个重点就是详情页的文案，它也是商品详情页的核心。富有情感品牌调性的文案，可以使买家很自然地提升对品牌的认同感，认为这就是自己想要追求的一种生活态度，刺激了他们的购买欲望。

文案运营者撰写商品详情页中的文案时，首先要有清晰的思路，为了帮助运营人员更好地撰写商品卖点，建议使用以下几种方式去挖掘：九宫格思考法、型录要点延伸法、三段式写作法。

图4-19　价格说明

（一）九宫格思考法

九宫格思考法指取一张白纸，在纸上画出九宫格，中间格填写商品名称，接下来在其他八格填上此商品的销售卖点。比如某官方旗舰店有一款联名绣珠片针织开衫，先将商品名称写在中间格，其他八格填上该商品的可行性销售优点"重磅联名、重工绣珠片工艺、复古与格调相结合、个性趣味、协调身形……"，如图4-20所示，这种方式可以在前期让文案运营者形成发散性思维。

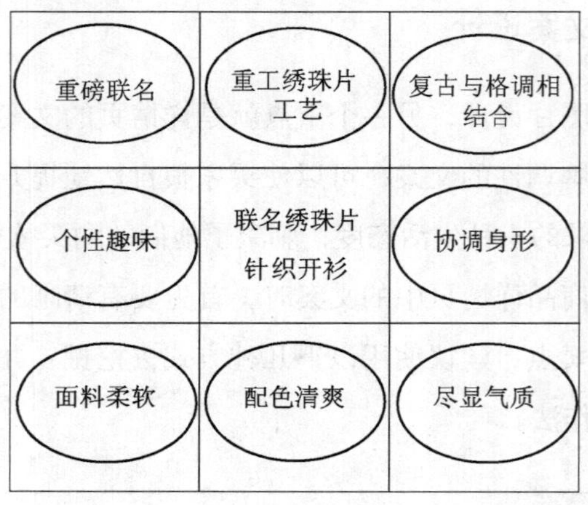

图4-20　九宫格思考法示例

（二）型录要点延伸法

型录是商品编录、目录，用型录要点延伸法去找卖点时，单纯照搬型录里的商品卖点也可以，但文字说服力会稍差，更好的做法是把商品型录上的特点照搬下来后，在每个卖点后面根据商品的真实使用体验加以延伸。

（三）三段式写作法

三段式写作法指第一段精简地浓缩销售话术；第二段依照型录要点延伸法，逐一说明该商品的众多特色；第三段强化商品独特销售点、价格优势或赠品。为了让三段式写作中的每一段都展现出一目了然、层次清晰的商品关键信息，恰当的话术和优质的图片显得尤为重要。建议采用目前流行的“一图一文或多图一文”的编辑方式。

四、商品详情页设计与制作

（一）商品详情页设计的FABE原则

FABE是一种通过四个关键环节来解答买家诉求，且巧妙地处理好买家关心的问题，从而顺利实现商品销售诉求的销售模式，具体包括如图4-21所示的四方面内容。

FABE原则应用在商品详情页设计上的具体方法：首先，通过展示产品的关键特征和卖点，吸引买家继续浏览；其次，通过展示差异化的优势，进一步让买家对

F-特征（Features）	特征即介绍商品的特质、特性等基本功能，以及它是如何满足买家的需要的。	
A-优点（Advantages）	优点其实就是商品的卖点与优势，向买家证明商品的优点，其实就是为买家提供了更多购买理由。	
B-利益（Benefits）	利益指以买家利益为中心。告知并强调买家购买商品后能得到的利益，能激发买家的购买欲望。	
E-证据（Evidence）	证据指单方认证、新闻舆论或技术报告等信息，需要具有足够的客观性、权威性、可靠性与可见证性，才能获得买家的信任。	

图4-21 FABE原则的四个方面

产品产生兴趣；再次，要展示产品能够解决的问题和能够实现的功能、场景，让买家对于产品能为自己带来的利益有更加直观化的感受；最后，通过提供证明，如售后承诺、证书等，打消买家的下单顾虑。商品的布料，款式设计，细节处理，从商品的特性引发用途，通过优势能给买家带来怎样的体验和穿着感（因客而异），在构图时，应着重体现商品的优势与卖点。在商品详情页设计过程中要运用这样的思路，让商品的描述更具诱惑力与说服力。

（二）商品详情页制作步骤

商品详情页是淘宝商品的灵魂，整个详情页的内容模块有促销热点说明、产品信息图、细节展示图、尺寸/颜色选择图、场景图、搭配推荐图、好评截图、包装展示图等，下文将以某服装类商品的促销热点说明模块为例，重点讲解商品详情页的制作步骤。

步骤1：打开Photoshop软件，执行“文件”→“新建”命令，弹出“新建文档”对话框，新建一个宽度为800像素、高度为800像素（宽度、高度可根据自己需要设置）、分辨率为72像素/英寸、背景色为白色的文件，然后单击“创建”，如图4-22所示。随后单击“油漆桶工具”，将前景色设置为灰色，如图4-23所示。

步骤2：选择文字工具，输入暗示服装风格的英文“FASHION STYLE”，并进行字体、字号、颜色设置，如图4-24所示。

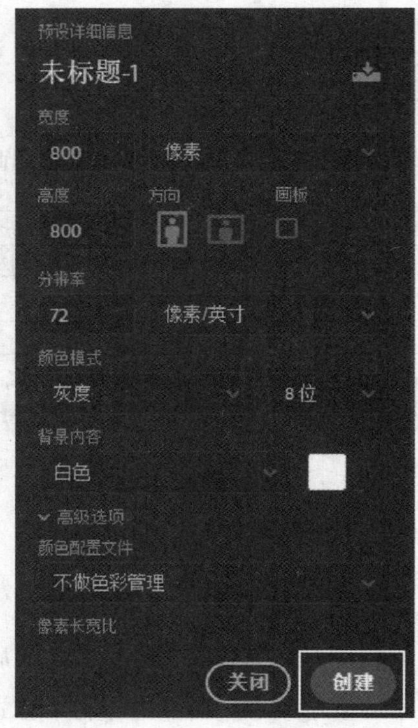

图 4–22　创建详情页

图 4–23　设置前景色

图4–24　选择文字工具

步骤3：为了增加主图的层次感，选择矩形工具，在文字底下画出矩形，并选择与图层底色同一色系的颜色进行填充，如图4–25所示。

图4–25　文字下添加矩形并填充颜色

步骤4：依次置入模特展示图，主要以正面与背面的前后展示吸引买家对商品的注意力。置入完成后，为了让商品展示更立体、形象，选择“图层样式”，再选择“混合选项”，设置“投影”效果，如图4–26所示。

图4–26　图层样式

步骤5：选择添加适当的文案加强主图对买家的吸引力度，如图4–27所示，在左下角加上促销信息，以撞色的色块设计呈现，既能突出卖点也不会喧宾夺主削弱模特商品图的展示，最后选择保存。

图4–27　添加文案

详情页其他模块的制作与该模块类似，最后可采用此方法依次完成详情页的产品信息图、细节展示图、尺寸/颜色选择图、场景图、搭配推荐图、好评截图、包装展示图等模块的设计，设计完成后需要配合分析询单率、停留时间、转化率、访问深度等数据，并不断进行优化。

任务三　完成商品发布

任务分析

准确无误的商品信息能够给卖家网店带来更多的曝光机会、点击率和数据反馈，商品发布流程从上传商品主图出发到确认商品类目信息、商品标题撰写、商品资质上传、商品付款模式选择及上下架管理等形成商品发布的整个流程。

任务实施

商品发布的具体操作步骤如下。

步骤1：进入“发布宝贝”界面。

登录淘宝网，点击右上角“千牛卖家中心”，如图4-28所示，进入登录界面，登录成功后，在首页左侧栏执行“商品”→“发布宝贝”命令，如图4-29所示，然后进入到商品类目选择页面，如图4-30所示。

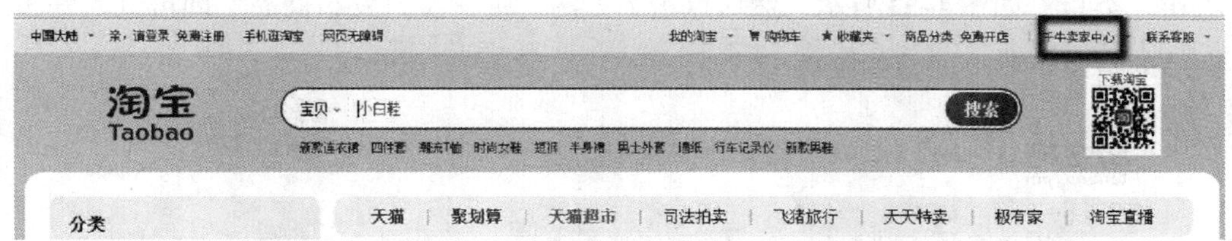

图4-28　点击“千牛卖家中心”

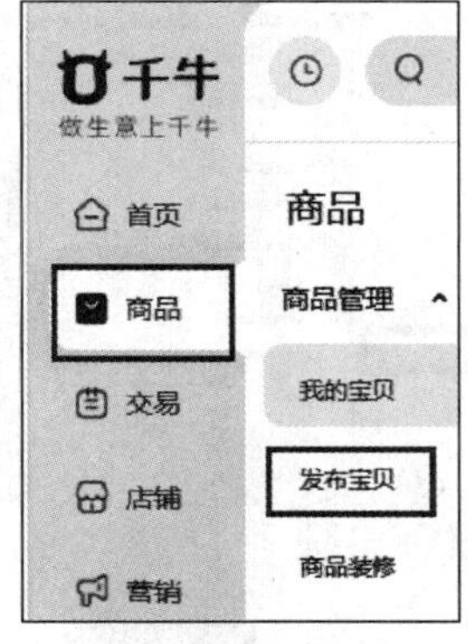

图4-29　点击“商品”—“发布宝贝”

图4-30 商品类目选择页面

根据图4-30所示，选择相应的商品类目。小张选择“女装/精品女装”—“连衣裙”类目，如图4-31所示，然后点击下方的“下一步，发布商品”即可进入发布商品的信息填写页面，如图4-32所示。

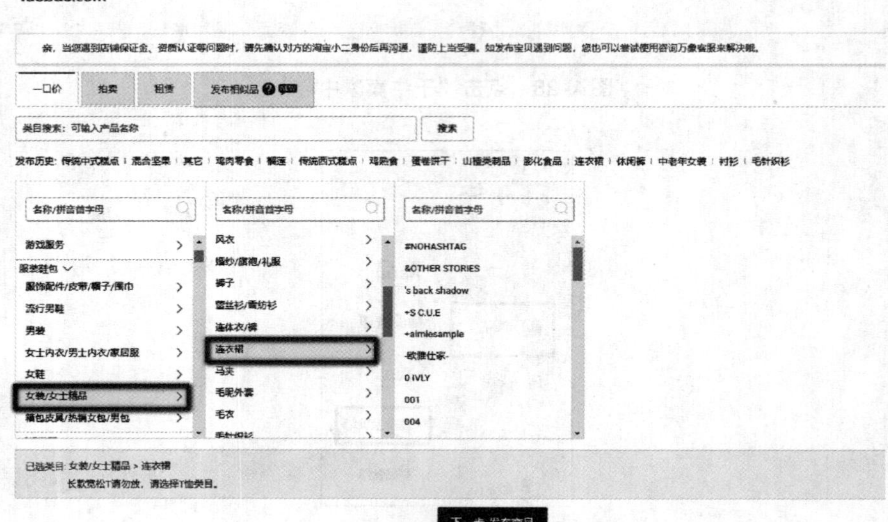

图4-31 选择商品的类目

图4-32　发布商品的信息填写页面

步骤2：填写基础信息。

首先选择宝贝类型，包括全新和二手两项，小张根据产品的实际情况，选择了全新，如图4-33所示。

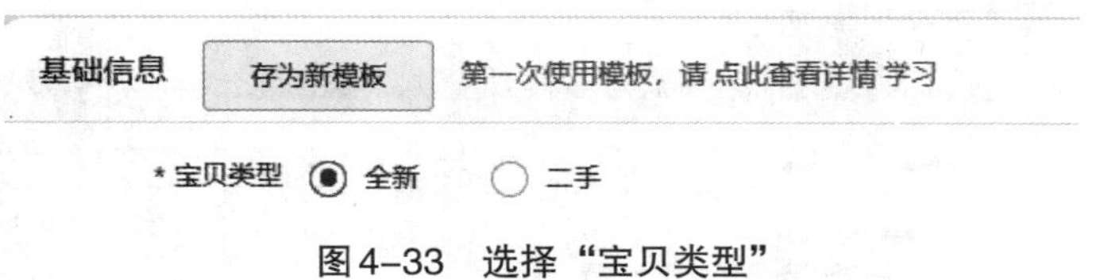

图4-33　选择“宝贝类型”

步骤2.1：填写宝贝标题、导购标题。

宝贝标题最多可输入60个字符，即30个汉字，可遵循“紧密优先、前后无关、偏正原则”组合合适的标题，还可以将推荐词添加至标题中以提升商品表达。需要注意的是标题中不能使用制表符、换行符，若填入制表符、换行符，系统将自动替换成空格，相关要求如图4-34所示。

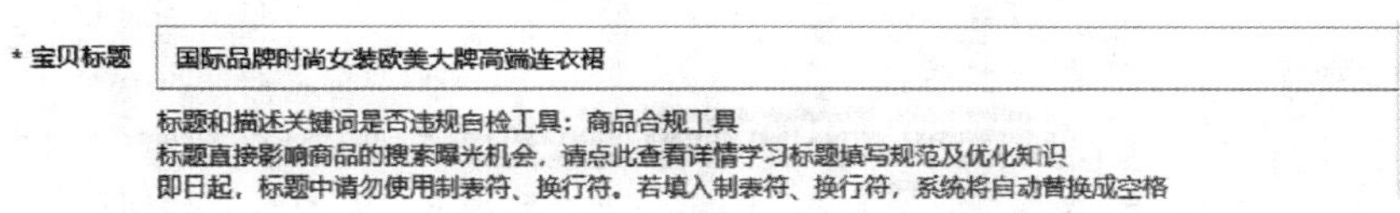

图4-34　填写“宝贝标题”要求

导购标题是一种结构化的标题文字表达，具备精练简短、可读性高的优势，并且商家可以自定义商品利益点。商家可按系统提示输入框进行填写，若需要新增词汇描述，可点击“新增卖点”按钮，即可添加新的输入框，如图4-35所示。当完成标题词汇输入后，希望调整标题词语组合顺序，可点击“开始排序”，即可进行拖动调节顺序。

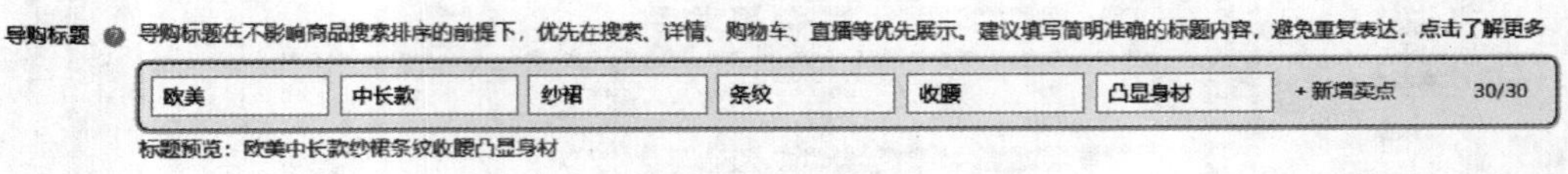

图4-35　填写“导购标题”

导购标题在不影响商品搜索排序的前提下，会优先在搜索、详情、购物车、直播等处，替代原长标题优先展示。为了方便买家了解商品，提升商品转化效率，需填写简明准确的标题内容，避免文字重复表达。

步骤2.2：选择类目属性。类目属性包括重要属性与其他属性。商品的重要属性是指买家在购买商品时通常更关注的商品属性信息，卖家需要根据实际情况填写，填写属性越完整，越有可能促进搜索流量，越有机会被买家购买。以服装为例，重要属性包括年份季节、品牌、款式、风格、领型、袖型、面料等，如图4-36所示。

图4-36　重要属性

需要注意的是，重要属性会随着消费者的日常行为变化和行业发展，不定期更新。

其他属性主要包括货号、廓形、流行元素/工艺、适用年龄等信息，根据商品特性来完善，如图4–37所示。

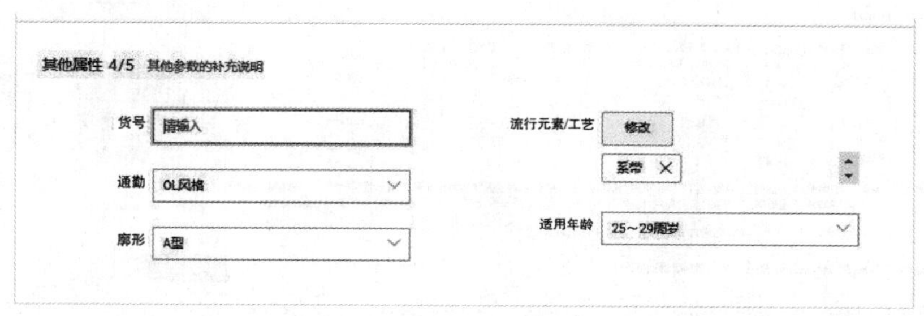

图4–37　其他属性

步骤2.3：选择宝贝是否定制、采购地等信息。

根据图4–38所示，需要填写“宝贝定制”“采购地”信息，其中宝贝采购地是必填项，根据商品的情况，完善相关信息。

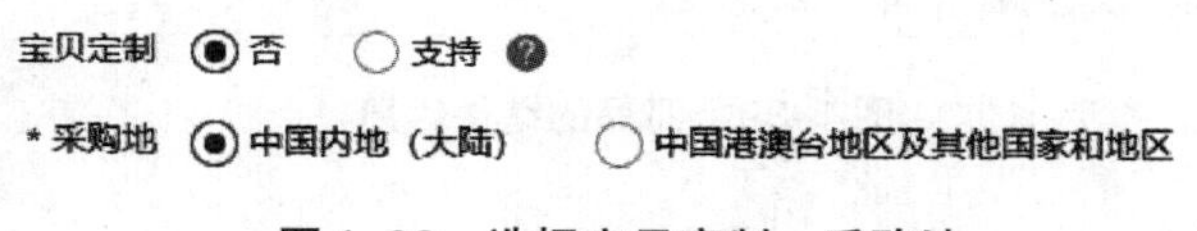

图4–38　选择宝贝定制、采购地

步骤3：填写销售信息。

在填写完商品的基础信息后，接下来要完善商品的销售信息，以服装为例，一款服装有不同的颜色、尺码之分，其对应的库存和价格可能也有所不同，具体来说销售信息包括颜色分类、尺码、发货时效、宝贝销售规模、一口价、总数量等信息，如图4–39所示，其中“发货时效”、“一口价”和“总数量”为必填项。

步骤4：尺码信息。

完成商品销售信息后，接着需要填写尺码信息，如图4–40所示，包括设置尺码表及模特试穿信息图。点击“填写尺码表”后显示图4–41所示内容，选填参数至少需要选择一个，然后根据商品情况选择对应的参数，并完成相应的参数设置内容，填写完成后点击下方的“保存”即可完成尺码表内容的填写。点击模特试穿信息图“添加上传图片”可在素材库中选择相应的模特试穿图，如图4–42所示。

销售信息　存为新模板　第一次使用模板，请点此查看详情学习

商品模板是为了方便店铺同类商品的快速发布，在商品基础信息和销售信息中可将同类型的内容保存为模板，在发布近似商品的时候选择用模板，则不需要重复操作，目前功能仅在pc端官方发布工具中应用。
我知道了

颜色分类　请选择或直接输入主色，标准颜色可增加搜索/导购机会，还可填写颜色备注信息（偏深、偏亮等），建议不要超过15个字。查看详情
属性图上传功能更新，亲可以在属性选择后直接上传图片哦！
颜色名称最大长度为130个字符(65个汉字)
红色　备注(可选)　＋新增规格项
开始排序

尺码　选择标准尺码可增加搜索/导购机会，标准尺码还可填写尺码备注信息（偏大、偏小等）！查看详情
155/80A 规格备注　160/84A 规格备注　165/88A 规格备注
170/92A 规格备注　175/96A 规格备注　＋新增规格项
开始排序

* 发货时效　平台默认48小时发货，同时您可根据商品实际库存进行自定义发货时间。如果违背发货时效承诺，将会受到平台处罚。具体可点击查看违背承诺规则
点击查看发货时效设置指南。若需要更长发货时效，请在发布商品后设置分阶段预售；也可以在消费者下单后自行约定发货时间
○ 24小时内发货　◉ 48小时内发货　○ 大于48小时发货

宝贝销售规格　在标题栏中输入或选择内容可以进行筛选和批量填充　批量填充

颜色分类	尺码	*价格(元)	*数量(件)	商家编码	商品条形码
红色	155/80A	150.00	0		
	160/84A	155.00	0		
	165/88A	160.00	0		
	170/92A	165.00	0		
	175/96A	170.00	0		

* 一口价　150　元
本类目常规价格最低是7.00元，请规范标价行为
* 总数量　0　件
此处是商品所有销售规格总库存数量，若需修改请在销售规格表格内修改对应库存

图4–39　商品的销售信息

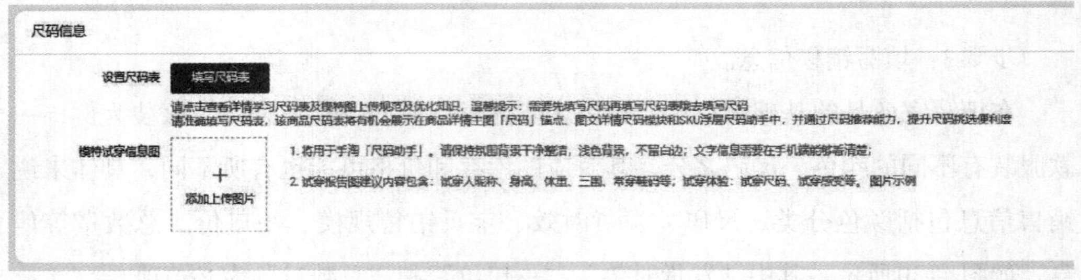

图4–40　尺码信息

步骤5：填写物流信息。

完成了尺码信息后，进入到“物流信息”，选择“提取方式”和“区域限售”，提取方式包括“使用物流配送”和“电子交易凭证”，通常会选择“使用物流配送”，如图4–43所示。在物流设置中选择“运费模板”，在发布宝贝之前已经设置好运费模板的直接选择设置好的模板即可，没有设置运费模板的可以点击“新建运费模板”，创建新的运费模板即可，如图4–44所示。

尺码表提交

填写尺码　应用模板

解析图片　图片信息将解析成文本，关联至表格中。图片示例

选填参数(2/39)

摆围(cm)　背宽(cm)　裆部(cm)　底摆(cm)　横裆(cm)　后浪(cm)　肩宽(cm)　脚口(cm)　裤侧长(cm)　裤长(cm)
拉伸腰围(cm)　拉伸坐围(cm)　领高(cm)　领口(cm)　领宽(cm)　领深(cm)　领围(cm)　平摆衣长(cm)　前长(cm)　前浪(cm)
裙摆长(cm)　☑裙长(cm)　身高(cm)　体重(kg)　腿围(cm)　臀围(cm)　下摆围(cm)　小腿围(cm)　胸围(cm)　袖长(cm)
袖宽(cm)　袖口(cm)　膝围(cm)　腰围(cm)　☑衣长(cm)　圆摆衣长(cm)　圆摆后中长(cm)　中腰(cm)　坐围(cm)

^收起选项

自定义项无法输入数字和特殊字符，且最多只能输入4个汉字，8个字符

+自定义

尺码	裙长(cm) ⇌单值	衣长(cm) ⇌单值	操作
155/80A	30	80	清空
160/84A	35	85	清空
165/88A	40	90	清空
170/92A	45	95	清空
175/96A	50	100	清空

取消　保存

图4-41　尺码表的填写

图4-42　添加模特试穿信息图

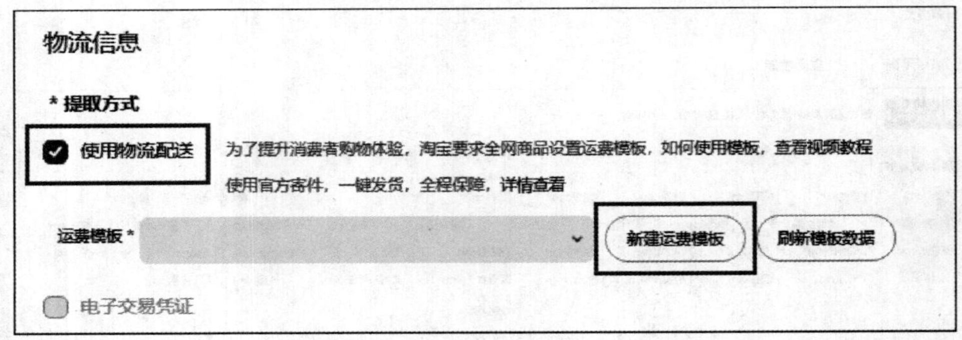

图4-43　使用物流配送

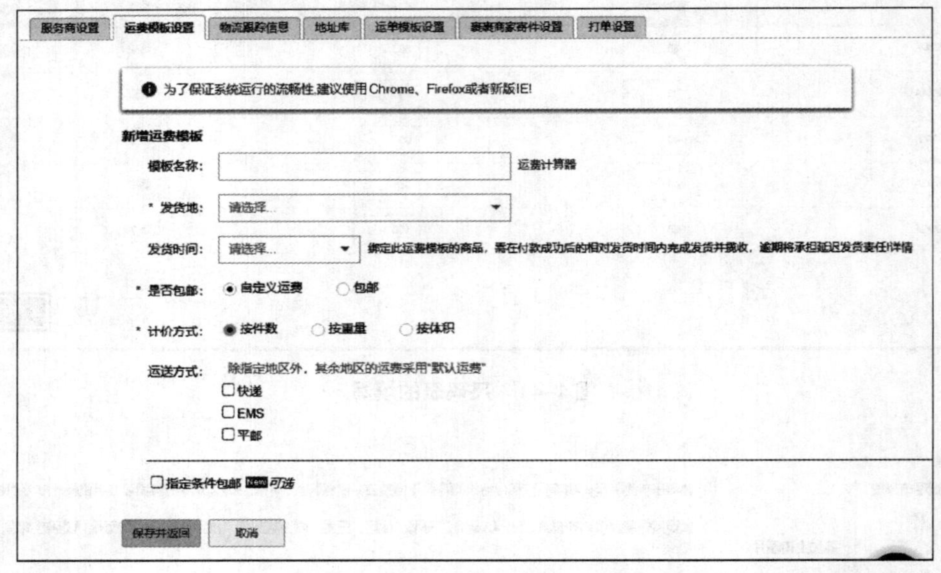

图4-44　设置商品的运费模板

区域限售包括“不设置商品维度区域限售模板”和“选择商品维度区域限售模板”，如图4-45所示。如果要选择“选择商品维度区域限售模板”，可以前往区域限售页面，给整个店铺维度设置限售模板，或者批量给一批商品设置限售模板。

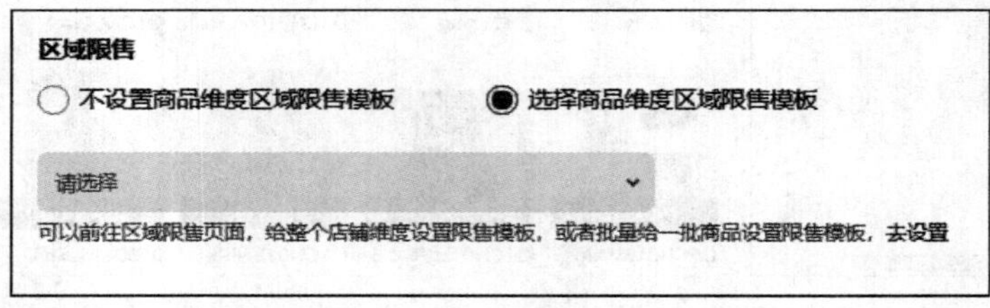

图4-45　区域限售

步骤6：填写支付信息。

这里支付信息主要是库存扣减方式的选择，其中包括“买家拍下减库存”和“买家付款减库存”，如图4–46所示。

图4–46　商品的支付信息

“买家拍下减库存”指的是当买家拍下商品后，库存量就会相应减少，其中包含拍下没有付款的库存也会减少，此种情况的优点是实时减库存，避免付款时因库存不足导致操作失败，但是存在恶拍风险，如有买家恶意拍下大量商品，却没有付款，导致库存清零，会造成其他买家不能购买的情况。

“买家付款减库存”指的是买家支付成功时才会减库存，但在实际情况下，买家支付时会再次校验该商品是否有货。优点是可以有效避免恶拍风险，但有可能出现下单页面显示的库存数可能不是最新的库存数的情况，可能出现超卖风险，导致商家无货可发的尴尬境地，影响买家购买体验。

卖家可根据实际场景选择库存计数方式，在商品库存数量较大时，使用“买家拍下减库存”和“买家付款减库存”的方式皆可，但在做活动时，可以考虑“买家付款减库存”的方式。

步骤7：图文描述。

在图文描述页面依次完善“主图视频比例”“主图多视频”“主图图片”“宝贝长图”“购后视频”“详情描述”等信息，部分如图4–47所示。

步骤7.1：主图视频比例。

“主图视频比例”包括1：1或16：9、3：4两个选项，商家可以根据自己的商品图进行选择。

步骤7.2：主图多视频。

“主图多视频”使用1：1的视频，时长小于等于60s，微视频建议15s。

步骤7.3：主图图片。

宝贝主图大小不能超过3MB；700px × 700px以上图片上传后宝贝详情页自动提供

图文描述

主图视频比例 1:1或16:9 3:4

上传3:4的图片/视频可以增加商品曝光机率 查看详情

主图多视频 微视频 微视频 使用1:1视频，时长<=60s，微视频建议15s。更多主图视频资料点击这里，更多微视频资料点击这里

* 主图图片 宝贝主图大小不能超过3MB；700px × 700px 以上图片上传后宝贝详情页自动提供放大镜功能。第五张图发商品白底图可增加手淘首页曝光机会 查看规范

添加上传图片 添加上传图片 添加上传图片 添加上传图片 添加上传图片

白底图抠图

主图直接影响商品曝光引流效果及平台免费推荐机会，请点击查看详情 学习主图上传规范及优化知识
商品图片中的一张设为淘宝直通车推广创意时，更新此图片会同步至淘宝直通车创意。
原创保护提醒：若您的商品为原创设计新品，建议您在发布商品前进行新品备案保护，了解详情

宝贝长图 长图横竖比必须为2：3，最小长度为480px，建议使用800px × 1200px，若不上传长图，搜索列表、市场活动等页面的竖图模式将无法展示宝贝！查看详情

添加上传图片

购后视频 选择视频

1.购后视频展示入口在订单列表页及订单详情页面，内容规范 查看公告

2.内容要求：商品使用说明，例如：商品安装过程、使用教程、保养方法、烹饪食谱等，与商品使用相关的信息

视频中要有口播讲解或字幕说明任意一项，同时有口播讲解和字幕说明，观看者更易理解。

3.视频时长：建议不少于30s~180s；视频尺寸：3:4/ 1:1 / 9:16 / 16:9；清晰度：不得低于720p；视频格式要求：mp4

* 详情描述 亲，您只需要维护一份商品描述数据，将同时在电脑端和无线端生效，无需拆分维护。请点击查看详情学习详情上传规范及优化知识

手机和电脑使用同一套描述 返回旧版图文描述

快速新增 图片 文字 源码 高级编辑 预览 当前为示意，真实效果发布后查看

宝贝 评价 详情 推荐

图4–47 商品的图文描述信息（部分）

放大镜功能，在发布商品时，上传商品的白底图（建议在第五张图片上传），宝贝就有机会出现在手机淘宝首页上。点击商品主图中的“添加上传图片”按钮，如图4–48所示，点击后出现图片空间进行商品主图的上传，如图4–49所示。如无图片，先将图片上传至素材中心，如图4–50所示。最后完成商品主图的添加，如图4–51所示。

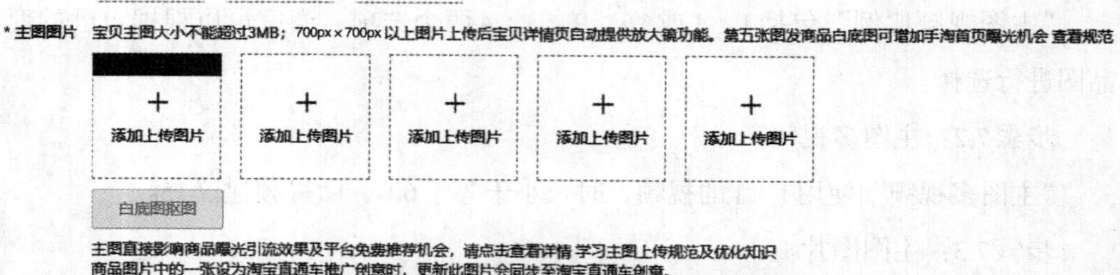

图4–48 上传商品主图

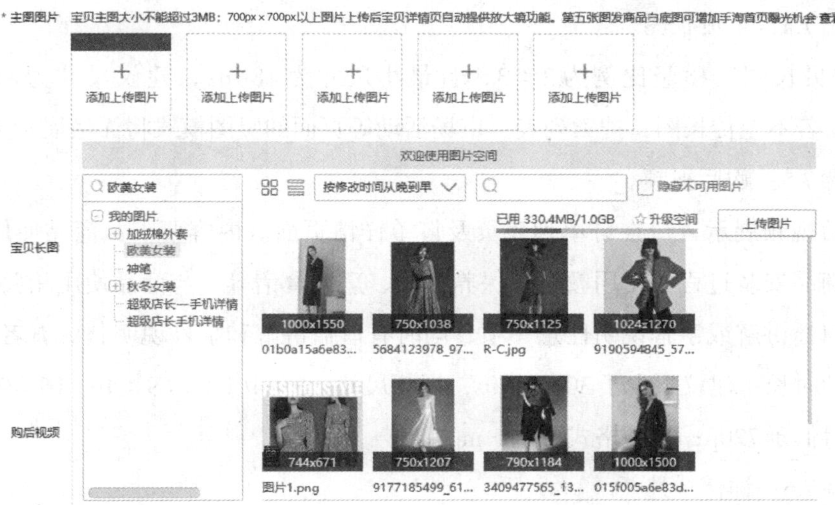

图 4–49　点击“上传图片”

图 4–50　素材中心

图 4–51　主图添加完成

步骤7.4：宝贝长图。

“宝贝长图”横竖比例为2∶3，且最小尺寸为480px，建议尺寸为800px×1200px，若不上传长图，搜索列表、市场活动等页面的竖图模式将无法展示宝贝。

步骤7.5：购后视频。

购后视频展示入口在订单列表页及订单详情页面。内容要求：商品使用说明，例如：商品安装过程、使用教程、保养方法、烹饪食谱等，与商品使用相关的视频中要有口播讲解或字幕说明任意一项，同时有口播讲解和字幕说明，观看者更易理解。视频时长：建议不少于30s～180s，视频尺寸：3∶4/1∶1/9∶16/16∶9；清晰度：不得低于720p；视频格式要求：mp4。

步骤7.6：详情描述。

进行“详情描述”时，可添加图片、文本、源码以及高级编辑。需要注意的是，手机和电脑可使用同一份描述，该描述将同时在电脑端和无线端生效，因此只需要维护一份商品描述数据，无须拆分维护。

步骤7.7：店铺中分类。

店铺中分类最多支持选择10项分类，可以通过“查看店铺分类”选择分类。

步骤8：售后服务。

售后服务包括售后服务和上架时间，其中上架时间是必选项，如图4–52所示。

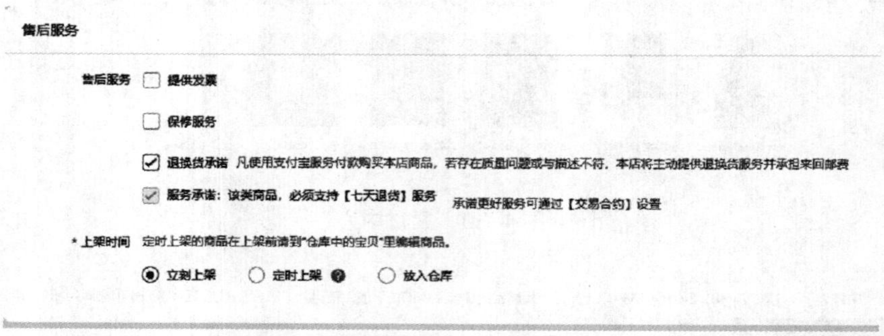

图4–52 售后服务填写

售后服务包括提供发票、保修服务、退换货承诺及服务承诺四项，卖家可以根据产品的类目选择售后服务的内容。

“上架时间”包括立刻上架、定时上架、放入仓库，“立刻上架”是指当发布商品完成后立刻上架；“定时上架”是指可以选择在某一时刻上架商品，到达指定时间后，商品会自动上架；“放入仓库”指的是发布商品完成之后不上架，先暂时放入仓库，等需要上架时，在仓库内进行商品的上架。

步骤9：商品发布。以上步骤全部完成后，点击“发布上架”按钮，即可完成商品的发布，如图4-53所示。

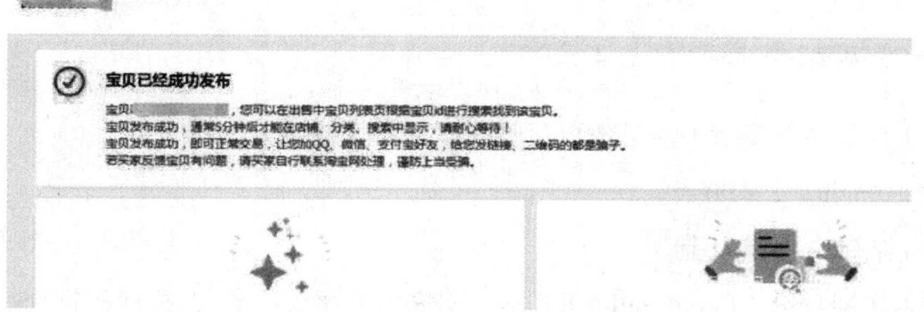

图4-53　商品发布成功

素养园地

阿里巴巴知识产权保护平台规定，淘宝卖家有义务保证销售的产品不侵犯他人知识产权，卖家不得销售假冒、盗版商品，以及发布故意误导消费者的信息，比如，对于商标上的图片故意遮盖或者模糊化处理，又或者与原有品牌高度相似。

在淘宝《关于不当使用他人权利实施细则》中，对商家侵权行为作出了以下说明：

（一）“卖家发布的商品或信息”包括但不限于商品、商品信息、店铺名、域名等；

（二）不当使用他人商标权，指卖家出售的商品被认定为商标侵权，但不属于假冒的情形；

（三）当使用他人著作权，指卖家出售的商品被认定为著作权侵权，但不属于盗版的情形；

（四）不当使用他人专利，指卖家出售的商品侵犯他人外观设计专利、实用新型专利或发明专利的。

商家一旦出现上述行为，会面临两大类处理措施。

其一，扣分，根据情节的严重程度，还会罚扣2000元到6000元的违约金。

其二，影响店铺运营。淘宝会根据具体情况，对相应产品进行删除、下架处理，还有封店的可能性。

资料来源：阿里巴巴集团知识产权保护平台（https://ipp.alibabagroup.com/policy/cn.htm），有改动。

知识链接

一、入驻全球购店铺卖家需要满足的条件

（一）店铺要求

（1）店铺主营类目不能是虚拟、服务类目和限制的实物类目。

（2）开店时长≥90天。

（3）店铺一钻及以上。

（4）店铺DSR（Detail Seller Rating，卖家服务评级系统）：描述相符DSR≥4.8、服务质量DSR≥4.8、物流服务DSR≥4.6。

（5）近30天纠纷退款率≤所在主营类目的纠纷退款率均值的3倍，或近30天纠纷退款笔数<2笔。

（6）近90天内，一般违规行为分值（A类）未达12分。

（7）近365天内，严重违规行为分值（B类）未达12分。

（8）近365天内，无出售假冒商品（C类）扣分。

（9）店铺账户实际控制人的其他在阿里平台上的账户没有受到阿里平台出售假冒商品行为的处罚。

（二）商品要求

（1）店铺中海外商品数（至少有5个有效在线商品）及海外商品销售占比均达100%。

（2）所售商品具有一定品牌认知度和消费者认可度。

二、全球购标识

商家申请入驻后，审核时间通常为3～10个工作日，申请审核成功符合条件的店铺或者商品会被系统打标。

（1）店铺标：审核通过后24小时内店铺会显示全球购标识，如图4–54所示。

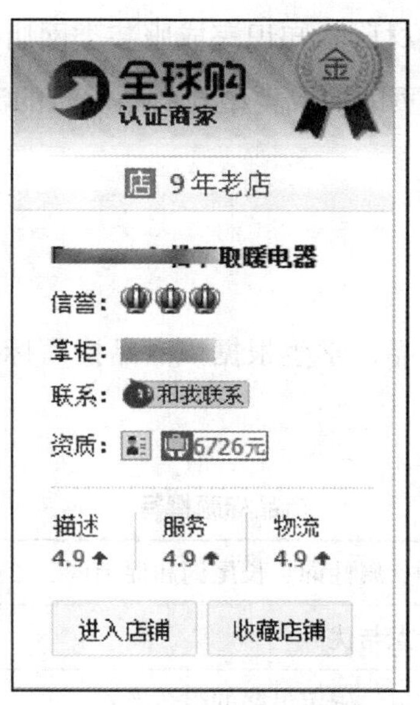

图4-54　店铺全球购标识

（2）商品标：例如有的商品会显示代购标识，如图4-55所示，只对符合要求的商品打标，非全店铺商品打标。

图4-55　商品代购标识

同步实训

一、实训概述

本实训项目要求学生围绕网店商品发布管理为主题，通过教师提供的网站素材，认真学习，并结合本教材所学知识完成服装类网店商品发布的管理工作，掌握商品标题的撰写技巧、详情页的构成类型与商品发布的流程。

二、实训步骤

步骤1：商品标题撰写。

教师指定某款服装类商品，学生根据该商品撰写标题和编辑卖点，并将结果填写在表4–1中。

表4–1　　商品标题撰写

确定关键词	包括核心词、属性词、长尾词和促销词
商品卖点	突出产品特点与优势
标题组合	根据不同类目，确定最终的组合形式
标题1	
标题2	

步骤2：商品详情页设计。

请学生列举并截图商品详情页中常见的构成类型，填写在表4–2中。

表4–2　　商品详情页设计

序号	板块名称	对应图片展示
1	促销说明	
2	吸引购买	
3	商品展示	
4	实力展示	
5	交易说明	

步骤3：商品发布。

请学生列举出商品发布的流程中所包含的具体操作内容，填写在表4–3中。

表4–3　　商品发布步骤

序号	步骤名称	对应内容
1	上传商品主图	
2	确认商品类目	
3	填写基础信息	
4	填写销售信息	
5	填写支付信息	
6	填写物流信息	

检测练习

扫码获取课后习题

扫码获取教学课件

项目五　网店流量导入

学习目标

❖ 知识目标

1. 熟悉站内免费流量导入技巧以及常用的引流工具。
2. 熟悉直通车的推广模式与扣费标准。
3. 熟悉微博营销的方式与技巧。
4. 熟悉微信公众号与微信朋友圈营销的类型、技巧与方式。
5. 熟悉促销水印、淘宝逛逛以及淘宝直播引流的方法技巧。

❖ 技能目标

1. 掌握站内免费引流工具的设置方法。
2. 能独立在后台设置直通车。
3. 掌握微博小店的开通与发布技巧。
4. 掌握微信公众号发布消息的具体步骤。
5. 能够选择合适的工具设置促销水印。

❖ 思政目标

1. 了解淘宝平台不同推广活动的规则及要求。
2. 熟悉《网络直播营销行为规范》。

任务分解

本项目包含以下五个任务：

任务一　站内免费流量导入

任务二　商业付费流量导入

任务三　微博营销流量导入

任务四　微信营销流量导入

任务五　利用其他常见方法流量导入

本项目旨在引导学生了解并熟悉网店流量导入方面的相关知识，熟悉常见的引流方式以及流量导入技巧，并且能利用常见流量导入方式进行店铺引流。本项目将每个任务进行分解，通过理论知识与实际操作结合的方式加深学生对网店流量导入的认知。

任务情境

小李是一名经营女装网店的店主，其店铺想要打造极具性价比的品牌。目前，小李为了进一步扩大自有品牌的影响力，她将加大推广力度，力求通过网店的多种流量导入方式来提升店铺的流量和人气，进而提高店铺的销售额。以下是小李归纳总结的一些店铺流量导入方面的知识，以供大家参考。

任务一　站内免费流量导入

任务分析

对于淘宝平台来说，其流量有多种类型，根据是否收费可以分为免费流量和付费流量；根据流量来源可以分为站内流量和站外流量，作为一名网店经营者想要获取流量首先需要掌握引流方式。那么对于新手卖家来说，如何将平台内的免费流量引导到店铺中呢？本任务将以小李经营的某女装淘宝店铺为例，给大家介绍站内免费流量导入方面的知识。

任务实施

一、站内免费流量导入技巧

流量是网店生存的关键因素之一，商家在淘宝平台的一系列推广活动最终都是为了为店铺导入流量，从而提高自己店铺商品的销量。那么，卖家可以从哪些方面进行站内免费流量的导入呢？

下面以小李经营的女装店为例，从商品标题、商品图片和营销活动三个方面介绍站内免费流量的导入技巧。

（一）商品标题

商品标题是为店铺导入免费流量的技巧之一，店铺每期发布完新品后，需要根据监测的数据进行宝贝标题的优化，提高宝贝搜索排名，为店铺带来更多的免费流量。

小李利用生意参谋中的商品排行程序监测到新上架的某款冬装流量数据不佳，需要对该款冬装标题进行优化，如图5–1所示。

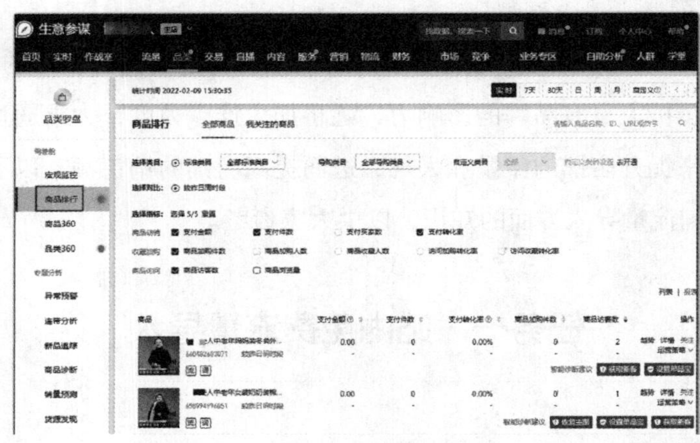

图5–1　监测流量数据

此时，小李可以根据生意参谋中的“选词助手”，查看“引流搜索关键词”“竞店搜索关键词”和“行业相关搜索词”中展示的与外套相关搜索词的全网搜索热度变化、全网点击率、直通车出价等数据，如图5–2所示。

图5–2　“选词助手”查看关键词

卖家选择近7天的时间段，点击右上方的“下载”按钮，将相关的搜索词数据以Excel表格的形式下载，对该搜索词数据表格进行分析处理，筛选出搜索热度变化和搜索人气变化大于0的关键词，然后筛选出人气较高的Top5至Top10的关键词，结合全网点击率和直通车平均点击价格，筛选出点击率较高的关键词。

根据同样的方法，分析优化标题中的其他关键词，最终确定优化后的标题为“冬装外套摇粒绒奶奶装加绒加厚宽松大码卫衣”，如图5-3所示。

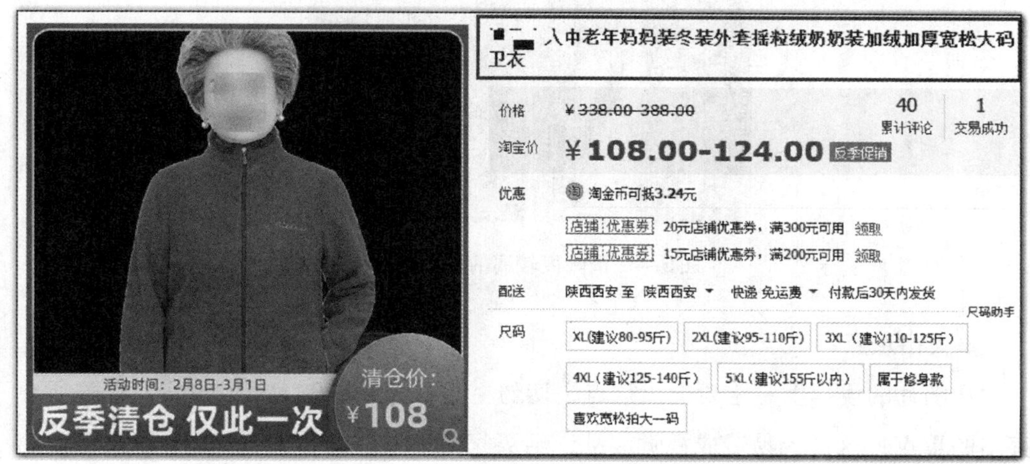

图5-3　优化后的宝贝标题

优化完成标题之后，继续监测相关数据，周期性地持续优化标题，使得宝贝的搜索权重逐步上升，为店铺带来更多的免费流量。如果卖家订购了生意参谋中的市场洞察，可利用市场洞察进行搜索词的分析优化。除此之外，卖家也可以利用第三方的相关软件优化标题。

（二）商品图片

商品图片是网店的核心灵魂。设计出具有视觉冲击力和个性的商品图片，不仅能让网店商品在众多竞店中脱颖而出，还能为网店获取更多的流量和点击率。因此，商品图片设计时需注意以下几点。

1. 清晰度决定印象

卖家想要用图片来吸引买家，提高买家的购买欲，就要保证商品图片的清晰度要高。清晰度较高的商品图片（如图5-4所示），不仅能体现出产品的细节和各种相关信息，而且能够给人较强的视觉冲击力。相反，模糊的图片只会降低买家的体验感和购买欲，甚至有可能让买家认为是盗图，从而对产品失去信心。

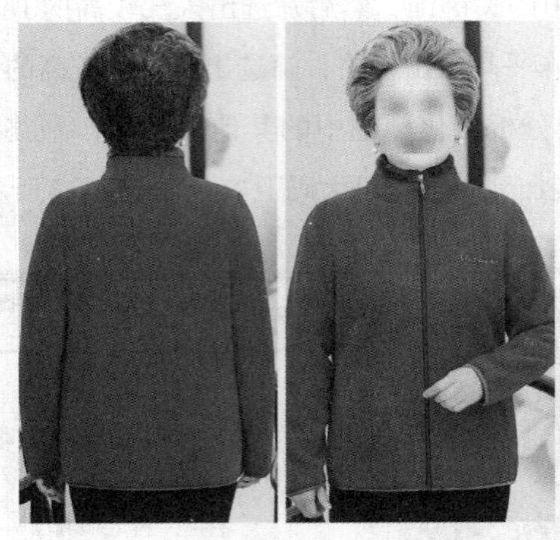

图5–4　清晰度较高的商品图展示

2. 突出重点

在图片的设计上一定要突出重点，切勿主次不分，堆砌大量的文案，忽略所要突出的重点，这样容易造成视觉混乱，给买家留下不好的印象。如图5–5所示，第一张图卖家应该是想展示宝贝的特点给买家看，但是背景混乱，给买家营造了一种烦琐、不知重点为何的视觉效果，画面主次不够分明，不能很好地向买家阐述重点；第二张图片设计时，以直观简洁的画面感为主，提炼主要的产品卖点展现给买家，这样的效果显然更具吸引力。

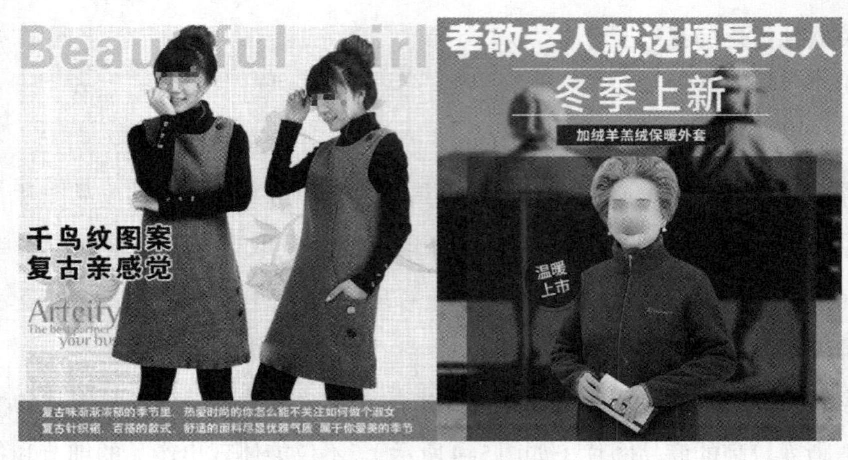

图5–5　商品图展示

3. 适当的文案策划

单一的图片不足以加深买家对店铺的关注度，图文结合才能留住买家的心。因此，为了突出商品优势和特点，在商品图片上，可加上适当的文案。在进行文案策划时，可结合商品本身的特点或店铺的活动，但不要把所有的文字都强加在图片上，否则会造成图文混乱，缺乏美感，甚至是本末倒置。小李店铺的首页以“中国风棉衣”的大标题，再配以合适的文案，整体画面和谐整洁，让人眼前一亮，如图5–6所示。

图5–6　商品文案展示

因此，优秀的商品图片是吸引买家进入网店的重要因素之一，如果图片设计不到位，没有将商品本身的特点及卖点表达清楚，就很难为店铺导入更多的免费流量，所以商品图片的构图、卖点和创意是流量导入的关键。

（三）营销活动

1. 淘宝平台免费活动

一般而言，对于中小型店铺来说，积极报名参与站内免费资源获取流量是十分必要的，站内免费资源有聚划算、天天特卖和淘金币等。卖家在报名参加站内免费活动的时候，可以从打造爆款、关联营销、客户资源、口碑营销、二次营销等方面入手。

2. 店内自建活动

适当的店内自建活动可以帮店铺保持较高的人气，增加买家黏性，同时也是获取流量的途径之一。在策划活动时，必须明确活动目的，是以引流、提高销量为目的，还是想要推广品牌知名度、维护老客户等。卖家需要根据不同的活动目的，有针对性地开展活动才能达到更好的营销效果。

常见的店内促销方式有店铺限时打折、店铺优惠券、店铺红包、包邮、满减、积分兑换等，在定制促销活动时，应以简单为主，最多不超过两种，切忌制订太复杂的优惠券方案，避免买家看不明白，这样既增加了客服的工作负担，又增加了跳失率，得不偿失。卖家可以登录千牛卖家中心，选择“营销”按钮，在弹出的菜单中选择“营销工具”，在营销工作台界面选择合适的营销工具，以方便开展多种形式的促销活动，如图5–7所示。

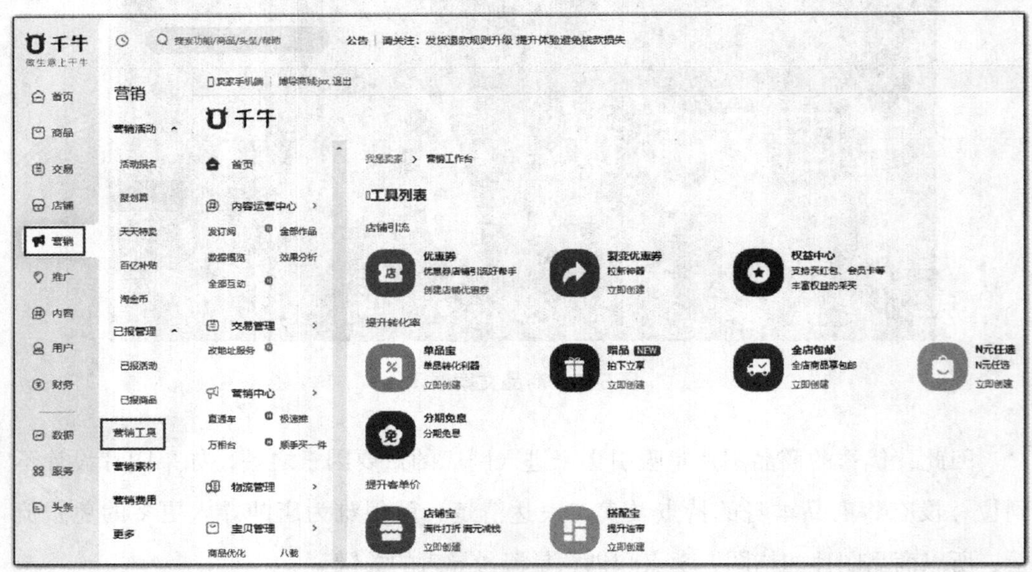

图5–7 “营销”—“营销工具”

二、常用的店铺引流方式

以淘宝店铺为例，商家会自行设置一些营销活动来为店铺导入流量，如优惠券、满减活动等，通过店铺营销活动吸引或刺激买家购买店铺的产品从而提升店铺的销售额和转化率，常见的店铺营销方式有优惠券、淘金币、满减和天天特卖等。

（一）优惠券

优惠券是淘宝平台一种常见的店铺营销推广工具，是指店铺全部或部分商品通用的优惠券，常见的类型有店铺优惠券、商品优惠券和裂变优惠券，如图5–8所示。

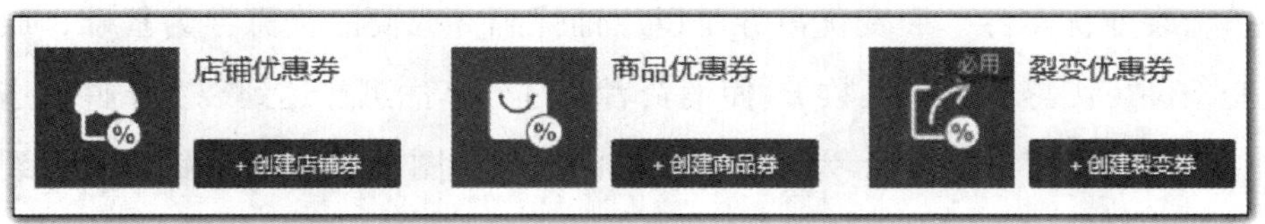

图5-8　常见优惠券类型

1. 优惠券的类型

（1）店铺优惠券。店铺优惠券是指店铺所有商品通用的优惠券，例如，满100元领取5元店铺优惠券、满186元领取20元店铺优惠券等，如图5-9所示。

图5-9　店铺优惠券

（2）商品优惠券。商品优惠券是指仅限制部分商品使用的优惠券，可以一对一，也可以一对多，如图5-10所示为商品优惠券。

图5-10　商品优惠券

（3）裂变优惠券。裂变优惠券是以店铺优惠券或商品优惠券为基础，通过设置裂变条件（优惠券分享人数），使消费者通过分享优惠券达到裂变条件后进行使用的优惠券，如图5–11所示为裂变优惠券的原理，图5–12为某店铺设置的裂变优惠券。

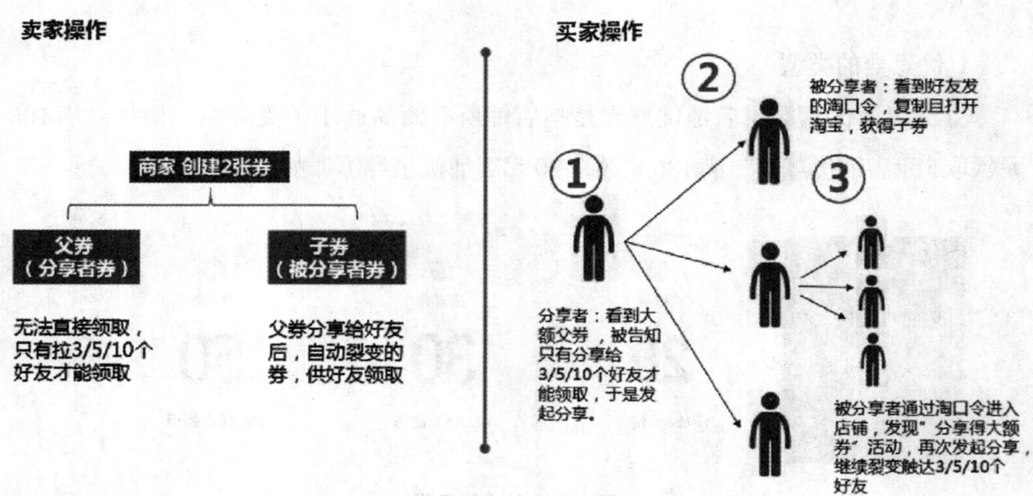

图5–11　裂变优惠券的原理

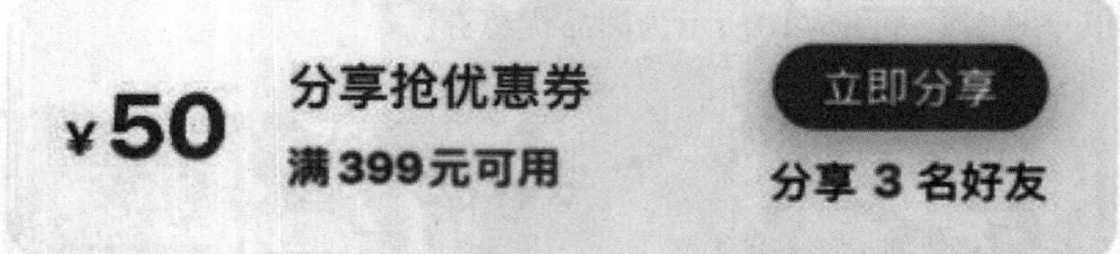

图5–12　裂变优惠券

2. 优惠券设置

登录千牛卖家中心，单击左侧栏的“营销”按钮，在弹出的选项中选择“营销工具”，进入营销工作台页面，在营销工作台页面中选择淘宝商家推荐中的“优惠券”并点击，然后就进入优惠券设置页面，如图5–13所示，随后根据店铺自身情况选择需要创建的优惠券类型进行创建。

图5-13 优惠券设置页面

（二）淘金币

1. 认识淘金币

淘金币是淘宝平台为买家提供的积分（页面如图5-14所示），在淘宝平台中淘金币可以用来抽奖、秒杀和兑换折扣商品，也可以通过“抵扣+金额”购买商品。

图5-14 淘金币首页

对淘宝卖家来说，淘金币是一款淘宝平台内部的免费推广的营销工具，可以帮助店铺提升转化和成交量（后台首页如图5-15所示）。

图5-15　淘金币商家后台首页

2.淘金币开通条件

开通淘金币卖家需同时满足以下条件。

（1）店铺基础要求。

淘宝卖家需满足如下要求。

①符合《淘宝网营销规则》。

②店铺开通卖家淘金币账户，并设置全店抵扣。

③店铺淘金币数量≥0。

④符合淘宝各类目的行业资质标准。

⑤因出售假冒商品（C类）被处罚的卖家，不得报名。

⑥店铺内非虚拟交易占比≥90%，虚拟类目（如本地生活、房产、卡券类等）除外。

天猫商家、天猫国际商家需满足如下需求。

①符合《天猫营销活动报名基准规则》。

②符合天猫各类目的行业资质标准。

③因虚假交易被违规扣分达48分及以上的卖家及商品，永久限制参加营销活动。

④其他因虚假交易被违规处理的卖家及商品，限制参加营销活动90天。

（2）商品基础要求。

基本资质方面需满足以下要求。

①淘金币抵扣比例≥1%。

②在参加的淘金币活动结束后的15天内，不得以低于参与淘金币活动的折扣价（淘金币抵扣后）报名其他营销活动或在店铺内进行促销。

③商品图片450px×450px，JPG或JPEG格式，大小不超过1MB。不允许出现水印、Logo、文字信息等，只突出商品本身，要求高精度强质感。

④商品名称不能含有滥发信息限制词，不可多于24个字符，详情页须突出淘金币活动氛围。

3.淘金币设置

登录千牛卖家中心，单击左侧导航栏中的"营销"按钮，在第二列导航栏的营销场景下选择"淘金币"，进入淘金币卖家服务中心首页，在淘金币卖家服务中心首页中选择"淘金币工具"，进入淘金币工具页面，随后开通淘金币，开通淘金币分为两个步骤，分别为开通淘金币抵扣、选择你需要的推广玩法，如图5–16所示。

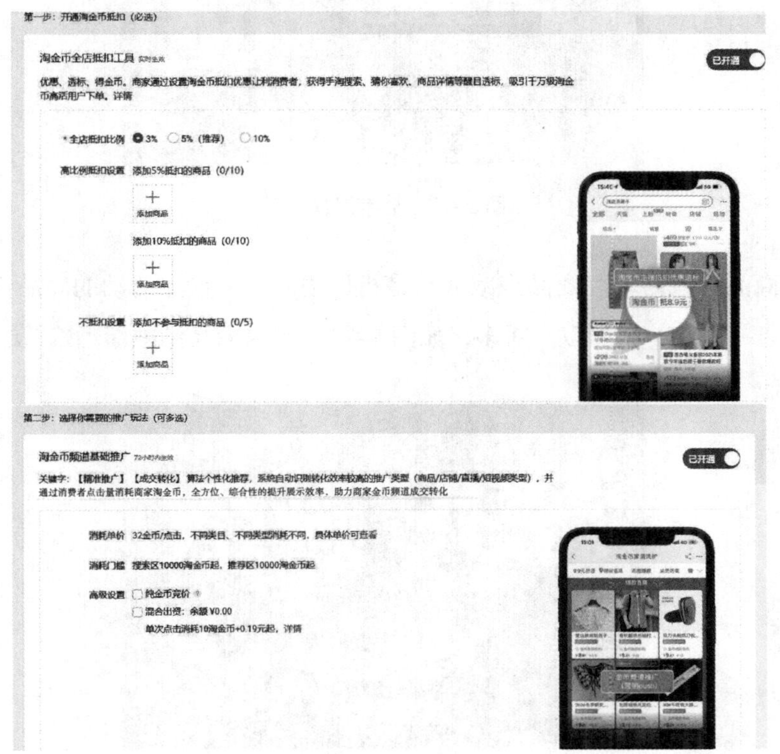

图5–16　金币工具

这里需要注意的是，第一步开通淘金币折扣是必选项，并且开通后实时生效；第二步选择你需要的推广玩法是可以多选的，这里有淘金币频道基础推广（72小时内生效）、淘金币店铺粉丝运营（48小时内生效）、直播间亲密度兑淘金币（实时生效）、淘金币流量保障（提前4天报名）。

（三）满减

满减是淘宝平台极为常见的一种店铺营销工具，是指消费者消费够相应的要求后，可以获得的优惠，包括打折、直接减金额、包邮、送赠品（礼物、流量、优惠券）等。

1. 满减活动的类型

满减活动常见的类型有店铺满减活动和商品满减活动。

（1）店铺满减活动。店铺满减活动是指适用于店铺所有商品通用的满减活动，如图5-17所示为店铺的满减活动。

图5-17　店铺满减活动

（2）商品满减活动。商品满减活动是指仅限制部分参加活动的商品使用的满减活动，可以一对一，也可以一对多，如图5-18所示为商品满减活动。

图5-18　商品满减活动

2. 满减活动设置

在设置店铺或产品满减活动时，新开的淘宝店铺是没有满减活动设置功能的，需要在服务市场中订购具有设置满减活动功能的工具，才可以设置店铺或商品的满减活动，服务市场中具有满减活动的工具有很多，如超级店长、火牛商品、掌中宝商品、旺店宝、普云商品等，如图5–19所示。卖家可根据自身情况选择工具，点击进入完成购买，最后进行满减活动的设置。

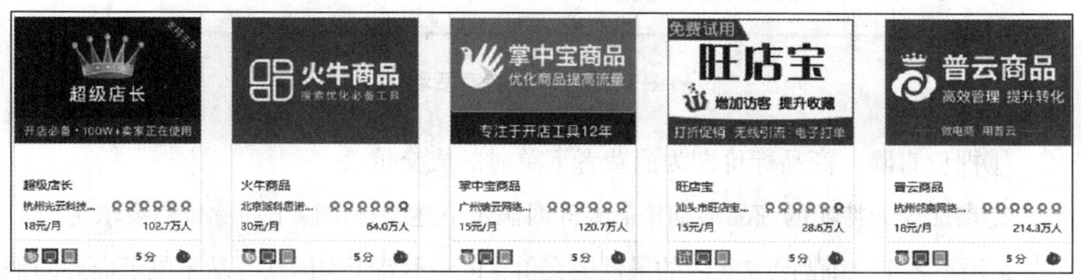

图5–19　服务市场的活动工具

（四）天天特卖

1. 认识天天特卖

天天特卖主营性价比商品，致力于为消费者提供更具性价比的商品和更便捷安心的购买体验，适合产业带商家报名参与。

参加天天特卖的活动商品可在天天特卖频道、猜你喜欢、淘金币、站外投放渠道享受面向性价比人群的流量扶持，计入销量和主搜。通过天天特卖1元秒杀和限时秒杀等玩法，可实现新品迅速起量。

天天特卖中的活动主要包括日常活动和大促活动两种。日常活动就是天天特卖频道举办的一些适用于日常商品销售的活动，例如九块九包邮、清仓特卖等；大促活动是天天特卖频道举办的适用全品类商品的大促销售活动，如“38”女王节、年货不打烊等，如图5–20所示。

2. 天天特卖报名条件

（1）商家条件。报名参加天天特卖的商家及商品须符合《营销平台基础规则》的要求。

（2）商品条件。

商品价格须满足以下要求。

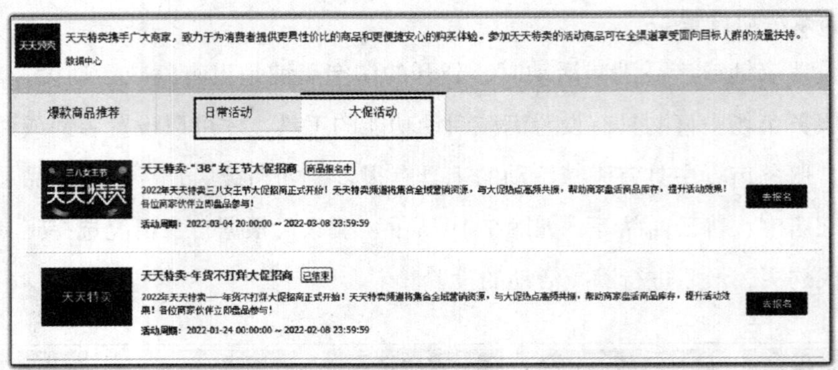

图5-20　天天特卖活动

①裸价直降：商品标价即为消费者下单时的成交价。

②参加天天特卖的商品活动价需要同时满足下述条件（以下简称价格要求）：

a.须不高于该商品近7天内的最低成交价；b.须不高于中国任一从事电子商务的平台中同款商品的最低商品价格，含视频、直播、拼团等各平台类型或电子商务形式中的价格；c.须不高于所在类目价格上限（各类目价格上限以商家报名后台提示为准）。

③商品一旦报名并通过审核后，如出现任何变化导致不再符合上述价格要求的，天天特卖有权中止或终止该商品继续参加本次活动。

（3）商品库存要求：商品报名库存数量≥500件。

（4）商品销量要求：报名商品近30天的销售记录必须在10件及以上。

（5）其他招商要求：

①报名天天特卖活动商品，不得报名同一活动时间段的其他营销活动（天猫大型营销活动、淘宝指定的营销活动除外）；

②在天天特卖的活动周期内，活动商品将不支持跨店满减优惠，以及通过优惠券、店铺宝等营销工具设置的优惠。

3.天天特卖设置

登录千牛卖家中心，单击左侧栏“营销”，选择左侧导航栏中“营销场景”下的“天天特卖”，进入天天特卖活动报名页面，如图5-21所示。在活动报名下方，展示了许多当前店铺可以报名的活动，点击“立即报名”就可进入淘宝商家营销中心，选择“报名指南”中天天特卖活动后的“去报名”，如图5-22所示，根据活动要求签署活动协议、填写基本信息、设置商品信息和商品玩法，即可完成活动报名，等待平台审核通过就可以参加特卖活动了。

图5-21　天天特卖活动报名页面

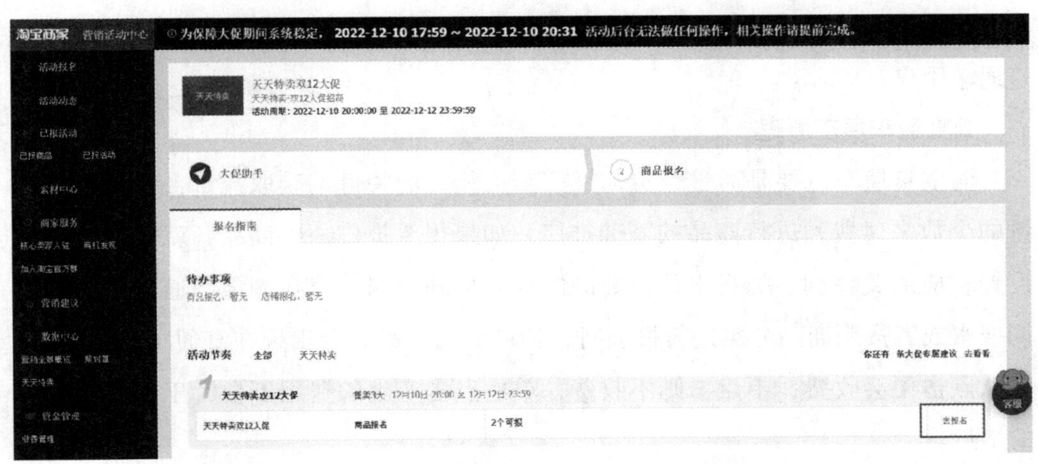

图5-22　淘宝商家营销活动中心

任务二　商业付费流量导入

任务分析

付费流量是指商家借助淘宝平台提供的营销工具，再通过支付一定的费用来进行店铺的推广和引流所获得的流量，常见的付费营销工具有直通车、砖石展位等。

任务实施

明确目前网店的状况后，小李决定先对淘宝店铺常见的站内付费推广方式进行初步的认知，随后再了解其具体的操作方法与技巧。

直通车

（一）认识直通车

淘宝直通车是为淘宝和天猫商家量身定制，按点击付费的推广营销工具，为卖家实现宝贝的精准推广。淘宝直通车推广不仅可以给商品带来曝光量，而且其精准的搜索匹配也给商品带来了精准的潜在买家。直通车推广是用一个点击引导买家进入店铺，产生一次甚至多次的店铺内流量跳转，这种以点带面的关联效应可以降低整体推广成本和提高店铺的关联营销效果。同时，淘宝直通车还给买家提供了淘宝首页热卖单品活动和各个频道的热卖单品活动，以及不定期的淘宝各类资源整合的直通车用户专享活动。

1. 直通车展现原理

淘宝直通车主要是通过设置与推广宝贝相关的关键词获取流量，按照获得流量的个数来付费，进行商品的精准推广。如果想要推广一件商品，就需要给商品设置相应的关键词、类目出价及商品的推广标题。当买家在淘宝网通过输入关键词搜索或者按照商品分类进行搜索时，推广中的商品就会出现在直通车的展示位，买家点击便会收费，不点击则不收费，单次点击产生的费用不会大于产品所设置的出价。

这里需要明确的一点是，直通车有24小时的无效点击过滤机制，系统会结合30多项综合参数（如IP地址、物理地址等）判断点击是否有效，无效点击会进行过滤并且不会产生花费，具体扣费需要查看第二天的直通车报表。

2. 直通车的展现位置

淘宝平台直通车展示的端口有两个，分别是PC端和移动端。

PC端直通车展示位置：宝贝搜索结果页面中，带有“掌柜热卖”标识的展位为直通车展位（如图5-23所示）；页面最底端的5个“掌柜热卖”直通车位置（如图5-24所示）。

图5-23　PC端直通车展示位（1）

图5-24　PC端直通车展示位（2）

移动端直通车展示位置：宝贝搜索结果页面，宝贝左上角带“HOT”标识的展位（如图5-25所示）。

（二）直通车扣费标准

淘宝直通车的扣费公式如下：

淘宝直通车实际扣费=下一名的出价 × 下一名的质量得分/您的质量得分+0.01

图5–25 移动端直通车展示位

该公式中质量得分是衡量设置关键词与宝贝推广信息和淘宝网用户搜索意向之间的相关性的评分。其计算包括多方面的因素，如基础分、创意效果和相关性等，如图5–26所示，质量得分为1～10分，且它是一个相对值而不是绝对值。在整个扣费公式中，淘宝卖家可以改变的是自己的质量得分和出价。

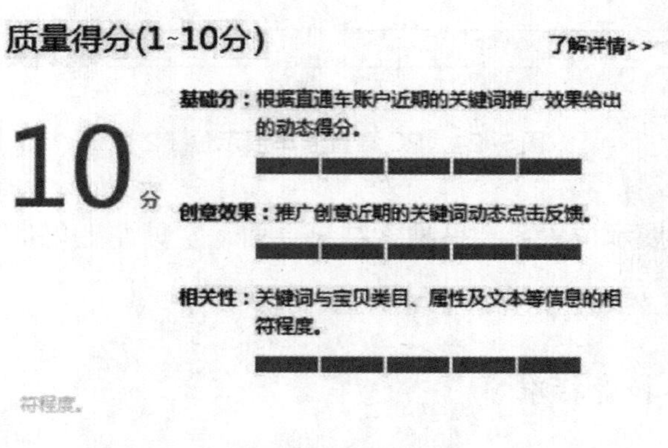

图5–26 质量得分

（三）直通车推广设置

步骤1：登录千牛卖家中心。

单击“营销”中的“直通车”按钮，进入淘宝/天猫直通车登录页面，如图5–27所示，然后点击“进入直通车”就进入直通车首页，如图5–28所示。

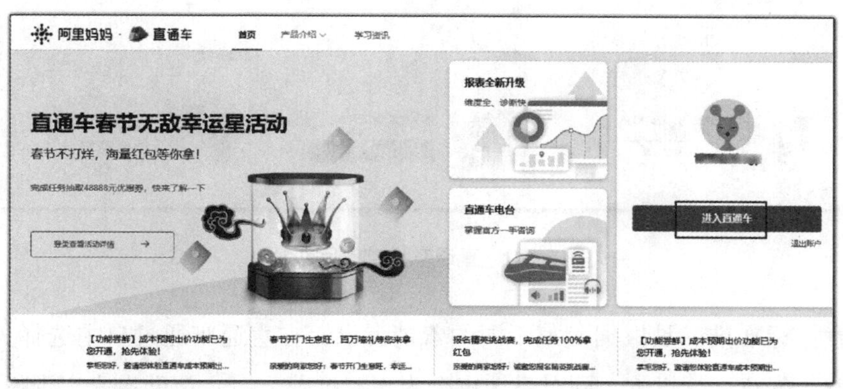

图5–27　直通车登录

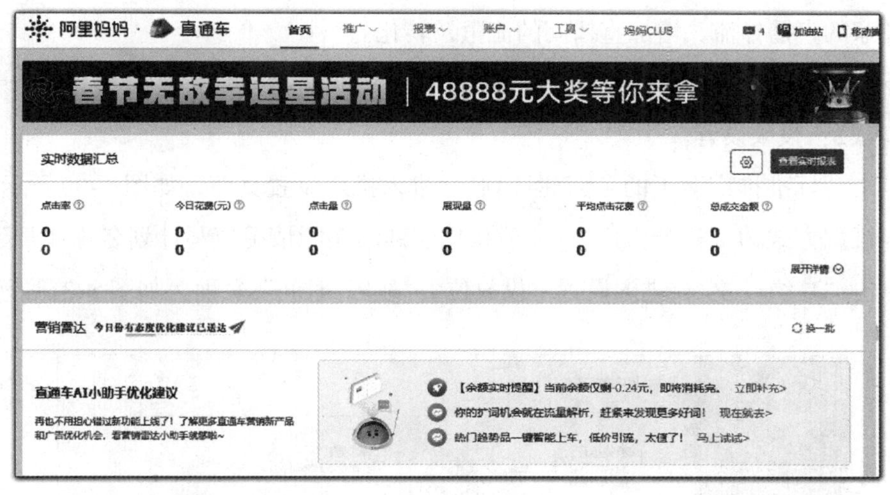

图5–28　直通车首页

步骤2：新建计划。

在直通车首页找到推广产品下方的“我要推广产品”，如图5–29所示。商家可以根据店铺的实际需求选择智能推广、标准推广和直播推广等。

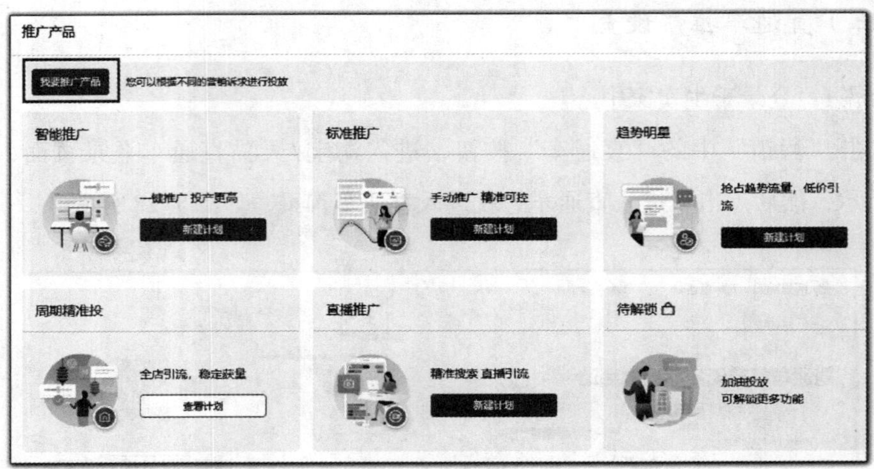

图5-29　直通车推广产品页面

注意：标准推广是根据卖家不同的营销诉求，在直通车通过自主选择关键词、精选人群、创意进行投放，同时系统也会为卖家推荐方案，帮助卖家实现投放效率的优化；智能推广只需要简单设置就可以开始推广，系统会根据所推广的宝贝或者趋势词包，智能匹配高品质流量；直播推广就是在直通车渠道内，借助搜索精准流量为商家的直播导流，增加直播间的流量及转化。

下面以“标准推广”为例进行讲解。

步骤3：投放设置。

点击“标准推广”下的“新建计划”，进入推广设置页面，如图5-30所示。这里选择推广方式为“标准推广”，随后根据店铺的实际情况填写计划名称和日限额，接着点击“高级设置”，进入设置“投放位置/地域/时间”页面，如图5-31所示。

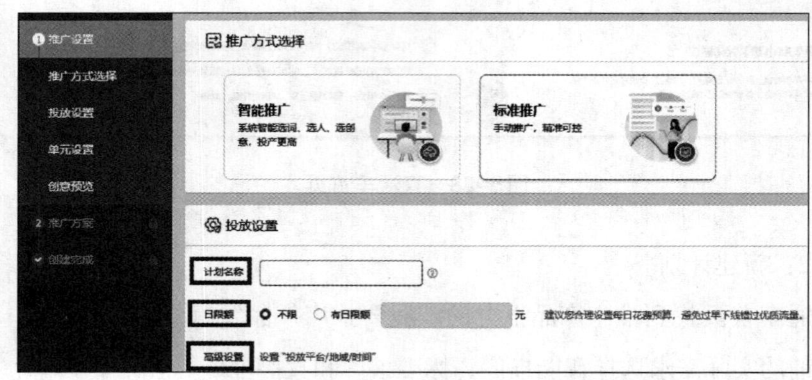

图5-30　标准推广计划设置页面

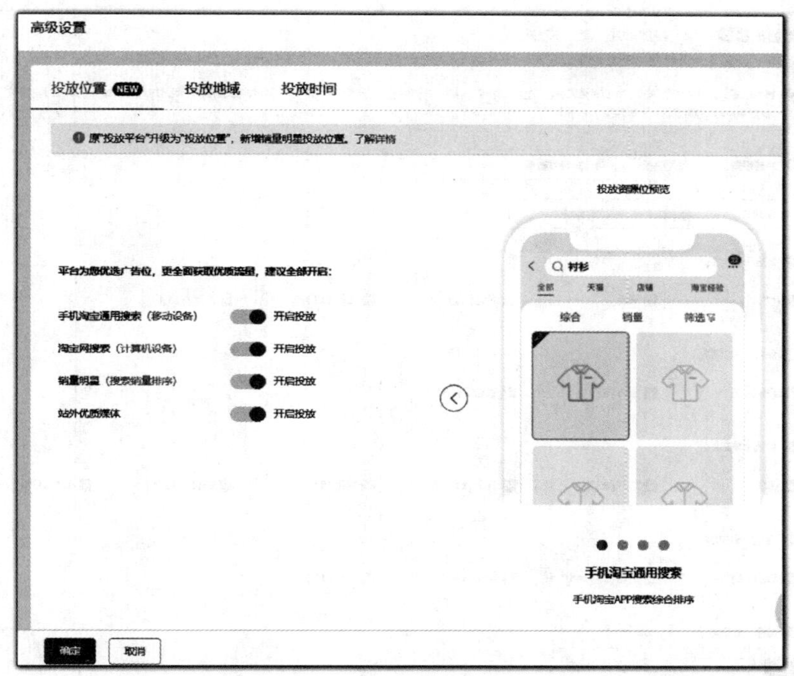

图5-31　高级设置页面

（1）“投放位置”设置。“投放位置”由原来的“投放平台”升级为手机淘宝通用搜索、淘宝网搜索、销量明星、站外优质媒体四个投放位置。

手机淘宝搜索：手机淘宝App搜索综合排序。

淘宝网搜索：PC端淘宝网搜索结果页。

销量明星：手淘搜索销量排序，精准触达销量敏感人群；爆款卡位，高点击高转化；引流拉新，稳定销量。

站外优质媒体：站外引流，触达更多淘外潜在意向人群；站内外联动，沉淀淘外人群资产；多渠道曝光，流量加倍。

（2）“投放地域”设置。投放地域是设置直通车推广产品的推广地域，如图5-32所示，商家可以在此页面对产品的推广地域进行设置，将宝贝投放在特定的省份/城市，设置完成后点击“确定”即可。

（3）“投放时间”设置。投放时间设置是直通车推广产品的推广时间，商家可以在此页面对产品的推广时间进行设置，包括选择时间段、对应时间段的出价，如图5-33所示，同时商家也可以使用系统提供的行业投放时间模板，设置完成后，点击下方的“确定”按钮即可完成设置。

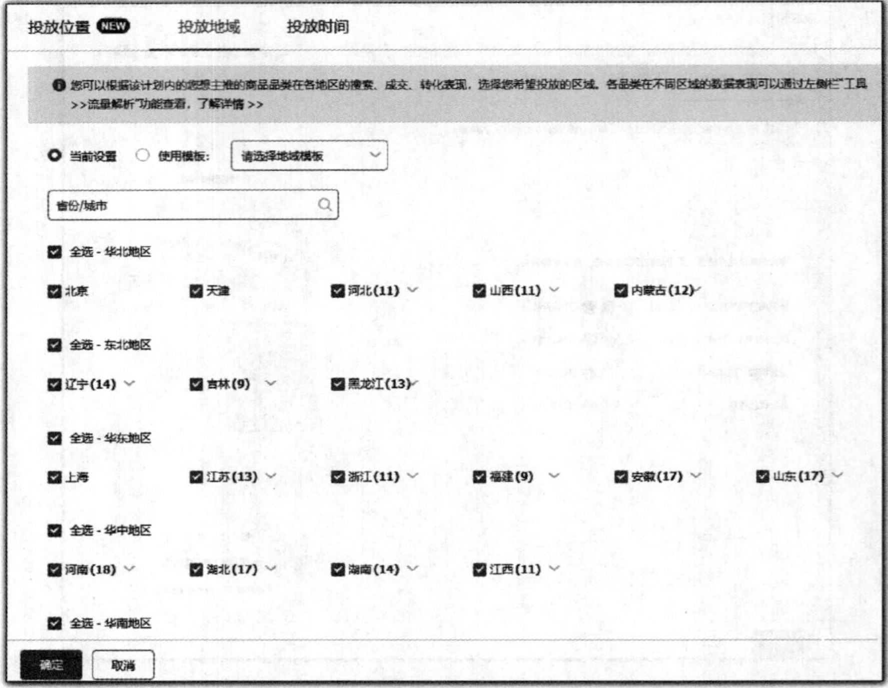

图 5–32　投放地域设置

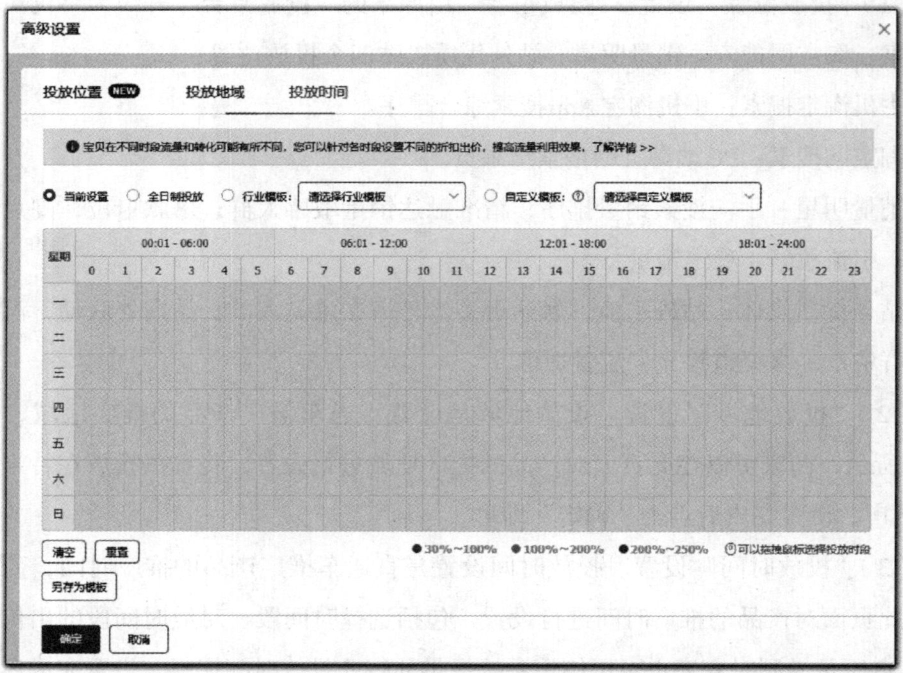

图 5–33　投放时间设置

步骤4：单元设置。

点击单元设置下方的“添加宝贝”，在弹出的添加宝贝页面选择直通车要推广的产品，如图5-34所示，选择完成后点击“确定”按钮，即可完成添加。

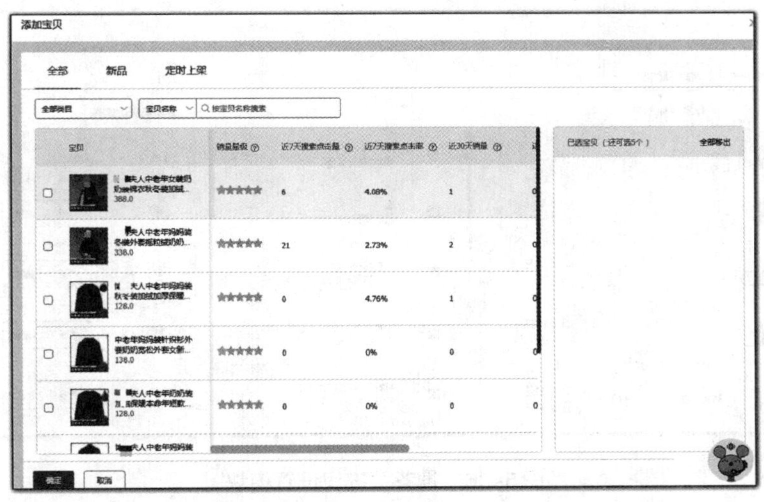

图5-34　添加宝贝

步骤5：进一步添加关键词和人群。

宝贝添加完成后单击“创意预览”下方的“进一步添加关键词和人群”按钮，如图5-35所示，进入推广方案设置页面，在该页面需要设置的内容有推荐关键词、推荐人群和智能出价。

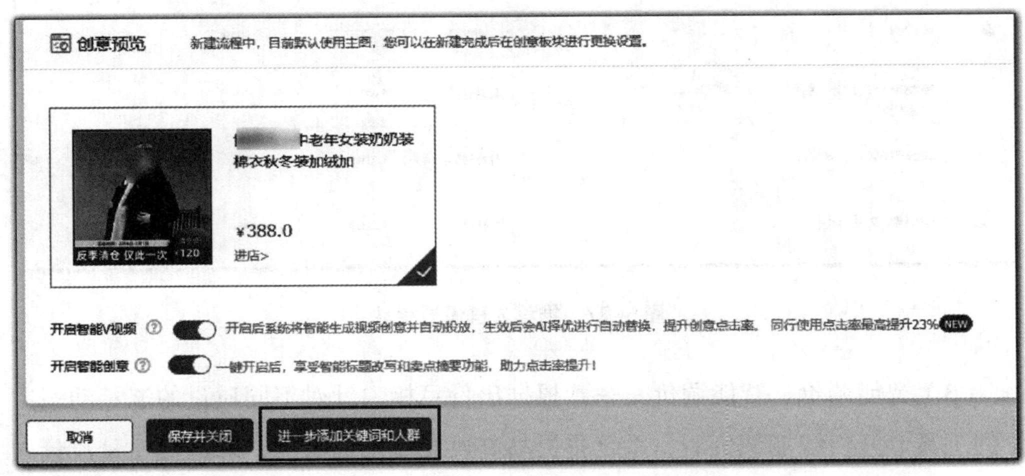

图5-35　进一步添加关键词和人群

（1）推荐关键词。推荐关键词是系统为商家所推广产品量身定制的买词方案，商家也可根据自己的需求手动的增加删除关键词和修改关键词的出价，以及关键词的匹配方案。如图5-36所示。

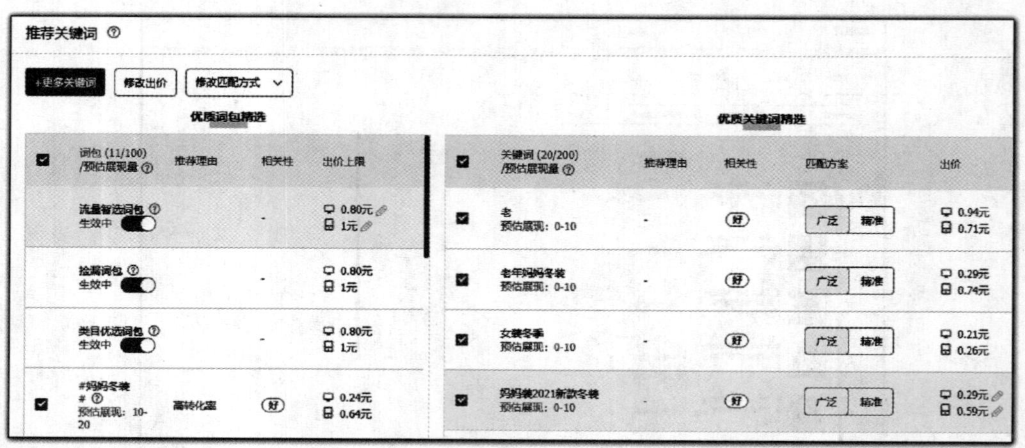

图5-36　推荐关键词设置模块

（2）推荐人群。推荐人群是系统为商家所推广产品量身定制的人群溢价方案，商家可根据自己的需求手动的增加或删除人群以及人群的溢价比例，如图5-37所示。

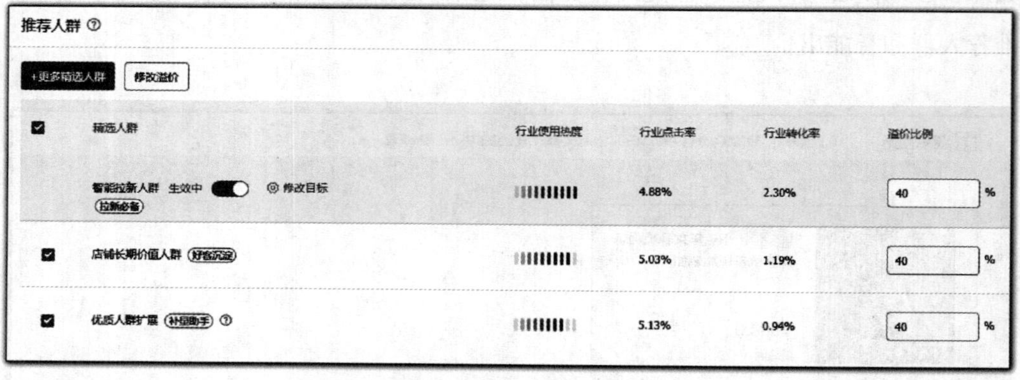

图5-37　推荐人群设置模块

（3）智能调价。智能调价是一款根据出价目标，针对不同质量的流量动态溢价的工具。开启智能调价后，系统将提高高质量流量的溢价，降低低质量流量的溢价。在保障转化效果的前提下，尽量达成商家的出价目标，如图5-38所示。

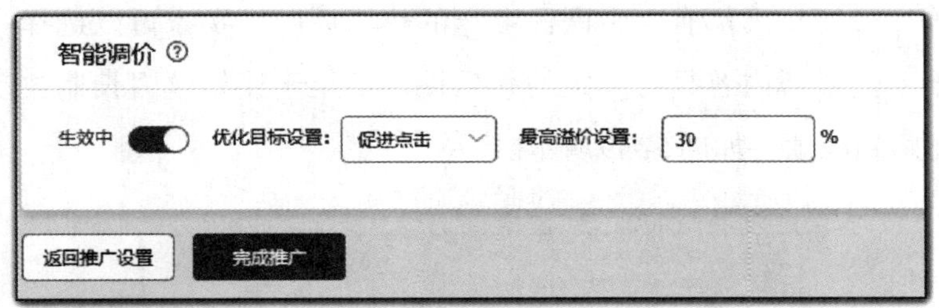

图5-38　智能调价设置模块

步骤6：根据所推广产品设置以上内容，设置完成后点击页面下方的“完成推广”，直通车的标准推广计划就建立完成了。

任务三　微博营销流量导入

任务分析

微博营销是企业或个人以微博为平台，每一位粉丝都是潜在的营销对象，通过更新自己的微博向网友传播企业信息、产品信息，树立良好的企业形象和产品形象。每天更新内容与粉丝交流互动，或者发布粉丝感兴趣的话题来达到营销的目的。本任务将从微博淘宝版、微博小店两方面介绍微博营销流量导入方面的知识。

任务实施

一、微博淘宝版

微博淘宝版是微博为淘宝卖家量身定制的专属版本微博，淘宝卖家进行微博账号绑定后，不仅在微博平台拥有淘宝专属标识，而且可以在微博推广自己的商品，甚至还可以使用微博淘宝版专有的微博营销工具。

小李通过学习，归纳出微博淘宝版为店铺引流的几种营销方式。

（一）内容类营销

经营者开展以产品为主的内容营销，通过多种方式向用户展示产品，比如通过定期更新、上新、产品细节图曝光、原创视频、衣服搭配技巧、不同面料衣服洗护技巧等。微博每天都有大量网民参与的热门话题，卖家可以选择一些进行热门话题讨论，使微博内容具有一定的娱乐性，不至于让粉丝因长期被动阅读商品推荐内容而感到厌烦，如图5–39所示。

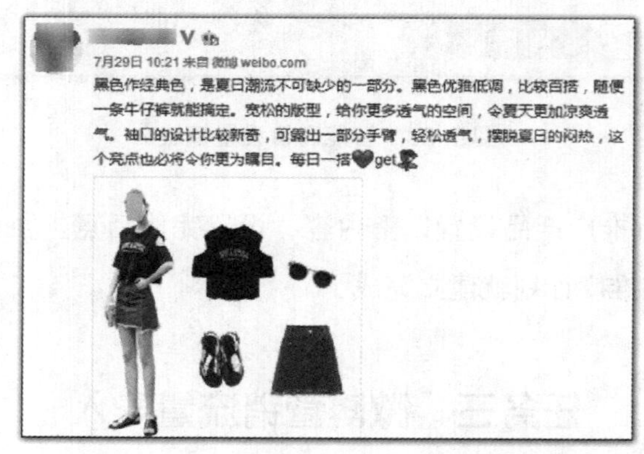

图5–39　微博内容类营销示例

（二）互动类营销

卖家以微博内容吸引粉丝，以多种形式的互动提高粉丝的活跃度与忠诚度，除了做好及时回复买家留言、私信的互动外，可以发起多种形式的互动活动。比如买家秀互动，将更具吸引力的买家秀微博进行转发或是原创发布，侧面宣传产品的质量、受欢迎度等。再比如卖家还可以定期在微博后台发起抽奖活动，如评论转发该微博的买家可以获得免费得到新品的机会。此外卖家也可以针对节日发起多形式的活动，如图5–40为某店铺在七夕节发起秀恩爱赢烛光晚餐等活动，调动了粉丝的积极性，吸引更多的用户参加。

图5–40　微博互动类营销

（三）其他营销

除了上述两种营销方式外，适当转发一些跟店铺主营商品相关的“大V”账号的内容，提高微博整体内容的充实和丰富度，也可以经常和“大V”进行互动，他们如果转发感兴趣的商家原创微博，可以带来更多的曝光和吸引大量的买家关注。

微博导流的方式不限于以上几种，商家可以根据微博后台提供的粉丝分析，定制一些有针对性的内容营销。通过日常的微博营销，总结适合自己店铺粉丝的微博内容和互动方式。

二、微博小店

新浪微博联合阿里巴巴、微卖等第三方合作伙伴推出的微博小店也是卖家引流的一大利器。淘宝卖家可以选择微博小店进行引流，买家不用跳转到淘宝就可以在微博看到更多商品的细节图和文案，将喜欢的商品分享到个人微博账号，更有利于粉丝间的传播，进而加强卖家社会化营销。

微博小店的推广实施

除了持续性策划、发布优质的微博内容外，还应借助微博小店推广功能进行流量的导入，具体做法如下。

步骤1：进入微博个人主页，点击“管理中心”进入后台，选择左侧导航栏的“微博小店”，如图5–41所示。

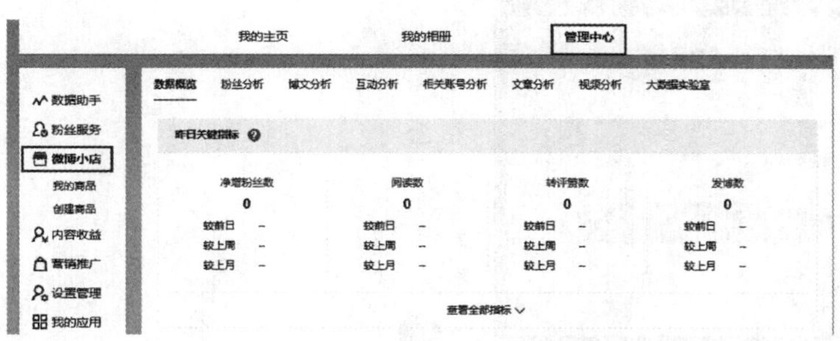

图5–41　微博小店位置展示页面

步骤2：点击左侧栏的“微博小店”，能看到“我的商品”“创建商品”两个子任务，然后点击“创建商品”，在弹出的窗口中通过个人用户入驻或者机构用户入驻申请，如图5–42所示。

图5-42　申请微博小店认证页面

步骤3：这里以个人用户入驻申请为例，用手机微博App扫码进行验证，在弹出的窗口中点击“一键开通”，完成微博小店的开通操作，如图5-43所示。

步骤4：微博小店绑定店铺。完成认证之后，手机会跳转到微博小店的管理端页面。在这里选择“绑定店铺”，通过“账户设置”进行店铺绑定，微博小店支持绑定小电铺、巨鲸帮帮、有赞、微店，如图5-44所示。

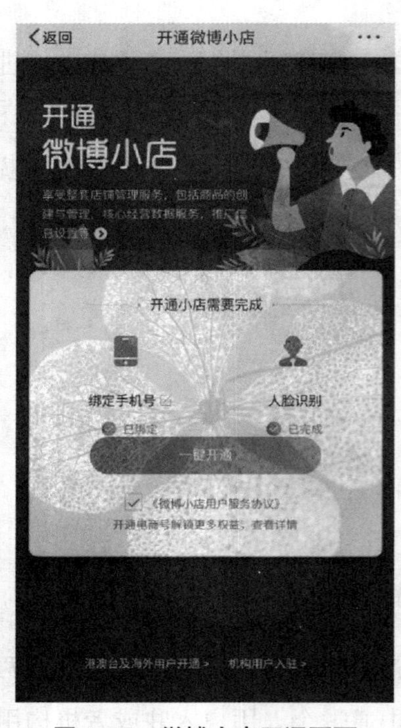

图5-43　微博小店开通页面

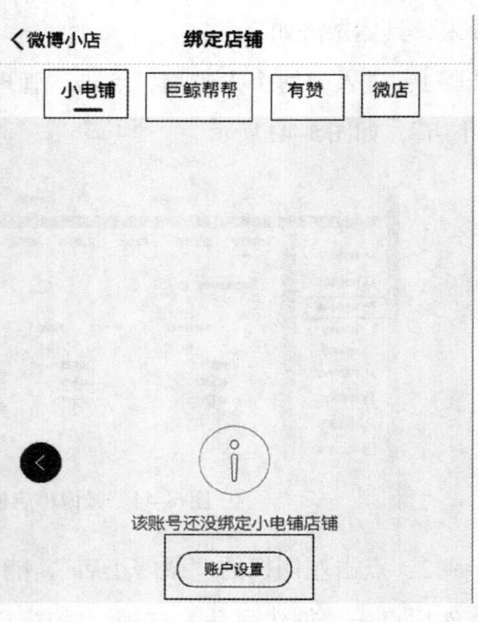

图5-44　微博小店手机管理端页面

步骤5：创建商品。选择左侧导航栏“微博小店”下的“创建商品”，点击进入创建商品页面，直接复制商品链接到窗口，每次最多可添加10件商品，如图5–45所示。

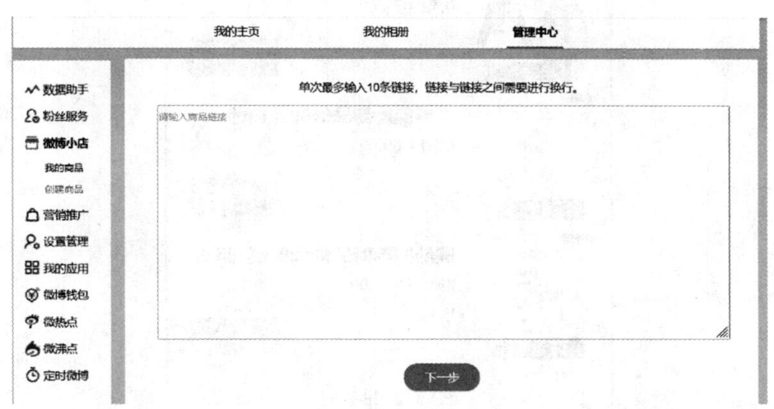

图5–45　添加商品页面

步骤6：按照要求添加商品信息后，点击“下一步”，如果结束添加商品，可在弹出的窗口点击“去管理商品”按钮，跳转到管理中心页面，可以对添加的商品进行“编辑、删除、分享”，如图5–46所示。

图5–46　管理中心页面

步骤7：以上步骤完成后，返回个人主页就可以看到添加的微博小店和商品，如图5–47所示。

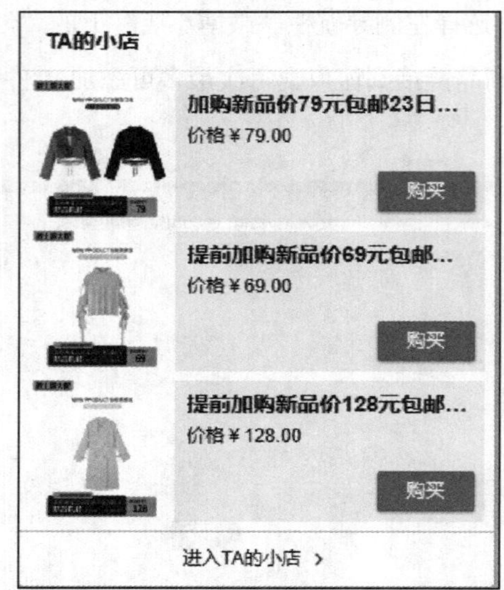

图5–47　微博小店示例

除了在微博主页展示推荐的橱窗商品外，卖家也可以在日常的微博更新中使用微橱窗并搭配相关的产品细节图来进行引流。如果粉丝对该商品的介绍感兴趣，可以点击带有购物车的图标，进入商品详情页，如图5–48所示。粉丝如果对其他商品也感兴趣，可以直接进入卖家的微博小店主页查看所有商品，如图5–49所示。

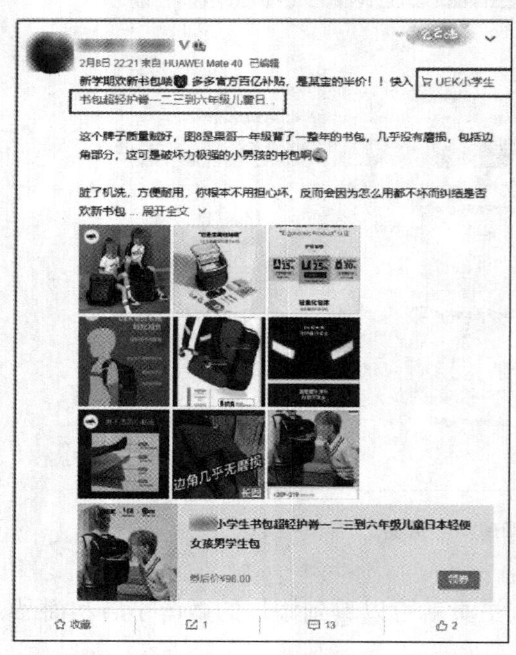

图5–48　微博营销示例

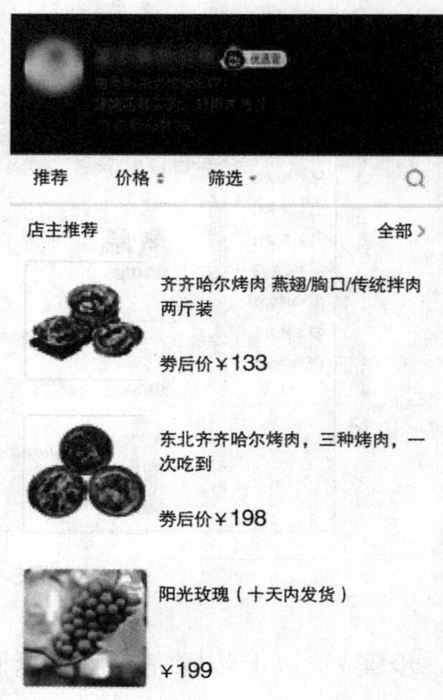

图5–49　微博小店主页

微博淘宝版和微博小店的引流方式基本相同，后期卖家可通过分析粉丝数据、管理用户订单、及时反馈订单状态和解决好用户的售后问题等方式更好地运营微橱窗，为店铺导入更多的流量。

任务四　微信营销流量导入

任务分析

微信营销是一个新型的互联网营销方式，是一种主流的线上线下互动营销形式，更加凸显出了信息交流的互动性，让信息交流更加及时、畅通。微信营销的主要营销方式有公众号营销、朋友圈营销、微信群营销等，是一种点对点推广产品、品牌、文化的营销方式。本任务主要围绕微信公众号营销和微信朋友圈营销两方面进行介绍。

任务实施

一、微信公众号

微信营销算是当下比较热门的新媒体营销之一，微信作为移动端流量与用户数量极为庞大的社交应用软件，具有强关系、点对点的营销特点，因此很多淘宝卖家利用微信营销为店铺导流，小李店铺也将微信营销作为布局移动端的既定战略之一。

（一）微信公众号的类型

微信营销之前，首先要了解微信公众号的类型，小李了解到，微信公众号的类型包括以下四种。

1. 订阅号

订阅号可以为用户提供信息和资讯，每天可推送1次信息，1次最多可发布8条信息。订阅号发给用户的消息会显示在用户的订阅号文件夹中，在发送消息给用户时，用户不会收到即时消息提醒。在用户的通讯录中，订阅号将被放入订阅号文件夹中。

2. 服务号

服务号侧重于为企业、政府、媒体或其他组织提供服务。服务号每个月有4次推送机会，每次可推送8条信息，推送的消息，会展现在买家的聊天列表里，并且，在发送消息给买家时，买家会收到即时的消息提醒。

3. 企业号

企业号是企业的专业办公管理工具，提供丰富免费的办公应用，并与微信消息、小程序、微信支付等互通，助力企业高效办公和管理。利用企业号，企业或第三方服务商可以快速、低成本地实现高质量的企业移动轻应用，实现生产、管理、协作、运营的移动化。

4. 小程序

小程序是一种不需要下载安装即可在微信快捷使用的应用，个人、企业、政府、媒体或其他组织的开发者，均可申请注册小程序。

（二）微信公众号的策划

1. 微信公众号名称

微信公众号名称可以选择公司名也可以选择公司的某一个产品，这样选择最大的好处就是在买家搜索过程中可以一目了然地知晓公司的属性，而且有助于搜索引擎的搜索。

2. 微信公众号头像

微信公众号头像最直接反映的是企业的产品或是名称，对于买家来说图片的记忆和储存都是感性的，而且对于口碑的传播也有一定的正向作用，因此微信公众号的头像就尤为重要。

3. 微信公众号认证

微信公众号认证之后不仅可以增加微信公众号的公信力，还可以增加内容的发送频率。

（三）微信公众号的发布

微信公众号推广的内容形式有多种，包括纯文字消息、图文消息、视频消息和音频消息这几种。目前，微信推广使用最多的内容形式是图文消息，因为其在展现形式上更加直观，它集合了文字、图片、音视频等大部分的优点。图文消息有着丰富的内容及多样化的表现形式，微信运营者可以根据各自的特点及实际需要，合理地运用。

微信公众号开通之后，小李以图文消息为例，利用订阅号向用户展示其店铺女装的细节图，吸引用户关注，并进一步将用户引流至网店，具体操作如下。

步骤1：登录微信公众号，在首页中选择“新的创作”中的“图文消息”选项，如图5-50所示。

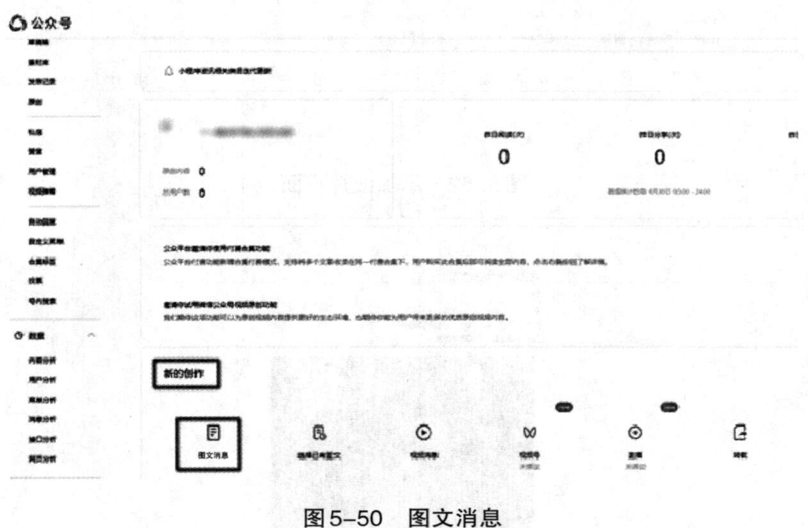

图5-50　图文消息

步骤2：进入页面后，依次在编辑框中输入标题、作者、正文，如图5-51所示。

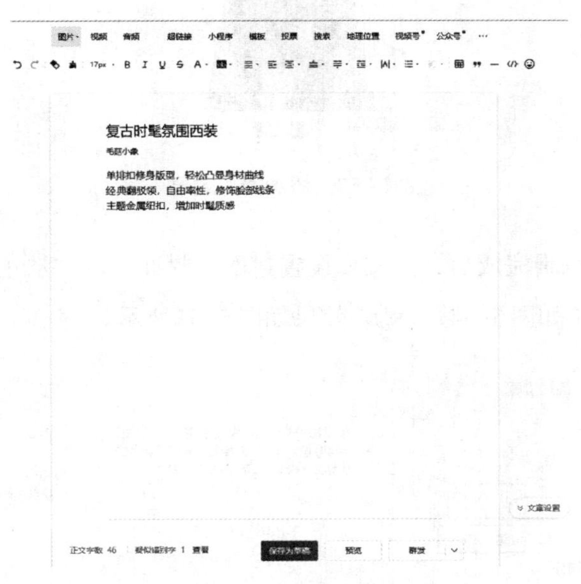

图5-51　内容编辑

步骤3：编辑完文字部分，接下来对正文内容进行美化补充，微信公众号提供了包括图片、视频、音频等多个选项，小李计划添加某款女装的细节图片，点击

“图片”选项，可以选择“本地上传”，也可以选择“从图片库选择”（如图5–52所示），效果如图5–53所示。

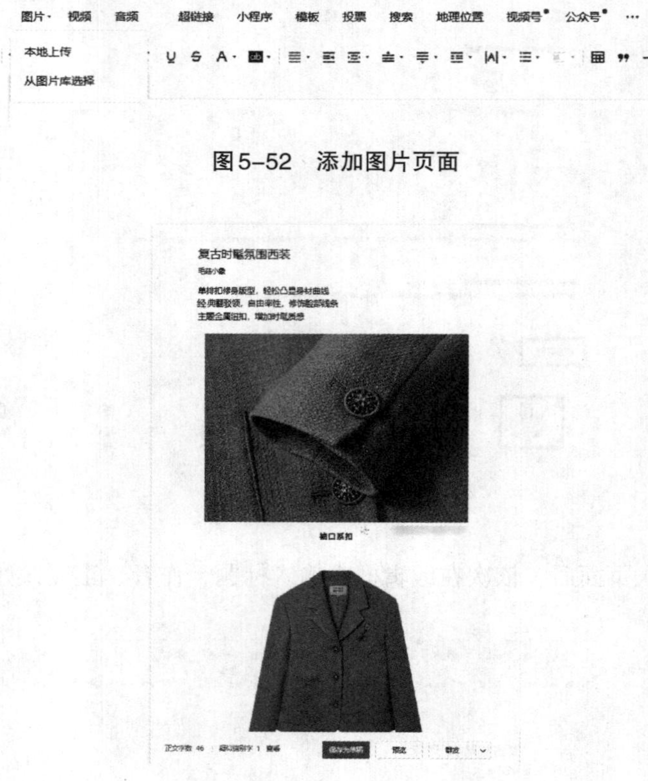

图5–52　添加图片页面

图5–53　添加图片效果

步骤4：图文编辑完成后，为文章设置封面。封面可以“从正文选择”，也可以从“图片库选择”（如图5–54所示），效果如图5–55所示。

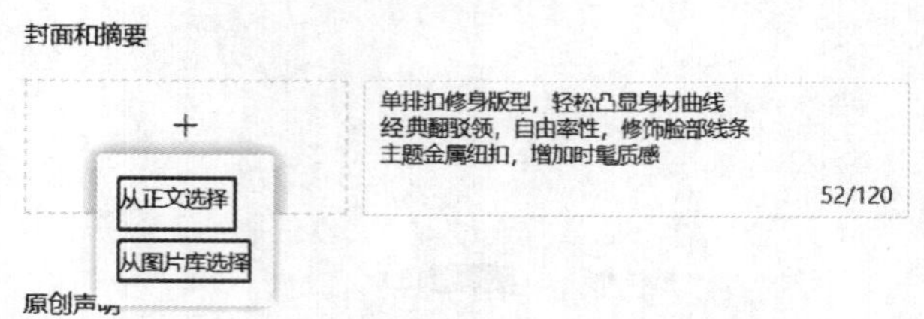

图5–54　选择封面上传方式

上传技巧：所选择上传的照片可按2.35∶1和1∶1的尺寸进行裁剪。

步骤5：文章设置。这里可以点击“原文链接”按钮，在弹出的窗口输入产品链接，如图5–56所示。还可以添加合集标签，每篇文章最多添加5个合集，添加完成点击“确定”按钮，如图5–57所示。

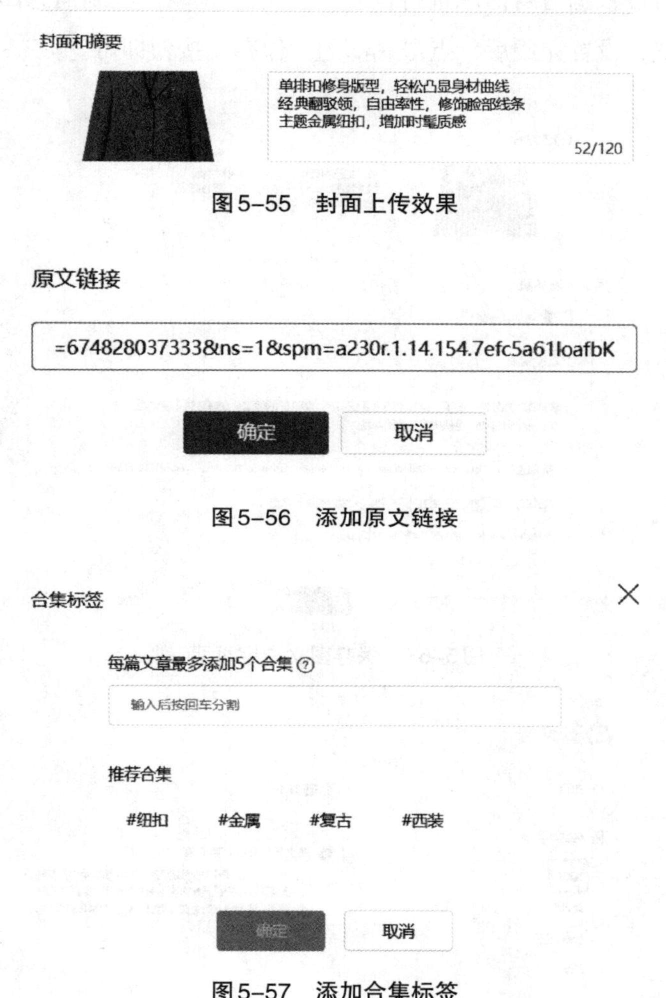

图5–55　封面上传效果

图5–56　添加原文链接

图5–57　添加合集标签

步骤6：完成以上步骤后，可点击“保存为草稿”“预览”或“群发”按钮，小李在此处暂且选择“保存为草稿”按钮，如图5–58所示。

步骤7：返回微信公众号首页的草稿箱页面，确认无误后，点击“发布”按钮，最后等待管理员审核即可，如图5–59所示。

（四）自动回复设置

微信公众号的自动回复功能可以通过添加自动回复的内容以及关键词，来达到自助服务用户的目的，一定程度上能够减少人工回复的工作量，提高服务的效率。目前微信公众号的自动回复功能包括三个内容：关键词回复、收到消息回复和被关注回复。商家可以根据自身需求进行设置，图5-60是以“收到消息回复”为例进行的自动回复设置，设置完成后，点击底部的“保存”按钮即可。

图5-58 保存图文内容页面

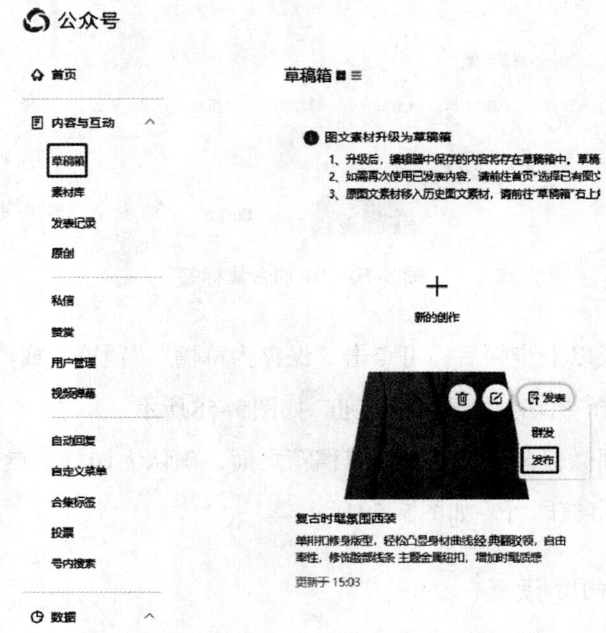

图5-59 保存草稿箱的图文内容

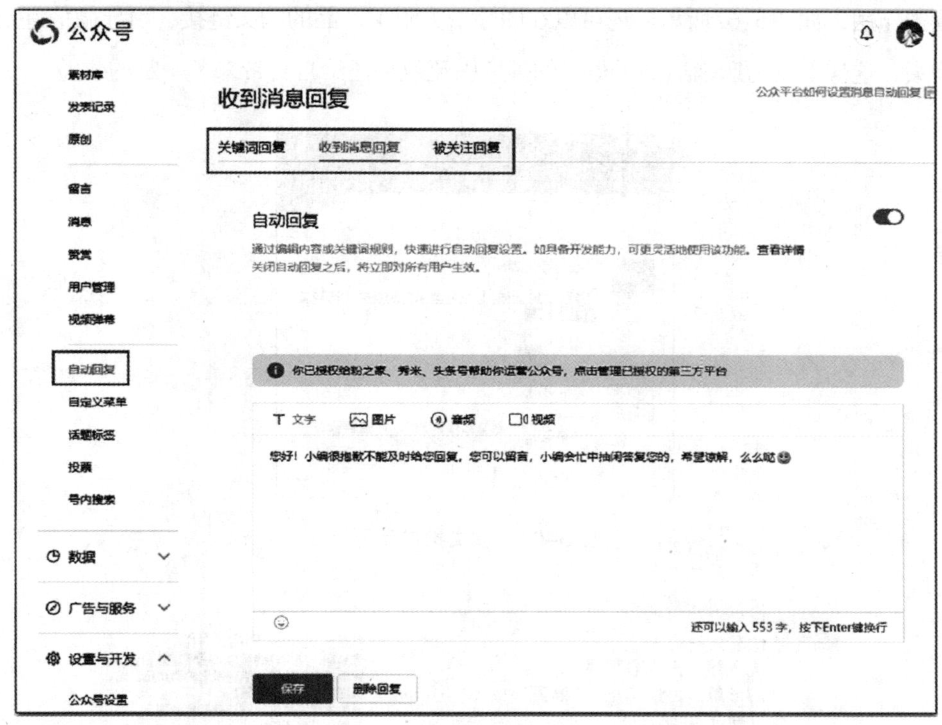

图5–60　自动回复设置页面

二、微信朋友圈引流

（一）微信朋友圈推广的方式

微信朋友圈推广的常见方式有付费与免费两种。

1. 微信朋友圈免费推广

（1）软文推广。

在微信公众号上发布完内容之后，可以将公众号的内容转发到自己的朋友圈，加上引导性用语，让喜欢的读者进行关注，也可以进行公众号内容的转发，将公众号内容传播出去，能够吸引粉丝，起到一定的推广效果，如图5–61所示为小李在微信朋友圈推广微信公众号发布的产品内容。

（2）图文推广。

目前，很多商家会利用微信朋友圈直接将产品的图片或视频配上合适的文案展示出来，比如，小李要推广女装，在做产品推介时，就可以推送一些女装的图片，最好是有模特着装效果的图片。图片要能够体现产品卖点并营造出美观的视觉效果，否则很难起到营销作用，如图5-62所示。还可以在图片下方附上产品的购买链接，引导微信好友下单购买，这样不仅为店铺达到了很好的推广引流效果还给自身带来了一定的收益。

图5-61　软文推广示例

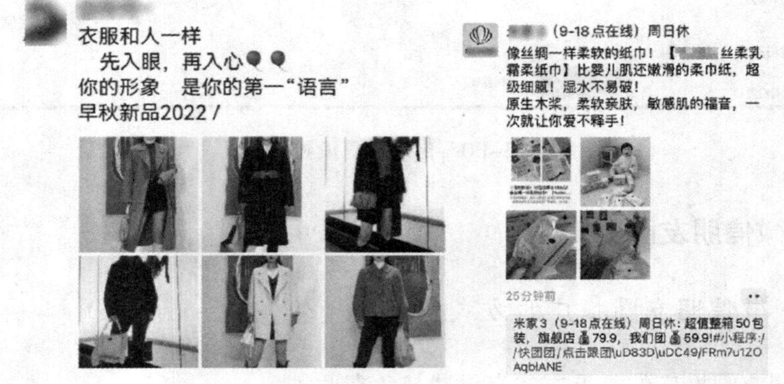

图5-62　图文推广示例

2. 微信朋友圈付费推广

微信朋友圈广告是基于微信生态体系，以类似朋友的原创内容形式在买家朋友圈展示的原生广告，买家可以通过点赞、评论等方式进行互动，并依托社交关系链传播，为品牌推广带来加成效应，该种推广方式按曝光次数计费。

微信朋友圈广告主要有以下四种类型。

（1）本地推广广告。

帮助线下实体店与其服务区域内的目标买家建立联系，从而获得从线上往线下引流的转化效果。其特点是可以精准定向周边人群，有效触达买家，提高门店的买家到访率，如图5-63所示。

（2）原生推广页广告。

其特点是能够更好地助力品牌在形式技术等方面提升买家观赏体验，如图5-64是微信朋友圈原生推广页广告，简洁的内容加上精致的广告图片为途牛旅游网赢得了良好的推广效果。

图5-63　本地推广广告示例

图5-64　原生推广页广告

（3）小视频广告。

其特点是可以点击进入完整视频，同时可选择跳转链接，层层深入，将目标受众“自然地”带入故事情境之中，生动呈现品牌主张，如图5-65所示。

（4）图文广告。

特点是如同微信朋友圈好友动态的形态结构，文字、图片、链接可以灵活自由配置，能够提供多样的展示形式，满足个性化的创意表达，如图5-66所示。

图5-65　小视频广告

图5-66　图文广告

（二）微信朋友圈引流技巧

1.注意发文的频率

微信朋友圈营销切记发文不要太过频繁，要牢记买家至上，买家的体验才是核心。微信朋友圈是商家分享互动的平台，大家在朋友圈是浏览各种信息的，而不是买东西的。因此，朋友圈营销是建立在信任之上的，达成商业转化的本质就是先打造个人形象，通过有温度、有情怀的方式与买家做朋友。反之，如果只顾急功近利的刷屏，不但不会起到引流的效果，可能还会被微信好友拉黑。

2.注意维度

如果微信好友众多，可以采取一定的策略提高受众人群的精准度，也避免了频繁刷屏。

（1）分组发布。

发布微信朋友圈的时候，可以选择公开或分组观看，分组观看可以更好地对意向买家进行产品宣传和推广，推荐合适的内容给对应的人群。分组可以用买家分层运营思维管理微信好友，策略如下。

①陌生人：潜在买家，先通过互动成为熟人。

②潜在买家：维持好熟络的关系，持续发布优质内容，向一般买家转化。

③一般买家：至少成交过一单，需要进一步稳固关系，如利用福利、奖励等方式，一方面能促成更多的交易，另一方面让其愿意主动为店铺宣传、引流。

④核心买家：主动发朋友圈为店铺宣传，主动为其提供所需要的服务。

（2）按时间发布。

一般来说，发朋友圈可以抓住四个黄金时间段：7：00—9：00，新一天的开始，通常也是人们在上班路上的时间，需要打发时间，信息需求量大；11：30—13：30，吃饭、午休时间，这段时间相对自由，人们浏览朋友圈的概率会比较大；18：00—19：00，下班路上的碎片时间也很关键；22：00以后，很多人会在睡前浏览手机，此时也是发布消息的好时机。当然，最佳的手段是针对产品所对应的目标买家的活跃时间段来进行发布，效果会更好。

（3）巧用提醒功能。

注意使用“@”提醒功能，以提醒强目标买家，但要注意提醒功能使用的频率，不要逐条使用，而是将重要信息精准提醒给目标。

3.有黏度才有关注

定期在朋友圈设计一些互动，在发内容时主动提醒买家到朋友圈进行互动，当然互动的内容一定要有趣，给其意外惊喜或者实在福利，以提高彼此之间的认可度，从而创造出更多的成交机会。另外，要注意互动时要及时回复消息，慎用统一回复，以免显得没有诚意。与买家之间产生黏度，他们才会对产品持续关注，潜移默化地受到影响。

4.注意把握好分寸

凡事都有个度，都得有分寸。朋友圈内容一旦过了某个度，可能会适得其反。在朋友圈发布消息必须注意尺度的把握。很多刚开始做微商的人会复制一些自我激励、自我证明的话，而这些东西不但与买家无关，反而会给人一种此地无银三百两的感觉。买家会疑惑：既然这个店铺没有问题，为什么要反复澄清。其实，最好的夸奖是买家的反馈，用最真实的语言来体现产品与服务，可以辅助使用场景的图片、对话截图等方式来证明产品的可信度。

任务五　利用其他常见方法流量导入

任务分析

除了以上讲到的站内免费流量、商业付费流量、微博营销流量、微信营销流量等引流方式之外，还有一些其他常见的流量导入方式。本任务将以促销水印、淘宝逛逛和视频直播三种方式为例进行介绍。

任务实施

一、促销水印

（一）认识促销水印

卖家在开展店铺活动时，为了更好地向消费者传达活动信息，可以在主图上添加促销水印，一目了然地概述促销信息，使得活动更易获得关注度、吸引买家点击、刺激产生购买行为，如图5-67所示。卖家除了使用Photoshop软件给图片增加促销水印外，还可以使用第三方软件批量修改。

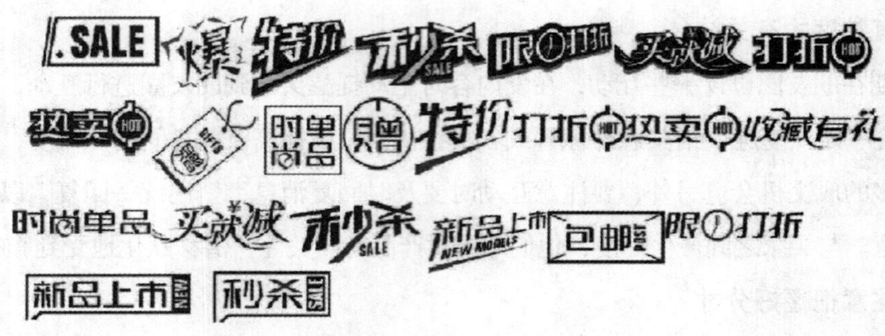

图5-67　促销水印示例

（二）促销水印设置

小李以自己的网店为例，在千牛卖家工作台设置促销水印。

步骤1：登录千牛卖家中心，点击左侧导航栏下方的“服务”，进入服务市场页面，如图5-68所示。

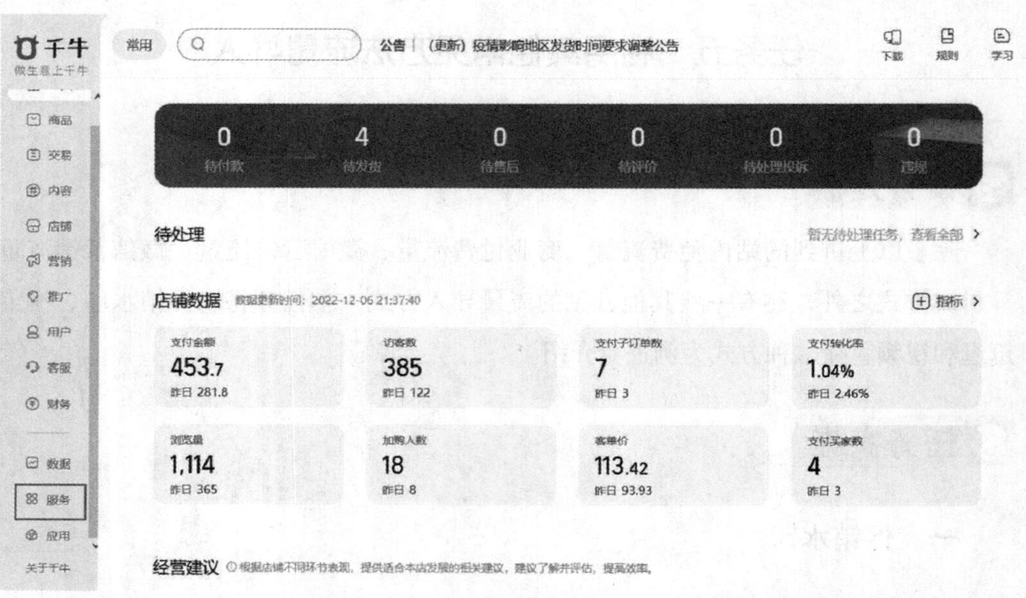

图5-68　选择“服务”

进入服务市场首页，从首页导航栏中的“推广营销和私域”—“营销管理”—“促销工具”进入促销工具页面；或者直接在首页的搜索框中搜索“促销水印”（如图5-69所示），点击搜索后，就可以看到搜索结果中展示了一些常用的工具，如爱用商品、普云商品、欢乐逛打折、美折促销、促销宝打折等。

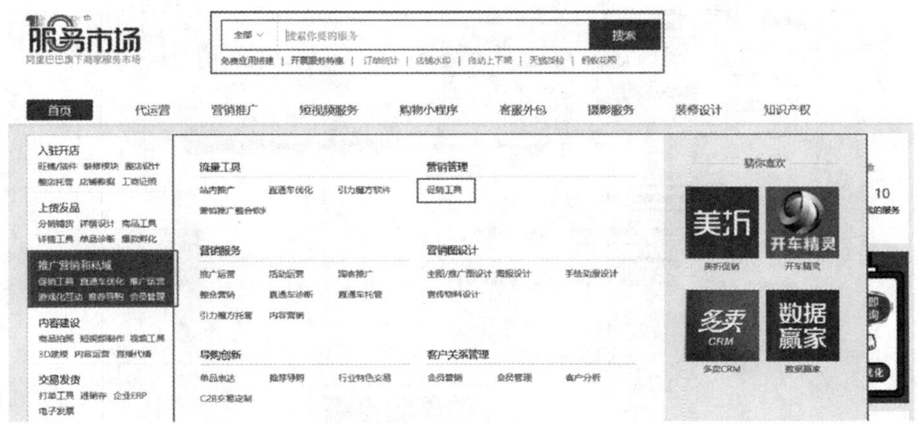

图5-69　促销水印工具搜索结果

步骤2：以美折促销为例，卖家需要购买服务，新用户可以免费试用7天，如图5-70所示。

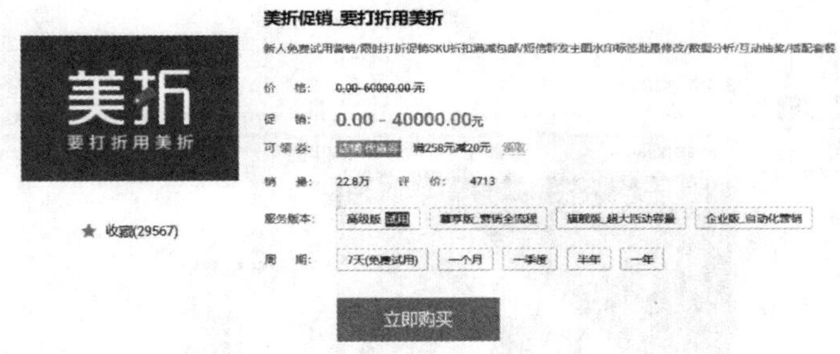

图5-70　购买服务

购买服务之后，进入千牛卖家中心，选择“应用”—“经营工具”，找到已经购买的“美折促销”工具，选择该工具，授权并登录后，进入美折首页，点击首页的“主图水印”按钮，如图5-71所示；点击“立即创建”开始创建水印，如图5-72所示。

图5-71　主图水印页面

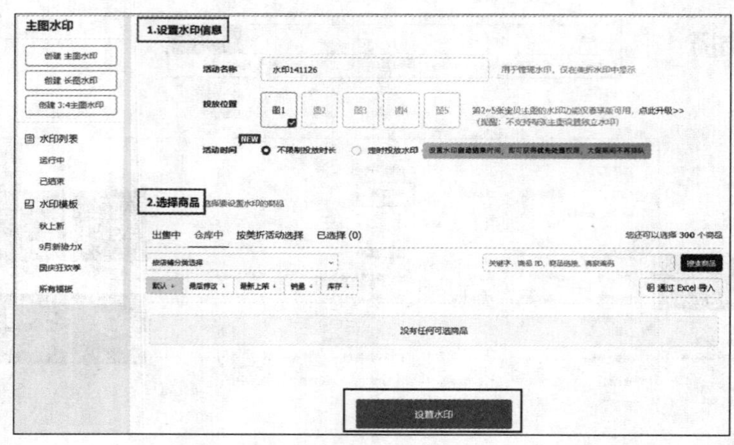

图5-72　创建水印页面

步骤3：设置水印。卖家根据店铺需求选择模板，如设置秋季上新促销水印，选择图片，确定图标的位置、宽度、文本等。如图5-73所示。

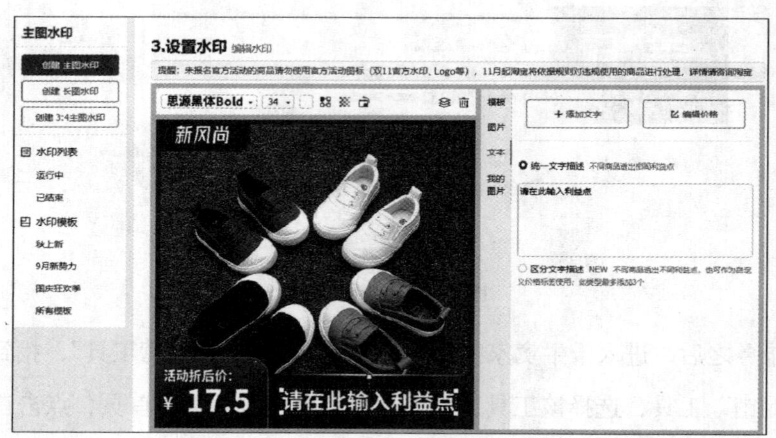

图5-73　设置水印页面

步骤4：设置完成后，点击底部的“投放水印”按钮，此时就完成了主图促销水印的设置。

二、淘宝逛逛

（一）认识淘宝逛逛

淘宝逛逛是淘宝平台的一个内容分享型社区，可视作“小红书+微信朋友圈+抖音”的结合体，逛逛包含了达人内容、粉丝内容、商家内容，内容的形式有图文、短视频，便于买家观看浏览，点赞评论互动，引起买家对商品的兴趣，从而引导买家下单。

淘宝逛逛的推荐机制和“猜你喜欢”一样，即系统会利用大数据，根据买家日常搜索及购买的商品，推荐买家可能感兴趣的内容，而且不会因商品销量不好等影响到推荐流量。无论是买家个人，还是内容创作者、商家都能在逛逛里发布内容，这将在买家与商品之间建立起更多的信任关系，为买家提供更适合的生活方式和潮流趋势。

逛逛的双列信息流大都是由达人发布的图文和短视频（如图5–74所示），部分图文、视频下带有商品链接，哪怕作者没有加上商品链接，右下角都会有一个放大镜图标“找同款”，点击之后就能识别图中的商品，并且推荐相应商品，如图5–75所示。

图5–74　逛逛双列信息流　　　**图5–75　“找同款”识别商品**

（二）淘宝逛逛推广方式

逛逛是连接品牌和买家的新兴阵地之一，淘宝往往是品牌种草和孵化的重要平台之一，一些品牌方尝试通过寻找达人与买家好评在逛逛上发布图文或视频进行展示、转化。

1. 通过阿里V任务寻求达人合作

达人端：通过逛逛达人身份认证后，买家量必须大于5000，精选内容大于30篇，就可以开通“种草”任务。随后进入接单设置页面，进行报价设置，最低报价500元起，报价成功后，就可以进入创作者后台，查看商家下单信息，进行日常接单等动作。

品牌端：逛逛“种草”任务是在阿里V任务平台开通入驻和下单的。品牌方完成入驻后，将会进入逛逛创作者广场。品牌方可根据不同领域下的创作者进行下单，点击“立即合作”后，需确认合作信息。接着填写合作需求，完成付款，等待创作者接单。每次订单交易，逛逛平台将会收取5%的服务费。

2.消费者的洋淘分享

“逛逛”不仅是商家和达人的内容场地，也是买家分享购物心得的场地，买家好评之后的晒图、晒视频、晒心得体会、带话题、带商品链接发布也能成为一个好的内容，更是一个很好的口碑宣传，促使其他买家看到，从而走进店铺。

3.商家自推

商家自推就是商家在淘宝逛逛平台上发布关于自己店铺、商品的图文、视频和资讯，引导买家点击，进而实现成交。

三、淘宝直播

（一）认识淘宝直播

淘宝直播是阿里推出的直播平台，定位于“消费类直播”，买家可“边看边买”，涵盖的范畴包括母婴、美妆、潮搭、美食、运动健身等类目，由于淘宝直播受众精准，互动性高，更有利于品牌的传播，所以一般淘宝卖家会选择淘宝直播进行新模式宣传，深度曝光品牌和商品。

通过主播在直播间进行产品的介绍和推荐，由买家在评论区留言互动，然后主播按照买家要求展示并介绍相应的话题，使商家或主播能够及时了解买家的问题并在第一时间予以反馈，最终实现品牌的提升或销售额增长的过程。

（二）淘宝直播与达人合作的方式

1.达人主页直接私信

卖家可以直接在淘宝手机端的淘宝直播模块选择合适的直播达人，进入到其个人主页，私信沟通直播的费用等合作事宜。

2.微博私信

一般做淘宝直播的直播达人都会有自己的微博，卖家可以通过微博私信与达人进行联系。

3.阿里V任务

阿里V任务是阿里官方任务交易平台，在平台上可以通过大数据获取达人更全面的信息。商家通过发布任务，参考达人的领域、内容、数据和报价选择合适的淘宝达人进行淘宝直播的合作。

淘宝卖家也可以自己进行直播，策划好直播方案，确定直播主题、推荐产品、活动内容等，提前在微淘和微博进行宣传，吸引更多的买家观看直播。

小李的女装店铺直播内容一般是与产品相关的介绍、试穿、搭配等，其他类目应根据自身情况策划直播主题，比如零食类，可以直播加工现场等。卖家在直播时一定要注重与粉丝的互动，及时答复粉丝问题，利用优惠券、免单等刺激粉丝直接购买。

素养园地

为了加强网络直播营销的行业自律，2020年6月24日，中国广告协会发布了《网络直播营销行为规范》(以下简称《规范》)，《规范》于2020年7月1日正式施行。

《规范》作为行业自律规范对相关主体依法、合规从事网络直播营销行为具有较强的指导价值。其内容十分庞杂，涉及网络直播营销行业各方面的法律问题，而这些法律问题大多数已经散见于合同法、著作权法、反不正当竞争法、广告法等法律、行政法规、部门规章中，《规范》进行了融合。《规范》虽然不能作为执法、裁判依据，但是，如果某种行为在违反《规范》的同时又违反了其他法律法规，就可以直接依据相关法律法规进行规制。

同时，对违反本《规范》的，中国广告协会将进行提示劝诫、督促整改、公开批评，对涉嫌违法的，提请政府监管机关依法查处等。而且，国家市场监管总局也在研究、制定《关于加强网络直播营销活动监管的指导意见》，可能会吸收、借鉴《规范》的相关内容。

《规范》规定了网络直播营销各类主体应当普遍遵守的一般规则，同时也规定了各类主体应当遵守的特别规则。一般规则主要涉及信息内容发布、消费者权益保护、网络安全与个人信息保护、知识产权与商业秘密保护四个方面；同时，《规范》在第二十七条（所有交易应当在平台内进行）与第二十八条（营销数据是计算主播佣金的重要依据，禁止刷单、炒信）中规定了两种具有直播特色的禁止性行为；在第三十二条至第三十七条对网络直播营销平台应当遵守规则做出了明确的规范；第三十八条至第四十条对主播服务机构所要遵守的规则做出了特别规定。

《规范》的前言中提到，本《规范》侧重为从事网络直播营销活动的各类主体提供行为指南。非直播网络视频营销，属于广告活动的，应当符合《中华人民共和国广告法》规定；属于其他营销活动的，可参照本《规范》进行自律。

资料来源：中国广告协会（http://www.china-caa.org/），有改动。

知识链接

直播营销的特点

（一）拥有精准的目标用户

直播具有即时性，不同主播直播特点也是不相同的，并且不确定性较强，和互联网买家日常获取信息的碎片化时间是相冲突的。用户在观看直播时，是需要在主播通知的时间里，进入主播的直播页面进行观看，因为有时间的限制，所以能够在特定时间段里进入直播首页观看直播的买家是具有较高忠诚度的。所以直播吸引到的都是较为精准的目标买家。

（二）提升用户参与感

日常生活中不论是图文广告还是视频类广告，这些都是提前制作好的成品，虽然可能会花费大量的时间和精力，但成品质量十分精良，能够吸引许多受众，但是对于买家来说只有接受行为，而没有参与行为，会有一定距离感。直播由于是即时性内容传播，买家可以在内容产生过程中发表自己的言论，能够与内容生产者产生互动，可提升买家的参与感。

（三）可以进行即时沟通

直播营销过程中，在内容生产的这个时间段里，买家可以通过直播平台的评论入口直接发表自己的意见，不仅可以与内容生产者进行交流，同时也可以和观看直播的其他买家进行交流沟通、传达意见。这个是其他营销渠道很难实现的，不论是微博、微信还是短视频，买家都是只能通过评论的形式发表看法，但内容生产者是很难对评论进行即时性回复的，而直播营销就可以实现与买家间的及时沟通。

同步实训

一、实训概述

本实训项目要求学生根据教师提供的网站和素材，认真学习，结合实训要求和教材从多种途径完成网店流量导入的实际操作（包括站内免费流量导入、商业付费流量导入、微博营销流量导入、微信营销流量导入、其他常见方法流量导入），学生在进行店铺引流时，应该注意突出对商品信息、店铺活动等方面的描述，可以通过图片或者文本等形式呈现。在操作过程中要遵守平台操作流程，熟悉不同平台引流的技巧、方法、具体流程以及所需要注意的事项；同时，小组间要团结合作，教师给予指导。学生完成后提交，教师进行打分及评审。

二、实训步骤

实训一：站内免费流量导入

学生以小组为单位，根据教师提供的淘宝店铺以及商品，设置一个商品优惠券和一个店铺优惠券以及一个店铺的满减活动。

实训二：商业付费流量导入

学生以小组为单位，根据教师提供的淘宝店铺以及商品，新建一个产品的直通车标准推广计划。

实训三：微博营销流量导入

教师引导学生开通自己的微博小店，并根据教师提供的产品以及产品链接，完成微博小店的产品发布，在实训过程中要遵循平台操作流程。

实训四：微信营销流量导入

学生以小组为单位，根据教师提供的网店以及产品素材，以发布软文为例进行微信朋友圈推广，以此为淘宝网店引流。

实训五：利用其他常见方法流量导入

学生以小组为单位，根据教师提供的网店以及产品素材，在千牛卖家中心的服务市场选择合适的水印促销工具，并且确定好促销主题，完成对产品主图促销水印的设置。

最后，完成实训后小组内对实训内容进行总结，并将完成的内容提交给教师，教师对内容进行点评与打分。

扫码获取课后习题

项目六　打造爆款产品

学习目标

❖ 知识目标

1. 了解爆款的含义及特点。

2. 认识爆款的作用及价值。

3. 了解爆款生命周期。

4. 清楚打造爆款的步骤。

❖ 技能目标

1. 掌握如何选款的方法和技巧。

2. 能够完成单品页面准备工作。

3. 掌握爆款产品优化与推广的相关知识。

❖ 思政目标

了解淘宝网营销活动的规范。

任务分解

本项目包含了以下四个任务：

任务一　爆款产品基础认知

任务二　如何选款

任务三　单品页面准备

任务四　爆款优化与推广

本项目旨在引导学生了解爆款产品的基础认知，明确如何选款和打造爆款产品的流程，完成单品页面准备并能够掌握爆款产品的优化与推广技巧。

任务情境

小刘完成网店开设后，接下来他想通过打造自己店铺的爆款产品，从而更好地运营店铺，获得更多的曝光率。但是爆款产品的打造并不是一件简单的事情，要在有计划、有目标的精准化流程下才能被打造出来。因此小刘想要打造爆款产品，就需要从以下几个任务来开展、熟记爆款产品的基础认知，了解选款时的注意事项，掌握单品页面准备的流程以及爆款优化推广的技巧。

任务一　爆款产品基础认知

任务分析

想要成功打造爆款产品的第一步就是要充分了解什么是爆款，在此任务中要求学生熟悉爆款产品的概念及特点，了解爆款产品的作用及价值和周期等内容。

任务实施

一、爆款产品的概念及特点

顾名思义，爆款产品指的是在销售过程中，人气高、销量好的商品。很多店铺称爆款产品为明星产品，因为爆款产品往往会给店铺带来更多的经济利益，同时也是店铺的引流款，是店铺的支撑点。在如今的网购环境下，爆款扮演着“催化剂”的角色，爆款能够在较短时间内给网店带来大量的流量和较高的成交转化率。除此之外，爆款产品还具有如下特点。

（一）代表性

爆款产品必须是极具代表性的产品，在价格、风格、所属类目和目标消费群体方面都要与店铺的整体定位相符合，不能与店铺整体风格相违背。例如，某店铺主打中国风的服饰，那就不能用欧美的衣服作为爆款进行推广，否则会打乱店铺已有的定位。

（二）可持续性

爆款产品具备升级换代的能力，同时还要具备关联销售的能力，能带动店铺其他产品的销售。以台灯为例，通常情况下家电类的产品不像其他类目的产品更新速度那么快，但商家可以营造出一种更新换代的新鲜感吸引消费者，如刚开始可以主推普通灯管的台灯，一段时间后主推LED（Light Emitting Diode，发光二极管）灯管的台灯，让消费者有种产品升级换代的新鲜感，使得爆款的生命周期得以延长。

（三）稳定性

产品的稳定性就在于其拥有稳定的供应链，库存充足、品质稳定和评价良好。爆款产品代表着店铺的整体形象，消费者通过爆款产品认识店铺和品牌。但如果爆款产品质量不过关，导致差评很多，即使花费力气将爆款打造出来，为店铺引进很多流量，后续也难以留住客户或保证爆款商品的口碑。因此商家除了保证爆款有充足的供应和库存外，更要保证产品质量及产品的好评度。

二、爆款产品的作用及价值

（一）增加店铺流量

爆款商品的热销使得店铺销售火爆，吸引买家，产生盈利。

（二）提升品牌知名度

诸多卖家在线下发展过程中始终坚持着“爆款”思维，爆款可以产生品牌效应，只要买家记住了商家或门店的爆款，从而可以记住商家或门店本身，就像代言人一样，将商家或门店推广出去。因此，要打造的爆款其本质应该是符合商家或门店需求的优质商品，也就是说，爆款只有做好品牌定位和商品策划，才能发挥出最大的效果，才能成为健康的爆款模式。商家可以通过打造一款爆款商品来提高品牌的知名度，进而带动网店的发展。

（三）带动关联销售

爆款本身存在的意义不仅是让产品卖得好，更大的作用在于对整个店铺其他产品的带动作用。一个店铺在普遍产品销量低迷的时候，爆款产品可以达到快速引流的目的。同时通过关联销售，还能带动其他销量较差的产品。因此，可通过活跃的爆款，促使其他产品活跃起来。

三、爆款产品的周期

每一个爆款，都有其公式化的生命周期，主要分为四个阶段，分别是导入期、成长期、成熟期和衰退期。

（一）导入期

导入期也被称为产品的孕育期，即产品正准备上架的时期。大部分商家在打造爆款产品的初期比较喜欢使用直通车、钻石展位、硬广等“轰炸式”广告进行投放。但是在爆款打造的前期，产品没有销量，没有消费评价，这个时候的转化率可能会不尽如人意，过多地投入广告费用则可能造成过高的成本压力。

爆款产品打造的初级阶段主要是用来检验产品是否能被消费者接受，是否可以用来做爆款商品的时期，商家可以利用店铺现有的流量对要打造的商品进行初期预热。这个阶段并不需要很大的投入来刺激流量，只需保持基本的流量即可。

（二）成长期

导入期之后，商品成交量达到上升最快的阶段。这个时期商品有了一定的销量基础，就需要更多的流量来支撑它成为爆款。商家可以加大对产品的推广力度，增加在营销工具上的投入，同时还要保持观察商品是否值得巨大的投入，尽快提高主推商品的销量。

这个阶段是商品流量和成交量增长最快的时期，可以使用付费推广工具，比如直通车、钻石展位等，也可以通过参加淘宝网的销售活动，如淘金币、天天特价、聚划算等，来带动全店商品的销售。成长期是直接影响爆款产品是否能够形成的重要阶段。

（三）成熟期

当商品在成长期中获得大量的销量之后会被判定为热销宝贝。经过了成长期，商品人气、销量均得到提高，并且在淘宝网搜索页中有一定的优势，此时主要任务就是在增加销量的同时提高利润。商家可优化店铺结构，通过关联销售、套餐销售等提高整个店铺的销量。

这段时期店铺内交易量有明显提升后，还应注意产品的追单以及售前、售后服务质量，若此时的服务质量下降，将严重影响店铺以后的销售情况。

（四）衰退期

随着时间的推移和市场的周期变化，爆款产品的成交量已经开始逐渐下降，在推广力度和投入稳定的情况下，流量也开始下滑。这就证明这款商品已经过时，到达衰退期。

在此阶段商家应该减少在此商品上的推广投入，否则可能会事倍功半。当爆款商品开始衰退时，应该培养新的爆款或者打造“爆款群”，即通过当前爆款商品迅速提高店铺其他商品的销量，要开始致力于挖掘新的、有潜质的爆款商品。

四、打造爆款产品的步骤

（一）选品

在选品时要格外重视产品的质量，要尽可能地把控进货甚至生产渠道；尽量选择与生活息息相关的产品，最好是日常生活中使用率较高的，而且在文化上没有太大使用差异。爆款追求的是销量，所以小众文化产品需要另行制订运作方案，不在此列，打造爆款所选产品大多是有关衣食住行娱乐的大众款。

（二）定价

爆款商品属于提高店铺销量的产品，价格需要有诱惑力才能更好地刺激购买。爆款产品的选择一定要注意价格，可以将利润适度降低，靠关注度和流量实现盈利。不管是在境外还是境内，消费者都会货比三家，价格需要具备一定的优势，才能打动更多的消费者。如果说产品和价格是爆款的“款”，那么图片一定就是爆款的“爆”！如何能在众多的商品中让商家的产品引人注目，这是众多网店商家必须考虑的问题。

（三）图片处理

如果消费者重视体验感，产品图片需要注重使用体验、制作风格和品牌特色；

如果目标客户注重实用性，产品图片的设计则需要突出展示产品的实用性，最好是全白背景，多个角度展示商品。另外，简洁、具有现代时尚感的设计几乎是所有产品都适用的。

（四）推广运营

酒香也怕巷子深。在大数据时代，被淹没在滚滚数据中的信息不计其数，商家可以通过购买所在平台的广告，留心数据的整理，总结出广告投放的时间段与位置所带来的点击量。

（五）优化

经过优化的关键词、标题可以起到很好的引流作用。商家需要根据自己的产品特性与平台的数据资料，统计整理出适合自己商品的关键词，并且相互搭配，合理地分布到标题中。但要注意的是，产品的卖点一定要在标题中体现，这是区别于其他商品的关键点，很可能击中消费者的痛点，促进其下单消费。

（六）备货

如果说产品的打造是爆款的基础，那么充足的库存就是完成爆款的最后一环。除去现货库存，持续的产品更新和研发也是非常重要的。不管是在哪家网购平台，持续地成交和点击会使卖家被系统以及买家认定为高质量卖家。

任务二　如何选款

任务分析

在了解爆款产品的基础知识之后就要面临选款的问题，并不是所有产品都能够被打造成爆款产品，本次任务主要是让学生明确爆款产品的基本规律，掌握如何选款的方法。

任务实施

每一个商家都想打造自己店铺的爆款产品，爆款可以给店铺引入自然流量，带动全店产品的销量，提升店铺的人气。打造爆款产品一直被很多店铺称为运营的头等大事，那么，商家应如何进行选款，这是其打造爆款的前提。

一、爆款选款的技巧和方法

选款是打造爆款至关重要的一个环节，选对了就已经成功了一半，如果选择错误，那么，后续的优化和推广都只是徒劳。下面将针对选款的具体技巧进行介绍。

（一）款式选择

爆款产品如果没有好的款式，其销量就很难提高。通常大众化、简单、SKU选择性多、库存量充足等款式的商品更适合被打造成爆款。

（二）合理定价

合理的定价可以促进消费者购买，更容易做成爆款。合理定价过程中除了参考淘宝上同类商品的定价区间，还需要根据店铺的平均客单价确定店铺消费者的大众消费水平后再进行定价。

（三）保证质量

保证质量是一个店铺维持良好信誉的主要手段。要让消费者觉得购买的商品质量和价格是相匹配的。若消费者购买商品后，发现质量差强人意，就会对店铺失去信任，甚至造成差评，从而会影响店铺的转化率和信誉。

（四）拥有流量

商家在打造爆款前需要有一定的销量基础，拥有高销量和人气的爆款更能吸引消费者的关注。

（五）产品应季

对于一些特殊的商品，如服装、鞋帽等，爆款就需要应季，应季的商品能够帮助商家积累一定的人气，这对于打造爆款是相当必要的。

（六）库存充足

爆款代表高销量，充足的库存或者货源能够保障产品无后顾之忧，如果货源短缺，出现断货的情况，将会严重影响爆款的形成。即使接下来的货源补充再到位，也很难形成爆款的持续高销量。

二、选款的注意事项

商家选择爆款时还应注意以下几点。

（一）爆款的利润空间

对于商家来说，利润是其最关注的点。因此，在进行选款时，商家应对目标市场进行调研，分析待选产品的利润是否足够可观，同时产品质量也一定要过关，不能以次充好，虽然可能会获得短期利益，但是后期损害了品牌口碑则得不偿失。

（二）爆款具有差异性

产品的竞争力来自差异化，要成为爆款，产品就要突出、有特点。商家在选款的时候，可以对市场中的目标品类的产品特点及品类的差异进行对比分析，通过差异化的产品定位来提高竞争力。

（三）产品生命周期长

商家在选定一款产品及款式作为爆款时，还应谨慎，要提前考虑生命周期长的产品，尽量避免过早被淘汰。

任务三　单品页面准备

任务分析

“销量”和“人气”是打造爆款的核心，如何才能拥有销量和人气呢？除了要了解如何选款以外，其爆款的单品页面也同样很重要。再进行单品页面准备时，主要从单品标题、主图、详情页、店铺关联等方面进行考虑，准确、详细的商品信息能够给网店带来更多的曝光、点击和数据反馈，所以单品的页面设计就显得格外重要。本任务主要围绕单品的页面设计展开详细讲解。

任务实施

单品页面设计上主要包括单品标题、单品的主图和副图、店铺关联、单品描述。

一、单品标题

在选词和写标题的时候，首先要注意以下几个基本原则。

（一）使用相关度较高的词汇

很多商家为了能够获得更多的展现机会，从而人为堆砌一些所谓的热词、大词，这种做法不可取。因为淘宝的流量基本已经到了一个瓶颈，所以能够充分发挥流量价值的店铺就会获得越来越多的关注。而不相关的词、弱相关的词，在点击率、转化率、页面停留时间、跳失率等各项指标上，都会产生不好的影响。商家必须用高相关的词，尤其在开始阶段，店铺的基础比较差，再加上碎片化分配的趋势，更需要相关度较高的词汇进行流量导入。

（二）考虑买家的阅读体验

标题一方面是为了更符合搜索引擎规则，另一方面是为了让买家更快了解单品，故其在某种程度上承担着提高点击率的重要作用。所以在拟写标题的时候，为了保证买家的阅读体验，需要注意以下几点。

（1）不要堆砌关键词，因为堆砌关键词、不断地重复某一个关键词，这样不但不能带来任何搜索权重的提高，反而会影响买家的阅读体验。

（2）可以适当地加一些不会被用于搜索但是吸引买家点击的“点击词”。

（3）标题要顺畅，无错别字。

二、单品的主图和副图

（一）主图

单品主图对于单品的销量来说，有着不可忽视的作用，如果主图点击率过低，淘宝系统也会判定为无竞争力宝贝，也就不会再分配流量了。淘宝的单品主图是买家浏览商品时首先看到的图片，设计有显著效果的主图可以吸引买家在主图上停留并产生点击。爆款的主图除了具有精美的视觉效果以外，还需要采用真实、清晰、完整的商品展示图，突出产品的亮点与重点；还可以融入商品甚至是店铺的促销活动的内容，并且采用简洁的文字内容清楚地阐明商品卖点。

一个爆款商品的卖点可能有很多，由于主图的大小及美观度的限制，在进行卖点提炼时要精简，在卖点选择上可以巧用图片来直接展示卖点，如图6–1所示，通过对比图可以向买家展示出油烟机清洗剂去污前后的对比效果，将产品的“强力去油污”的卖点清晰展现。

单纯的图片只能对商品的外观进行展示，可能无法将其优势传达给买家，此时利用文字可将买家关注的信息展示出来，如图6–2所示，通过文字将“多档调节、薄厚通吃、加强磁力”等功能表现出来，可以吸引大量买家点击。

图6–1　商品使用效果对比展示

图6–2　买家关注信息文字展示

此外，文字不仅可以描述功能，还可以描述其他方面，如促销活动、好评、销量等相关信息，如图6–3所示，用文字显示出了卖家的店铺活动。

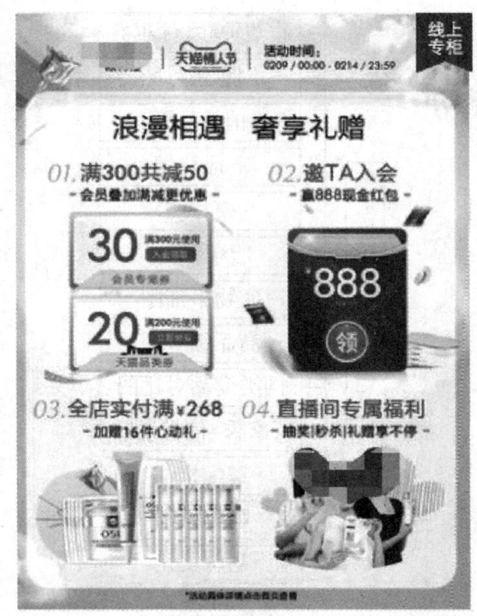

图6–3　店铺活动文字展示

（二）副图

如果说主图影响的是单品的点击率，那么副图影响的就是产品的转化率。副图位于主图之下，应该对产品的不同侧面或者对产品的使用效果做展示，也可以是对主图中没展示的产品优势做补充展示。副图和主图最好选择同样的背景，看起来更加协调统一，以便能够提高转化率。

三、单品详情页打造

商品打造成爆款，除了需要通过主图等方式引流外，还需要获得较高的销量。详情页作为展示产品特性的主要页面，起着激发消费者的消费欲望、促使消费者下单的重要作用，它是提高单品转化率的入口，直接影响着店铺的销售额。因此详情页中的商品信息要尽量完善、无误，尽可能展示买家想知道的商品信息，此外，详情页的排版要美观，便于买家阅读。

通常情况下，详情页的功能板块主要包括优惠券领取、创意焦点图、热销单品推荐、商品详情、商品细节图、购物须知、品牌文化等内容，如图6–4所示。各板块不必全部展示，但在内容构成上须包含单品的关键信息，并体现出产品各个方面的优势。

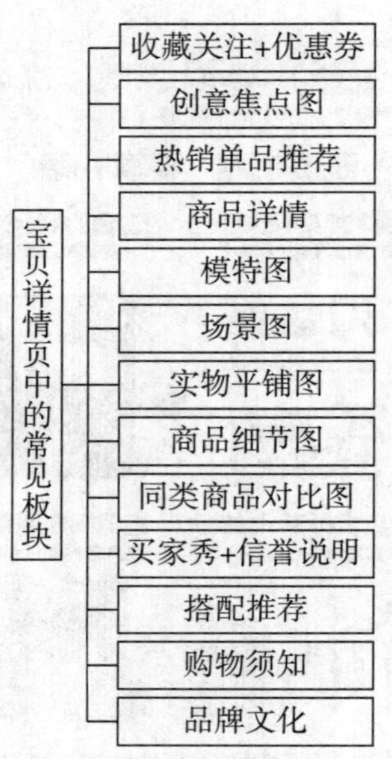

图6-4　详情页常见板块

（一）详情页的感官体验

在网络购物过程中，产品呈现给买家的感官体验主要围绕“视觉”展开。能让买家感受良好，促使其继续浏览页面，直至下单的详情页需要做到以下几点。

1.舒适感

买家之所以会花费时间去浏览详情页，在于他们想从中获取自己想要的信息。一旦信息缺失，或者说需要花费较长时间才能获取到，买家可能会感到失望或烦躁，直接离开。部分卖家在详情页开始时会加入大量宝贝推荐、新品关联、搭配套餐等信息，这些信息不仅无法促进销售，反而会让买家产生厌恶感。

2.真实感

在进行商品特点介绍时，可以从不同角度再现商品原貌，必要时可添加对比图。此外，不可一味追求美观，而使商品失去了应有的真实性特征。

3.逻辑感

在进行商品详情页设计的时候，需要特别注重逻辑感。一方面是要站在买家的角度去思考其最迫切的关注点，然后快速呈现，将其放置在页面顶端，并以此为依据，确定详情页中信息的先后顺序，最终形成视觉漏斗模型中所表现的逻辑关系。

另一方面需要在整个页面中体现具有营销效应的描述逻辑：引导买家并引发其兴趣→激发潜在需求→产生信任→信赖到占有→打消疑虑→促进成交。

4. 信赖感

信赖感源于专业、正规与承诺，因此商品详情页中可适当加入温馨提示、小贴士、资质证明、认证证书、店铺承诺等。

（二）详情页卖点提炼

详情页除了可以展示爆款商品的基础信息外，还提供了较大的空间来展示爆款商品的卖点，可以从以下几个方面对卖点进行阐述。

1. 分析商品本身

有些商品具有其独有的功能和特色，可以作为卖点进行提炼，卖家只需要阐述买家所关注的主要功能和特点即可。

2. 把握商品的差异化

差异化可以作为产品的市场竞争力。在进行差异化卖点提炼时可以从不同的基本元素作为出发点，如情感诉求、功能诉求、原料诉求、工艺诉求、技术诉求等。如图6–5所示，从技术的角度说明该床品拥有平移储物、高弹海绵及第三代碳钢排骨架的优势。

3. 修饰商品卖点的文案

当分析出商品的卖点关键词后，需要对其进行一定的润色处理，可以通过修饰关键词、更改描述方式等。如锋利可修饰为“切削如风”，还可将功能文案转化成解决问题文案，如图6–6所示，“切削如风”是菜刀的功能，“快稳趁手”则是解决问题的表现。

（三）详情页切割

设计完成的详情页图片通常较大，买家在打开页面时，往往需要加载很长时间，这会影响到客户体验。因此，在上传详情页前要对图片进行切割，将其分割为若干小图片，自上而下单独加载，以此缩短买家打开图片的时间，避免买家流失。同时，详情页切图后更适合优化维护，后期一旦有修改，那么只需要替换掉个别图片即可，避免了整个版面的重新上传。

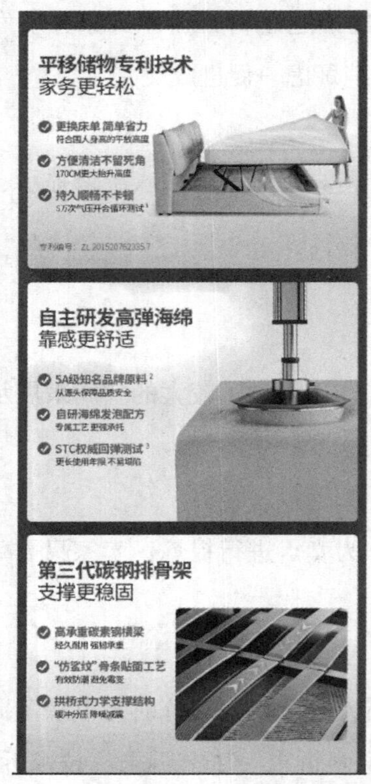

图6–5　商品差异化阐述详情页示例

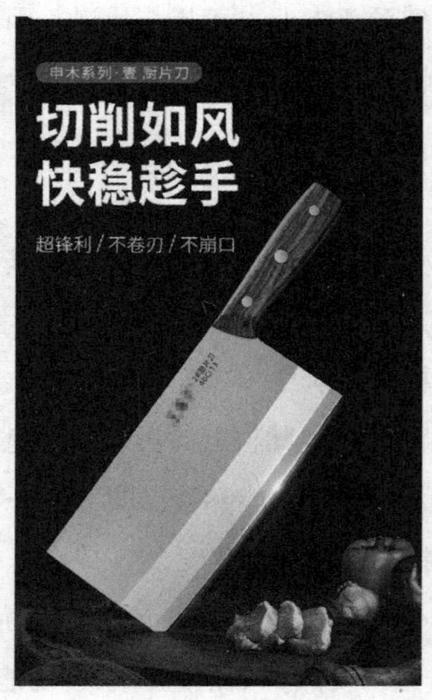

图6–6　修饰文案的详情页示例

四、店铺关联

关联商品同关联营销是一样的原理，现在很多店铺都设置有关联商品，这也是留住客户、提高店铺访客平均停留时间的一种方式。

（一）关联商品概述

关联商品是指同主推商品或辅助商品共同购买、共同消费的商品。具有方便买家购买，增加主推商品销售量的作用。关联商品的配备能够迎合买家购买中图便利的消费倾向。

一般来说，主推商品要占主体地位，而关联商品和辅助商品的比重则应小一些。主推商品的数量和销售额，要占商品总量和全部销售额的70%～80%，辅助商品和关联商品占20%～30%，其中关联商品应确实与主推商品具有很强的关联性，若发现在经营过程中商品结构发生变化，应迅速调整，使之趋于合理，关联销售如图6–7所示。

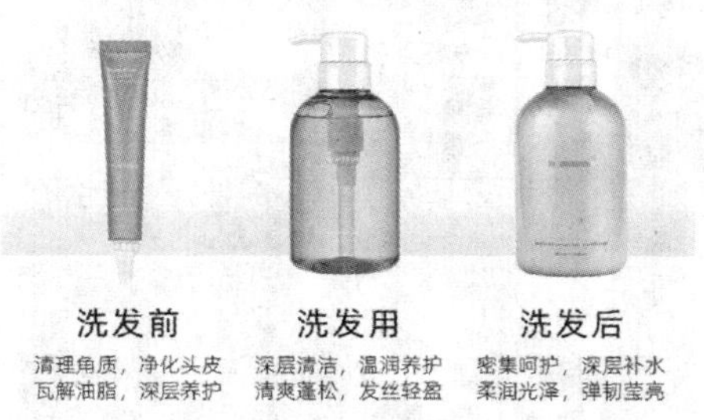

图6-7　关联销售示例

（二）关联销售的技巧

通过关联销售，可以打造爆款群，帮助买家延续爆款热度，那么该如何进行关联呢？下面介绍几种常用的关联销售技巧。

1.通过活动专题进行关联

除了详情页进行宝贝关联外，还可以通过活动专题的方式进行商品关联，如买就送、满就减、搭配套餐、换季清仓、庆典促销等，都可以在活动中去关联商品。

2.关联同等档次的商品

不同消费水平的买家接受的价位也不同，买家在浏览商品时一般会优先选择符合心理价位的商品，因此要将与买家浏览处于同等消费档次的商品作为关联商品。

3.场景诱导的关联方式

一般情况下，买家购买某一种商品时，基本都会有特定的应用场景，而这种特定的应用场景下不止需要一种商品，可能还需要其他相关商品，此时通过场景展示，为买家提供选择。如图6-8所示，将挂画在不同场景下展示关联商品。

4.关联同种风格但不同细节的商品

引流商品的风格与属性在一定程度上是受买家所喜欢的。因此，在进行关联销售时，可以通过关联同种风格但不同细节的商品，获得买家的关注和点击。如图6-9所示即为关联同种风格不同细节的窗纱。

5.关联相互搭配或互补的商品

商家通过关联与主推产品相互搭配的产品或互补的产品，从而激发买家的购买欲。如图6-10所示，引流的产品是一件雪纺短袖，在推荐区中直接关联了可以与之搭配的裙裤。

图6–8　关联商品的不同场景展示

日式棉麻窗帘2021年新款客厅
亚麻半遮光日系卧室ins风格……
¥168.00

纱帘透光不透人窗纱日式窗帘
阳台遮阳2021年新款客厅隔……
¥69.00

窗帘纱帘透光不透人窗纱阳台
飘窗高端白纱高级法式2021……
¥78.00

日式纱帘透光不透人窗帘窗纱
阳台半遮光客厅卧室亚麻纱……
¥69.00

图6–9　同种风格不同细节的关联商品展示

图6–10　关联搭配商品的展示

任务四　爆款优化与推广

任务分析

淘宝卖家确定了店铺的爆款商品后，深度优化和推广则是打造爆款极其重要的环节。通过爆款优化与推广，能够让更多买家看到、进入并停留在店铺的爆款页面，从而使爆款产品成交的概率增大。本任务主要讲解了淘宝店铺爆款产品优化推广的技巧。

任务实施

一、爆款产品的优化

（一）优化标题

不同商品处于不同时期，为了提高浏览量，就要用不同的方法来优化标题。

1.新商品

商品刚上架，要想优化标题，可以先利用搜索栏下拉框的精准长尾词，然后再结合相关词和属性词进行。

2.处于成长期的商品

如果商品已处于成长期，可以将搜索栏下拉框的相关词作为关键词。

3.有一定销量并保持稳定的商品

如果商品有一定的销量且销量稳定，就可以将品牌词、相关词、属性词和热搜词等结合在一起，作为商品标题。

（二）页面布局优化

好的页面布局效果可以带给买家良好的视觉效果，还可以引导买家深入查看详情页的信息，从而提高商品的浏览量。页面布局主要包括整体布局、图片布局及文案排版。

1.整体布局

爆款商品详情页的整体布局应该遵循统一、整洁的原则，即颜色统一、风格统一，版面整洁规范，同时，在内容安排上应该具备一定的逻辑性，比如在挖掘买家痛点时，应先列出买家关注的痛点，再提出解决的方案，引导买家进一步阅读。

2.图片布局

商品详情页描述均是以图片为主，因此需要突出图片的表达效果。在布置图片时，尽量做到同等级的图片大小统一、颜色和谐。

3. 文案排版

图片是商品详情页的主体，但文案也起到举足轻重的作用，是详情页中不可缺少的一部分。商品详情页的页面比较局限，文案内容一般较少，且不能覆盖商品本身，所以文案在排版上需要对文字的大小、字体、颜色搭配上进行优化和处理，尽量做到排版清晰、美观。

（三）详情页优化

不管是爆款还是普通产品，在推广的过程中，产品的详情页都是买家全面了解产品的途径。爆款的优化和推广，需要做好宝贝详情描述，包括商品细节图、模特图、实物对比图，还有必要的文字说明。详情描述要做得细致，才能吸引买家继续浏览页面。因此，通过优化详情页可以提高爆款商品的曝光度，从而提升买家购买的概率。可以从以下两个方面对详情页进行优化。

1. 商品信息介绍

商品信息的文字描述和图片等都应与实际商品相符，不论是尺寸、颜色还是款式等都应该是爆款商品的真实信息。不然会给买家带来疑惑，影响爆款商品的宣传。

2. 关联商品推荐

买家对商品主图感兴趣才会进入详情页进行详细了解，因此，卖家在推荐关联商品时，应选择与主图商品在价格、类型上相一致的商品，这样更有利于提高转化率。卖家也可以通过掌柜推荐进行关联营销，这样买家放弃主图商品时可以选购卖家推荐的商品。掌柜推荐商品数量一般控制在5～6个，推荐太多容易分散买家的注意力，干扰买家查看目标商品的详情信息、消磨买家的耐心，从而降低详情页的相关性。

（四）商品图片及文案优化

1. 商品图片优化

对于网店商品而言，视觉效果优秀的图片更能引起买家的注意，带来更多的流量和点击率，还可以刺激买家的购买欲，从而提高商品的转化率。对于爆款商品，优化图片是其继续维持爆款的一个重要因素。商品图片优化可以从以下几个方面来考虑。

（1）采用实拍图片。

实拍图片更能促进买家对商品建立信任感。卖家可以在合适的环境和场景中对商品进行拍摄，以增加商品的真实感，让买家清楚看到商品在不同场景下的真实展现。

（2）图片保持清晰。

清晰的图片不仅能更直观地体现出商品的质感和材质等信息，还可以大大提高商品的美观度和视觉冲击力，刺激买家的消费欲望。而不清晰的商品容易影响买家的第一印象和购物体验，从而对商品失去兴趣。

（3）详细展示商品细节。

详细的商品细节图能够进一步展现商品的质量、性价比和特点，让买家对商品局部细节有更清晰的认识。卖家在展示商品局部信息时，需要对商品有价值的细节进行挖掘，如图6–11所示的吹风机商品细节，卖家将其内部的NTC热敏电阻、温控元件、热熔断体局部细节进行展示，让买家了解了商品的细节价值，更能激起买家对商品的兴趣。

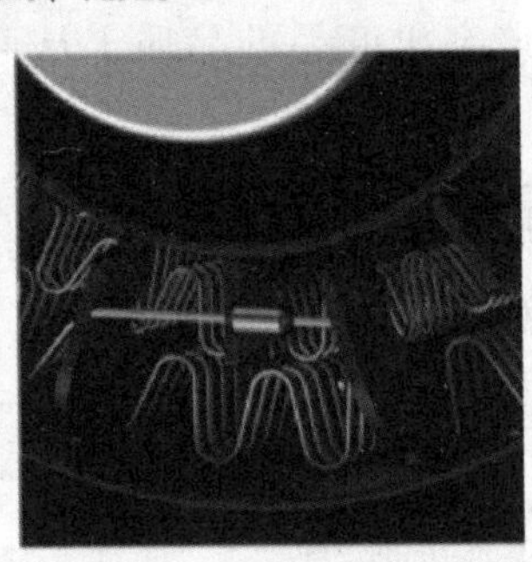

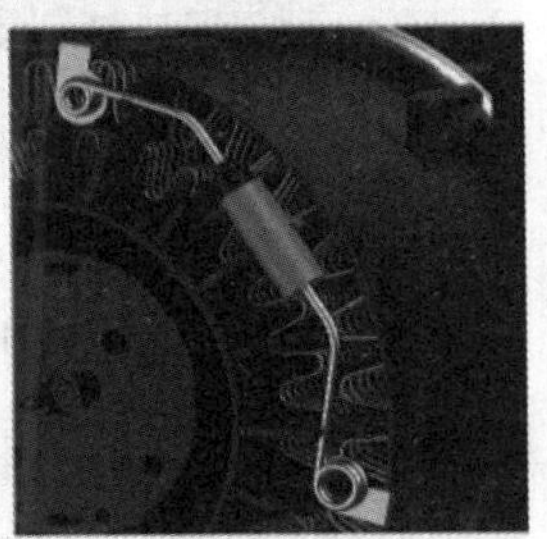

图6–11　吹风机商品细节

（4）重点突出商品。

商品是图片的重点表现对象，不论是什么效果、什么形式的商品图片，商品都是图片的主体，因此在优化爆款商品图片时，一定要分清图片的主次内容。主体对象突出的商品图片，能够快速将买家的注意力引导至商品上。否则就会混淆买家的视线，从而影响买家的购物体验。

2. 商品文案优化

商品的文案的作用不仅要能够清晰、准确地传达商品信息，还应有助于吸引并留住买家，从而达成提升爆款商品转化率的效果。可以从以下几个方面进行商品文案的优化。

（1）用事实强调商品的优势。

商品的优势是其成为爆款商品的主要因素，因此在文案描述上应注重凸显商品的优势，可以是销量优势、价格优势、品牌优势、口碑优势等，这样的文案即使再简单也能赢得买家的青睐。

（2）商品文案要灵活变化。

商品文案不一定非得是一成不变的，可以随着活动、季节、节日等灵活变化，比如在商品热销时、商品销量衰退时、季节变化时等，可以给出此时刻购买的理由，这些差异化的文案可以让商品在不同阶段展现出不同的销售热点，吸引买家购买，可以延续爆款商品的生命周期。

（3）突出商品竞争力。

若商品价格高于竞争对手，可以通过突出商品的质量、服务口碑、好评、货源等具有竞争力的信息来展现其价值；若爆款商品的价格均比较低，则买家就会担忧商品的质量，此时文案就应该突出商品的品质，从而打消买家的疑虑。

（4）抓住买家的痛点。

从买家的购买动机，从其痛点处刺激买家购买。如图6-12所示，左图用“要么倒不出？要么就倒出一大坨？”的文案提出了买家的痛点，右图采用文案“要多少压多少，精确到每毫升”帮助买家解决痛点，从而刺激有需求的买家购买商品。

（五）主图优化

商品的主图直接影响着商品的排名，关系着买家是否点击某件商品。在进行商品主图优化时，可以从以下三个方面去把握。

图6-12　抓住买家痛点的文案

1. 主图与爆款商品相符

商品图片是商品展示和发布的重要途径，主图中的商品应与所销售的爆款商品相符，这是卖家必须遵循的原则。

2. 最大限度地突出爆款商品的特点

最大限度地将爆款商品的特点展示给买家，如突出商品的细节、品牌、功能、舒适度等。如图6-13所示，主图中突出了商品的多功能的特点。

图6-13　展示商品特点的主图

3. 去除不相干因素

由于主图的展示内容有限，且买家在浏览时的注意力也是有限的，因此在爆款商品的主图上应尽量突出商品的主要特色，避免长篇大论地描述商品，要将买家的注意力集中在商品本身上，切莫让陪衬物喧宾夺主。而且主图的背景不宜太过烦琐、花哨，以免影响对主体商品的观看。如图6–14所示，采用纯色背景的方式，突显主图的主体商品，让买家将注意力第一时间集中在商品上。

图6–14 突出商品主体的主图

二、爆款产品的推广工具

流量是商品能否打造成爆款的一个重要因素，通过引入流量，可以使商品获得更多的浏览量和关注度，从而可以提高爆款的销量。卖家要想快速地对爆款进行推广，可以选用店铺促销活动获取流量、提高销量。除此之外，卖家还可以选择一些付费推广工具，推广效果将更快速、更明显。对于淘宝来说，付费推广工具包括直通车、引力魔方及万相台等，商家可以通过千牛卖家中心进入推广页面，如图6–15所示。

（一）直通车推广

淘宝直通车是为淘宝卖家定制的一种推广方式。通过直通车的精准推广商品，可以帮助卖家进行爆款产品的宣传与推广，从而提高商品的曝光率，还能有效增加

图6-15　千牛卖家中心推广页面

店铺的流量，吸引更多买家，直通车推广页面如图6-16所示。买家可以通过直通车设置推广计划，进行爆款商品的推广。

图6-16　直通车推广页面

（二）引力魔方推广

引力魔方是淘宝最新的推广方式，可以帮助卖家寻找潜在目标买家、提升店铺整体流量、促进店铺销量增长。具有资源更丰富、覆盖面更广、人群更精准、出价更智能、创意更省心、管理更自由及个性化后台等特点。

卖家可以通过千牛卖家中心进入推广中的引力魔方页面，然后通过“设置投放主体→定向人群→资源位→预算及排期”的流程进行爆款商品的推广，引力魔方推广页面如图6–17所示。

图6–17　引力魔方推广页面

（三）万相台推广

万相台是一个“一站式数智经营操作系统”，主要围绕商家拉新、测款、新品爆款打造等需求匹配营销方案并达成目标。卖家可以通过新建推广计划为爆款产品进行推广设置，万相台推广工具页面如图6–18所示。

图6–18　万相台推广工具页面

素养园地

淘宝网营销活动部分规范介绍

第一条　适用范围及定位

适用于参加淘宝网营销活动的淘宝网卖家。淘宝网卖家自活动报名之时起至活动结束，须符合以下要求，方有机会参加淘宝网营销活动，特殊营销活动另有规定的从其规定。

第二条　报名及退出

报名要求	退出	
	主动退出	被清退
【违规限制】 1.近90天内无一般违规行为节点处理记录； 2.近90天内无虚假交易扣分； 3.近365天内无严重违规行为节点处理记录； 4.近730天内出售假冒商品分值未达24分，近365天内出售假冒商品分值未达12分，且本自然年度内无出售假冒商品扣分； 5.未在搜索屏蔽店铺期； 6.无其他被限制参加营销活动的情形。 【服务能力】 1.店铺DSR评分三项均≥4.6； 2.近30天内纠纷退款率不超过店铺所在主营类目纠纷退款率均值的5倍或纠纷退款笔数＜3笔。 【经营能力】 淘宝网还将结合卖家多维度经营情况（如诚信经营情况、店铺品质、商品竞争力等）及各营销活动侧重等进行综合评估	无合理理由不得主动退出	不满足报名要求立即清退

第三条　活动管理

在卖家报名参加淘宝网大型营销活动至活动结束期间，淘宝网可根据卖家信用水平设置准入、清退条件，为信用良好的卖家参加活动提供保障。

第四条　违规处理

卖家违反活动管理要求，或不符合报名要求的，除按照相关规则处理外，淘宝网还将视卖家具体情况对其采取公示警告、营销活动降档或清退、限制参加营销活动等处理措施。

资料来源：智点电商资源网（http://www.zhidiands.com/detail/bd4ca89eb04848eab41296030d8e3772.html），有改动。

知识链接

一、提升直通车点击率的方法

（一）优化创意主图

卖家通过一段时间的推广，可以发现产品主图的清晰度、图片场景、产品款式等都会直接影响数据效果。卖家需要优化相关信息，通过测试不同主图的创意，筛选同一产品在不同主图中，效果数据表现较好的进行推广。

（二）优化创意标题

具有吸引力的直通车标题会产生更理想的点击效果。一般含有包邮、折扣等促销元素的直通车标题有利于提升点击率。

（三）优化关键词

关键词选择的好坏直接影响直通车推广的效果，优化主要依据关键词的点击率、转化率、ROI（淘宝直通车的投入产出比）指标进行调整。其中关键词的点击率、转化率、收藏率等会影响质量得分，而质量得分在直通车推广过程中起着非常关键的作用。关键词的排名和扣费都与质量得分有关，通过优化关键词的点击率、转化率等指标可以提高质量得分。

二、直通车推广优势

直通车推广能给网店中的产品以及整个网店带来更多流量，提高产品和网店的曝光率，其优势主要体现在以下四个方面。

（1）在直通车中推广产品，当买家搜索与此产品相关的关键词时就有机会被展现，大大提高了产品的曝光率，给卖家带来更多的潜在买家。

（2）只有想购买此产品的买家才会看到相应的产品，给卖家带来的点击大部分都是有购买意向的点击，带来的买家也大都是有明确购买意向的。

（3）直通车能给整个网店导流，虽然推广的是单个产品，但很多买家进入网店后，一个点击带来的是一个甚至多个的网店内跳转流量，这种连锁反应也是直通车的优势。

（4）卖家可以参加更多的淘宝促销活动，有不定期的直通车用户专享活动及淘宝单品促销活动，卖家开通直通车推广也能提高报名参加大型活动的成功率。

同步实训

一、实训概述

本实训项目要求学生通过教师提供的博星卓越职业院校电子商务运营技能竞赛平台，认真学习，充分了解产品推广的步骤，并结合教材内容完成实训。

二、实训步骤

步骤1：进入博星卓越职业院校电子商务运营技能竞赛平台并登录学生账号，在首页右上角选择“我的网店”，如图6–19所示。

图6–19　打开“我的网店”

步骤2：打开网店后台操作，选择“免费推广”，可以看到页面中提供了QQ营销、邮件营销、微博营销、微信营销推广方法，如图6–20所示。选择操作中的“发布”，学生根据提示进行各种推广渠道的文字发布实训。

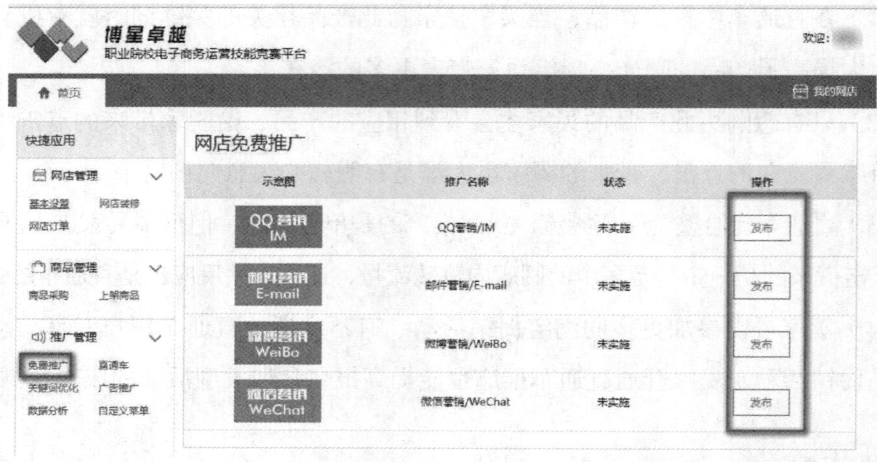

图6-20　发布推广内容

步骤3：选择“广告推广”项目，在所列出的网络广告位中选择一项进行网店广告投放，如图6-21所示。在教师的指导下将设计好的网店广告图片发布到相应的广告位中，注意虚拟网店中的资金使用情况。

图6-21　网店广告推广

步骤4：选择图6-21左侧中的“直通车”栏目，进入商品直通车页面，对店内商品进行直通车广告投放操作。在商品直通车栏目中可以对上架商品进行商品售价、创意图片、创意标题及推广设置。这里选择需要进行直通车推广的商品，设置创意图片并撰写标题，如图6–22所示。

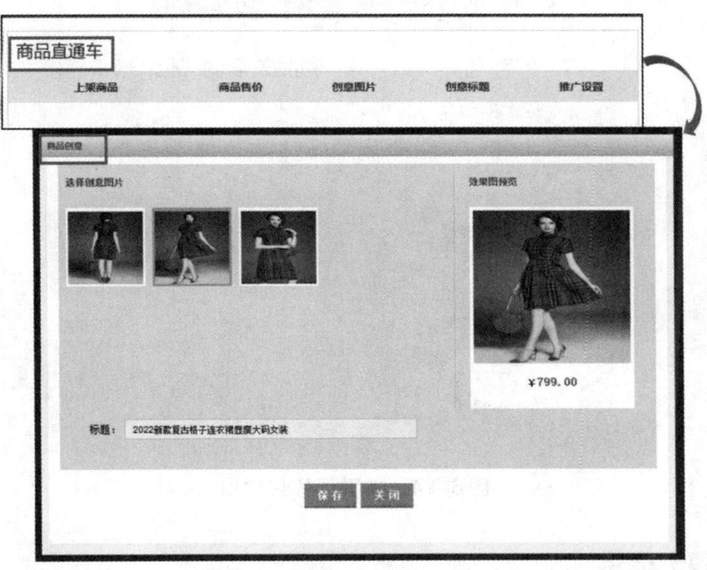

图6–22　商品直通车创意

对直通车的关键词进行竞价与投入设置，如图6–23所示。

直通车设置

网店商品：2022新款复古格子连衣裙显瘦大 ▾　保存　　网店可用资金：99999362300.00元

	商品直通车关键词	基础价	竞价	投入资金
□	复古格子	¥3.50	¥	¥
□	复古连衣裙	¥2.80	¥	¥
□	补丁连衣裙FL781	¥7.90	¥	¥
□	连衣裙FL781	¥1.70	¥	¥
□	格子连衣裙	¥1.40	¥	¥
□	FL781	¥2.90	¥	¥
□	补丁复古格子连衣裙FL781	¥9.20	¥	¥
□	补丁复古格子FL781	¥8.60	¥	¥
□	复古格子连衣裙FL781	¥3.00	¥	¥

图6–23　直通车设置

步骤5：打开左侧“关键词优化”栏目对商品关键词进行优化，如图6–24所示。然后在文本框中按照提示添加商品的关键词，并对关键词进行优化，如图6–25所示。

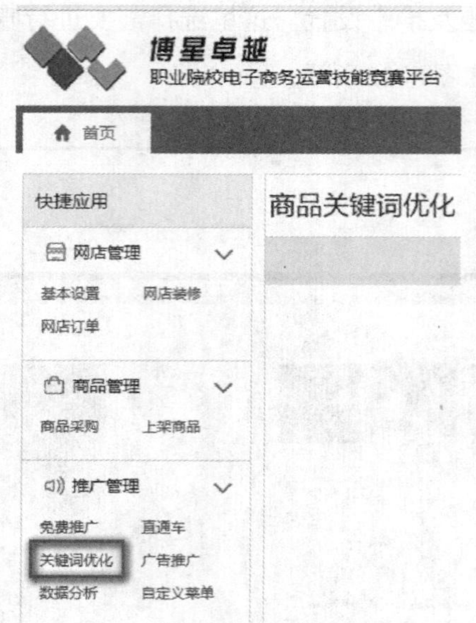

图 6–24　关键词优化栏目

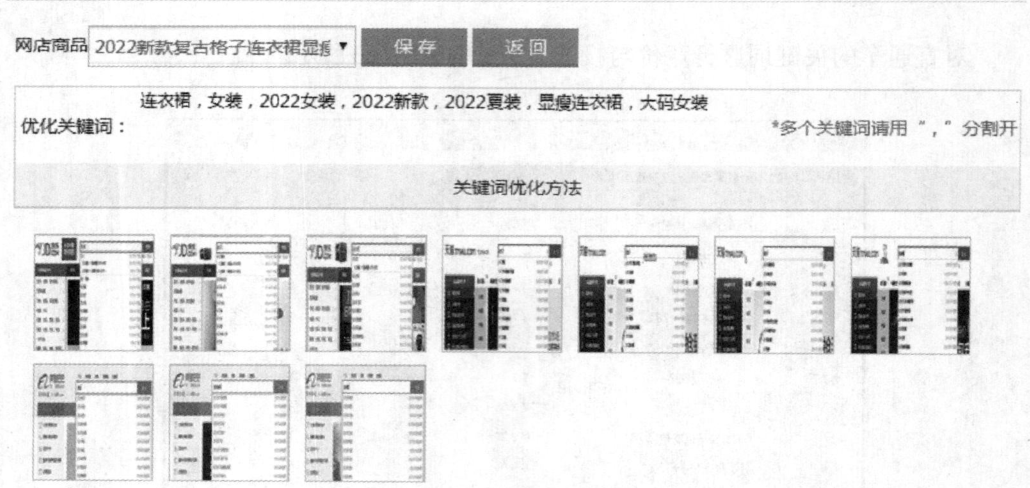

图 6–25　商品关键词优化

项目七　无线端网店装修

学习目标

❖ 知识目标

1.认识常见的微店平台。

2.了解微店平台搭建流程。

3.明确商品发布的流程。

❖ 技能目标

1.能够完成微店账号的注册。

2.能够掌握微店平台的搭建步骤。

3.掌握微店装修的步骤及技巧。

4.掌握商品发布的步骤及技巧。

❖ 思政目标

了解微店为促进电商平台更加规范的举措。

任务分解

本项目包含了以下四个任务：

任务一　选择微店入驻

任务二　微店平台搭建

任务三　微店装修

任务四　商品发布

本项目通过案例旨在引导学生了解微店运营的过程性步骤，明确微店平台的搭建流程及明确商品发布的流程，最终能够独立完成微店整体项目的实施。

任务情境

小梅是电子商务专业的毕业生，在了解到无线端网店对人们生活的改变后，小梅打算通过微店经营自家农产品，具体从选择微店入驻、微店平台搭建、微店装修、商品发布等环节开展工作。

任务一　选择微店入驻

任务分析

面对众多的微店类型，小梅需要进行微店的选择，通过了解不同微店的特点和功能，进而作出选择。

任务实施

随着移动互联网时代的发展，网络购物日渐呈现出垂直细分、去中心化、入口多元、趋于碎片化等多重特点，买家需求更是多种多样。要满足买家无处不在的个性化、场景化的移动电商需求，开放的微店是一个很好的方式。口袋微店、有赞微小店、微博小店等系列微店、微商的出现，降低了开店门槛，简化了流程手续，减少了营销成本，一定程度上满足了移动端中小卖家的业务需求，如图7–1所示。

图7–1　各类微店的图标

一、微店的模式与类型

（一）模式

在各类微店中主要分为两种模式：一种为B2C模式，如京东微店，直接通过商家对接买家；另一种为C2C模式，多由个体面向个体。其中C2C模式的商家居多。

（二）类型

常见的微店主要分为两大类，分别是平台类型与服务类型。平台类型的微店如有赞微小店、微博小店等，服务类型主要服务于开放平台，一方面立足于自身的购物App，主打中心化移动电商，另一方面借助微店形成去中心化移动电商的布局，如微盟、京拍档及各大电商平台推出的微店等。

二、微店

微店是微信兴起后的产物，是通过微信规则和机制制约而成的电子商务，在腾讯系统庞大社交群体支持下，微店可在短期内拥有较大的用户量。目前微店旗下包括微店社区、微店店长版、微店商城版、微店分销、微店Park等多个帮助商家的流量渠道及软件服务，微店的登录页面如图7–2所示。

图7–2　微店登录页面

接下来主要介绍微店店长版App。早期的微店作为工具，通过微店卖家版和微店买家版将双方做信息对接，主要满足具备一定流量、拥有自己的货源、有一定数量的买家支持的卖家的需求。近些年来，微店已经从小微店主首选的开店工具转型为助力创业者发展兴趣、创立品牌的系统及基础设施，其主要具备以下几个特点和功能。

（一）特点

1. 上线早、门槛低

上线于2014年年初的微店App，“划时代”地采用了用手机号开网店的模式，将电商的准入门槛拉到历史新低。

2. 账期短

微店每天会自动将前一天货款全部提现至卖家的银行卡，方便卖家及时回款，一般是1～2个工作日到账。

3. 适合个人小微商家使用

微店的商家类型倾向于有货源的小微店铺及个人，为其提供客户管理、订单管理、营销推广和数据分析等服务。

4. 庞大的销售流量和信任资源

由于微店背后有腾讯体系的支持，因而微店会获得腾讯产品的一些流量支持，同时微店将口袋购物、微店公众号、今日半价中的流量给予普通卖家，为其直接带来销售流量，也解决了很多中小卖家流量匮乏、冷启动的问题。微店卖家面临的买家基本是朋友圈组成的“关系圈”，信任资源已经建立，这也是一大优势。

（二）功能

微店主要具有的功能有店铺管理、客户管理、商品管理、订单管理、数据分析、营销推广、大咖带路、收入资产、服务市场、品牌货源、直播逛展、建议反馈、烘焙解决方案、店铺备用金、微客多等，如图7–3所示。

1. 店铺管理

店铺管理功能主要用于美化店面。其中包括“店铺装修”“自定义页面”“装修市场”“旺铺卡”“个人中心”“悬浮导航”“底部导航”“分类页面”等功能，部分功能如图7–4所示。

“店铺装修”可以设置展示的板块和顺序；“自定义页面”主要用于微店商城，包括六大核心权益，即私域商城、直播卖货、社交营销、全域营销、分销带货和SCRM（Social Customer Relationship Management，社会化客户关系管理）；“装修市场”主要提供各类付费模板；“旺铺卡”主要向卖家销售具有不同使用期限的装修使用权益，如模板及素材包等；“个人中心”也属于商城专享功能，可以设置会员码、卡券包、会员卡、省钱卡、微信专属服务、粉丝推广、广告展示等，为商城设置个性化内容；“悬浮导航”和“底部导航”属于商城专项功能，可以为店铺设置页面悬浮导航或底部导航，帮助卖家快速定位到所需查找的内容；“分类页面”主要为卖家提供分类管理的模板及样式，帮助卖家分类管理商品；“素材中心”为卖家提供各类付费模板；“店铺动态”和“店长笔记”功能可以上传小视频和软文；“微店秀秀”可以帮助卖家快速将模板发布成各种活动，实现营销；“店铺主题色”主要为店铺提供各种配色模板。

2. 客户管理

客户管理主要是卖家针对客户的维护系统，如图7–5所示。卖家通过“客户管理”可以看到浏览过商品或已经下单的客户，可以为潜在客户发放优惠券，做进一步沟通，促成交易或复购；也可以通过店铺的快速推广寻找更多的客户；同时还可以建立客户群，增加客户黏性，做后续的商品推荐。

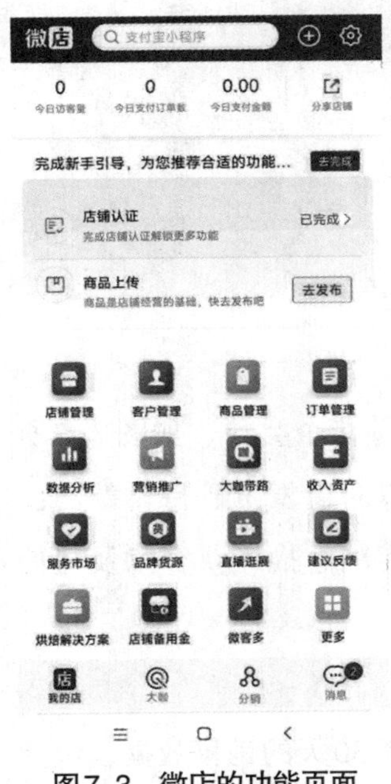

图7–3　微店的功能页面

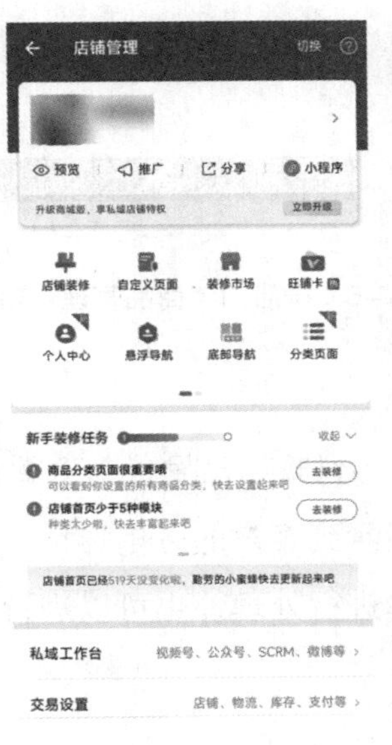

图7–4　微店的“店铺管理”功能页面

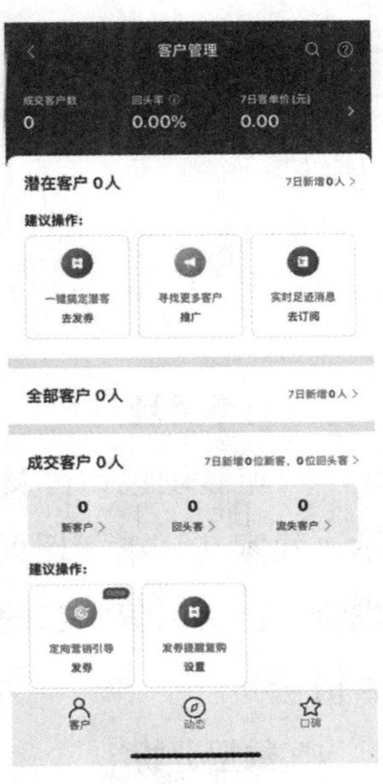

图7–5　微店的“客户管理”功能页面

3. 商品管理

商品管理是微店功能中重要的板块之一，是卖家平时较为常用的功能。通过商品管理可以发布商品，还可以查看商品数据分析结果。创建商品可以通过直接复制行业优秀商品案例，也可以自己创建商品。进行自己创建商品时，直接点击“去创建”添加商品，填写商品的相关信息，包括商品图片、标题、价格、库存等，即可创建；而“商品数据分析”功能可以查看商品销售的实时数据、今日支付金额榜和今日商品销量榜，帮助卖家更好地掌握用户数据，如图7–6所示。

图7–6 微店的“商品管理”功能页面

4. 订单管理

订单管理包括待发货、待付款、已发货、退款/售后等几个类目，如图7–7所示。卖家在订单管理页面能看到客户的订单详情，并可以对待发货、待付款、已发货、已关闭等状态的订单进行处理，也可以进行分享店铺、推广获客以及短信营销。

5. 数据分析

数据分析功能方便卖家对数据进行分析，支持查看最近30天的销售数据，包括今日实时、客户分析、商品分析、交易分析以及口碑数据，部分功能如图7–8所示。卖家可以通过分析这些数据来判断哪款商品属于热门商品，买家喜欢的商品类型，从而调整自己店铺的主推商品。

6. **营销推广**

营销推广为卖家提供了多元化的推广手段和工具。有免费的，也有付费的。主要包括打折工具、新客成交、老客复购、裂变拉新，如图7–9所示。

图7–7　微店的“订单管理”功能页面　　图7–8　微店的“数据分析”部分功能页面　　图7–9　微店的“营销推广”功能页面

7. **大咖带路**

大咖带路主要包括大咖爆款和大咖榜单，其中大咖爆款展示了一些优秀的分销大师案例，与卖家分享关于选货、营销、经营等方面的经验。大咖榜单是分销团队的榜单，包含美妆榜、服饰榜、食品榜、家居榜，卖家可以根据店铺的情况选择加入，如图7–10所示。

8. **收入资产**

收入资产功能包括普通收入和佣金收入，普通收入中包括可用金额、待结算、已提现、提前收款、资金周转、其他类型资产、绑定银行卡功能；佣金收入包括可提现金额、待结算以及已提现功能，如图7–11所示。

9. **服务市场**

服务市场为商家提供了一系列的引流及营销的工具，其中包括官方认证、商家必备、货源服务、运营服务以及微信营销互动几方面的服务，如图7–12所示。

图7-10　微店的“大咖带路”—“大咖榜”功能页面

图7-11　微店的“收入资产”功能页面

图7-12　微店的“服务市场”功能页面

除此之外，还有品牌货源、直播逛展、建议反馈、烘焙解决方案、店铺备用金及微客多等功能，图7–13、图7–14及图7–15分别是品牌货源、建议反馈及微客多的功能模块页面。

图7–13　微店的“品牌货源”功能页面　　图7–14　微店的“建议反馈”功能页面　　图7–15　微店的“微客多”功能页面

三、有赞微小店

有赞微小店隶属于有赞科技，是一个面向个人的手机开店App，卖家可使用手机号注册店铺，并通过实名认证后即可开店，如图7–16所示。认证所需材料包括主体类型、社会统一信用代码证（个人不需要）、法人证件正反面照片及门店门头照片、门店内景照片、收银台照片。

（一）特点

1. 完备的商城体系

有赞微小店提供了海量精选的分销商品，即使卖家没有自己的货源渠道，也可以通过售卖分销商品，赚取利润。

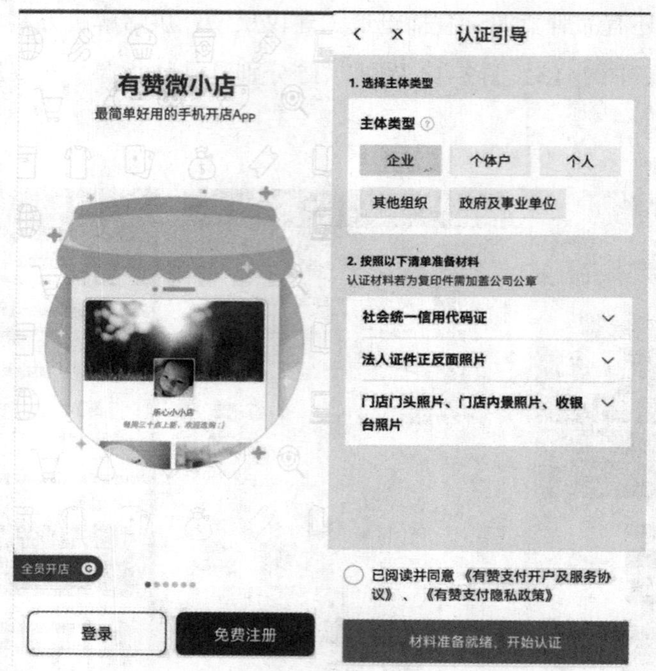

图7-16 有赞微小店注册及认证页面

2.B2C2C的业务模式

有赞微小店采取的是B2C2C的业务模式，给了卖家一个展示和推广产品的平台，也对卖家的产品和服务提出了更高的要求。

（二）功能

有赞微小店的功能很多，主要包括添加商品、商品管理、社群接龙、店铺管理、订单管理、客户管理等，卖家可使用这些功能管理店铺及商品，如图7-17所示。

1. 添加商品

如图7-18所示，有赞微小店的“添加商品”功能包括“市场选货”与“自营商品”，自营商品是针对有货源的卖家上传商品信息，如果没有货源，可以选择添加市场选货。

2. 商品管理

商品管理功能可以快速且高效地管理店铺内的商品，包括全部商品和商品分类。其中对全部商品管理时可以从市场选货或自营商品中添加商品，还可以为店铺内的商品添加分类，如图7-19所示。

图7–17　有赞微小店功能页面

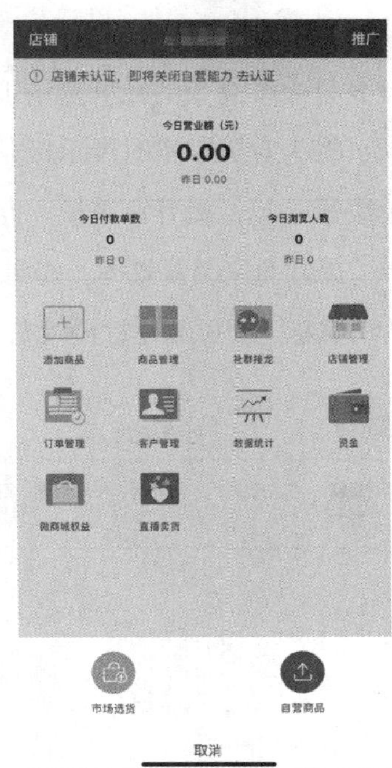

图7–18　有赞微小店的“添加商品”功能页面

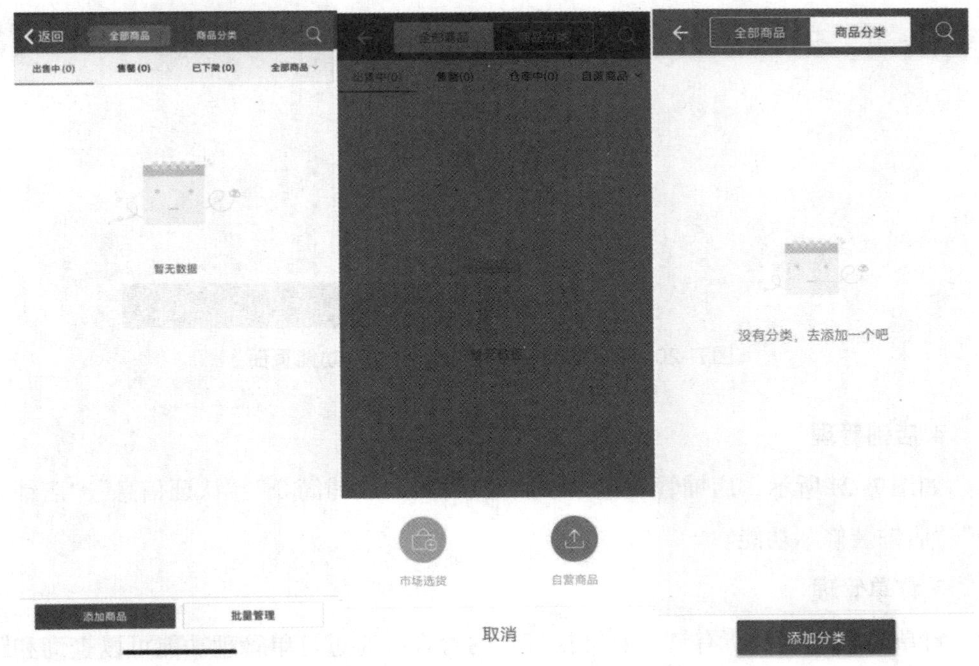

图7–19　有赞微小店的“商品管理”功能页面

3. 社群接龙

社群接龙是一个高效的社群营销工具，商家在群里发布接龙活动，买家进行接龙购买。活动页将为对买家实时展示接龙情况，营造“大家都在买”的抢购氛围可以缩短买家下单决策时长，提升订单量。此外，商家发布接龙流程极简、跨群活动订单系统自动同步，提升商家经营效率。如图7–20所示，可以通过点击右上角的“新建”，填写相应的活动信息，即可创建社群接龙。

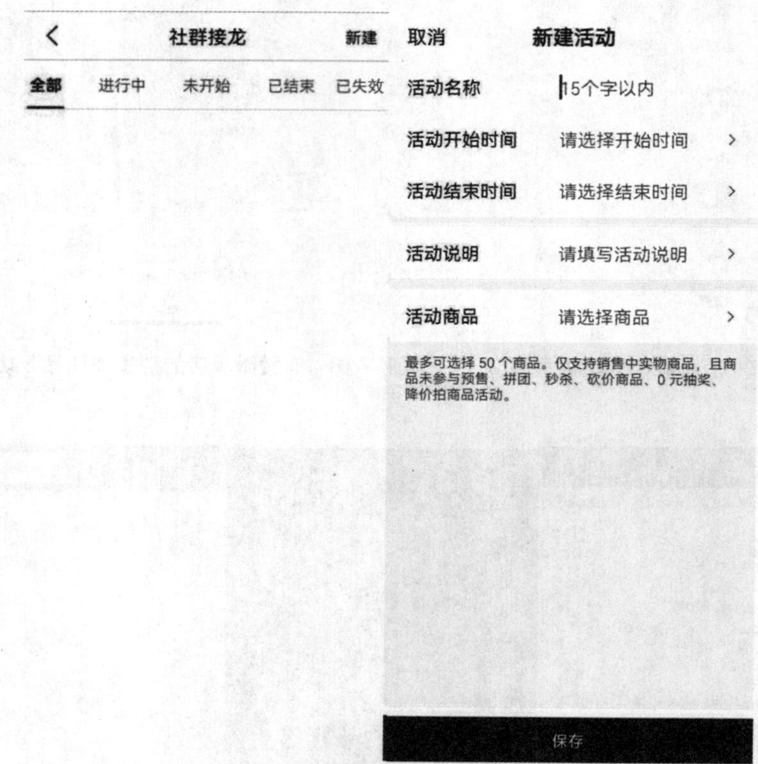

图7–20　有赞微小店的“社群接龙”功能页面

4. 店铺管理

如图7–21所示，店铺管理包括“店铺名称”“店铺简介”“认证信息”“店铺头像”“店铺装修”功能。

5. 订单管理

订单管理包括对所有订单及维权订单的管理。通过订单管理功能可以查询和跟进店铺每个订单的状态，及时处理异常订单，避免产生不必要的投诉等，如图7–22所示。

图7–21　有赞微小店的“店铺管理”功能页面

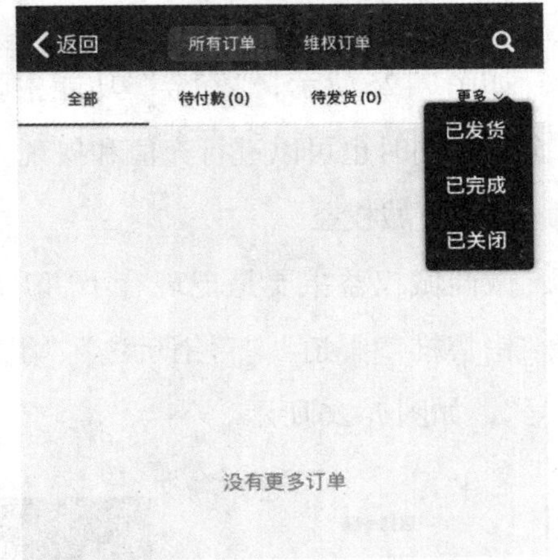

图7–22　有赞微小店的“订单管理”功能页面

6. 客户管理

如图7–23所示，“客户管理”功能包括“客户消息”和“所有客户”，方便卖家与客户的线上沟通。

7. 数据统计

“数据统计”功能包括访客、订单及营收的基础店铺数据统计，具体指标有访客人数、浏览次数、付款订单、发货订单、总销售额、自营商品、分销商品等，可以帮助卖家更好地经营自己的店铺，如图7–24所示为“数据统计”的部分功能。

图7–23　有赞微小店的“客户管理”功能页面

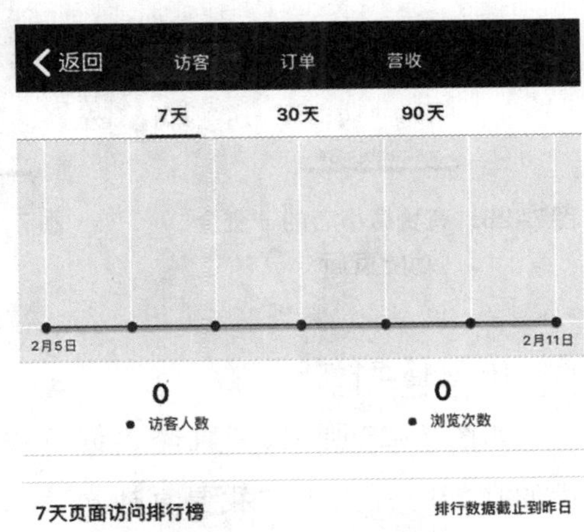

图7–24　有赞微小店的“数据统计”（部分）功能页面

8. 资金

如图7–25所示，“资金”功能主要显示店铺余额，包括不可用店铺余额和待结算金额，同时也可以进行充值和提现。

9. 微商城权益

微商城权益主要是把现有小店升级到“微商城基础版”，其中所包括的权益点有“销售推广渠道”“营销玩法”“配套工具”“经营分析”“客群维护”“店铺员工账号”，如图7–26所示。

图7–25 有赞微小店的“资金”功能页面

图7–26 有赞微小店的“微商城权益”功能页面

10. 直播卖货

如图7–27所示，“直播卖货”功能链接“爱逛直播”，卖家要使用直播卖货的功能时，点击“我要直播卖货”，可在跳转链接下载“爱逛卖家版”直播App。

图7-27　有赞微小店的“直播卖货”功能页面

四、微博小店

微博小店是微博推出的商业工具，是微博电商服务平台的进一步升级，可以在微博内为卖家提供店铺管理服务，主要包含商品的添加与管理、经营数据服务、推广信息设置等。微博小店需要通过绑定手机号，并进行身份验证后方可开通，如图7-28所示。开通微博小店后，可系统化管理和展示店铺，解锁电商内容激励计划、小店购物津贴、返佣激励计划等多项专属权益。绑定微店后，微博小店的商品发布流程更加简便和快捷，同时有助于微博流量有效转化。

（一）特点

1. 商品的统一管理

微博小店统一负责审核、上架商品链接，可以有效过滤掉伪劣商品、提供售后服务。

2. 玩法花样多

对于带货博主来讲，多样的玩法在一定程度上会提高商品的推广效率，其中包

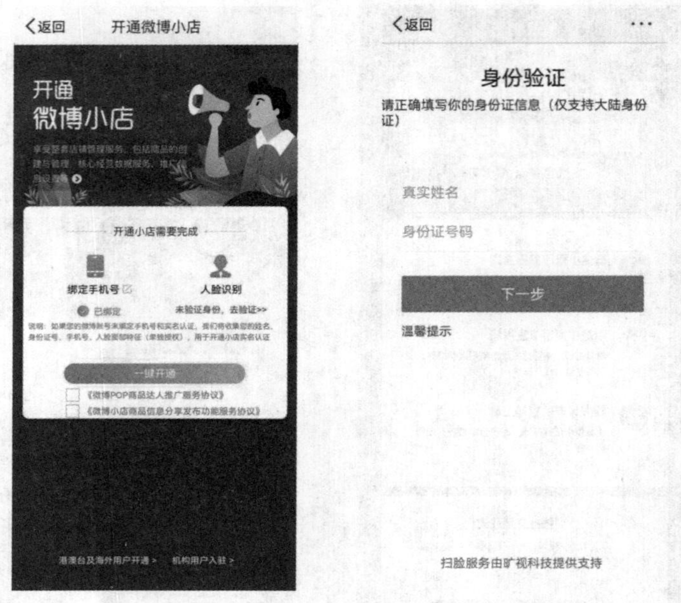

图7–28　微博小店的开通页面

括电商内容激励计划、小店购物津贴、返佣激励计划、专属运营对接、在线电商学院、专属直播权益等多项权益。

3.强化“社交+电商+直播”的消费场景

微博小店是新浪微博为了进一步打造电商变现工具推出的新功能，新浪微博自身具有的流量和KOL（Key Opinion Leader，关键意见领袖）更为微博小店提供了变现渠道。

（二）功能

作为电商升级产品，微博小店支持为平台电商用户提供一整套店铺管理服务，包含三大部分：“自选商品”模块、“基本工具”模块以及“更多功能”模块。

1.“自选商品”模块

“自选商品”模块包括添加商品、商品管理、选品中心、绑定店铺功能，页面如图7–29所示。

（1）添加商品。

“添加商品”功能支持直接复制链接的方式创建商品，淘宝商品需保证已加入淘宝联盟内容商品库，方可添加成功，页面如图7–30所示。

图7–29　“自选商品”模块页面

返回　　添加商品

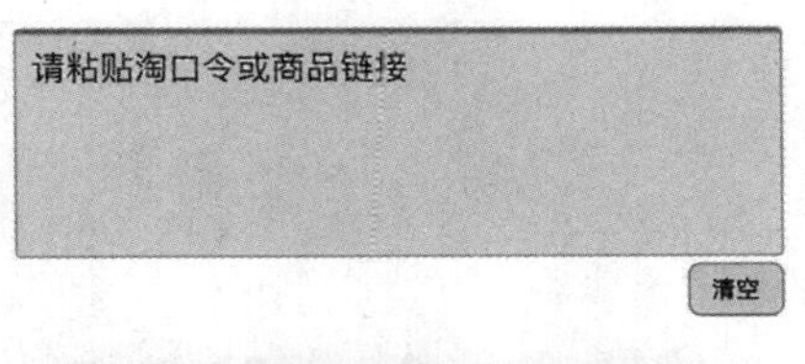

添加

说明

1 如何添加第三方电商平台的商品？

·第一步：在第三方电商平台移动端的商品详情页右上角点击分享；

·第二步：将符合规则的商品链接粘贴到页面输入框，点击添加，即可搜索到对应商品。

2 添加商品前需绑定对应PID，点击前往。

3 如果您是带货达人，可从选品中心挑选平台推荐的优质商品，点击前往。

4 第三方电商平台商品添加和收费标准说明，点击查看。

5 仍遇到问题，请点击商品添加帮助说明。

图7–30　“添加商品”功能页面

（2）商品管理。

“商品管理”功能可以管理店铺内添加的所有商品，支持对商品的删除、编辑、更新和推荐，页面如图7–31所示。

（3）选品中心。

“选品中心”是微博电商推荐的优质联盟商品，可以从选品中心中直接挑选合适的商品添加到小店中，页面如图7–32所示。

（4）绑定店铺。

“绑定店铺”功能支持将第三方店铺内的商品添加至小店。目前支持以下平台的绑定：小电铺、巨鲸帮帮、有赞与微店，页面如图7–33所示。

2.“基本工具”模块

“基本工具”模块包括数据服务、PID（Proportion Integration Differentiation，比例积分微分）管理、推广设置、直播带货、0元试用、签约服务商、活动发布、资源提报、活动日历、任务广场以及拼券功能，页面如图7–34所示。

图7-31 “商品管理”功能页面

图7-32 “选品中心”功能页面

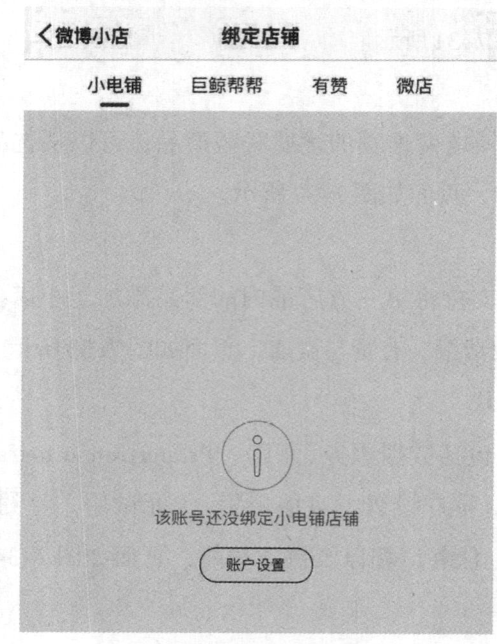

图7-33 “绑定店铺”功能页面

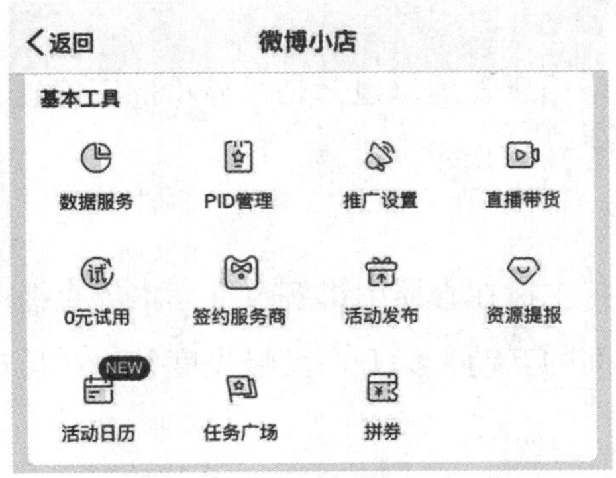

图7–34　“基本工具”模块页面

（1）数据服务。

卖家通过数据服务功能可以查看小店的核心经营数据，包括收入数据、流量数据和互动数据，页面如图7–35所示。

（2）PID管理。

PID管理功能可以设置结算PID，支持PID的绑定、修改。主要有淘宝PID、京东PID、拼多多PID、有赞PID、小电铺PID以及苏宁PID，页面如图7–36所示。

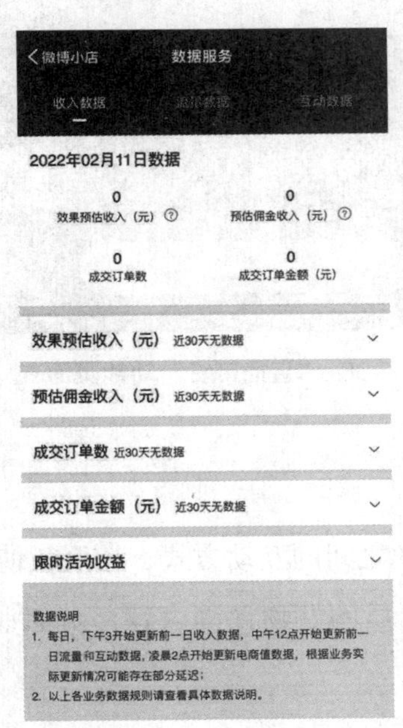

图7–35　“数据服务”功能页面

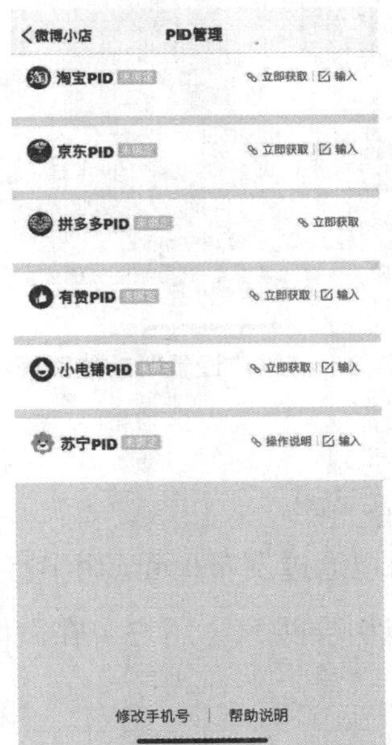

图7–36　“PID管理”功能页面

（3）推广设置。

推广设置功能即推广信息管理，包括是否显示推广信息、新建推广信息和关联推广信息微博，页面如图7–37所示。

（4）直播带货。

直播带货功能可支持主播在直播中讲解及推荐本场直播商品，买家浏览及购买商品。通过主播与买家间的互动，提升商品曝光度并快速拉动购买人群，页面如图7–38所示。

图7–37 “推广设置”功能页面

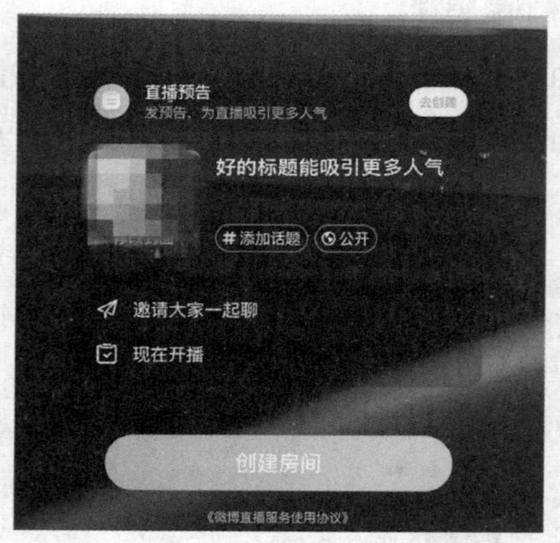

图7–38 “直播带货”功能页面

（5）0元试用。

卖家可以通过发布0元试用丰富博主与粉丝之间的互动方式，拓展微博新策略，同时也可以引导买家（用户）在微博创作出优质的好物评测内容，页面如图7–39所示。

（6）签约服务商。

微博的“签约服务商”功能推出电商服务商扶持策略，将扶持相关电商机构建立服务商体系，为微博全域达人，尤其是中腰部潜力达人强化电商变现的通道。

招募具有直播带货能力、兴趣度高的超V新星达人。点击“签约服务商”后会出现“微博问卷”页面，如图7-40所示。需要平台认证，经认证后，将与官方服务商签约。达人完成合作测试后将获得奖金，签约后将获得流量扶持、合作资源、运营服务等。

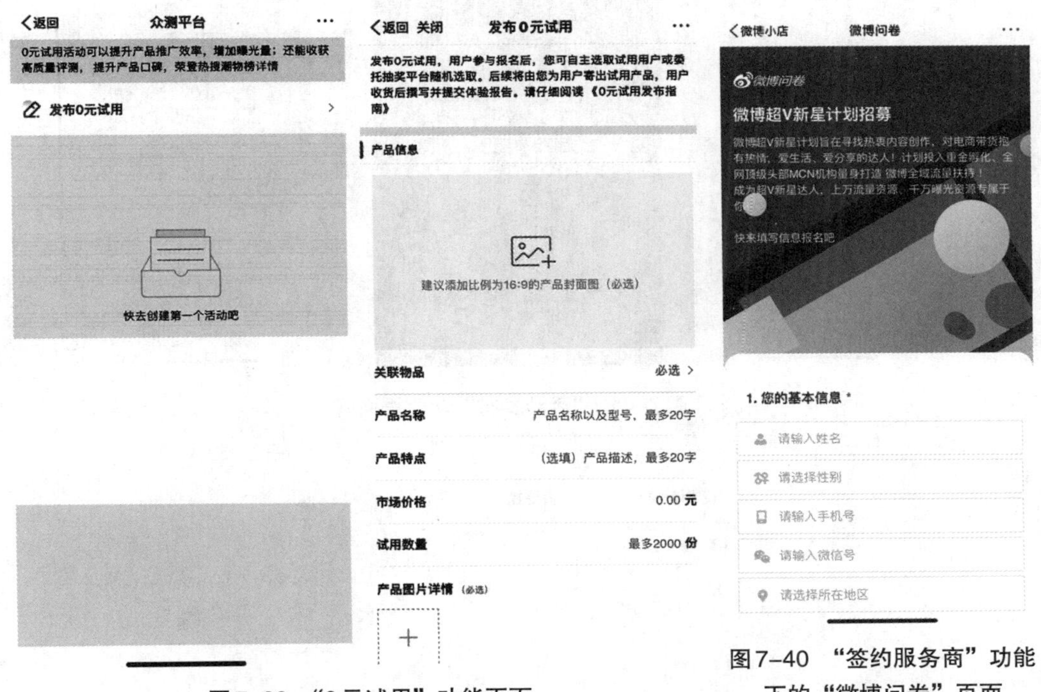

图7-39　“0元试用”功能页面

图7-40　“签约服务商”功能下的“微博问卷”页面

（7）活动发布。

微博小店卖家可以通过“活动发布—添加活动链接—输入活动链接—创建”发布淘宝或者京东活动，创建完成后可以在已发博文查看，页面如图7-41所示。

（8）资源提报。

如果博主的电商博文内容优质且符合粉丝头条和粉丝通的审核规范，可通过资源提报通道申请“粉丝头条”资源和“粉丝通”资源，页面如图7-42所示。

（9）活动日历。

活动日历主要包括各种营销活动时间的介绍以及活动简介，卖家可以根据自身需求进行活动报名，页面如图7-43所示。

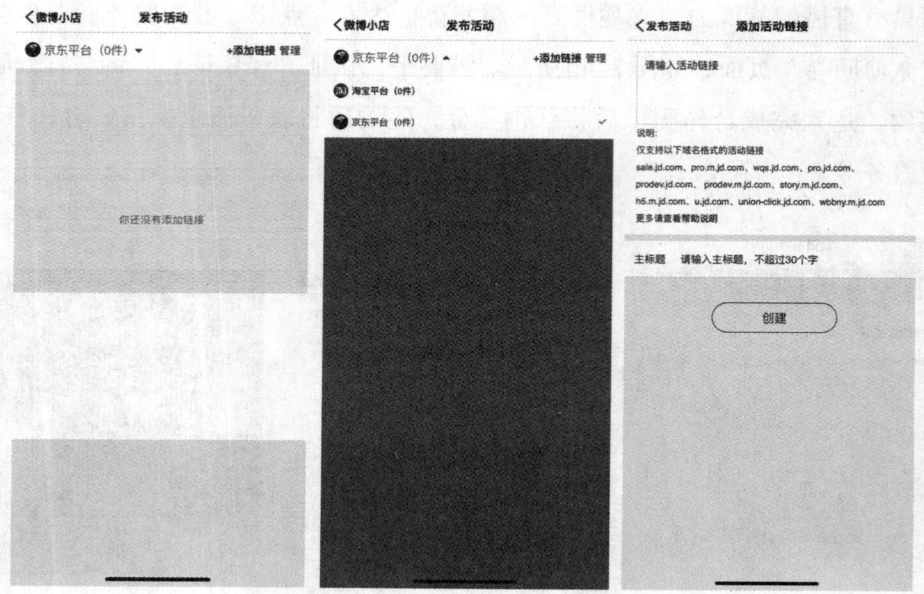

图7–41 “活动发布”功能页面

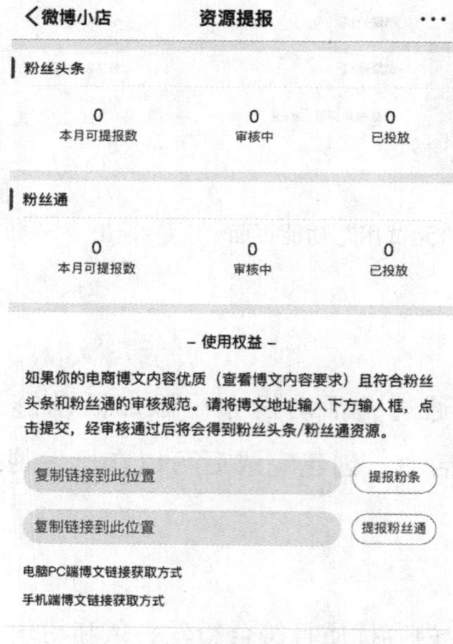

图7–42 “资源提报”功能页面

（10）任务广场。

博主可通过任务广场参与带货任务，还可以查看参与任务的预估收益情况，页面如图7–44所示。

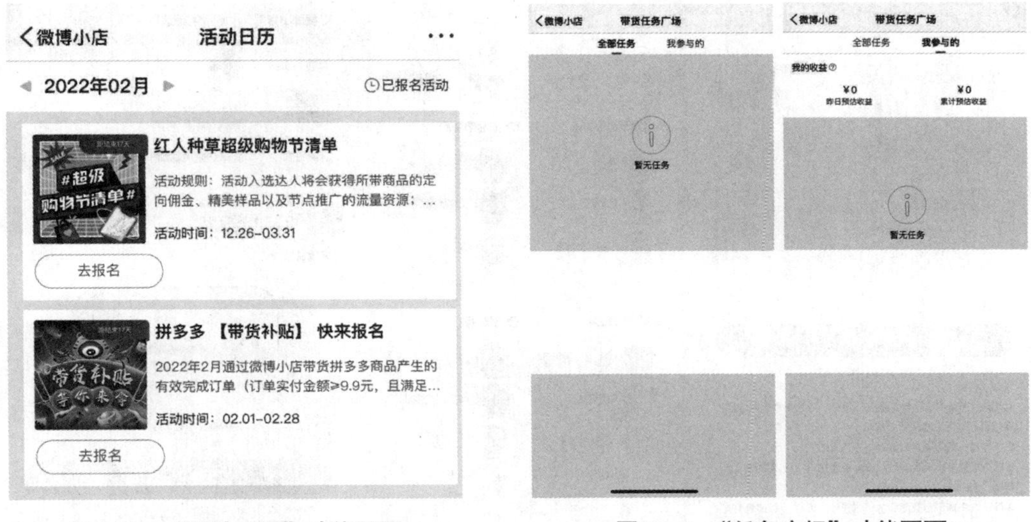

图7-43　“活动日历”功能页面

图7-44　“任务广场”功能页面

（11）拼券。

目前仅支持淘宝平台商品进行拼券，拼券功能的使用需要粘贴淘口令或商品链接、优惠券链接后才能生成拼券链接，页面如图7-45所示。

3.“更多功能”模块

更多功能模块包括店铺设置、客服中心、小店学堂以及各类电商榜单，页面如图7-46所示。

（1）店铺设置。

店铺设置包括对微博小店的店铺Logo、店铺名称、店铺签名等设置，页面如图7-47所示。

（2）客服中心。

如卖家对微博小店有问题，可以通过“客服中心”联系微博电商客服小二进行解决，页面如图7-48所示。

（3）小店学堂。

小店学堂主要介绍微博小店功能以及常见问题解答，分为微博好物联盟（全新上线）、新手入门、答疑专区、成长必修、百万系列、电商直播专题以及平台政策须知板块，页面如图7-49所示。

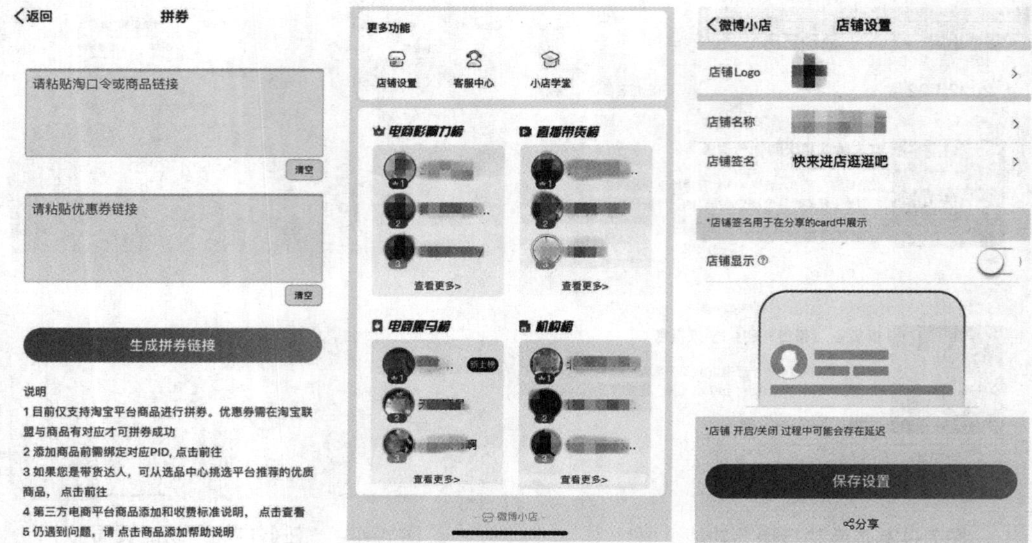

图7-45 “拼券”功能页面　　图7-46 “更多功能”模块页面　　图7-47 “店铺设置”功能页面

图7-48 “客服中心”功能页面　　图7-49 “小店学堂”功能页面

（4）各类电商榜单。

微博小店的各类电商榜单主要包括电商影响力榜、直播带货榜、电商黑马榜以及机构榜等。如图7-50所示，卖家可以每日查看榜单排名变化。

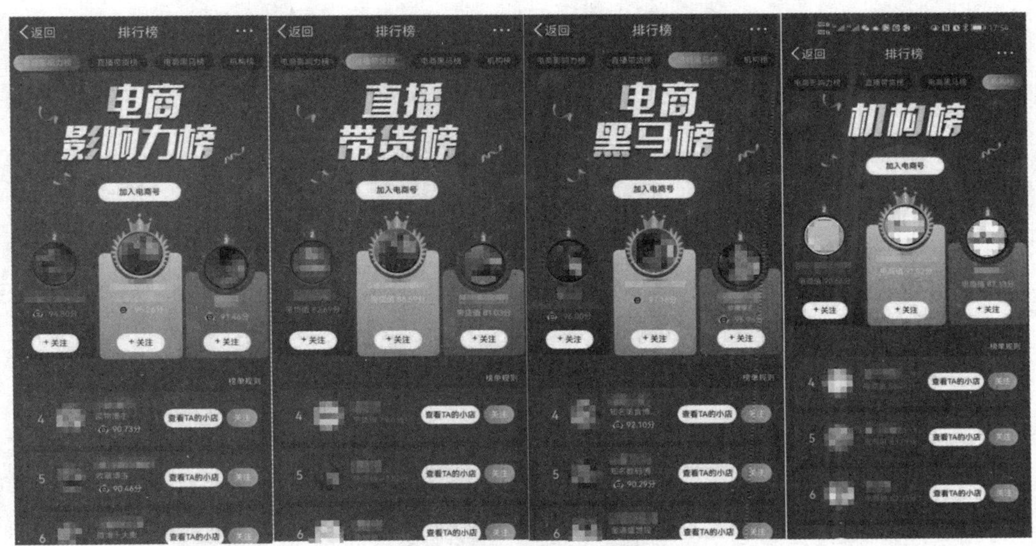

图7–50　“各类电商榜单”功能页面

任务二　微店平台搭建

任务分析

小梅在了解了目前市场上的几类微店的特点和功能后，进行了综合分析对比，最终选择口袋购物旗下的“微店”App进行农产品的销售，接下来需要进行微店平台的注册及搭建。

任务实施

微店平台的搭建主要包括注册账号和完善店铺信息两个部分，具体操作流程如下。

一、注册账号

（一）下载安装应用

打开手机中的应用市场，在应用市场里搜索“微店（店长版）”，下载安装“微店”App，如图7–51所示。

图7–51　安装应用页面

（二）注册微店账号

安装完成后返回桌面，点击“微店”App图标，进入微店首页，选择注册新账号，点击“注册”按钮，进入“微店”注册页面，如图7–52所示。

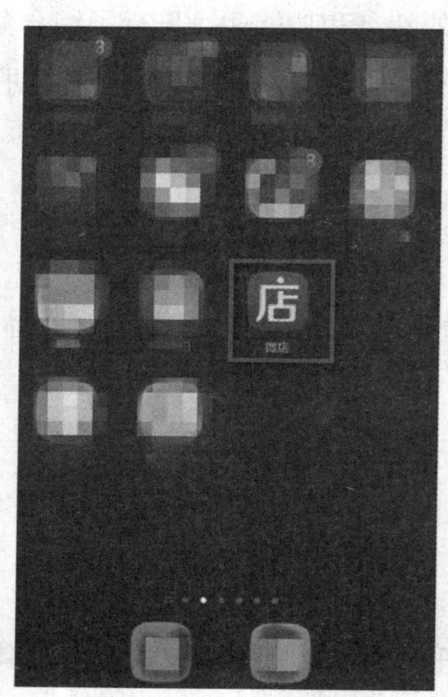

图7–52　注册微店账号页面

（三）选择国家和地区、填写手机号码

进入注册页面后，选择国家和地区，填写手机号码后，点击页面右上角“下一步”按钮，如图7–53所示。

（四）确认手机号码

在弹出的页面点击按钮“好”，如图7–54所示，进入验证码填写页面。

（五）填写验证码

在验证码填写页面，输入验证码，如图7–55所示，并点击页面右上角按钮“下一步”。

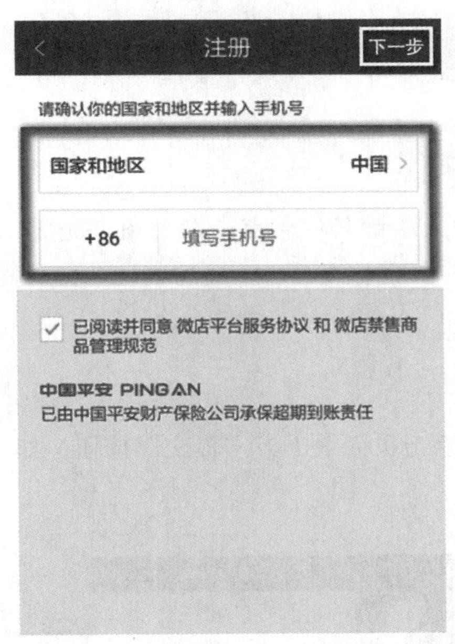

图7–53　选择国家和地区、填写手机号码页面

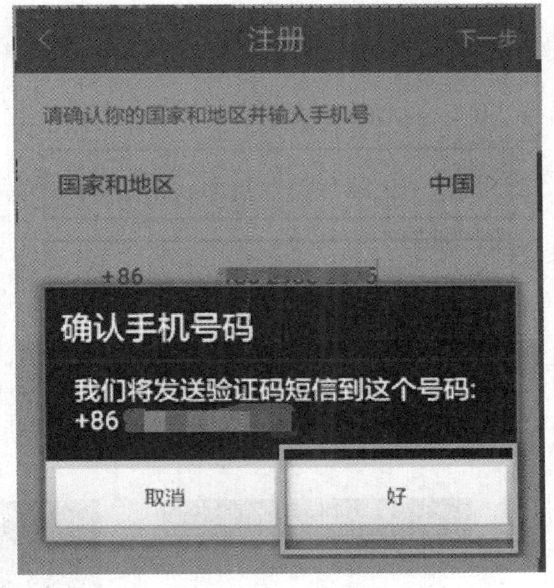

图7–54　确认手机号码页面

（六）设置登录密码

在弹出的页面设置登录密码，完成后点击页面右上角“下一步”按钮，如图7–56所示。

图7–55　填写验证码页面

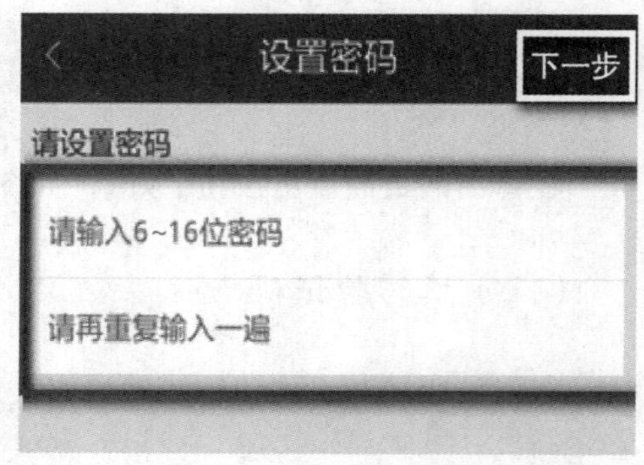

图7–56　设置登录密码页面

二、完善店铺信息

（一）上传店铺图标

进入“创建店铺”页面，上传店铺图标，输入店铺名称后点击右上角“完成”按钮，如图7–57所示。

（二）编辑生意档案

进入“编辑生意档案”页面，填写完成后，点击页面最下方“提交”按钮，如图7–58所示。

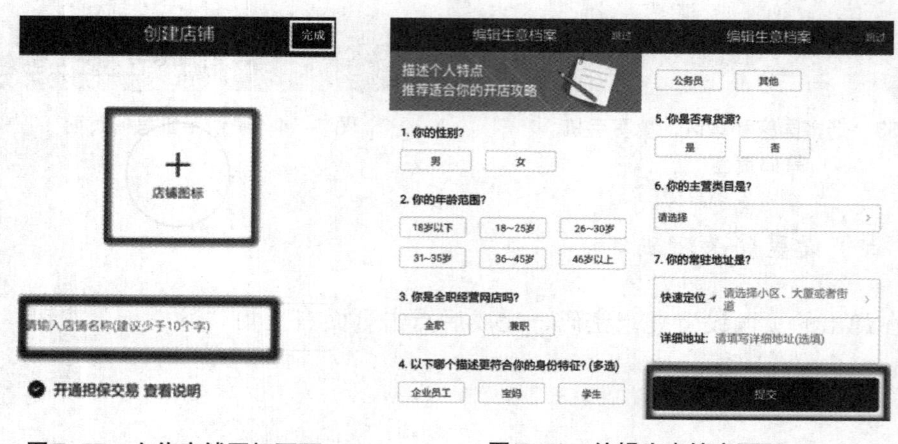

图7–57　上传店铺图标页面　　图7–58　编辑生意档案页面

（三）立即开通

在弹出的页面，点击“立即点亮微店”按钮，然后点击“立即开通”按钮，如图7–59所示。

（四）账号绑定

在弹出的页面，点击“确认登录”按钮；然后点击“绑定”按钮，如图7–60所示。

图7–59　立即开通页面

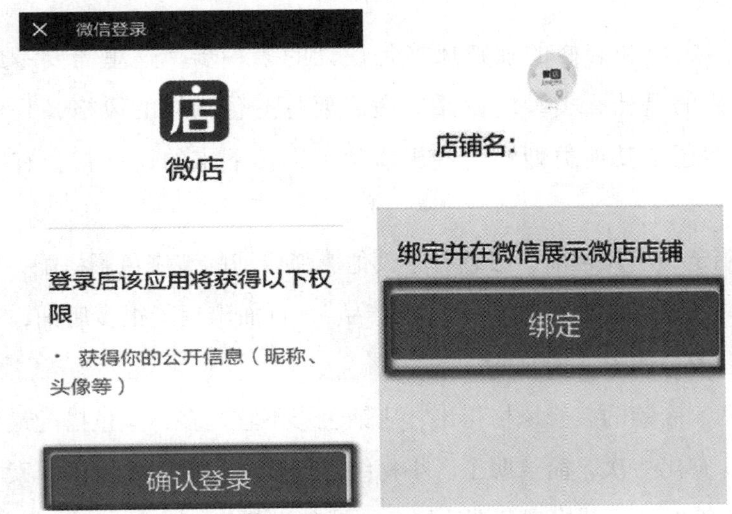

图7–60　账号绑定页面

通过简单的注册和基本信息的完善，小梅的农产品微店店铺就已经搭建成功了，微店搭建只是无线端网店运营的第一步，接下来就是微店的装修和新产品的发布。

任务三　微店装修

任务分析

小梅在搭建了微店平台之后，为了让微店更加美观和个性，为买家留下深刻的第一印象，下文将以微店App为例，对其进行装修。

任务实施

微店的装修代表了整个店铺的产品定位、产品信息以及店铺想要传达给买家的信息。优秀的微店必须有自己独特的风格，能够让买家在浏览微店商品的同时，增加对微店的印象。微店装修主要包括以下四个方面：首页设计、店招、导航栏、广告栏。

一、首页设计

（一）确定店铺风格调性

确立微店定位和装修的独特风格是设计的第一步。这里需要考虑这几个问题：微店销售的是什么类型的商品？微店要打造什么样的风格，是可爱型、时尚型、温馨型还是其他类型？这些想清楚了，接下来的设计就会有一个初步的思路。

小梅在确定微店风格前，去查看了其他类似店铺的装修色彩搭配，希望从中获取灵感，于是小梅在搜索栏输入了“农产品”，页面出现了很多店铺，小梅选择了两家店进行参考，如图7–61所示。

从以上两家店铺的装修风格得出，店铺色彩不宜过多，颜色搭配最好是与产品本色相呼应，突出主次，简洁明了。小梅结合经营的商品和经验等因素，确定微店的整体风格为简约型，装修主色调为绿色，辅色为黄色。

图7-61　农产品微店页面

（二）进入“店铺装修”页面

卖家登录账号，进入微店首页，点击“登录”，输入账号及密码，如图7-62所示，进入微店管理页面，如图7-63所示，点击“店铺管理”后点击“店铺装修”，如图7-64所示。

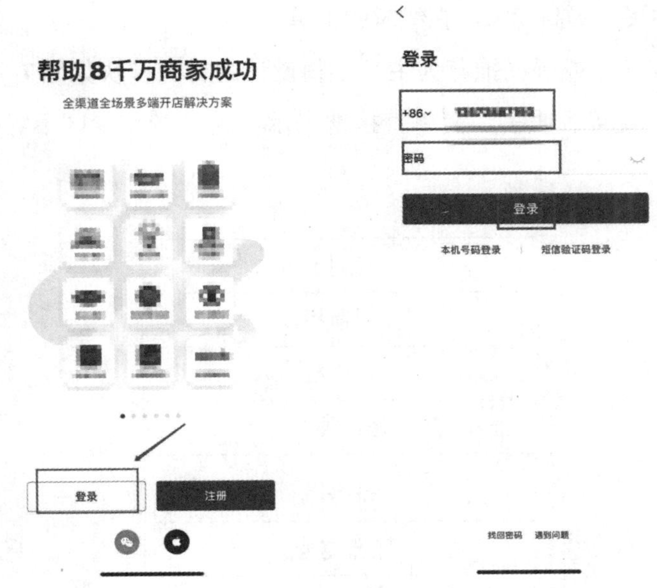

图7-62　微店登录页面

图7–63 微店管理页面

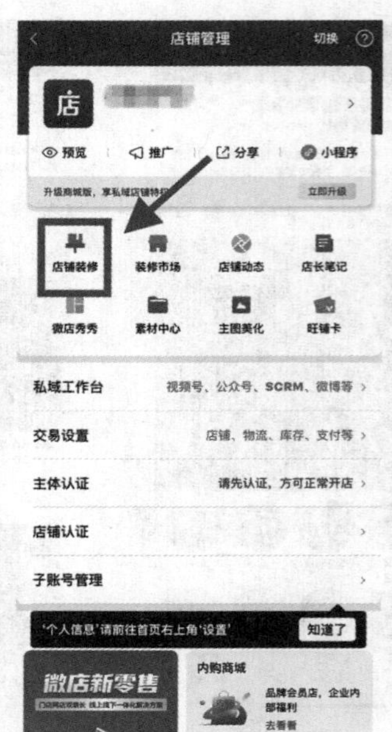

图7–64 点击“店铺装修”页面

（三）设计首页模块

纯粹地商品堆砌，不仅会使买家无法快速找到想要的商品，卖家也无法主动推荐商品。而微店装修让小梅拥有更多的主动权，将热销或引流的商品放到显眼的位置，引导买家购买，提高卖家不在线时的下单率。

微店首页以新品或爆款推荐为主，小梅设计的首页模块如图7–65所示。她的设计思路简单、直接、明了，简单直接地展示活动与产品专区不需要烦琐的细节描述。

店招
导航栏
广告栏
新品推荐
热卖区
底部导航

图7–65 微店首页模块

二、店招

（一）编辑

点击店招右侧的“编辑”，如图7–66所示。

（二）上传店招图

店招比例为2：1，需要先确定店招尺寸，点击店招旁边的图片，如图7–67所示，上传方式有三种：素材中心、拍照、从手机相册选择，如图7–68所示，根据店铺需要，选择上传设计好的图片，点击“完成”，卖家确认店招上传无误后，点击“应用”，如图7–69所示，完成店招装修。

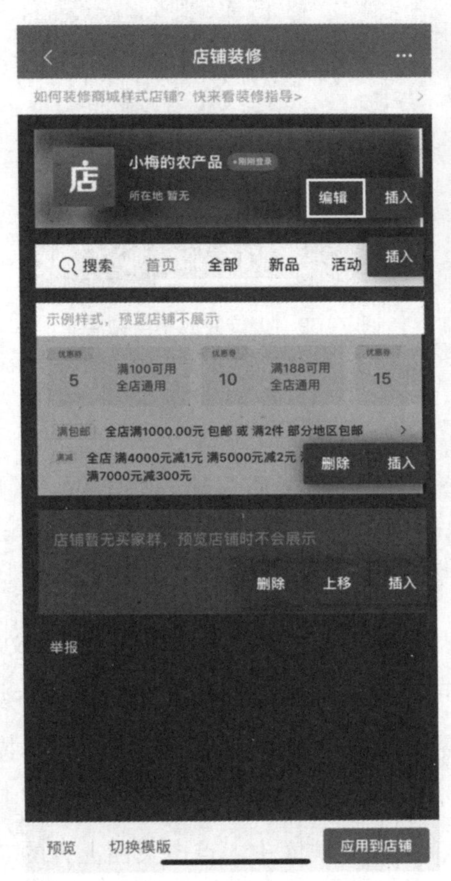

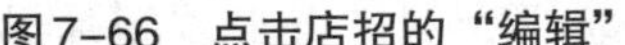

图7–66　点击店招的“编辑”

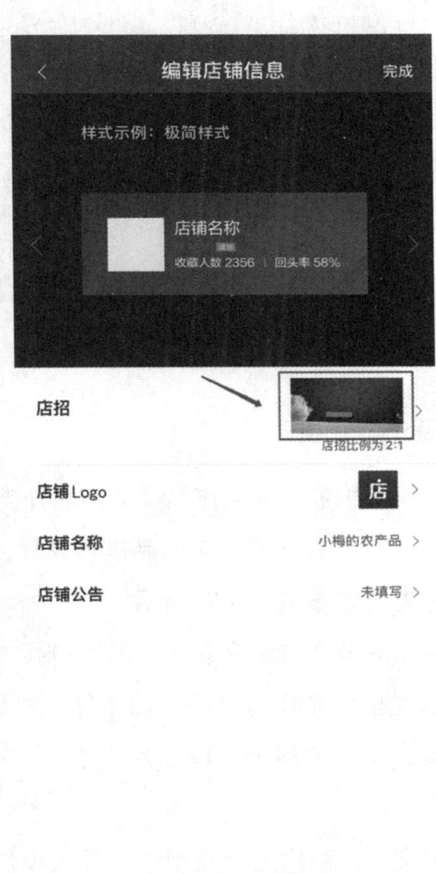

图7–67　点击店招旁边的图片

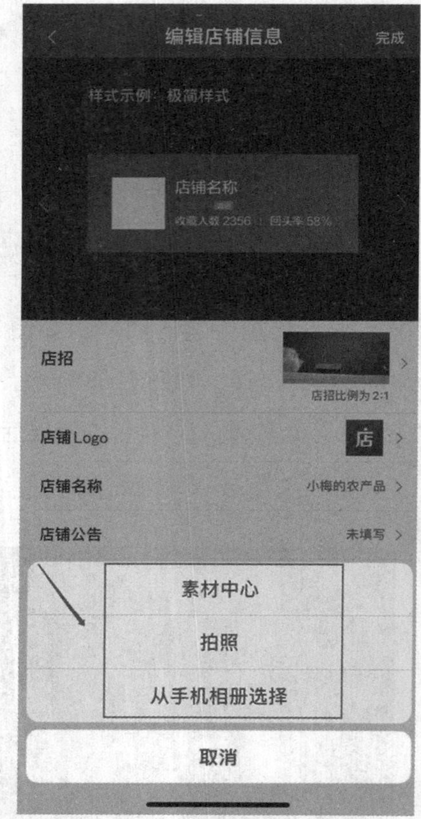

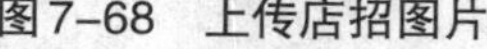

图7–68　上传店招图片

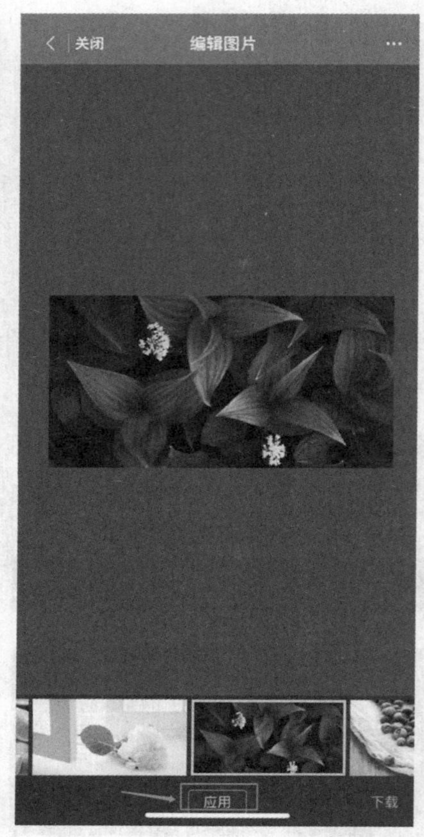

图7–69　上传并应用至微店

三、导航栏

由于小梅经营的农产品微店商品种类繁多，需要在首页设计分类导航。分类导航一方面可以方便卖家对商品进行管理，另一方面可以为买家选购商品带来便利。微店分类的导航如图7–70所示。

商品的分类有文字和图片两种链接方式，手机端的分类不一定是单纯的文字，可以以主推产品作为分类画面主体，这样可以快速引导买家点击进入商品分类的承接页，更多的展现是以图片为主的，不需要看文字来区别产品分类。具体操作如下。

卖家点击微店展示页面中“插入模块”，进入模块库中。点击页面上方的“导航”，进入导航栏样式设置页面，以添加图片导航栏为例，点击“图片导航”选项中的“选择”按钮，如图7–71所示。

上传导航栏图片，并完善导航栏信息后点击右上角的“完成”，如图7–72所示。系统提示该模块保存成功，通过点击“预览店铺”，确定无误后，点击“应用到店铺”即可完成导航栏的装修。

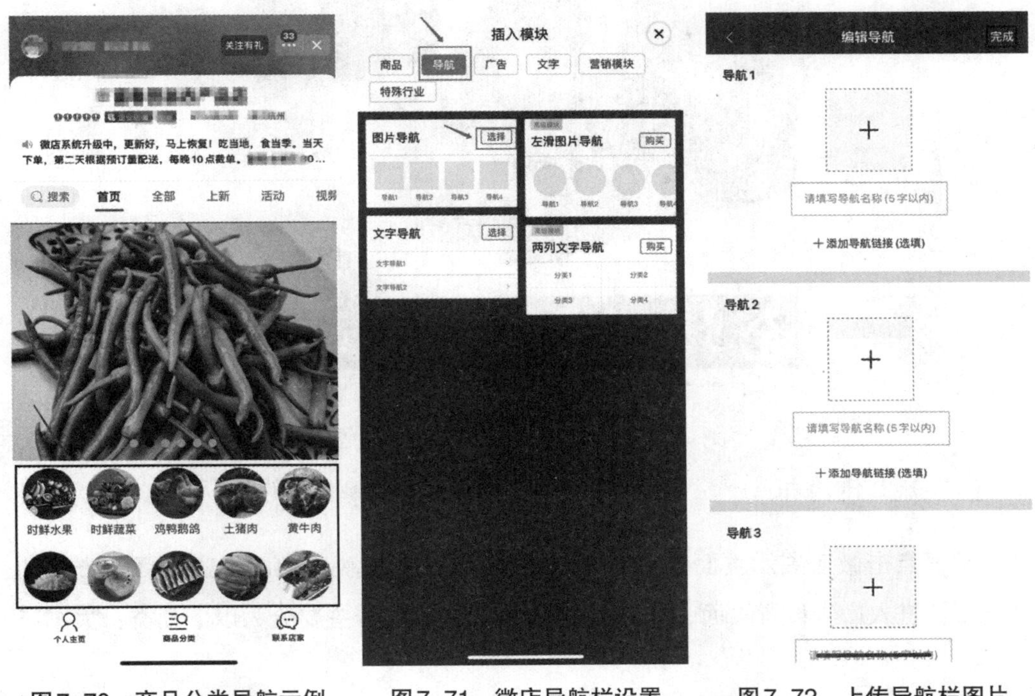

图7–70　商品分类导航示例　　图7–71　微店导航栏设置　　图7–72　上传导航栏图片

四、广告栏

广告栏主要以海报或者轮播图展示为主，这里以海报为例，对广告栏进行设计。

（一）海报设计

海报分为两种：风格海报和卖点海报。风格海报主要体现的是店铺或产品风格，卖点海报主要突出产品卖点。

因为是新店，为了突出优势，增强产品的可信度，留住买家，小梅在设计海报图时，还要介绍产品品牌。图片左边部分为产品实拍图片，右上方为产品包装图片，用以展示产品名称，下部分为促销条件，设计好的海报如图7–73所示。

图7–73　微店海报示例

（二）上传海报

卖家点击微店展示页面中"插入新模块"，进入模块库中。点击页面上方中的"广告"，进入广告设置页面，如图7–74所示，微店广告主要分为以下几类：大图广

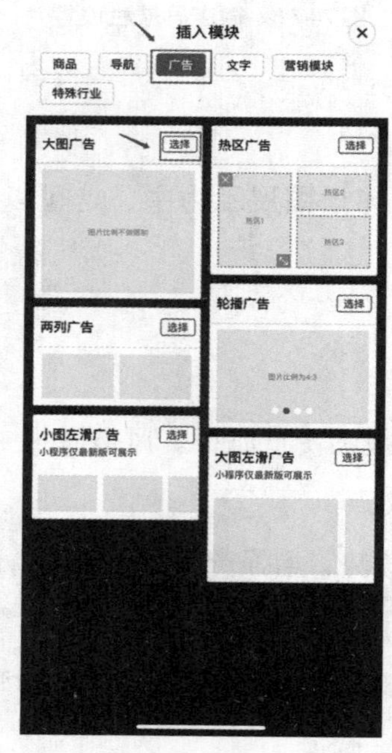

图7–74　微店广告栏的广告类型选择

告、热区广告、两列广告、轮播广告、小图左滑广告、大图左滑广告，此处以添加大图广告为例，来进行广告栏的设计。

点击“大图广告”选项中的“选择”按钮，进入如图7-75所示页面。上传图7-73的海报图片，点击右上角的“完成”，系统提示该模块保存成功，通过点击“预览店铺”，确定无误后，点击“应用到店铺”即可完成广告栏的装修。

微店装修设置完成之后，选择应用到店铺，就可以看到整体的装修效果，如图7-76所示。

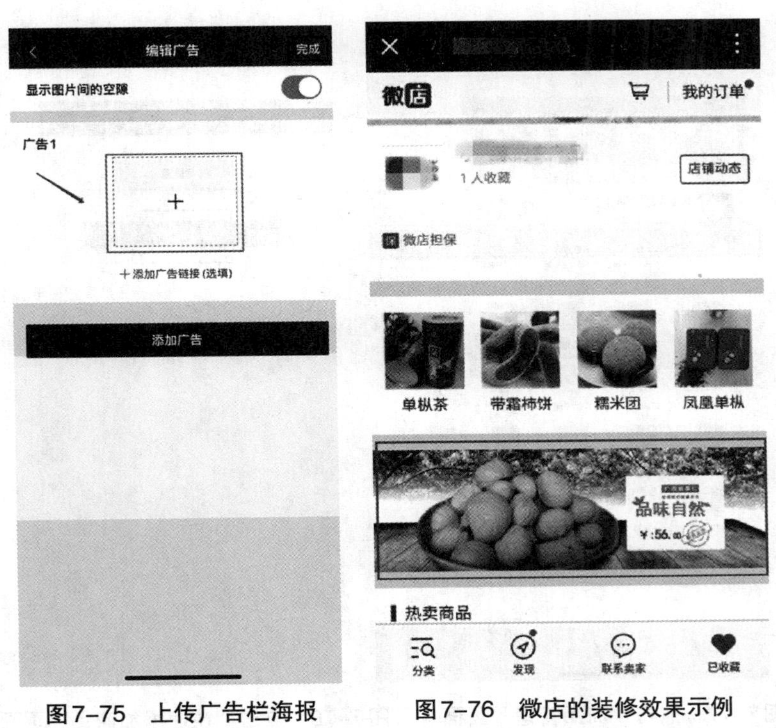

图7-75　上传广告栏海报　　图7-76　微店的装修效果示例

任务四　商品发布

任务分析

小梅在对微店平台装修之后，接下来要进行商品的上架以及发布。下文将以微店店长版App为例，对其进行装修。

任务实施

一、添加商品

进入商品管理页面

在桌面找到“微店”App图标，点击进入“微店”首页，登录之后进入微店管理页面，点击“商品管理”按钮，进入相应页面，如图7–77所示。点击中间“快速添加商品”按钮，如图7–78所示。

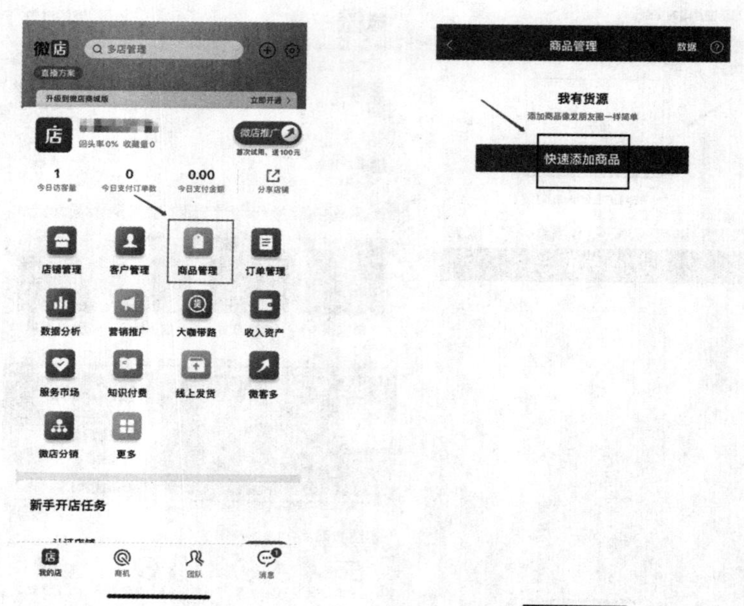

图7–77　点击“商品管理”页面　　图7–78　点击“快速添加商品”页面

二、完善商品信息

在点击“快速添加商品”后会出现商品信息页面，微店在完善商品信息方面包括以下几方面内容：商品类型及卖点、型号价格、商品详情页、物流配送。小梅在综合考虑之后，选择首先进行山核桃的上架发布。

（一）商品类型及卖点

商品类型及卖点信息中包含商品类型、图片和标题、商品卖点、类目、分享描述等，其中商品类型、图片和标题以及类目是必填项，也支持自定义创建，如图7–79所示。商品类型包括实物商品、电子卡券：系统生成、海淘商品、电子卡券：商家导入、社区团购以及知识付费。其中电子卡券、商家导入以及知识付费需在电脑端进行操作，如图7–80所示。

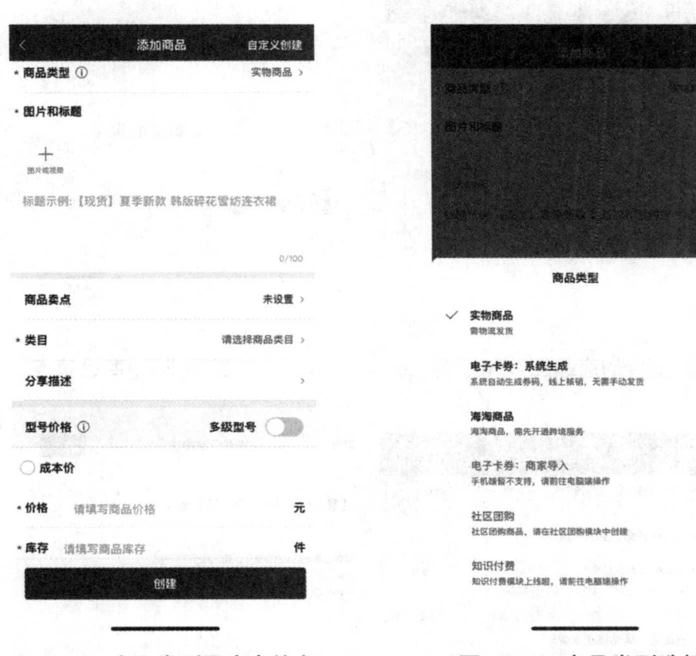

图7–79　商品类型及卖点信息　　　图7–80　商品类型选择

由于小梅上架的是山核桃，在“商品类型”中选择实物商品。图片选择为设计好的山核桃图片，如图7–81所示。标题设置为“2022新货 特好剥山核桃”，上传好的图片及标题设置如图7–82所示。商品卖点一般简要描述商品的特点，提高商品的吸引力。小梅在综合考虑之后，将山核桃的卖点设置为“果型圆润、咸酥可口”，如图7–83所示。类目根据商品标题，系统自动匹配，卖家需要进行核对，系统对山

图7–81　商品图片

核桃的类目匹配为“包装散装食品”，小梅进行核对之后进行选择，如图7–84所示。分享描述是在微信里给好友分享商品时显示的内容，一般在32个字以内。小梅把分享描述设置为“这家山核桃味道不错，强烈推荐！”，如图7–85所示。

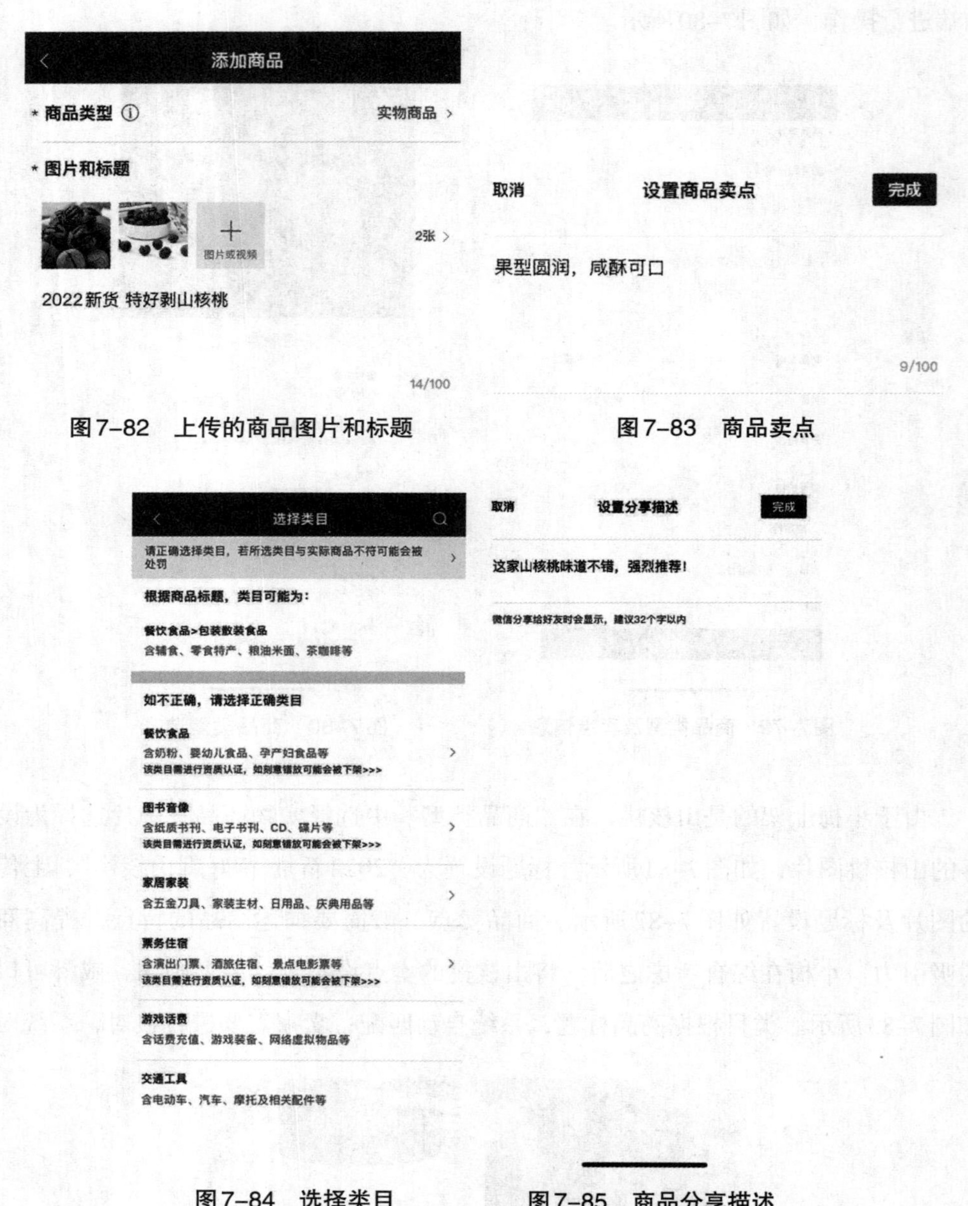

图7–82 上传的商品图片和标题

图7–83 商品卖点

图7–84 选择类目

图7–85 商品分享描述

（二）型号价格

商品的型号价格信息包括价格、库存、划线价、商品编码等信息，其中价格和库存是必填项，如图7–86所示。根据不同口味，小梅对山核桃进行了不同口味组合的定价和库存信息的设置，商品的型号尺寸如图7–87所示。

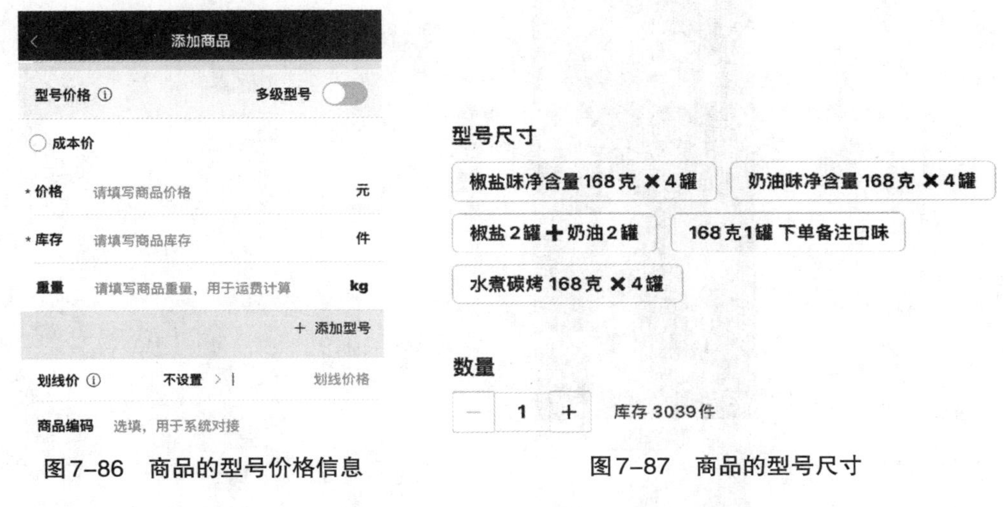

图7–86　商品的型号价格信息　　图7–87　商品的型号尺寸

（三）商品详情页

完善商品详情页的信息中主要包括商品图文详情、店铺中分类、加入系统分类“店长推荐”等内容，如图7–88所示。首先小梅需要设计详情页，小梅根据山核桃的卖点设计了商品详情页，展示商品的细节，如图7–89所示。

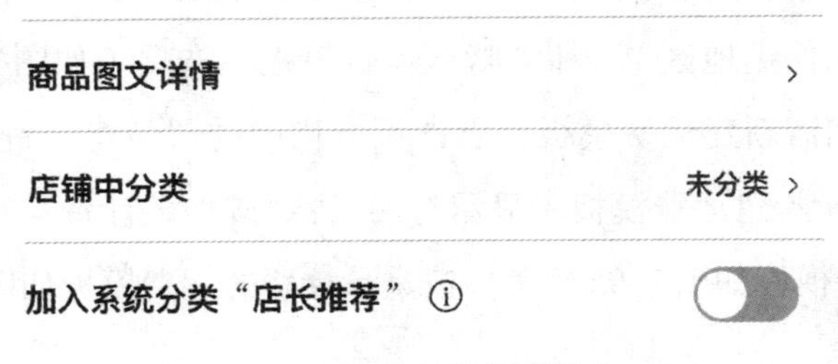

图7–88　商品详情页信息

小梅设计好详情页之后，在完善商品信息中的“商品图文详情”进行上传，店铺分类选择“干货”，如图7–90所示。“加入系统分类（店长推荐）”选择加入，滑动模块进行选择。

（四）物流配送

物流配送信息包括配送方式、售后服务、运费设置，如图7–91所示。配送方式

图7–89　商品详情页　　图7–90　店铺中分类选择

由于是实物商品，需选“快递发货”；售后服务中有“不支持换货”和“允许买家申请换货”（如图7–92所示），卖家可以根据实际情况进行选择；在运费设置中有“包邮”“包邮（除偏远地区）”和“默认运费模板”选项（如图7–93所示），卖家可以进行选择。如需新建运费模板，点击下方栏中的“新建运费模板”，点击后页面如图7–94所示，新建运费模板中显示有两类：“按件数计费”和“按重量计费”。按件数计费的运费模板如图7–95所示，按重量计费的运费模板如图7–96所示。

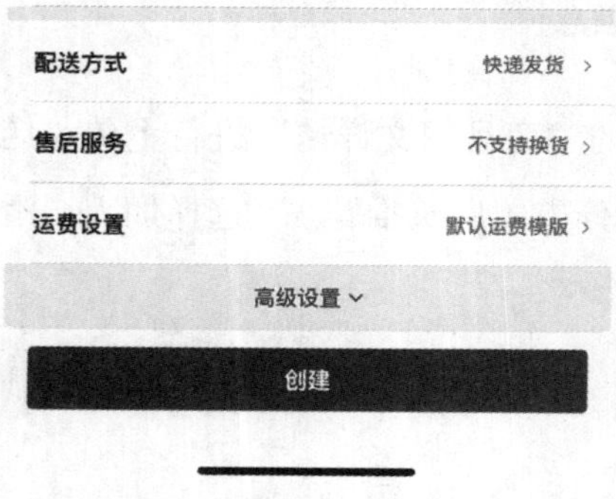

图7–91　物流配送信息

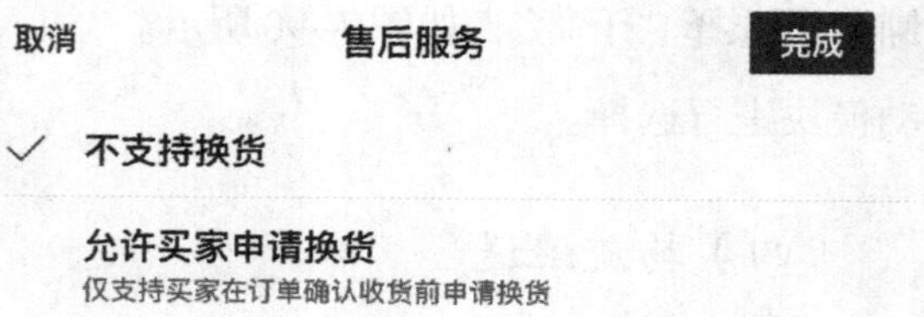

图7–92　售后服务选择

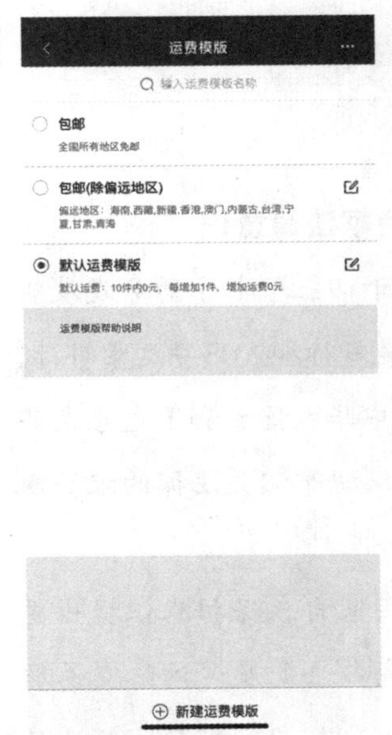

图7–93　运费设置

图7–94　点击“新建运费模板”后显示页面

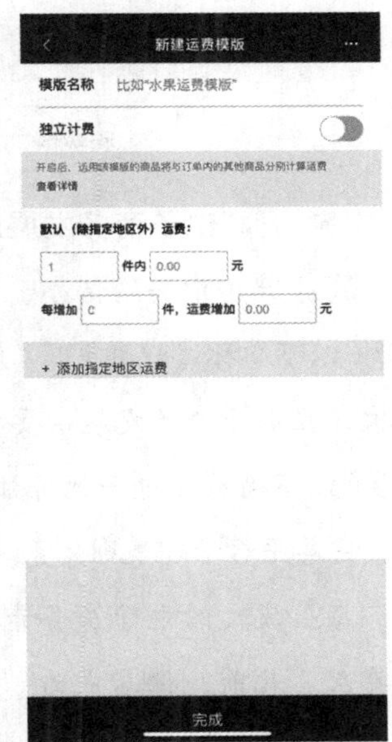

图7–95　按件数计费的运费模板

商品基本信息已经完善，如需更多信息，可以点击“高级设置”，对商品的信息进行更加详细的设置。

所有信息设置完成之后，点击下方“创建”按钮，即可完成对商品的发布，如图7–97所示。

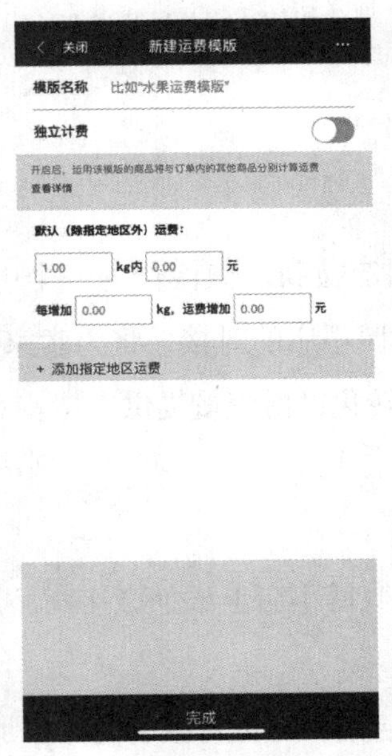

图7–96　按重量计费的运费模板

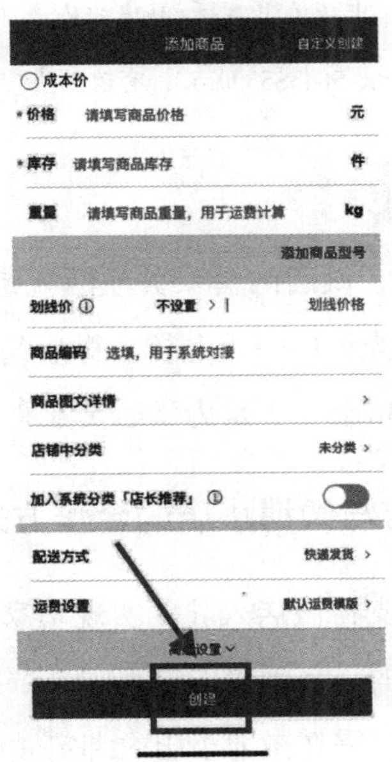

图7–97　商品发布

素养园地

“电子商务发展规划”发布 微店积极普法提升商家法律意识

商务部、中央网信办、发展改革委三部门联合印发《“十四五”电子商务发展规划》(以下简称《规划》)。《规划》确立了“十四五”时期发展目标和2035年远景目标，首次建立电子商务发展主要指标体系，并提出要推动修订《中华人民共和国电子商务法》(以下简称《电子商务法》)，制定数据安全、个人信息保护等相关法律的配套规定，完善平台治理规则体系。

日益庞大的电子商务市场，对规范行业从业者和提高买家自我保护意识提出更高要求。此前，微店成为“向上青年懂消费”全国《电子商务法》及《网络交易监督管理办法》知识竞赛赞助商，通过多种渠道普及电子商务法知识，提升商家法治意识，促进电商平台更加规范。

为保障买家合法权益，维护正常经营秩序，微店根据国家相关法律法规，积极完善平台内部制度规范，针对开店认证、发布商品、交易管理、纠纷解决等环节制定完善了《微店卖家管理规范》《微店商品信息管理规范》《微店交易纠纷管理办法》等一系列规范，对于商家出现的违规行为，也出台了《微店违规处罚管理试行规则》进行处理。

资料来源：中华人民共和国中央人民政府网（http://www.gov.cn/zhengce/zhengceku/2021-10/27/content_5645853.htm），有改动。

知识链接

流量时代，微店的卖家关注的就是引流拉新。微博作为一个中心化流量平台，无疑是提升曝光度的一大利器。微店与微博小店的对接，将为卖家创造更多样的消费场景和生意机会，更是为微店卖家有效转化微博流量提供支持。

一、微店与微博小店的合作方式

微博小店支持微店入驻，实现卖家在微博小店上添加微店商品及买家在微博上购买微店商品的一系列操作流程。

（1）卖家仅需在微博小店内绑定微店店铺，即可将微店商品添加至微博小店。

（2）微博小店商品可被关联至微博的图文、文章、视频、直播等内容载体上。

（3）买家可在微博内完成微店商品的浏览、下单、支付等操作。

（4）通过微博成交的自营商品，将会被抽取订单实际支付金额（不含运费）的5%的佣金作为支付给微博的渠道技术服务费。

二、微博小店绑定微店店铺

1. 进入“开通微博小店”页面

首先登录微博，然后通过“我”—“创作中心”进入创作者中心页面，点击该页面中的“查看更多”跳转至“创作工具”页面，点击“变现工具”下的“小店”，跳转至“开通微博小店”页面，如图7–98所示。

图7–98 打开微博小店页面

2. 开通微博小店

绑定手机号、人脸识别后，点击“一键开通”，页面跳转至“用户使用协议更新提示”页面，选择后点击“同意”即可完成微博小店的开通，如图7–99所示。

3. 绑定微店店铺

点击“绑定店铺”，选择“微店”，点击下方的“账户设置”，进入微店店铺登录页面。如图7–100所示。

4. 店铺授权

登录微店后，完成店铺授权，并授权允许微博获取店铺相关数据，如图7–101所示。

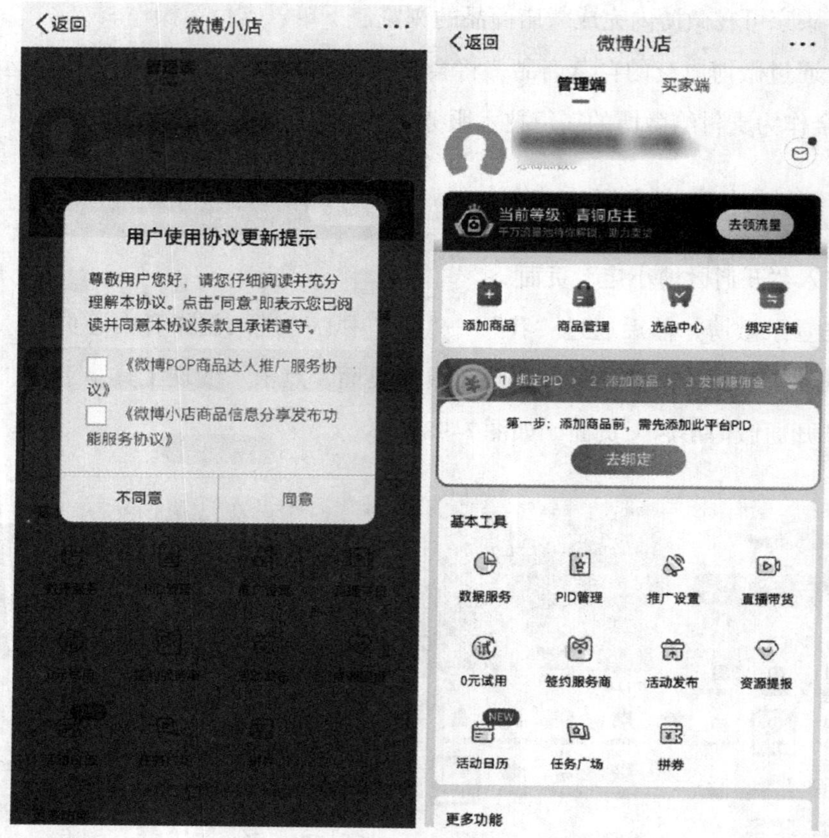

图7–99　开通微博小店页面

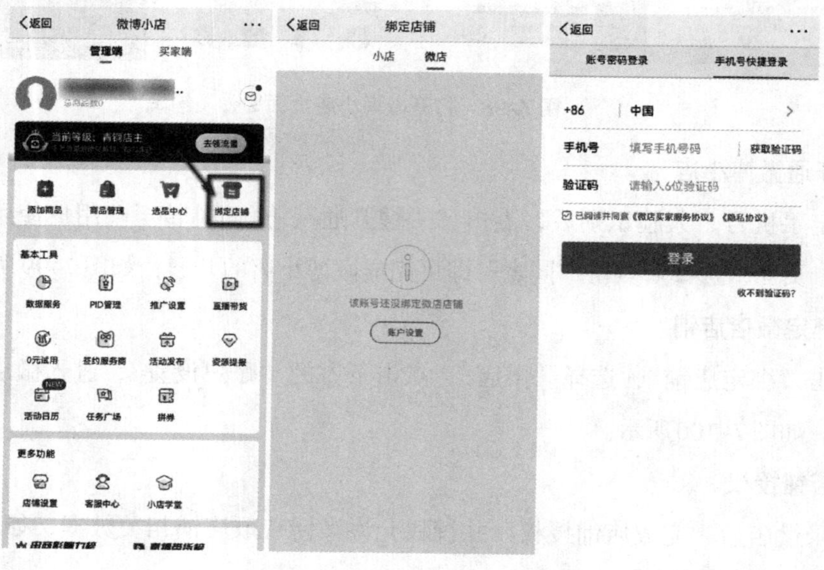

图7–100　绑定微店店铺页面

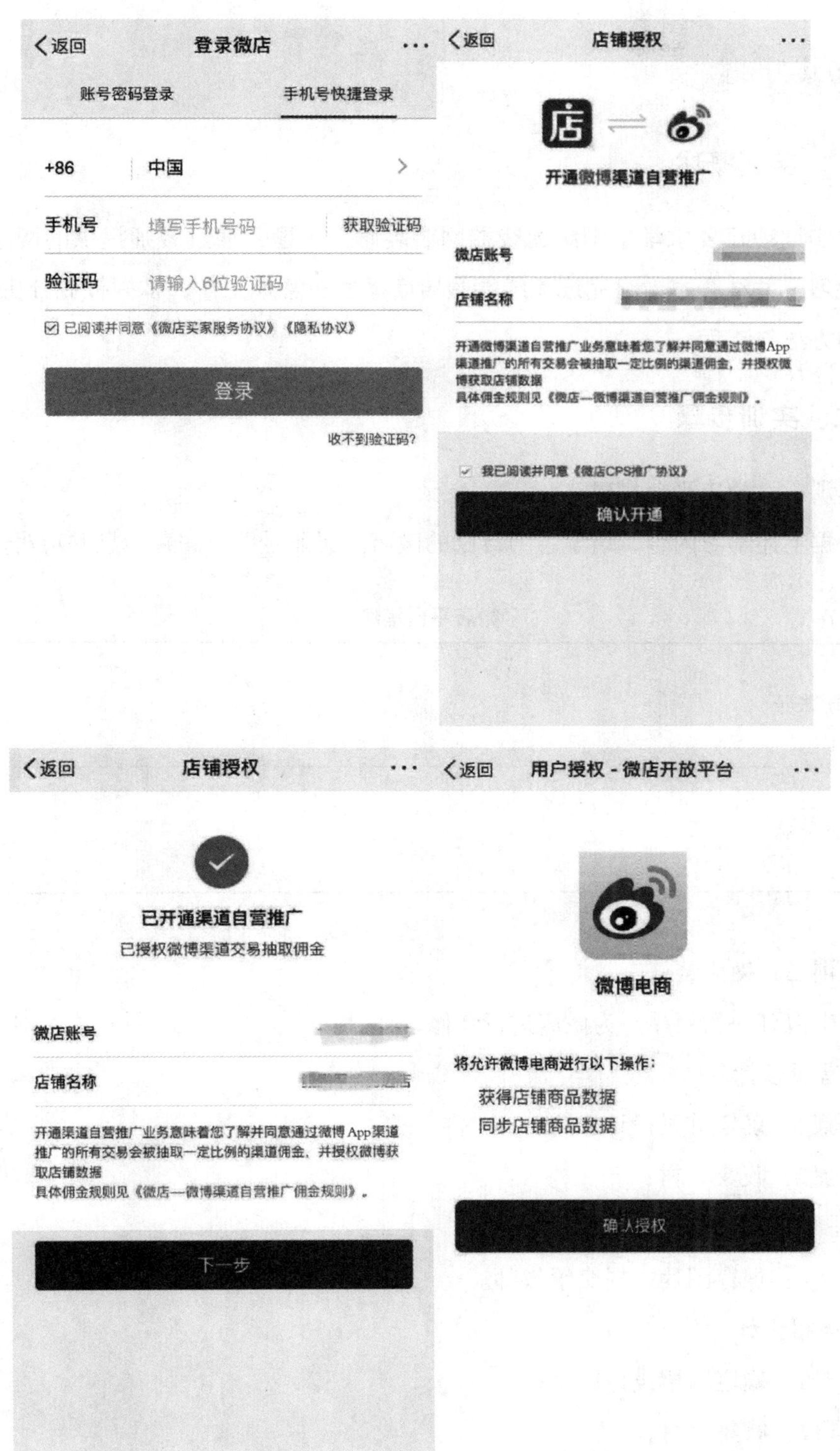

图7-101　店铺授权页面

同步实训

一、实训概述

本实训项目要求学生围绕无线端网店装修为主题，通过教师提供的网站素材，认真学习，并结合本教材完成无线端微店商品发布管理工作，掌握行业分析和竞品分析的方法与流程。

二、实训步骤

实训一：微店平台搭建

根据上述学习内容，请学生为自己的微店注册账号以及完善信息并填写表7–1。

表7–1 微店平台搭建

注册账号	
完善信息	

实训二：微店装修

学生拟订一款商品，为微店进行装修设计。

1. 首页设计

步骤1：确定首页设计思路；

步骤2：收集素材；

步骤3：设计并上传图片；

步骤4：保存图片，提交给教师。

2. 店招设计

步骤1：确定店招设计思路；

步骤2：收集素材；

步骤3：设计制作并上传店招；

步骤4：保存店招图片，提交给教师。

3. 导航栏设计

步骤1：确定商品分类设计思路；

步骤2：收集素材；

步骤3：设计制作商品分类图片，并上传至导航栏；

步骤4：保存导航栏图片，提交给教师。

4. 广告栏设计

步骤1：确定海报主题；

步骤2：收集素材；

步骤3：设计制作海报图片，并上传至广告栏；

步骤4：保存广告栏图片，提交给教师。

实训三：商品发布

请学生列举出商品发布的流程中所包含的具体操作内容，填写表7–2。

表7–2　　商品发布步骤

序号	步骤名称	对应内容
1	填写商品类型及卖点	
2	填写型号价格	
3	上传商品详情页	
4	填写物流配送信息	

检测练习

扫码获取课后习题

扫码获取教学课件

项目八　淘宝营销活动报名

学习目标

❖ 知识目标

1. 了解天天特卖活动的报名资质及活动流程。

2. 熟悉聚划算活动的报名资质及活动流程。

3. 认识淘金币活动的报名流程。

❖ 技能目标

1. 能够复述出天天特卖活动的报名条件，并完成天天特卖活动报名。

2. 能够梳理出聚划算活动的报名条件，并根据网店定位完成活动报名。

3. 能够独立设置淘金币活动的相关操作。

❖ 思政目标

了解淘宝卖家营销平台准入要求。

任务分解

本项目包含以下三个任务：

任务一　天天特卖活动

任务二　聚划算活动

任务三　淘金币活动

本项目旨在引导学生了解天天特卖活动和聚划算活动的报名资质及活动流程，明确如何操作淘金币的活动设置，完成淘宝营销活动报名。

任务情境

李峰是某电子商务企业的淘宝网店运营人员，品牌商决定在换季时节举办一场全店换季优惠活动，对库存商品做一次全店大促。李峰作为该网店的负责人，需要十分了解淘宝网店目前常见的活动，并能够选择最适合的活动开展促销。

任务一　天天特卖活动

任务分析

天天特卖活动是淘宝网店常见的活动之一，李峰需要清楚了解该活动的报名流程以及参与活动需具备的相关资质，并能够掌握一些该活动的报名技巧。

任务实施

一、天天特卖活动报名流程

商家参加天天特卖活动的报名步骤如下。

步骤1：登录淘宝千牛卖家中心，依次点击“营销”→“天天特卖”，如图8–1所示。

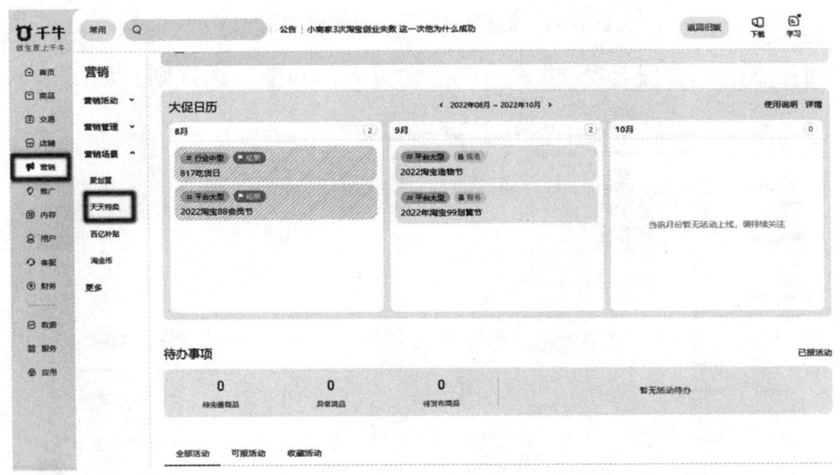

图8–1　点击“营销”→“天天特卖”

步骤2：进入天天特卖活动报名页面，如图8-2所示，在天天特卖活动报名页面可以选择日常活动或大促活动报名。接下来以日常活动的报名为例讲解这部分内容。

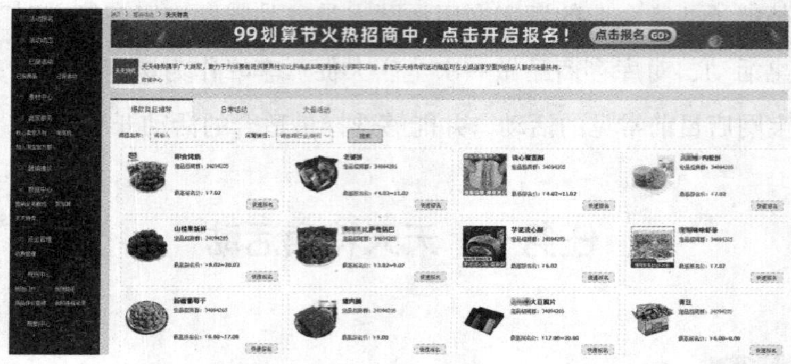

图8-2 天天特卖活动报名页面

步骤3：点击“日常活动”，如图8-3所示，选择店铺可参加的日常活动。

图8-3 选择店铺可参加的日常活动

步骤4：点击“去报名”，进入活动报名页面，阅读活动规则，如图8-4所示。

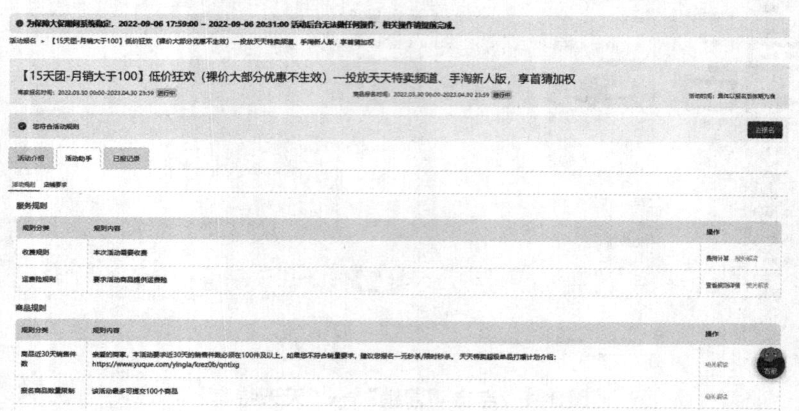

图8-4 阅读活动规则

步骤5：阅读完活动规则后，点击“去报名”，根据选择的活动填写活动信息，如图8-5所示，包括填写基本信息、商品信息设置、商品素材设置，设置完成后点击“提交”按钮完成活动报名，等待平台的审核。

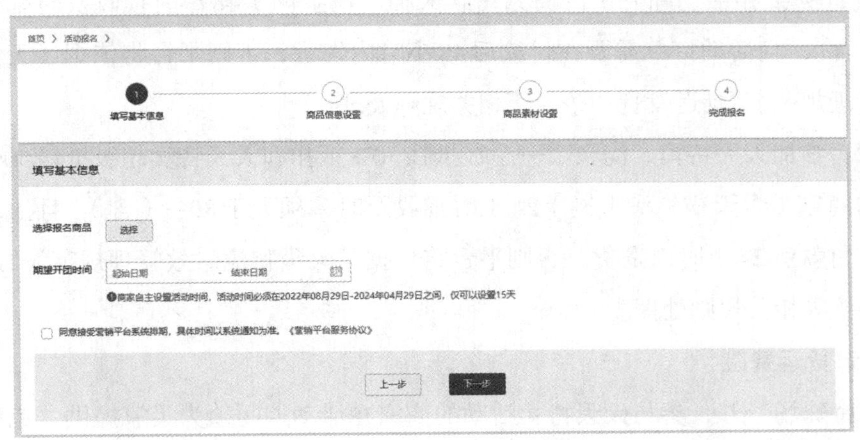

图8-5　填写活动信息

二、天天特卖活动报名规则

（一）商家及商品报名条件

报名参加天天特卖活动的商家及商品须符合的条件已在项目五中详细说明，这里就不再展开介绍。需要明确的一点是，报名参加天天特卖活动的商家及商品须符合《营销平台基础规则》的要求。

（二）服务保障

1.退款要求

报名参加天天特卖活动的商品，若存在延迟发货情况，且交易状态为“买家已付款，等待卖家发货”情形的，除不适用平台直接退款的订单类型（单笔订单退款金额超出200元的订单）外，对于交易诚信记录良好的买家申请的退款，平台将默认达成退款申请，按退款申请的金额直接退款给买家。

2.价保服务

报名参加天天特卖活动的商家须为买家提供价保服务，即买家在天天特卖购买支持价保服务的商品，在下单后15天内，若同一商家的同一商品出现降价的情形

（不含红包、运费），买家可申请差价补退。

3. 发货要求

（1）参加天天特卖活动（天天特卖、淘金币—超级抵钱30%抵扣和天天特卖超级抵钱50%抵扣活动除外）的商家（含天猫、淘宝网）48小时揽收及时率须大于90%（含），且活动订单需要在付款后48小时内发货，否则平台将依据《天猫物流时效管理规范》“延迟发货”条款等相关规则处理。

（2）参加天天特卖、淘金币—超级抵钱30%抵扣和天天特卖超级抵钱50%抵扣活动的商家（含天猫、淘宝网）24小时揽收及时率须大于80%（含），且活动订单需要在付款后24小时内发货，否则平台将依据《天猫物流时效管理规范》“延迟发货”条款等相关规则处理。

4. 退货运费险

除特殊场景外，参与天天特卖活动的商家在活动期间须为买家提供“免费退货服务”并投保相应的运费险服务。特殊场景包括以下内容：特殊类目；天猫国际的商品；天天特卖部分活动，包括天天特卖限时秒杀、天天特卖 × 点淘积分兑换活动、特卖日播1元/1分钱货品（定向）、特卖官方直播 —— 一品一券报名和特卖1分钱小卖部终极大奖招商。

（三）审核标准

针对所有报名商品，天天特卖活动将根据包括但不限于如下维度择优选择高品质商品参加活动。

（1）为了真正实现让利买家的目的，为买家筛选极高性价比商品，天天特卖会根据商品的全网竞争力（包括款式、品质、价格等）等择优选择商家、商品开展合作。

（2）优选厂家直销/产地直供型商家、特价热销型商家、品牌折扣型商家，并综合店铺日常销售、店铺营销平台表现等维度进行商家优选。

（3）综合报名商品的价格、商品成交额、店铺主营类目的日销排名等维度进行商品优选。

（4）参考店铺DSR、纠纷退款率、诚信经营等体现店铺服务和质量水平的指标维度。

三、天天特卖活动报名技巧

1.选择好款式

选款是关键，商家可以把想要参加活动的商品的相关数据统计出来，分析各项数据，选择一款各项数据都还不错且受欢迎的商品，建议选择平台没有太多同款的大众商品，如强吸水毛巾，这样不仅报名通过率高，同时也吸引更多买家，提升商品点击率。

2.各项数据需保持稳定

商品的各项数据需保持稳定，包括收藏加购率、转化率以及DSR评分都应该在活动审核期间保持稳定，这样才能够提高天天特卖活动的审核通过率，因为这三项数据稳定也就意味着店铺经营是比较稳定的。

3.商品定价

参加天天特卖活动的店铺的打折力度很重要，天天特卖活动主打的就是低价促销，因此报名时商家需要根据平时商品的出售价格来寻找一个折中的点，既能够保证价格很低，又要保证自己赚钱。如果是新款商品，那么价格可以相对设置高一点；如果不是新款，那就将其调到自己能够接受的最低价格即可。

4.特殊技巧

申报天天特卖活动的商家一定要做好多次申请的准备，尤其是一些小商家，想要通过参与淘宝平台活动来引流时，如果在第一次报名时没通过，还可以继续申请。

任务二　聚划算活动

任务分析

聚划算是目前淘宝网比较受欢迎的一个团购网站，李峰除了了解天天特卖活动之外，还需要清楚聚划算活动的报名条件，掌握报名参加该活动的操作流程。

任务实施

一、认识聚划算

聚划算是阿里巴巴旗下的团购网站之一，为买家提供每日精选的优良团购商品聚划算由天猫官方认证，要求商家所展示的商品与实物完全相符，严格执行七天无理由退换服务，提供正规发票，为买家呈现不一样的服务。

二、聚划算活动报名流程

商家参加聚划算活动的报名步骤如下。

步骤1：登录淘宝千牛卖家中心，执行“营销”→“聚划算”命令，如图8–6所示。

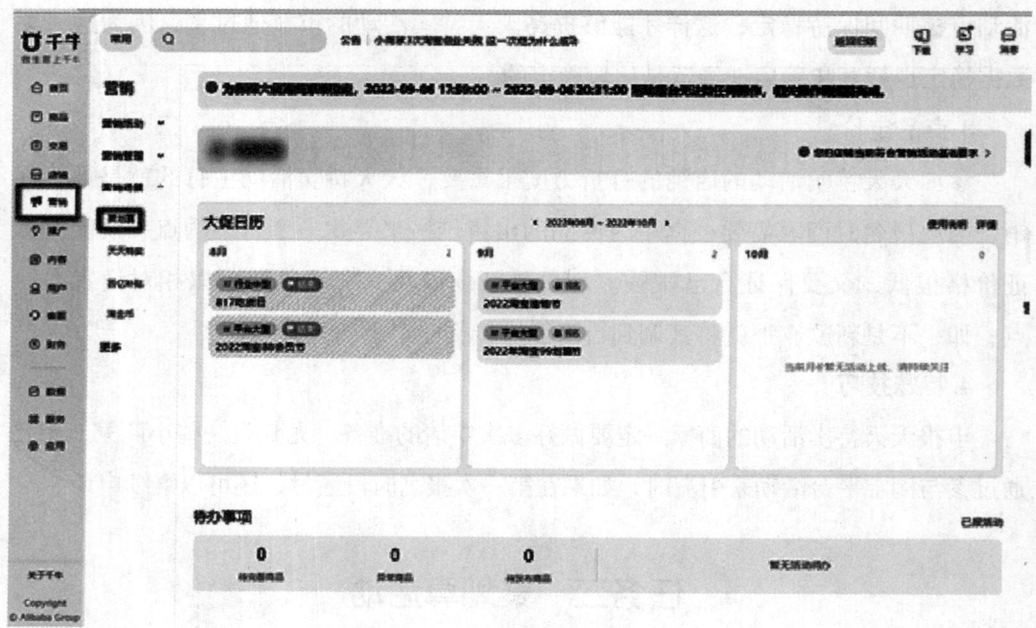

图8–6　点击“营销”→“聚划算”

步骤2：进入聚划算活动报名页面，如图8–7所示，在聚划算活动报名页面可以选择日常活动或大促活动报名。接下来以日常活动的报名为例讲解这部分内容。

步骤3：点击“日常活动”，如图8–8所示，可以搜索活动名称，也可以直接浏览选择店铺可参加的日常活动。

步骤4：点击“立即报名”，进入活动报名页面，阅读活动规则，如图8–9所示。

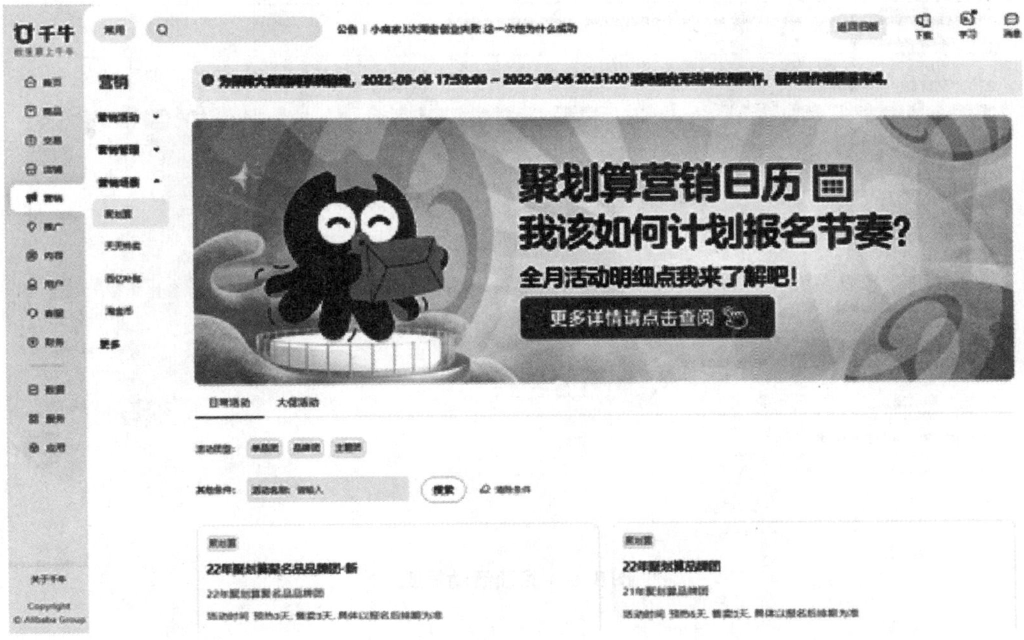

图8–7　聚划算活动报名页面

图8–8　“日常活动”页面

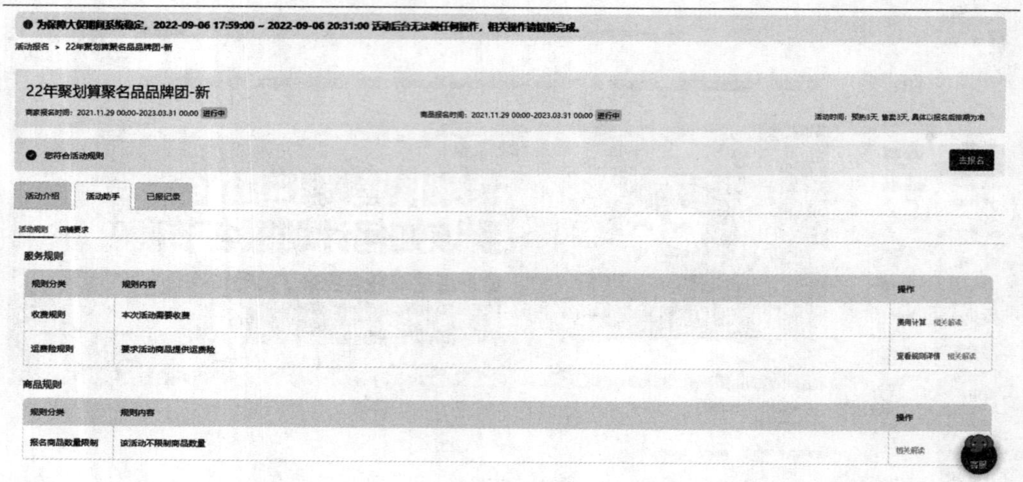

图8-9　阅读活动规则

步骤5：阅读完活动规则后，点击“去报名”，根据选择的活动填写活动信息，如图8-10所示，包括填写基本信息、店铺玩法设置及商品提交，设置完成后点击“提交”按钮即可完成活动报名，等待平台的审核。

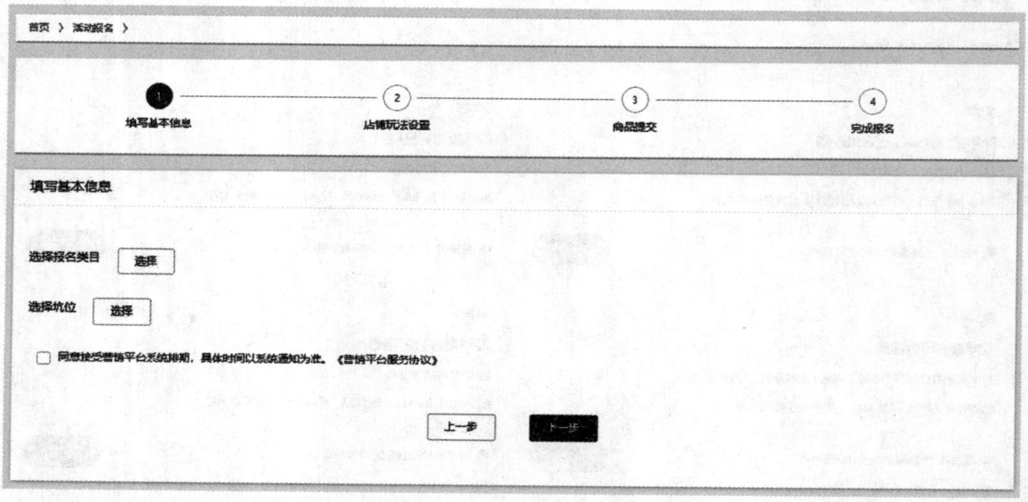

图8-10　填写活动信息

三、聚划算活动报名规则

（一）商家条件

（1）非天猫旗舰店的商家需要提供有效的自有品牌（商标）证明、品牌（商标）授权证明或完整的进货链路证明，且商家所提供的相关资质文件必须真实、完整并确保合作期内持续有效。

（2）商家应合法、合规经营并确保商品及其来源、售卖（含价格）完全符合国家法律法规等有关规定，确保商品无任何质量、权利瑕疵，并保留所有相关有效凭证。

（3）商家报名不同的聚划算活动还应满足下述条件：

①所有店铺类型（含天猫、淘宝网、飞猪等）开店时长须大于30（含）天；

②特殊行业要求：

a.主营类目为“装修设计/施工/监理、装修服务”的店铺报名时，须通过淘宝企业店铺认证；

b.主营类目为“平行进口车、新车/二手车”的店铺报名时，必须支持售中未使用退款和过期自动退款。

（二）商品条件

（1）商品的报名信息应清晰、规整，商品标题和图片符合特定的格式要求，具体详见下文“聚划算活动商品发布规范”；

（2）报名商品必须设置为拍下减库存；

（3）价格要求：商品参加活动期间，如果商品及其价格竞争力不足，交易效率不高，在系统提示后仍未优化调整，聚划算官方则可对该等商品采取在聚划算频道内展示资格的降级、取消发布、清退处理等措施，而为其他具有竞争力的平台商家及其商品提供展示机会。

（三）聚划算活动商品发布规范

1.商品标题发布规范

（1）商品标题应包含品牌名+商品名，尽量在语义明确的前提下简化对商品名称的描述，商品标题中不得带有任何与商品真实信息无关的文字或符号。

（2）商品标题可以省略品牌名，但是不得省略商品名称，不得同时使用中英文品牌名。

（3）在字数条件允许的情况下可适当添加营销文案，营销文案内容须符合法律法规规定，谨慎使用“折扣”，不得使用“原价”，不得使用“之最”“最佳”“第一”“极致”等绝对化用语，不得使用“跳楼”“放血”“史上”等夸大描述，也不得使用“仅限今天”“仅此一天”“明天涨价”“专供”“特供”等误导性表述。

2. 商品图片发布规范

（1）商品图片（包括PC主图／副图、无线主图）与标签和商品特点、营销利益点分离，商家上传的商品图片中不得出现任何形式的自制标签以及商品特点、营销利益点等文字信息。如果商家有商品卖点的填写需要，必须在聚划算商品发布后台完成填写，如图8-11所示。

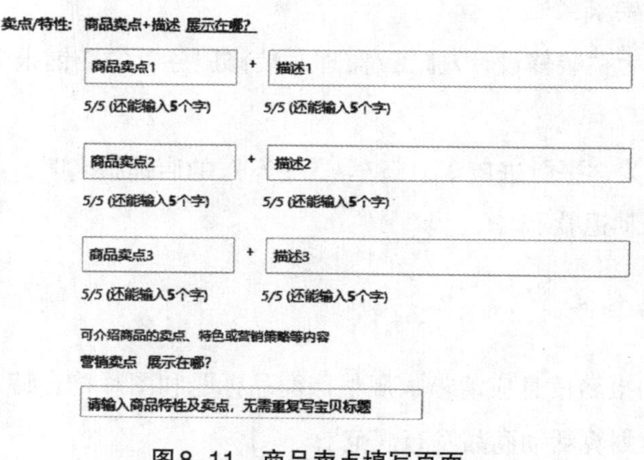

图8-11　商品卖点填写页面

（2）Logo统一放置在画面左上角，不得添加底色，显示大小最宽不超过180 px，最高不超过120 px。Logo最左侧及最上侧均离商品图片边框左侧及上侧20 px，如图8-12所示。

另外，需注意以下几点。

①图片背景选择真实拍摄的实景或者单色背景（包括同一色调的渐变），不建议使用多色或者多个实拍背景，不建议出现水印。

②不要使用画中画，商品图片需要展示多个主体（模特、商品）时，建议保持同类主体之间比例一致且背景统一，不建议多色商品展示与色卡展示同时使用。

图8–12　Logo放置位置示意

3. 商品卖点发布规范

（1）不需要写“包邮”“限购”“已质检”，系统会自动匹配。

（2）不得添加括号、加号等标点符号。

（3）商品卖点内容须符合法律法规规定，谨慎使用“折扣”等词语，不得使用“原价”，不得使用“之最”“最佳”“第一”“极致”等绝对化用语，不得使用“跳楼”“放血”“史上”等夸大描述的词语，也不得使用“仅限今天”“仅此一天”“明天涨价”“专供”“特供”等误导性表述。

注意：以上规则内容为强制执行，不符合的商品将无法发布或面临下架。

4. 商品详情发布规范

（1）参加聚划算活动禁止使用价格对比图，错误案例如图8–13、图8–14所示。

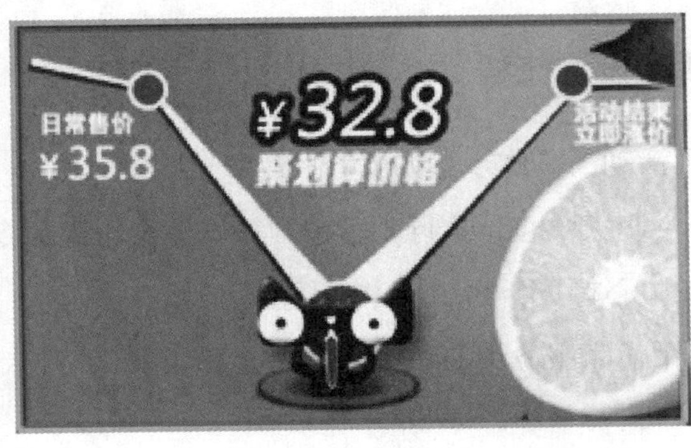

图8–13　错误案例1

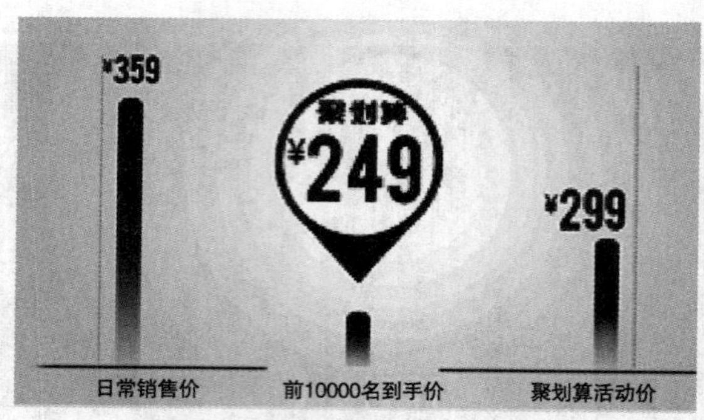

图8-14　错误案例2

（2）若含有广告内容，商家需在显著位置标明“广告”，并遵守《中华人民共和国广告法》及相关规定。

（3）请如实描述，切勿进行虚假宣传。

任务三　淘金币活动

任务分析

淘金币活动在淘宝网店中往往被用于粉丝营销活动，旨在提高流量转化。李峰不仅要考虑如何吸引新流量，更要考虑如何更好地转化已有流量，让老客户回购店铺商品。

任务实施

一、淘金币活动设置流程

商家设置淘金币活动的具体步骤如下。

步骤1：登录千牛卖家中心，执行“营销”→“淘金币”命令，如图8–15所示，进入淘金币卖家服务中心首页，如图8–16所示。

步骤2：在淘金币卖家服务中心首页点击“金币工具”，进入金币工具页面，如图8–17所示。

步骤3：开通淘金币，开通淘金币分为两个步骤。第一步：开通淘金币抵扣（必选）；第二步：选择你需要的推广玩法（可多选）。

图8-15　点击“营销”→“淘金币”

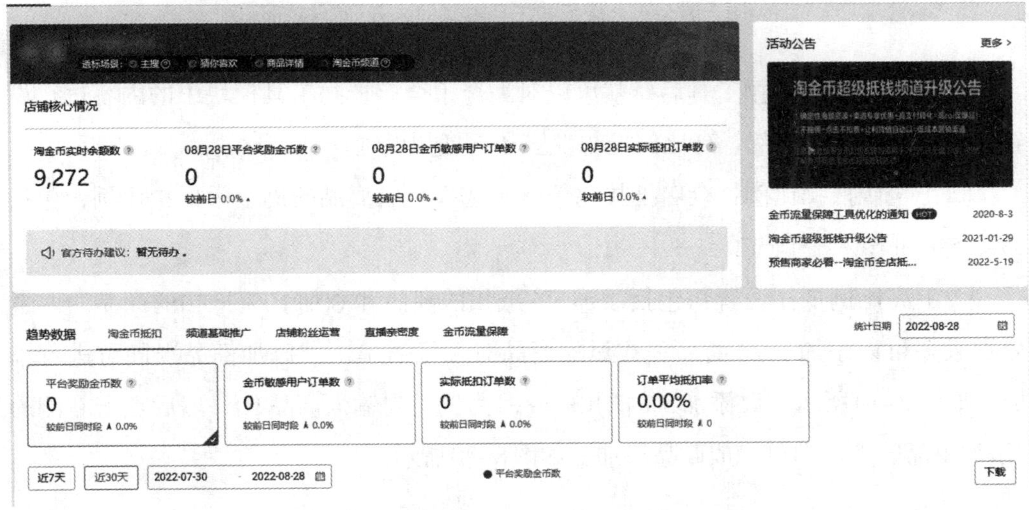

图8-16　淘金币卖家服务中心首页

步骤3.1：开通淘金币抵扣。在设置淘金币抵扣下方内容时，需要首先单击淘金币全店抵扣工具右侧的“未开通”按钮，如图8-18所示，将其变为“已开通”后才可以对下方的内容进行设置。

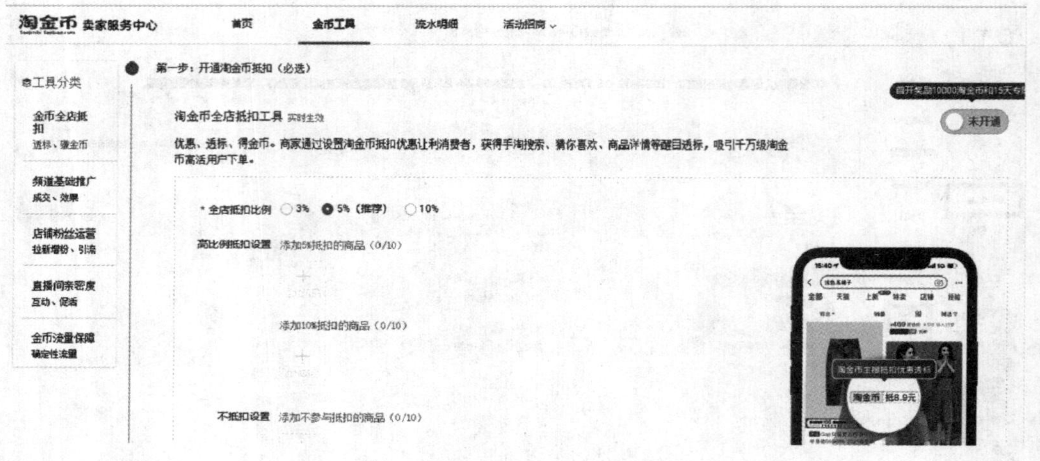

图 8-17　淘金币工具页面

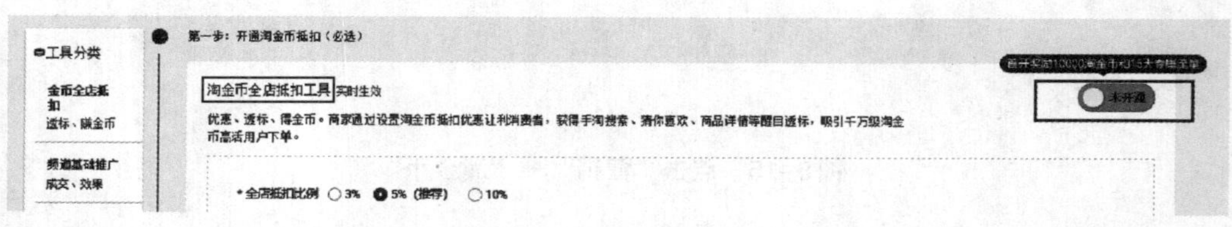

图 8-18　淘金币全店抵扣工具右侧“未开通”按钮示例

在开通淘金币抵扣工具后，就可以对淘金币全店抵扣工具模块中的内容进行设置，包括全店抵扣比例、高比例抵扣设置和不抵扣设置。

（1）全店抵扣比例：全店抵扣比例就是选择全店商品的淘金币抵扣比例，包括3%、5%和10%三个选项。

（2）高比例抵扣设置：包括添加5%抵扣的商品和添加10%抵扣的商品。两者分别最多可以添加10个商品。在添加商品时，只需单击“添加商品”即可进行添加，如图8-19所示。以添加5%抵扣的商品为例，先输入商品ID，然后点击右侧的“添加单品”按钮即可完成商品添加，如图8-20所示。

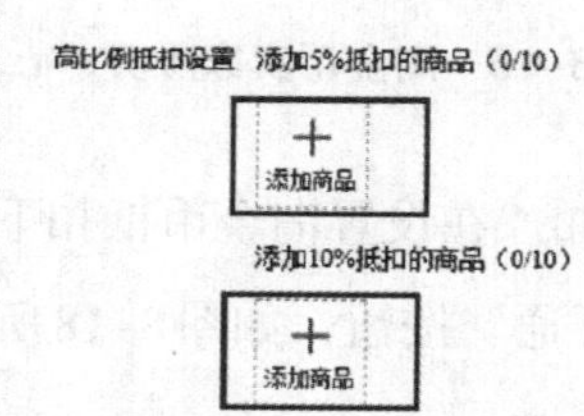

图 8-19　高比例抵扣设置添加商品

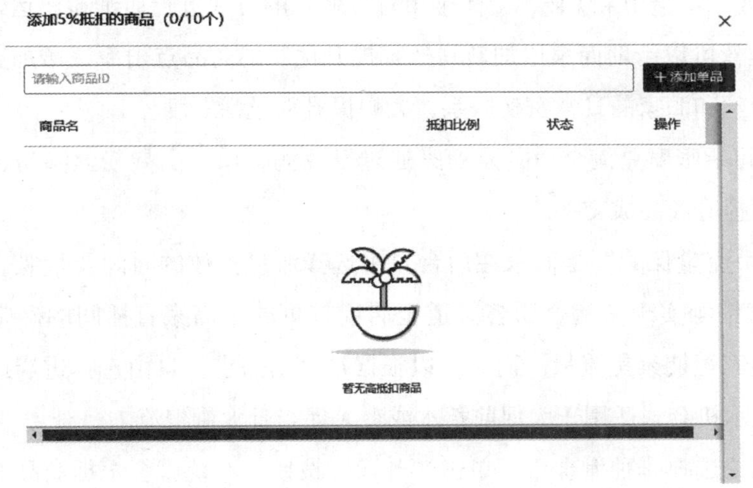

图8-20　添加5%抵扣的商品

（3）不抵扣设置：不抵扣设置就是添加不参与抵扣的商品。不参与抵扣的商品最多可以添加5个，在添加商品时，只需单击“添加商品”即可进行添加，如图8-21所示。

图8-21　不抵扣设置

步骤3.2：选择你需要的推广玩法。

在“选择你需要的推广玩法”板块中可以选择的推广玩法有四种，分别是“淘金币频道基础推广”“淘金币店铺粉丝运营”“直播间亲密度兑淘金币”和“淘金币流量保障”。

“淘金币频道基础推广”就是指商家在淘金币频道内通过“点击付金币”的方式进行商品的推广，可以促进商家在淘金币频道的成交转化。在使用淘金币频道推广商品时，商品展示不收取淘金币，只有当买家点击商品时才会收取。

“淘金币店铺粉丝运营”是指商家在淘金币频道内的好店任务专区，通过每日浏览店铺任务完成人数、关注店铺人数、点击活动商品人数、观看直播人数支付

“淘金币”或“淘金币+现金”给淘金币官方账户的方式进行店铺粉丝运营，淘金币店铺粉丝运营可以帮助商家增加新粉丝，提升优质的商品点击率，增加直播观看人数，建立粉丝和商家的日常密切联系，大幅提升粉丝活跃度。

“直播间亲密度兑淘金币”是商家通过发放淘金币，引导粉丝参与直播间内的互动，从而提升商品成交率。

“淘金币流量保障”是商家在后台自主选择流量投放的时间及量级，为活动蓄水、品牌营销等实现从淘金币各渠道至店铺首页或者商家直播间的确定性流量导入，助力商家短期聚焦流量。商家可以根据自己的需求，自由选择进店或进直播间的确定性展示机会，适用于大促前蓄水或者大促当日大量聚流。

商家无论选择哪种淘金币，单击“开通”按钮，系统就会根据商品的类目、推广类型自动设定淘金币的消耗单价和消耗门槛，图8-22所示为“淘金币频道基础推广”的消耗单价和消耗门槛。这四种玩法由于推广方式的针对性不同所以在设置时都会有对应的个性化设置，图8-23所示为“淘金币店铺粉丝运营”的模块设置和高级设置。

消耗单价　32金币/点击，不同类目、不同类型消耗不同，具体单价可查看

消耗门槛　搜索区10000淘金币起，推荐区10000淘金币起

图8-22 “淘金币频道基础推广”的消耗单价和消耗门槛

模块设置　☑ 订阅店铺（200淘金币/点击）

☑ 首推商品（60淘金币/点击）

添加关联商品（2/2）

☐ 去直播间（120淘金币/点击）

高级设置　☐ 纯金币竞价 ?

☐ 混合出资：余额 ¥0.00

单次点击消耗5淘金币+0.2元起，详情

图8-23 “淘金币店铺粉丝运营”的模块设置和高级设置

接下来，我们以开通“淘金币频道基础推广”为例讲解该部分的操作。

在对淘金币频道基础推广下方内容进行设置时，需要首先单击“淘金币频道基础推广”右侧的“未开通”按钮，将其变为“已开通”后才可以对下方的内容进行设置，如图8–24所示。

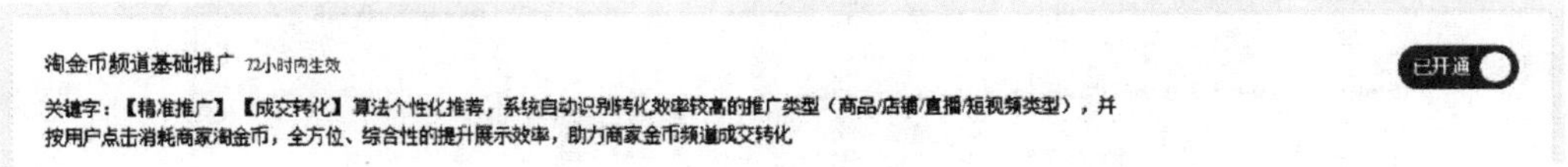

图8–24　开通淘金币频道基础推广

在该模块的高级设置中有两个复选框，分别是纯金币竞价和混合出资，如图8–25所示。纯金币竞价就是系统根据商品（店铺/直播/短视频）的综合效果自动出价，出价范围为本类目消耗标准价格的1～5倍；混合出资是指商家在淘金币频道内通过按商品被点击的次数支付“淘金币+现金”给淘金币官方账户的方式进行商品推广。混合出资仅在买家点击推广商品时收取费用，并且同一个ID在24小时内重复点击同一个商品不重复收取费用。在对“淘金币频道基础推广”进行设置时，可根据店铺的实际情况勾选纯金币竞价或混合出资，也可不用勾选，以系统的默认设置进行推广。

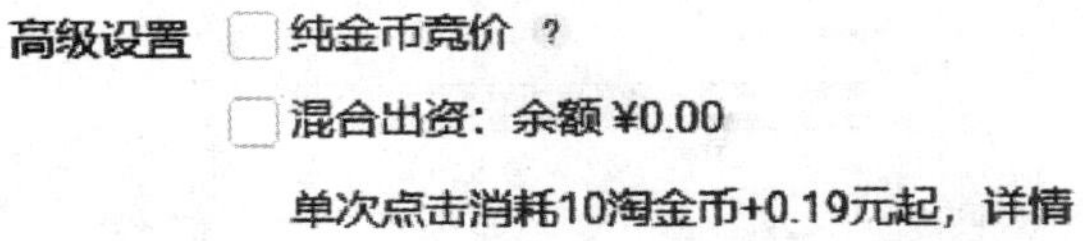

图8–25　“淘金币频道基础推广”的高级设置

步骤4：在淘金币卖家服务中心首页中点击“活动招商”，如图8–26所示，选择店铺可参加的淘金币活动，包括“新版超级抵钱–50%抵扣”“新版超级抵钱–30%抵扣”和“新版超级抵钱–30%、50%抵扣”，接下来以报名“新版超级抵钱–50%抵扣”为例讲解这部分内容。

步骤5：点击“新版超级抵钱–50%抵扣”，进入活动招商规则页面，阅读活动招商规则，如图8–27所示。

步骤6：阅读完活动招商规则后，点击“feeds超值推荐区（50%淘金币抵扣）报名入口”后的活动链接进行活动报名，了解活动详情并填写相关信息，如图8–28所示，包括填写基本信息、商品信息设置、商品素材设置、商品玩法设置，设置完成后点击“提交”按钮完成活动报名，等待平台的审核。

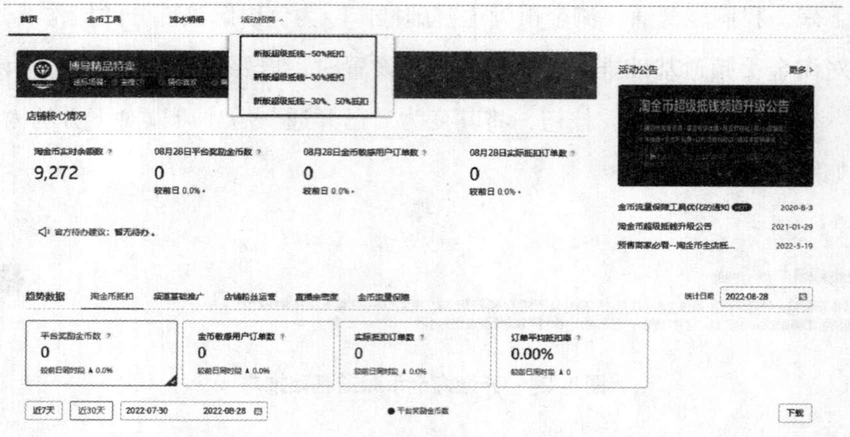

图 8–26 “活动招商”页面截图

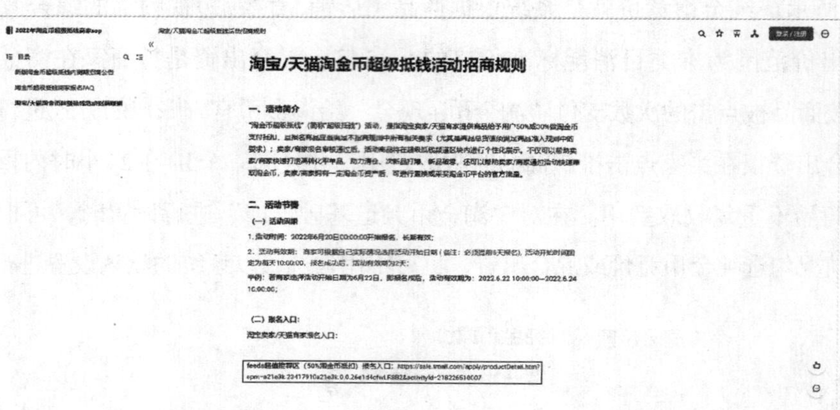

图 8–27 阅读活动招商规则

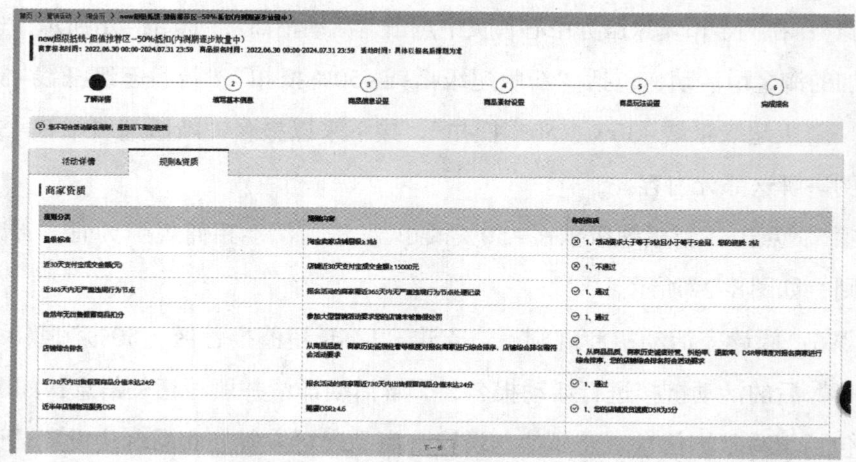

图 8–28 了解活动详情并填写相关信息

二、淘金币活动设置规则

1. 商家参与淘金币活动获取流量步骤

步骤 1：商家开通“淘金币全店抵扣工具”，赚取淘金币。

商家开通“淘金币全店抵扣工具”后，买家可以“100 淘金币：1 元”的比例使用淘金币抵换商品金额。买家抵换的淘金币的 70% 划入商家淘金币账户，30% 回收到淘金币官方账户。

步骤 2：商家开通“淘金币频道基础推广”，获取淘金币频道流量。

工具开通后3～5天，店铺的抵扣商品可被系统抓取到淘金币频道，进行个性化推广，当买家点击店铺商品时，系统同步扣除店铺淘金币。

步骤 3：开通店铺签到送金币 + 收藏送金币工具，增加店铺粉丝数量。

2. 建议同时开通淘金币全店抵扣工具和淘金币频道基础推广

开通淘金币全店抵扣工具后不能马上有流量，只开通淘金币全店抵扣工具可以在全网主搜透标，提升转化作用，但不能在淘金币频道获取流量。在淘金币频道获取流量，需要同步开通淘金币频道基础推广。两个工具同时开通后3～5天，店铺的抵扣商品可被系统抓取到淘金币频道，进行个性化推广。注意，商品被推荐的前提是店铺必须有10000淘金币。

3. 不抵扣商品设置

（1）判断操作是否正确操作流程：修改不抵扣商品→复制所有不抵扣商品并重新添加进去→确认设置→发布修改。

（2）一般设置完3小时以后会生效。

（3）主搜的淘金币抵扣标识一般是 T+1 天生效，即商家取消了抵扣，第二天才会把这个标去掉；但是实际上设置不抵扣后3小时左右，下单商品便不会抵扣了。

（4）如果商品参加了超级抵钱活动，那么在报名通过之后到活动结束，不抵扣设置都是不生效的。

（5）在店铺开通抵扣工具期间，如店铺新上一个商品，则该商品默认处于金币抵扣状态，商家要按需及时更新不抵扣商品。

4. 提前设置淘金币活动

商家想获取淘金币活动的流量，必须保证至少在活动期间前3～5天开通淘金币抵扣工具+淘金币推广工具，商品进入淘金币流量推荐池在两个工具开通后的3～5天。

5. 淘金币抵扣工具不建议频繁操作

淘金币抵扣工具可以随时开、关，但不建议频繁操作，否则会影响店铺获取流量。每次关闭后重新开启，系统都需要一段时间（3～5天）重新将商品入池，逐渐匹配流量，因此店铺可能会有3～5天的时间断流。

6. 淘金币抵扣金额计算方式

淘金币抵扣金额=商品活动价 × 抵扣比例。例如，商品活动价为100元，金币抵扣比例为3%，则当买家金币充足时，该买家最高可抵扣的金额为3元（100元 × 3%）。

注意：淘金币抵扣金额只与商品活动价相关，以活动价为基础计算，不以各种打折工具的折后价计算。

买家单笔最高可抵扣的金额受限于买家手中的淘金币数量及商家设置的抵扣比例，商家设置的是买家可抵扣的上限，即在3%抵扣范围内，买家根据自己手中的淘金币数量，能抵扣多少就抵扣多少金额。例如，商品活动价为100元，淘金币抵扣比例为3%，买家手中淘金币为200个，那最终他可抵扣的金额为2元，当买家手中淘金币≥300个时，便可抵扣3元。

素养园地

淘宝商家报名参加营销平台活动，需符合以下要求。

（1）淘宝店铺须支持淘宝买家保障服务。

（2）近半年店铺DSR评分三项指标均值不得低于4.7（开店不足半年的自开店之日起算），主营一级类目为保险的店铺除外。

（3）近半年店铺DSR评分三项指标分别不得低于4.6（开店不足半年的自开店之日起算），主营一级类目为保险、特价酒店/特色客栈/公寓旅馆的店铺除外。

（4）店铺实物交易占比须在95%及以上，以下类型店铺除外：

①主营一级类目为消费卡、购物提货券、餐饮美食、移动/联通/电信充值中心、手机号码/套餐/增值业务、网络游戏点卡、腾讯QQ专区、装修设计/施工/监理、装修服务、生活娱乐充值、能源出行、民生服务类目的店铺；

②主营一级类目为景点门票/演艺演出/周边游、特价酒店/特色客栈/公寓旅馆、度假线路/签证送关/旅游服务类目的飞猪店铺。

（5）除特殊主营类目外，店铺的近30天纠纷退款率必须小于0.1%。特殊主营类目及相应近30天纠纷退款率如下：

①家装主材、家装灯饰光源类目近30天纠纷退款率小于0.6%；

②住宅家具、商业/办公家具类目近30天纠纷退款率小于1.3%；

③大家电类目近30天纠纷退款率小于0.7%；

④笔记本电脑，平板电脑/MID（Mobile Internet Device，移动互联网设备），手机，3C数码配件，数码相机/单反相机/摄像机，品牌台机/品牌一体机/服务器，近30天纠纷退款率小于1.0%；

⑤景点门票/演艺演出/周边游、国内机票/国际机票/增值服务、特价酒店/特色客栈/公寓旅馆、度假线路/签证送关/旅游服务，近30天纠纷退款率小于0.05%。

（6）店铺因违反《淘宝规则》《飞猪规则》导致出现以下情形的，将被限制参加营销平台活动及其他在相关协议或规则中规定适用本规则的营销业务。

①飞猪店铺、天猫国际卖家：

a.近30天（含）一般违规（虚假交易除外）扣分达12分，或存在虚假交易一般违规扣分达4分，或存在严重违规（虚假交易除外）扣分（不含0分）；

b.近60天（含）虚假交易一般违规扣分达14分；

c.近90天（含）一般违规（虚假交易除外）扣分达48分，或存在虚假交易一般违规扣分达48分，或严重违规（虚假交易除外）扣分达12分；

d.店铺严重违规（虚假交易除外）扣分达48分，或存在虚假交易严重违规扣分（含0分）。

②淘宝店铺（含飞猪店铺）：

a.近90天（含）一般违规（虚假交易除外）扣分达12分，或存在严重违规（虚假交易除外）扣分（不含0分），或存在虚假交易一般违规扣分；

b.近365天（含）严重违规（虚假交易除外）扣分达12分；

c.近730天（含）虚假交易一般违规扣分达48分，或存在出售假冒商品扣分（含0分）；

d.店铺严重违规（虚假交易除外）扣分达48分，或存在虚假交易严重违规扣分（含0分）。

③店铺因违反《营销平台商家管理规则》导致被处罚，尚在处罚期内的。

④店铺存在其他诚信经营方面的问题，或任何损害买家权益的行为的。

资料来源：淘宝网营销活动中心（https://rulesale.taobao.com/detail?spm=a2114q. 8740881.bodylink.38.7dee723abn0zFv&cid=347&id=11002286），有改动。

知识链接

一、认识百亿补贴活动

百亿补贴是在商家供货价格基础上给买家一定比例的让利金额，从而打造品牌超级补贴日的活动。活动类型包括百亿补贴1天团、百亿补贴3天团、百亿补贴7天团等。

二、百亿补贴活动规则

报名参加百亿补贴的商家及商品须符合《营销平台基础规则》的要求，并同时符合以下条件。

（一）商家条件

（1）店铺开店时长。

①主营一级类目为整车（经销商）及新车/二手车的天猫店铺无开店时长要求。

②其他店铺开店时长在30天及以上。

（2）针对新车/二手车、整车（经销商）、医疗及健康服务类目的商家，参加百亿补贴必须支持售中未使用退款和过期自动退款。

（3）天猫店铺【根底效劳考核分】中的“物流体验”维度得分要求≥3分。

（二）商品条件

（1）品牌认证。

品牌商品必须有品牌方提供的售卖证明或者商品以报名库存为要求的购买发票再或者有品牌渠道商的资质证明；自有品牌商品提供自有品牌的相关证明。

（2）商品价格要求。

①百亿补贴活动商品的报名价格不得高于天猫特殊大型营销活动最低标价，其中“天猫特殊大型营销活动最低标价”遵循《天猫及营销平台最低标价计算标准》。

②为保障活动效果，百亿补贴提供“商品价格力”管理工具帮助商家更好地管理活动商品价格。“商品价格力”会影响商品在百亿补贴活动中的审核通过率及活动资源。百亿补贴商品价格力取决于“预计普惠成交价VS天猫最低价”。“天猫最低成交价”遵循《天猫及营销平台最低成交价计算标准》。

③商品活动期间，如商品的价格竞争力不足，在系统提示后仍未优化调整，则百亿补贴对该等商品采取在百亿补贴频道内展示资格的降级、取消或做商品清退处理。

（三）服务要求

（1）正品保障。

百亿补贴活动商家承诺买家在百亿补贴活动中购买的商品，在收到货后若确认该商品非“正品”，则商家需向买家退还商品的实际成交金额，并向买家支付商品实际成交金额的九倍作为赔偿。

（2）价保服务。

报名百亿补贴的商家须为买家提供价保服务。即买家在百亿补贴活动中购买支持价保服务的商品，在购买后的15天内，若同一商家的同一商品出现降价的情形（不含红包、运费），买家可申请差价补退。

（3）运费险。

报名百亿补贴的商家须为买家提供“免费退货服务”，并投保相应运费险。

（4）服务时效。

协同工单是平台联动商家共同保障买家购买体验的重要工具。商家收到协同工单后，应主动联系买家，并在24小时内完成工单反馈，否则视为超时工单。如商家近30天出现超时工单的天数不得少于3天，否则将被限制参加百亿补贴活动。如百亿补贴活动商品出现超时工单，百亿补贴将对该商品进行下架。

（5）物流时效要求。

参加百亿补贴活动商品的订单需要满足对应平台的发货时间要求，若该商品订单48小时揽收及时率低于90%，百亿补贴将取消该等商品在百亿补贴频道内的展示资格，24小时后前序订单揽收率达到95%以上（订单72小时揽收及时率达到95%以上）后恢复展示资格；若商品订单48小时揽收及时率低于85%的，百亿补贴将对该商品执行清退处理。

（四）审核

1. 审核时效

商品报名截止后，将会按照秒杀开始时间提前3个工作日内完成审核，特殊情况除外。

2. 审核标准

针对所有报名商品，百亿补贴将根据包括但不限于如下维度择优选择高品质商品参加活动。

（1）参加品牌将以国际、国内知名品牌和TOP淘品牌的商品进行优先选择。

（2）报名商品从商品日常爆发潜力、纠纷退款率等综合指标维度进行考量。

（3）店铺主要从日常销售、百亿补贴活动销售和店铺历史活动、诚信经营表现等综合维度进行筛选，包括但不限于如近30天店铺成交额、近次参加百亿补贴成交额、售罄率等维度。

（4）百亿补贴会根据商家对天猫、淘宝买家的专注度和商品的全网竞争力（包括款式、品质、价格等）等择优选择商家、商品开展合作。

同步实训

一、实训概述

本实训项目要求学生利用教师提供的淘宝卖家账号，结合实训相关要求和教材完成淘宝活动报名的实际操作，包括天天特卖、聚划算及淘金币，学生在进行淘宝活动报名时，应该注意认真阅读相关活动规则并选择合适的活动进行报名，在操作过程中要遵守平台操作流程和规则，熟悉不同活动报名的技巧、方法、具体流程以及所需要注意的事项；同时，详细记录操作步骤并形成报告，完成后提交，教师对学生提交的活动报告和实践操作进行打分及评审。

二、实训步骤

实训一：天天特卖活动报名

学生以小组为单位，根据教师提供的淘宝卖家账号，选择一个天天特卖活动进行报名操作，要求记录详细的操作步骤并形成报告。

实训二：聚划算活动报名

学生以小组为单位，根据教师提供的淘宝卖家账号，选择一个聚划算活动进行报名操作，要求记录详细的操作步骤并形成报告。

实训三：淘金币设置

学生以小组为单位，根据教师提供的淘宝卖家账号，为店铺开通淘金币抵扣，并选择一个推广玩法，要求记录详细的操作步骤并形成报告。

最后，完成实训后小组内对实训内容进行总结，并将完成的内容提交给教师，教师对内容进行点评与打分。

检测练习

扫码获取课后习题

扫码获取教学课件

项目九　网店物流配送与管理

学习目标

❖ 知识目标

1. 明确仓储管理涵盖部分与管理流程。

2. 熟悉商品入库流程及管理流程。

3. 识记物流配送区域划分及淘宝物流管理设置步骤。

❖ 技能目标

1. 能对商品进行入仓、仓内、出库管理。

2. 能针对商品选择恰当的打包方式及材料对商品进行打包。

3. 能为店铺选择合适的物流进行商品配送。

4. 能对淘宝物流管理模块进行设置。

❖ 思政目标

了解我国现代物流发展历程。

任务分解

本项目包含以下三个任务：

任务一　入库管理

任务二　在库管理

任务三　出库管理

在了解仓储管理涵盖部分与管理流程后，能够对商品进行入仓、在库、出库管理，学会独立设置淘宝物流管理模块，能对网店的商品完成打包并选择物流配送。

任务情境

吴帆家里三代传承了传统手工技艺——蜀绣，随着近几年文创产品的市场发展，蜀绣越来越被大家所喜爱，从事蜀绣工艺的乡亲越来越多，但是很多人苦于找不到更好的销路。吴帆决定在网上开一家网店，将家里及邻里的刺绣产品放在网上售卖。网店开设成功之后，经过一段时间引流，网店有了持续性的订单，但吴帆发现打造自家网店的蜀绣品牌，除了保证产品质量外，更要注重服务质量，比如提升和完善物流的配送管理与流程有利于提高网店整体服务水平，让买家享受到良好的购物体验。

为了助力网店成长与发展，吴帆决定从物流开始抓起，做好网店商品入库、在库及出库管理，规范商品打包、研究物流配送，并制定出行之有效的网店物流与配送策略。

任务一　入库管理

任务分析

商品入库管理是根据商品入库凭证，在接受入库商品时所进行的卸货、查点、验收、办理入库手续等各项业务活动的计划和组织。其基本要求是保证入库商品数量准确，质量符合要求，包装完整无损，手续完备清楚，入库迅速。为了做好网店日常运营，卖家应了解商品的入库管理，本任务内容包括了解仓储管理、商品入库管理的步骤和网店商品入库管理。

任务实施

一、了解仓储管理

无论网店是否产生订单交易，仓储管理工作都要时刻进行。仓储管理是指对仓库及其库存物品的管理，这是网店销售中的一个基本环节，尤其是对一些企业卖家来说，仓储系统是不可或缺的子系统。

网店在日常运营中，卖家需要了解商品的入库、保管、出库等流程，这样才能为网店商品的销售提供一个强大的后备力量。以淘宝网为例，仓库管理流程包括入库检验、编号保管、登记入库、妥善保管和凭订单发货，下面进行详细讲解。

1. 入库检验

在商品入库之前，必须由店主或者仓储管理员对全部货物进行严格检查。检验商品的外包装是否完好，如果商品的外包装出现破损或有效日期已经临近，检验人员应该拒绝接收货物，并及时向上级主管部门报告。

2. 编号保管

为了方便查找以及控制数量，网店卖家要为每一款入库的商品确定一个商品编号，也就是货号。为商品编号的方法有很多，其中最简单的方法为“商品属性+序列数”，编号方法如下。

（1）对商品进行分类。仔细为即将入库的商品分好类别是编号保管的第一步。以服装类商品为例，可以将服装分为短袖、长袖、外衣、风衣、连衣裙、短裙、长裤、短裤等多个类别。

（2）确定汉语拼音缩写。把每一类别的名称，对应写出其汉语拼音，将汉语拼音的开头字母进行缩写，即可确定为商品编号的开头字母。还是以服装类商品为例，短袖（duǎn xiù）缩写即为“DX”，以此类推长袖的缩写为“CX”、外衣的缩写为“WY”、连衣裙的缩写为“LYQ”等。

（3）确定数字编号。每一类数字编号可以是多位数，具体视商品数量而定，但从长远角度考虑，最好比实际库存数量多一些，因为随着网店的发展，商品的数量可能会越来越多。如商品的编号范围是“001～999”，那么DX-008代表短袖8号，LYQ-141代表连衣裙141号。

一般来讲，品牌商品的厂家都会有标准的货号，这样就为网店卖家减轻了为商品编号的工作压力。不同品牌的编号方式不同，但只要了解其中的规律，就可以通过货号判断出是哪款商品。如有些商品编号，第一个字符代表商品大类，第二、三个字符代表商品小类，第四个字符代表生产年份等。上述的方法并不是商品编号的固定法则，网店卖家可以将其作为参考，再根据自己店铺的实际情况进行调整。

3. 登记入库

确定货物没有损伤，并准确制定编号之后，还要对商品的名称、数量、规格、入库时间、凭证号码、送货单位、验收情况等进行详细登记，才能将商品收入库房。

4. 妥善保管

商品入库后，不能杂乱无章地摆放在库房中，而是要根据商品的不同种类、属性、材质、功能等进行分类，分别放入专门的区域，为日后从库房中查找和盘点商品提供方便。同时，还要做好防潮和防水、防火的措施，如食品类商品还要准备专门的储存库（如冷库等），防止商品变质。

5. 凭订单发货

商品出库时也要做好详细的登记，遵守商品出库制度，凭订单发货，防止出现差错。

二、商品入库管理步骤

商品入库业务也叫收货业务，它是仓储业务的开始。商品入库管理，是根据商品入库凭证，在接受入库商品时所进行的卸货、查点、验收、办理入库手续等各项业务活动的计划和组织。商品入库管理步骤如下。

步骤1：入库前准备。

（1）依据：仓储合同和入库通知单。

（2）具体工作：①熟悉入库货物；②掌握库场情况；③制订仓储计划；④安排货位、确定苫垫方案、确定堆垛方法；⑤准备苫垫材料、作业用具、验收工具、文件单证等；⑥确定装卸搬运工艺。

步骤2：货物接运。

（1）提货：①到车站、码头提货；②到货主单位提取货物；③托运单位送货到库接货；④铁路专用线到货接运。

（2）仓库收货：货物到库后，仓库收货人员首先要检查货物入库凭证，然后根据入库凭证开列的收货单位和货物名称与送交的货物内容和标记进行核对。

步骤3：商品入库验收。

（1）商品验收的基本要求：认真、及时、准确。

“认真”要求工作人员严格按照验收方法、过程对货物进行检验。“及时”是在规定时间内验收完货物，从而及时发现入库货物是否存在问题，如有问题，也便于及时采取措施。“准确”是以货物入库凭证为依据，准确地查验入库货物的实际数量和质量状况，并通过书面材料准确地反映出来。

（2）商品的验收程序包括验收准备、核对凭证、货物验收及验收中发现问题的处理。

①验收准备。

a.全面了解验收货物的性能、特点和数量。

b.准备堆码苫垫所需材料和装卸搬运机械、设备及人力。

c.准备相应的检验工具，并做好事前检查。

d.搜集和熟悉验收凭证及有关资料。

e.进口物资或上级业务主管部门指定需要检验质量的，应通知有关检验部门会同验收。

②核对凭证。

a.整理核对货主提供的仓储合同和入库通知单。

b.整理核对供货单位提供的验收凭证，包括材质证明书、装箱单、磅码单、发货明细表、说明书、保修卡及合格证等。

c.整理核对承运单位提供的运输单证，包括提货通知单和登记货物残损情况的货运记录、普通记录以及公路运输交接单等。

③货物验收。

a.规格验收：主要是对物品名称、代号、花色等进行验收。

b.数量验收：主要是对散装物品进行称量，对整件物品进行数目清点，对贵重物品进行仔细的查收等。凡是经过数量检验的商品，都应该填写磅码单。在做数量验收之前，还应根据商品来源、包装好坏或有关部门规定，确定对到库商品是采取抽验还是全验方式。

c.质量验收：主要检查物品是否符合仓库质量管理的要求，产品的质量是否达到规定的标准等。

d.包装验收：主要核对物品包装是否完好无损，包装标志是否达到规定要求等。凡是产品合同对包装有具体规定的，也要严格按合同规定验收。

④验收中发现问题的处理。

a.在物品入库凭证未到齐之前不得正式验收。

b.若发现物品数量或质量不符合规定，要联系有关人员当场进行详细记录。

c.在数量验收中，计件物品应及时验收，若发现问题要按规定的手续，在规定的期限内向有关部门提出索赔要求。

步骤4：入库。

（1）货物堆放。入库物品经过点数、查验之后，可以安排卸货、入库堆码，表示仓库接收物品。仓库管理员要组织相关人员对检验合格后的货物进行卸货、搬运和堆垛。

（2）入库交接。在卸货、搬运和堆垛作业完毕与送货人员交接手续并建立仓库台账。交接手续包括接收物品、接收文件、签署单证。

（3）货物登账。物品入库，仓库应建立详细反映物品仓储的明细账。登账的主要内容有物品名称、规格、数量、累计数或结存数、存货人或提货人、批次、金额，注明货位号或运输工具、接（发）货经办人。

（4）货物立卡。物品入库或上架后，将物品名称、规格、数量或出入状态等内容填在料卡上，这一过程称为立卡。立卡又称为货卡、货牌，插放在货架上物品下方的货架支架上或摆放在货垛正面明显位置。

（5）货物建档。仓库管理员对入库货物建立明细表，并建立每一类、每一批货物的管理档案，确保对货物实时跟踪管理。

三、网店商品入库管理

1. 散货入库

（1）供应商将散货送到网店的指定地点，物流管理部根据到货信息表或者送货单进行货物接收，并通知送货车辆到指定位置卸货，采购人员需要根据到货信息表或送货单现场确认。送货单如图9–1所示。

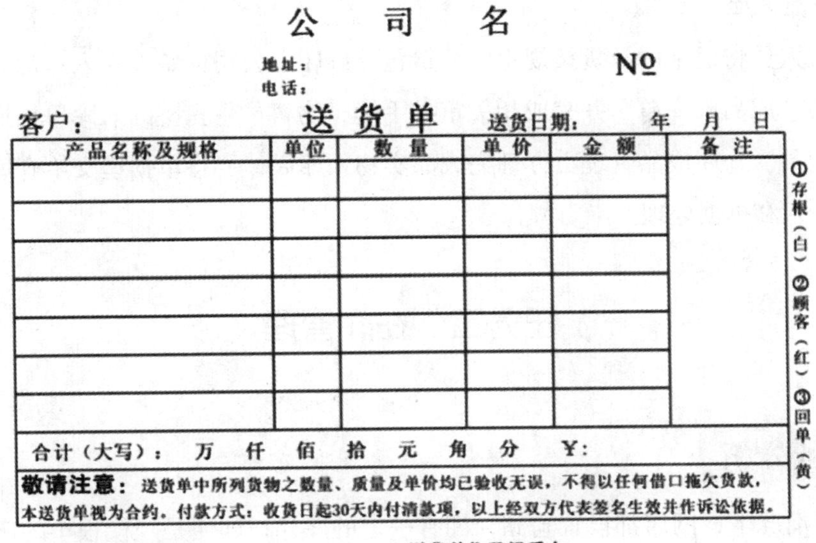

公　司　名

地址：
电话：　　　　　　　　№

客户：　　　送货单　　　送货日期：　　年　　月　　日

产品名称及规格	单位	数量	单价	金额	备注
合计（大写）：　万　仟　佰　拾　元　角　分　¥：					
敬请注意：送货单中所列货物之数量、质量及单价均已验收无误，不得以任何借口拖欠货款，本送货单视为合约。付款方式：收货日起30天内付清款项，以上经双方代表签名生效并作诉讼依据。					

①存根（白）②顾客（红）③回单（黄）

收货单位及经手人：　　　　送货单位及经手人：

图9–1　送货单示例

（2）货物卸入库房后，库管员应及时填写入库单、报验单，通知质检员进行质量检测，对检测不合格的货物，质量管理部需要及时通知相关部门人员及物控员；物控员需要根据生产需求决定是否接收或者挑选使用。入库单如图9-2所示。

入　库　单

申请部门：　　业务员：　　库房：　　入库日期：

入库单号		入库类型		订单编号	
供应商名称				联系人	
供应商地址				联系电话	
序号	产品编码	品名	单价	数量	金额
1					
2					
3					
4					
5					
6					
7					
总金额（大写）					¥
备注：					

制单：　　保管：　　商务：

图9-2　入库单示例

（3）对于不合格的物料，库管员不予办理入库手续，货物将被存放在仓库的不合格区并通知责任部门处理；责任部门需要在最短时间内完成退货手续的审批和实物退货，如不能按时处理应书面反馈理由，严禁造成不合格货物长期存放在库内。

2. 成品入库

加工人员将送来的散货按规定的分量包装好印上公司标签，在入库前，物料员需要填写“成品入库单”并完成相关审批手续，物料员将完整的入库单据递交仓库成品管理员。仓库成品管理员办理完成品实物入库后，要将单据递交给仓库账务员做数据录入和单据处理。

任务二　在库管理

任务分析

一般情况下，网店都设置仓储，拥有一定的库存，即便是规模很小的店铺，也要为了应对各种意外因素而留有库存，应对诸如运输延误、到货不及时、生产和消费情况发生变化等情况。库存能保证销售工作的正常运行，是对店铺正常运营的一种保障。这就要求网店在日常运营中，做好在库管理，本任务的内容包括在库的安全、商品盘点、货物存储、管理方法。

任务实施

一、仓内安全

仓库建设应严格按照有关规定（如添加仓库安全标志，如图9–3所示），并经公安消防监督机构审核。仓库在竣工时，项目负责人会同公安消防监督部门进行验收，验收不合格，就不能使用。

图9–3　仓库安全标志

二、商品在库盘点

（一）盘点作业的内容

盘点作业的内容包括检查商品的账面数量与实存数量是否相符、检查商品的收发情况、检查商品的维护情况、检查各种商品有无超储积压情况、检查安全设施及安全情况。

（二）盘点作业的作用

盘点作业的作用：确保库存商品资料的真实性、确保库存商品的安全与完整、挖掘库存商品潜力、提高库存商品使用效率、了解有关库存商品各项制度的执行情况。

（三）商品在库盘点方法

1. 账面盘点法

账面盘点法就是把每一种物品分别设立“存货账卡”，然后将每一种物品的出入库数量及有关信息记录在账面上，逐笔汇总出账面库存结余数。

2. 实地盘点法

实地盘点法就是实际去库内清点数量，再依据物品单价计算出实际库存金额的方法。实地盘点法要求商品保管人员必须在场，协助盘点人员盘点，按盘点计划步骤进行，防止重复盘点或漏盘，一般采用点数、过秤、量尺、技术推算等方法来确定盘点数量。

（四）商品在库盘点的基本步骤

商品在库盘点一般根据以下几个步骤进行：盘点前的准备、确定盘点时间、确定盘点方式、培训盘点人员、清理盘点现场、盘点作业。

1. 盘点前的准备

事前准备越周密越详细，盘点工作进展就能越顺利，盘点结果就会越准确，盘点前准备工作主要包括明确建立盘点的具体方法和作业程序、配合财务会计做好准备、设计打印盘点单（如图9–4所示）、准备盘点用基本工具。

盘点单

盘点日期：　　　　　　　　　　　　　　　　　　编号：

物品编号	物品名称	存放位置	盘点数量	复核数量	盘点人

图9–4　盘点单示例

2. 确定盘点时间

可以根据物品的不同特点、价值大小、流动速度、重要程度来分别确定不同的盘点时间，盘点时间的频率可以从每天、每周、每月到每年盘点一次不等。

3.确定盘点方式

因盘点场合、要求的不同，盘点的方法也有差异，为满足不同情况的需要，必须根据实际需要确定盘点方法，尽可能快速准确地完成盘点作业。

4.培训盘点人员

盘点人员的培训分为两部分：一是针对所有人员进行关于盘点方法及盘点作业流程的培训，让盘点作业人员了解盘点目的、表格和单据的填写；二是针对复盘与监盘人员进行认识货品的培训，让他们熟悉盘点现场和盘点商品，对盘点过程进行监督，并复核盘点结果。

5.清理盘点现场

盘点作业开始之前必须对盘点现场进行整理，以提高盘点服务业的效率和盘点结果的准确性，清理工作主要包括以下几个方面的内容。

（1）盘点前对已验收入库的商品进行整理，归入储位；对未验收入库属于供货商的商品应区分清楚，避免因混淆而出现亏损。

（2）盘点结束前，应提前通知各需求部门，将需要出库配送商品提前做好准备。

（3）账卡、单据、资料均应整理后统一结清，以便及时发现问题并加以预防。

（4）预先鉴别变质、损坏的商品，对储存场所堆码的货物进行整理，特别是对散乱货物进行收集与整理，以方便盘点时计数。在此基础上，由商品保管人员进行预盘，可提前发现问题并加以预防。

6.盘点作业

盘点时可以采用人工抄表计数，也可以用电子盘点计数器。盘点工作不仅工作量大，而且非常烦琐，因此，除了加强盘点前的培训工作外，盘点作业时的指导与监督也非常重要。

盘点作业时要依实际盘存情况做好盘存记录。盘存作业使用的记录有很多种，如盘存传票、盘存卡、盘点单等。

三、货物存储方式

（一）一般货物存储方式

1.季节性储存

季节性储存是指根据货物季节性生产、消费的时间差异，为实现货物的常年供应而实行的货物储存。

2. 周转性储存

由于货物生产、货物消费的异地性，货物运输的间断性，为实现货物消费，完成货物空间位置的转移，保证货物市场均衡供应，在流通领域中实施的货物储存称为周转性储存。

3. 储备性储存

为了适应战备、自然灾害和应急需要物资的储存称为储备性储存。储备性储存的物资大部分是关系国计民生的重要物资，如粮食、化肥、棉花等。

（二）农产品存储方式

1. 常规储存

常规储存，即一般库房，不配备其他特殊性技术措施的储存。这种储存的特点是简便易行，适宜储存相对含水分较少的干性耐储农产品，如粮食类的储存。采用这种储存方式应注意两点，一是要通风，二是储存时间不宜过长。

2. 窖窑储存

窖窑储存的特点是储存环境氧气稀薄，二氧化碳浓度较高，能抑制微生物活动和各种害虫的繁殖，而且不易受外界温度、湿度和气压变化的影响，是一种简便易行，经济实用的农产品储存方式。较适宜对植物类鲜活农产品进行较长时间的储存，比如，白菜、萝卜、马铃薯、大葱等。

3. 冷库储存

冷库储存能够延缓微生物的活动，抑制酶的活性，以减弱农产品在储存时的物理化学变化，保持应有品质。这种储存方式的特点是效果好，但费用较高，适用于如肉类产品的储藏。

4. 干燥储存

干燥储存有自然干燥和人工干燥两种。干燥是为了降低储存环境和农产品本身的湿度，以消除微生物生长繁殖的条件，防止农产品发霉变质。

5. 密封储存

密封储存虽然投资较大，但储存效果良好，是现代农产品储存研究和发展的方向。该种方式适宜各种农产品，特别是鲜活农产品（水果、蔬菜等）的储存。

6. 放射线处理储存

放射线处理储存利用放射线辐射消除危害农产品的各种微生物和病虫害，延长储存时间，是一种有效保障农产品质量的储存方法。

四、在库管理办法

（1）根据网店自身情况划分仓库管理岗位，各司其职，做好本职工作。对仓库进行清理整顿，可移动物品再组合，合理摆放，腾出更多的空间，争取无死角，退库报损的商品需要回库和进报损仓。

（2）实现库位库存管理，每件农产品都有对应的库位。小包装的产品和赠品放到一起，同为畅销商品的可以放到一起，符合季节性销售的农产品也可以放到一起，同时也可以将滞销农产品等按不同类别分类库存（库位）摆放。实现网店仓库管理的系统化，所进所出、退货、换货、销售明细等要记录清楚，查询时一目了然。

（3）可以利用智能化仓库管理取代手工作业，提高效率，减少出错率。实现绩效考核管理，做到奖罚分明。加强各部门之间的友好沟通，保证信息的快速传达和执行。

任务三　出库管理

任务分析

对于网店来说，出库管理就是买家拍下宝贝后，卖家拣选商品、打包发货并进行物流配送的过程。出库过程管理得当，能够提升买家的购物体验，提升店铺的整体形象，而如果在商品包装、运输和配送过程中出现纰漏，则会严重影响买家的购买欲望，不仅可能带来对店铺的中差评，甚至会造成客户的流失。为此网店要做好出库管理，包括出仓管理、商品打包和物流配送。

任务实施

一、出仓管理

当货物出仓时必须办理出仓手续，如网店销售部在接到一个单子出货时，需要向仓库管理员传送销售订单，仓管通过订单开始备货，并送达质检部，质检部检查货物是否受损、货物的数量是否正确、标签是否掉落等，核对正确后发放到销售部，再由销售部发出，如货物出现问题则返回仓库。

仓管员在月末结账前要与相关部门做好物料进出的衔接工作，各相关部门的计算口径应保持一致，以保障成本核算的正确性。

库存物资清查盘点中发现问题或差错，应及时查明原因，并进行相应处理。如属短缺或需报废处理的，必须按审批程序经领导审核批准后才可进行处理，一律不准自行调整。发现物料缺少或质量上的问题，应及时地用书面的形式向仓库主管汇报。

物品出库要求做到“三不、三核、五检查”。“三不”即未接单据不翻账、未经审单不备库、未经复核不出库；“三核”即核实凭证、核对账卡、核对实物；“五检查”即检查品名、规格、包装、件数、重量。

二、商品打包

商品打包是网店物流管理当中的一个重要环节，将不同的货物分类打包，不仅显示了物流工作的合理性，在一定程度上还能增加物流的安全性。

（一）打包材料

打包材料和重量不同，物流成本也会有所不同，通常在保障货物安全的情况下，商家会采用合适的打包材料以节省成本。商品打包常见材料有纸箱、快递袋、木箱、泡沫箱等，部分如图9–5所示。

图9–5 常见打包材料（部分）

1.纸箱

纸箱是极为常见的包装材料，可以根据商品自身大小选择不同规格的纸箱，且纸箱密封性好，耐冲击和摩擦，便于自动化包装，同时也可以在纸箱上印刷介绍商品的宣传文案。纸箱价格低、重量轻，易于处理；但缺点是极易受潮，气密性不高。

2.快递袋

快递袋是由快递公司、物流公司对于可挤压的产品所提供的货物包装袋，可挤压产品如衣服、毛绒玩具等。快递袋这种打包材料，相对密度小，重量轻，且在密封性、耐化学腐蚀性、防潮性等方面优于纸箱。但是快递袋缺乏重量感和高度感，易老化、有异味，对环境污染严重。

3.木箱

木箱常用于大型商品的运输包装，其外观漂亮，结实耐用，适宜用于各种货物及产品的国内运输或出口的包装，其制作简单、支撑强度高、耐久性好、价格便宜，常常被用作跑步机、洗衣机等大型商品的包装。

4.泡沫箱

泡沫箱有缓冲、减震、保温、隔热等功能，因其质轻，具有吸收冲击载荷的能力，以及抗老化、抗腐蚀性能等特点，一般用于对易损、易腐蚀商品的包装。

以上是常见的打包材料，卖家可根据自己的商品特性，选择适合的打包材料。但需要注意的是，为了防止运输中因震荡对商品造成损坏，在打包商品时商品与包装箱之间会空出一定距离，此时需要在商品周围放置填充物。填充物主要选择报纸，或者专门防震的填充物，填充物一般选用体积小、质量轻的材料（如图9-6所示），放置在商品与包装箱之间的空隙。

图9-6　填充物

（二）打包流程

1. 确认商品信息

一般当买家下订单后，商品订单信息会从销售端直接流转到仓库作业环节，仓库作业人员在打包台前进行商品信息确认，具体操作如下。

步骤1：分拣商品。打包员收到流转的商品订单信息，按照订单信息从储物筐中分拣商品。

步骤2：核对打包订单信息。在打包台前，打包员认真检查销售单据与商品信息是否一致、商品是否有破损、条码是否清楚等，若出现相应问题，则需将商品订单信息退回相关环节进行处理。

步骤3：提交系统确认。打包员核对商品信息无误后，在系统进行订单确认，等待打包指令。

以上便是对商品信息进行确认的操作。当下很多快递公司、物流公司都进行了设备升级，大部分仓库实现了自动分拣及商品信息确认。

2. 包装设计

打包员完成商品信息确认后，等待打包指令下达，根据商品属性特征等因素，进行商品包装设计。如商品为筷子，则可采用原包装盒加小纸箱的包装方式，也可根据筷子的材质，选择是否用填充物或者保鲜膜进行防震、防损保护；若商品为微缩版蜀绣屏风，则可选择纸箱或者泡沫箱，同时通过填充物对商品进行固定保护，以防在运输过程中造成破损；若商品为大型蜀绣屏风，则可选择木箱加泡沫箱的方式进行包装设计。

3. 打包商品

包装设计完成后，接下来需要对商品进行打包，在打包商品时，需要注意以下几点。

（1）易变形、易碎的商品（如茶具、字画、瓷器等），包装时要用报纸、塑料、泡棉、泡沫网等物料进行填充，以便缓冲在运输过程中产生的撞击，同时还须加贴“易碎”标识。

（2）衣服、皮包、鞋子类商品，可以用不同规格的塑料袋单独包好，以防止弄脏，然后再用纸箱或者快递袋进行打包，如果商品是不规则的，需用胶带封好包装口，尽量减伤磨损。

（3）首饰类商品一般会选择精美的首饰盒进行包装，在首饰盒外，再选择纸箱进行二次包装，根据首饰商品特性，选择是否使用填充物。

（4）液体类商品，如果汁、洗衣液等，需加贴“易泄易漏”“此面向上”等标识，标识加贴与包裹单同面。纸箱包装的物品，箱体上下对缝必须密合，胶带缠绕不少于2周，左右侧缝用胶布缠绕密合。

（5）贵重商品，如手机、电脑等，在进行包装时，可以用泡棉、防静电袋等将商品包装好，用瓦楞纸在商品边角及易磨损的地方加强保护。在用纸箱包装时，需用填充物将纸箱空隙填满，避免商品在纸箱中摇晃而造成损害。

三、物流配送

卖家通过淘宝网向客户提供安全有效的网络交易，离不开物流的支持。淘宝网会向卖家提供“推荐物流”“网货物流推荐指数”作为选择物流公司的参考数据。目前淘宝网与申通快递、顺丰速运、EMS–中国邮政、宅急送、圆通速递、天天快递、韵达快递、中通快递等公司都有合作。

（一）选择物流公司

网店卖家应该审慎选择合作的快递公司，在考量成本的同时，还要考虑自身经营的产品特点、买家的需求、服务质量等多个因素。以下为常见物流公司的特点，卖家可以根据自身的产品等情况选择适合的物流公司。

1.顺丰速运

顺丰速运是国内的快递物流综合服务商。顺丰已形成拥有“天网＋地网＋信息网”三网合一、可覆盖国内外的综合物流服务网络，其直营网络是国内同行中网络控制力强、稳定性高，也是独特、稀缺的综合性物流网络体系。顺丰采用直营的经营模式，由总部对各分支机构实施统一经营、统一管理，保障了网络整体运营质量。

2.韵达快递

韵达快递是集快递、物流、电子商务配送和仓储服务为一体的全国网络型品牌快递企业，韵达快递相继与日本、韩国、美国、德国、澳大利亚等国家和地区开展国际快件业务合作，为海外买家提供快递服务。

3. 中通快递

中通快递是一家集快递、物流及其他业务于一体的大型集团公司。在“诚信、创新、发展、和谐”的核心价值观下，全体中通人以“用我们的产品，造就更多人的幸福”为使命，提供着迅速、方便、安全、准确的快递服务，赢得了社会各界的信赖和支持。中通现已成为国内业务规模较大、第一方阵中发展较快的快递企业，在公众满意度方面也保持了领先优势。

4. 圆通速递

圆通速递是国内大型民营快递品牌企业，是一家归属于邮政行业的民营有限责任公司。经过多年的发展，圆通速递已成为一家集速递、航空、电子商务等业务为一体的大型企业集团，形成了集团化、网络化、规模化、品牌化经营的新格局，为客户提供一站式服务。

5. 申通快递

申通快递在全国范围内形成了完善、流畅的快递网络。近年来，申通公司不断完善终端网络、中转运输网络和信息网络三网一体的立体运行体系，立足传统快递业务，全面进入电子商务领域，以专业的服务和严格的质量管理推动中国快递行业的发展。

6. 百世快递

百世快递是一家在国内率先运用信息化手段探索快递行业转型升级之路的大型民营快递公司。2016年，“百世汇通”更名，正式以新名称“百世快递”面世。“百世快递”以信息化、自动化建设为核心能力，综合实力位居行业前列。

7.EMS-中国邮政

邮政特快专递（EMS）业务是由万国邮联管理下的国际邮件快递服务，在中国境内其由中国邮政提供快递服务。EMS分为航空和陆运两种，邮递方式多样，方便快捷。该业务在海关、航空等部门均享有优先处理权，它以高质量为买家传递国际、国内紧急信函、文件资料、金融票据、商品货样等各类文件资料和物品。目前，邮政普遍服务均等化基本实现，建制村全部实现直接通邮。

8. 京东快递

京东快递是京东物流的服务之一。京东拥有中国电商领域规模最大的物流基础设施，拥有中小件、大件、冷藏冷冻仓配一体化物流设施。京东物流在成本控制上领先于竞争对手阿里巴巴的菜鸟网络，2017年，京东快递推出专注于京东商城上的高价值物品的配送需求“京尊达”，最快可一小时内上门取件。并采用了全球首创的快递分拣机器人——立镖机器人。

（二）淘宝物流管理

在淘宝中设置物流的相关模板，通过登录账号进入淘宝网千牛卖家中心，在左边菜单栏中选择“交易—物流管理—物流工具”。

1.物流基础工具

进入物流基础工具页面，是对网店中物流的基本设置，包括服务商设置、运费模板设置、物流跟踪信息、地址库、运单模板设置、裹裹商家寄件设置、打单设置。主要基本设置的具体操作如下。

（1）运费模板设置。点击“运费模板设置”页面跳转至如图9–7所示页面，如果有现成模板可以直接使用，也可以点击运费模板设置页面中的“新增运费模板”，跳转至新增运费模板页面，然后为网店设置新的运费模板，如图9–8所示。

设置运费模板，是否包邮、计价方式、运送方式等信息后，卖家勾选“快递”后有默认运费，可根据不同地区和客户需求，对价格进行微调，如图9–9所示。

（2）地址库。点击“地址库”进入到如图9–10的地址库页面。这里添加的地址主要是用来进行发货、接收退货。根据需求点击“添加新地址”，电话号码、手机号码选填一项，邮政编码、公司名称和备注为可填项，其余均为必填项，最多可添加50条地址信息，如图9–11所示。

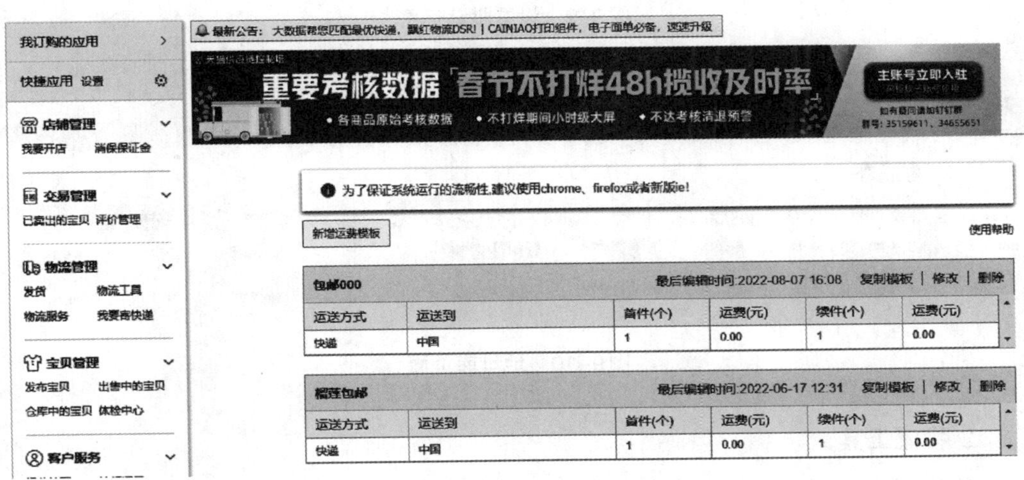

图9–7　运费模板设置页面

为了保证系统运行的流畅性,建议使用chrome、firefox或者新版ie!

新增运费模板

模板名称：　　运费计算器

* 发货地：请选择...

* 是否包邮：◉自定义运费　○包邮

* 计价方式：◉按件数　○按重量　○按体积

运送方式：除指定地区外，其余地区的运费采用"默认运费"

☐快递

☐EMS

☐平邮

☐指定条件包邮 New 可选

保存并返回　取消

图9-8　新增运费模板页面

* 是否包邮：◉自定义运费　○包邮

* 计价方式：◉按件数　○按重量　○按体积

运送方式：除指定地区外，其余地区的运费采用"默认运费"

☑快递

默认运费 1 件内 元，每增加 1 件，增加运费 元

为指定地区城市设置运费

☐EMS

☐平邮

图9-9　设置默认运费

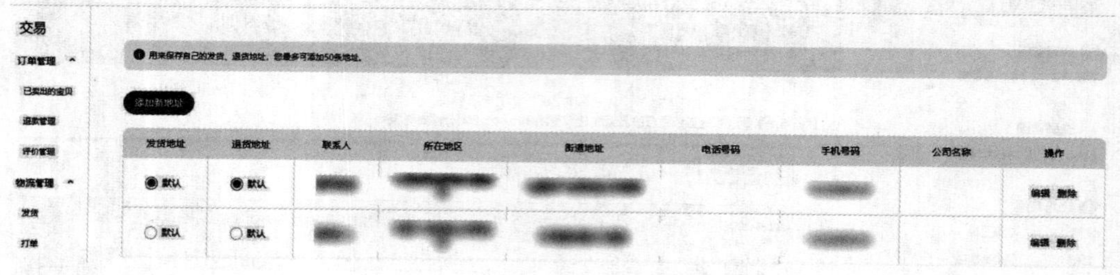

图9-10　地址库页面

2. 物流工具

物流工具包括物流追踪信息、打单工具和菜鸟发货。具体操作如下。

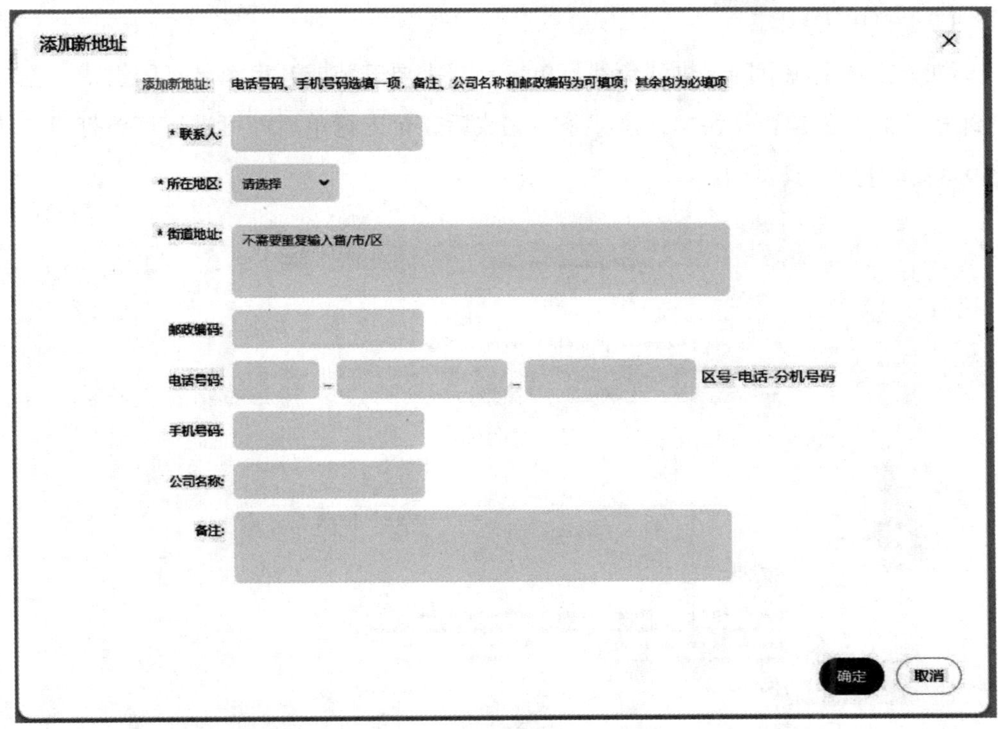

图9-11 添加新地址页面

（1）物流追踪信息。

物流追踪信息可以帮助商家查询到货物的订单物流信息，实时追踪订单的物流信息，如图9-12所示，通过输入订单编号，单击“搜索”即可获取查询货物的物流情况。

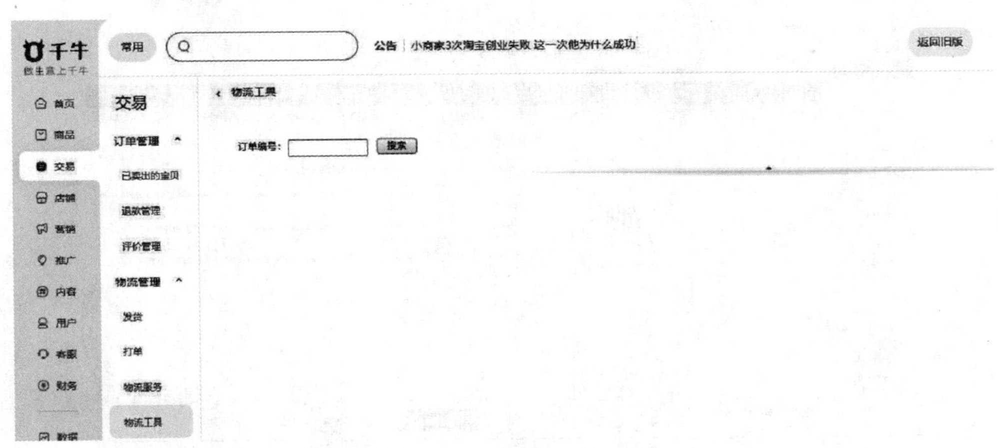

图9-12 物流追踪信息页面

（2）打单工具。

打单工具是淘宝网提供的免费打单工具，需要安装或开启菜鸟打印组建、连接打印机并需要创建合作快递，这些条件完成后，录入订单后即可进行订单打印，如图9-13是打单工具页面。

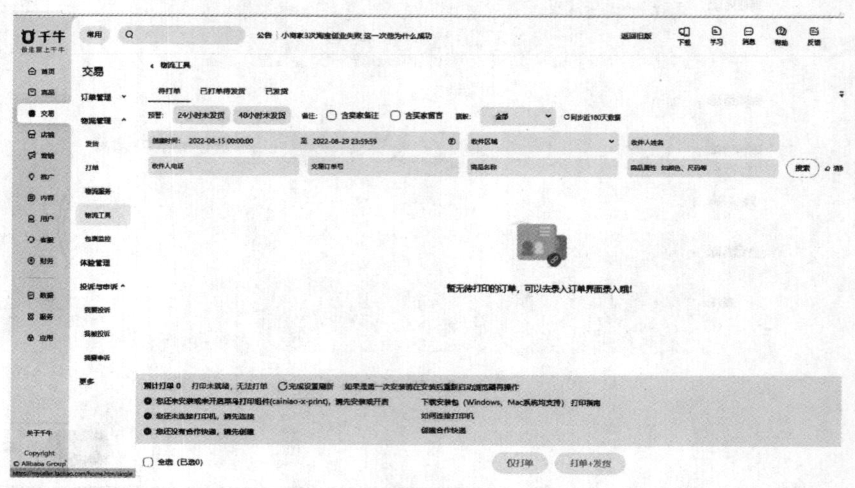

图9-13　打单工具页面

（3）菜鸟发货。

菜鸟发货是淘宝平台为商家提供的一个发货平台，在该页面可实现一键发货，该功能不仅开放给淘系订单，还对非淘系订单开放，选择好要发货的订单之后，可以一键“使用裹裹寄件”或者打印发货单，如图9-14所示。

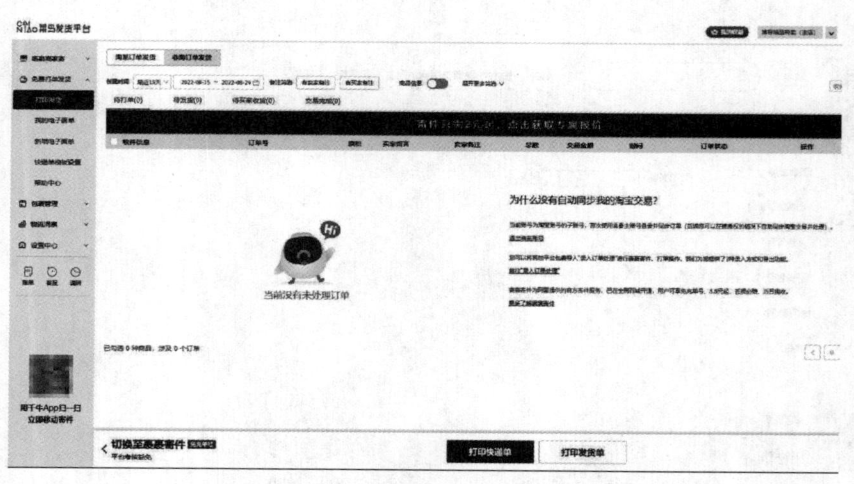

图9-14　菜鸟发货页面

3. 其他设置

其他设置包括配送及安装费用配置、服务商设置、为商品配置服务、裹裹商家寄件设置及打单设置。

（1）服务商设置。

在服务商设置页面，可以看到与网店开通合作的服务商，选择达成合作的服务商，点击“开通服务商”即可完成设置，如图9–15所示。

图9–15 服务商设置页面

（2）为商品配置服务。

为商品配置服务，可以为网店的商品配置相应的物流服务，如图9–16所示，填写需要配置物流服务的商品信息，包括宝贝名称、商家编码、价格、总销量及物流服务，选中下方对应的商品点击“使用”后就可以应用了。

（3）裹裹商家寄件设置。

淘宝为商家提供了一个裹裹商家寄件设置功能，这里可以实现电子面单自定义设置、宝贝简称及裹裹寄件待支付功能。

图9–16　为商品配置服务页面

电子面单自定义设置同时应用于一联面单和二联面单，点击右侧的“一联单”或“二联单”就可以进行相应面单的设置，如图9–17所示。

图9–17　电子面单自定义设置页面

宝贝简称用于为“出售中的宝贝”编辑简称，主要分为两种情况：①将按照商家的配置在快递面单自定义区域打印简称；②已配置的简称会替换商品名称显示在淘系订单处理列表上，如图9–18所示。

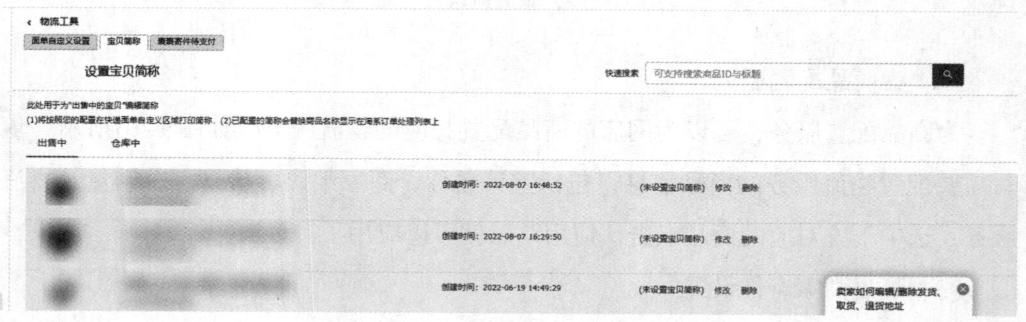

图9–18　设置宝贝简称页面

裹裹寄件待支付可以查看寄件未支付的包裹，点击右侧的“导出支付单”可以查看支付情况，裹裹寄件待支付页面，如图9-19所示。

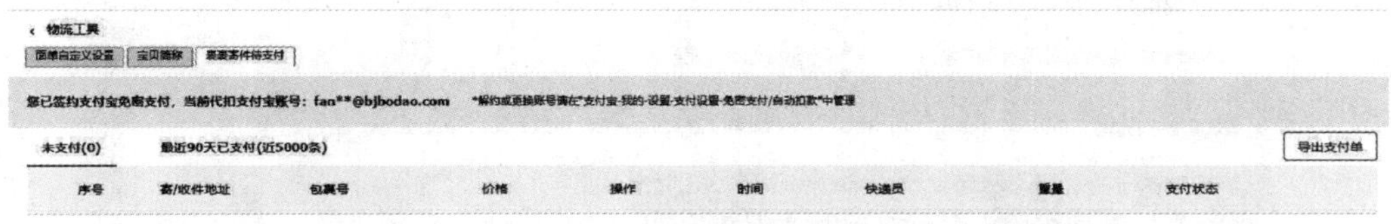

图9-19　裹裹寄件待支付页面

（三）订单配送

如果卖家已完成付款，订单则流转到“等待发货”的环节，卖家进入“等待发货”页面，点击“发货”，完成订单的线上发货处理，如图9-20所示。有些特殊订单，卖家可以直接通过“物流管理”—“发货”，进行发货处理。

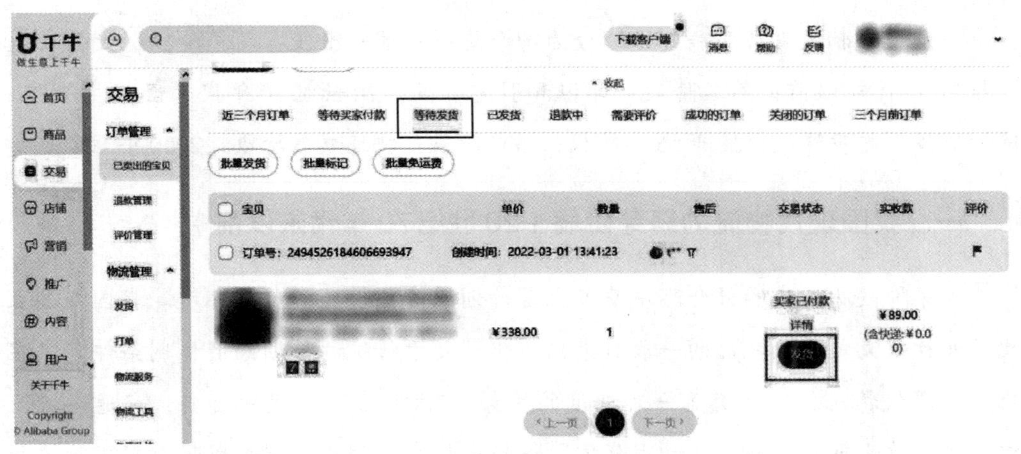

图9-20　线上发货处理

随后发货单将进行配货及包装环节，卖家按照正常流程进行分拣、信息确认、打包、登记出库等环节的流转，并在系统登记商品出库，确认商品为已发货状态，然后将商品放入待发货区，联系合作的快递公司来发货区取件，快递公司会根据自己的规定检查快件，发货信息页面如图9-21所示。此后订单将正式进入运输管理环节，卖家可通过快递/物流系统，查询订单、跟踪订单，直至订单完成签收为止。

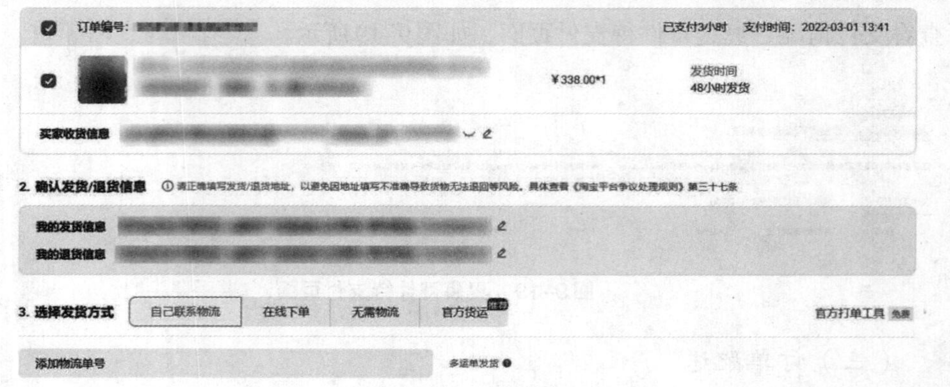

图9-21 发货信息页面

素养园地

我国现代物流发展历程可以划分为四个阶段：第一阶段：萌芽阶段，大体在20世纪70年代末以前；第二阶段：学习和引进阶段，20世纪70年代末至80年代末；第三阶段：起步阶段，20世纪90年代；第四阶段：快速发展阶段，2000年至今。

一、我国现代物流的萌芽阶段（20世纪70年代末以前）

萌芽阶段所对应的社会环境基本上是计划经济条件下的社会环境。我国在确立改革开放政策之前及之后的一段时期内，仍然处于传统的计划经济体制条件下，在此时期现代物流就已经有了一定程度的萌芽。20世纪70年代中后期，交通运输业作为经济建设重点领域，其“现代化”被提上议事日程，这就形成了对现代物流初期的需求。在工业生产领域，即使是当时水平下的社会分工和专业化生产，也必须对协作关系的各方物流联结做出安排。传统的仓库和储备形态，已不足以支持经济发展和企业生产的要求。将储运联结在一起，实现一体化，自然成为一种选择。因此，在经济界和企业界已经自发出现了对于现代物流的需求。

二、学习和引进现代物流阶段（20世纪70年代末至80年代末）

1978年，党的十一届三中全会确立了“改革开放”的决策之后，各经济领域都开始了解发达国家的进展，除了一般的文化传播渠道之外，这个时期不同的政府部门组织了相关领域的工作考察团，开始广泛地对国外进行考察。考察带有“对口”的性质，我国在当时承担组织、领导和管理“物流资通”的国家物资总局，便把在日本已经风行的“物流”领域作为考察对象。

从20世纪70年代末到80年代末，政府组织了出国考察和接待国外物流考察四十余次，尤其是和日本建立了物流领域的沟通关系。这些考察活动对国内产生了很大影响，不仅是考察报告和考察资料成为国内研究物流的重要信息资源，而且更重要的是，通过考察培养了一批人才，前后参与考察的几百位领导、企业家、专家学者，相当一部分都成为研究和推行现代物流的第一批骨干力量。

可见，改革开放政策给现代物流进入我国奠定了基础，我国的经济体制改革容纳了现代物流的管理模式。我国在经济发展的过程中，感受到了现代物流的需求，个别为发达国家产品进入我国市场进行服务的物流企业率先接受了现代物流的运作理念，其成功的运作，逐渐产生了一定的影响。国内在进行现代物流的探索和初期实践的过程中，取得了经验和教训，理论界和政府推动营造了现代物流的舆论、物流以及物流有关专业设置，确立了物流学科，造就了一批物流人才。

三、我国现代物流起步阶段（20世纪90年代）

我国现代物流的起步阶段开始于邓小平同志南方谈话前后。我国改革开放有了深化，这无疑给现代物流的发展带来了很大的助力。

起步阶段的一项非常重要的收获，是对现代物流的探索出现两个重要的特点：多领域的探索和从理论向实际运行与操作的转化。20世纪70年代初，发生了世界性石油危机，我国可以站在观望的角度来审视这次危机。其实，我们已经可以清楚地看到推行物流合理化、实施现代物流是应对这种危机的有效办法。20世纪90年代末，东南亚发生金融危机，由于改革开放后我国和东南亚存在密切的经济交往关系，我们对这次危机有了切身的感受。尤其是以现代物流为支柱产业的国家和地区表现出了比较强的抗御危机能力，使过去将近20年的现代物流的理论准备迅速被经济界和管理层所接受。那个时期世界银行公布的一组对比性数据，使经济界震惊于我国物流的潜力。这些外在的因素迅速触发了我国经济领域潜在的现代物流需求，现代物流在我国迅速启动。

我国现代物流起步期的主要工作是开始实质性的物流运作，重要标志是学术界全面、系统地研究和推介现代物流；一些率先进行现代物流运作的企业取得了辉煌的成绩并对经济界产生了实际的影响；与物流相关的且有影响力的传统大企业（如中远集团、中外运），明确要向现代物流转型；改革开放之后引进的一批与现代物流运作有关的外国企业，已经对国内企业产生了有效推动；我国经济特区——深圳市制定了我国第一个地区性的物流规划，而且破天荒地明确现代物流是深圳市三个“重要支柱产业之一”，在国内产生了重要的影响。

四、我国现代物流快速发展阶段（2000年至今）

我国现代物流进入发展期的主要标志是大规模的、普遍的现代物流的建设在全国迅速普及，有以下几方面的重大进展。

1.物流政策环境的建设

2001年国家经贸委等六部委印发《关于加快我国现代物流发展的若干意见》、2004年国家发展改革委等九部委又印发《关于促进我国现代物流业发展的意见》都是非常重要的政策性文件，是我国物流政策环境建设突破性的进展，国内经济界和物流界给予了极高的评价，这标志着我国政府已经明确了在我国发展现代物流的方针政策。

2.物流规划工作

物流规划工作是这个时期极具特点的现代物流建设。包括北京、上海、天津、深圳等全国50多个省、直辖市开始或者已经制定了物流规划，数不清的产业和企业也通过制定物流规划切实地开始现代物流系统的建设。如此集中在同一时间、如此广泛、如此大规模地制定一个产业的发展规划，这在我国经济发展的历程中十分罕见，也是国际上的一项创举。在这些规划中，仅物流基地和园区就规划了200多个。

3.物流平台建设

作为现代物流基础的物流平台建设，正在大规模地展开并且取得了相当的进展。物流平台不仅是物流运作的物质基础，也是整个国民经济的基础。因此，多年以来就受到国家的重视，并且已经发挥了基础的作用，达到了一定的规模。21世纪之后，物流平台建设不仅加速在“做大”而且注重完善平台的结构，进展最为理想的是物流信息平台，受惠于国家信息化建设，我国的信息基础网络和实用信息技术已经能够支付现代物流的信息运作需求；远程、即时的通信和数据交换；货物静止和动态的识别；精确和便捷的定位；自动化和无人化的操作管理等。

铁路、公路线路的网络，在我国的东部和发达地区，已经完成了基本的布局，平台的建设迅速向全国尤其是西部地区推进，覆盖全国有效的物流平台远景已十分明朗。例如，就高速公路网络平台而言，2005年公布的《国家高速公路网规划》，根据规划方案，未来30年将形成总量为8.5万千米的国家高速公路网，包括7条首都放射线、9条南北纵线和18条东西横线，并且能够实现和台北的高速公路对接。2010年，西部地区公路网总里程将超过94万千米，高速公路通车里程将超过2万千米。2020年，二级以上的高等级公路组成的骨架网将覆盖西部地区，新建的西部铁路也将达到1.6万千米。

4. 全社会感知并开始重视物流

最近几年，物流已明显成为我国国民经济的几大"热点"之一，几年前尚且不为人所知的物流行业，现在已经成为热门行业，物流业成为媒体的热点。我们可以看到资源向物流这个热点的明显倾斜：新建和翻牌了大量的各种类型的物流企业，几十亿元、上百亿元甚至上千亿元的资本涌入物流领域，发达国家许多知名物流企业纷纷"登陆"我国。许多高校如清华大学、南开大学、同济大学、复旦大学、西南交通大学等名牌大学进入物流人才培养领域，标志着物流人才和物流学术的新发展局面。

资料来源：原创力文档官网（https://max.book118.com/html/2021/1031/80750601240 04027.shtm），有改动。

知识链接

一、网店商品包装原则

1. 网店商品包装要适合运输

包装商品的目的在于防止和避免运输中由于冲击或者震动对商品所造成的损伤，同时也要兼顾防潮和防盗的功能。

2. 网店商品包装要便于装卸

完好的包装有利于商品的装卸，能有效地提高商品的装卸效率，还能降低由于野蛮装卸造成的商品损害率。

3. 网店商品包装要适度

进行商品包装时要根据商品尺寸、重量、运输等特性，选择大小合适的包装箱及填充物，尽量避免包装浪费。

4. 网店商品包装时要注意方向

有放置方向要求的商品（如易碎、易损商品等），需要在包装、储存、运输的过程中保证按照外包装上的箭头标识正确放置商品，杜绝侧放或倒放。

5. 网店商品包装时重心与中心要保持合一

包装的重心和商品包装的形状中心应该合一或者接近，防止商品在运输过程中由于车辆启动、转弯、刹车等对商品造成损坏。

二、卖家选择快递公司需重点考虑的因素

1. 价格

卖家可以在快递公司官网根据网点分布查询离发货地址较近的快递点的联系方式，直接跟该网点的工作人员商谈合作价格。

2. 发货速度

卖家不能盲目追求价格，应该结合发货速度综合考虑。一般可以先考虑常见的快递公司如申通快递、圆通速递、韵达快递等，这些比较大的快递公司在全国分布的网点较多。

3. 服务质量

卖家比较关心的服务质量，如是否会经常丢件、物流信息跟踪是否及时、包裹是否破损等问题。

同步实训

一、实训概述

本实训项目要求学生围绕淘宝网店，进行商品打包处理、物流模板设置、订单配送等操作，通过本项目实训，学生能够掌握后台商品打包的方法及技巧、物流配送管理的工作流程，从而完成网店物流配送与管理。

二、实训步骤

实训一：商品打包

教师将学生每两人分为一组，分别分发一些实物商品，如毛绒玩具、书籍、食品、玻璃杯等，同时，向学生提供打包素材，包括胶带、纸箱、快递袋、工具刀

等。学生按照任务三中商品打包的流程完成商品打包操作，并将操作过程记录在表9-1中，教师在学生操作的过程中予以指导。

表9-1　　　　商品打包过程记录

	操作内容	操作技巧
步骤1		
步骤2		
步骤3		

实训二：物流配送管理

在教师的指导下，学生自行进入网店后台卖家中心，设置物流的相关模板，查看订单状态，并对付款订单进行发货处理。

步骤1：设置物流的相关模板。学生进入网店后台卖家中心，设置物流的相关模板。

步骤2：等待发货订单处理。学生对买家已付款的订单，进行发货处理。

步骤3：寄快递。学生通过后台“我要寄快递”，完成快递信息填写及在线预约。

检测练习

项目十　综合实例

学习目标

❖ 知识目标

1. 了解网店运营的过程性步骤。

2. 明确网店运营各操作步骤的流程及实施技巧。

❖ 技能目标

1. 掌握网店运营的网上开店、商品构图、网店装修管理、商品发布管理、流量导入等操作步骤。

2. 能够独立完成网店运营的整体项目实施。

❖ 思政目标

了解非遗在线消费趋势。

任务分解

本项目包含以下四个任务：

任务一　网上开店

任务二　网店装修管理

任务三　商品发布管理

任务四　网店流量导入

本项目通过案例旨在引导学生了解网店运营的过程性步骤，明确网店运营各操作步骤的流程及实施技巧，最终能够独立完成网店运营的整体项目实施。

任务情境

义乌市美妮饰品是一家经营日用百货的公司，主营文具类和居家类商品，为了开拓线上销售渠道，打造专属“阿凡大叔”品牌。公司专门开设了电商部门，负责新渠道的拓展，从品牌定位、市场分析到网上开店、店铺装修、商品发布、网店导流等一系列的具体执行工作。

任务一　网上开店

任务分析

网店的开设是网店创业的第一步，该部分内容包含了前期筹划、淘宝网店申请、网店信息完善三部分的内容。在此任务中，需要明确网店注册中的要点，并能够结合网店定位，按照平台要求完成淘宝网店店名、店标设计。

任务实施

一、前期筹划

（一）平台及货源选择

1. 平台选择

在网上开店首先需要选择一个符合自身实际情况的平台，目前主流的电商平台有淘宝、天猫、京东、拼多多。门槛相对较低的是淘宝和拼多多，个人和企业都可以入驻；天猫和京东门槛相对较高，只有具备品牌商标的企业才可以入驻。另外公司经营产品以家居类商品为主，家居类商品具有使用频次高、操作简易等特点。结合常见的平台类型及特点，义乌市美妮饰品公司选择淘宝平台开设网店。

2. 货源选择

由于公司本身集生产加工与经营为一体，货源是自己加工厂的货品，货源稳定，并且有一定的质量保障，所以无须从其他渠道获取产品。

（二）网店定位分析

现已确定以淘宝网作为经营平台，作为卖家，就需要针对计划经营的产品进行充分的市场分析，了解市场的动向，明确所面临的机遇和威胁，并结合目标买家的分析，进一步明确网店未来的运营规划。

1. 网店产品定位

由于网店的货源都是公司工厂的产品，所以产品定位还是公司主营的文具和居家类商品，细分后为收纳、厨房用品、卫浴、数码周边、书写工具等。产品价格根据主营类目定位均是50元以下的大众买家可承受的价格。

2. 买家群体分析

首先根据百度指数初步界定买家群体画像，搜索组合词“家居装饰+文具”，得出人群属性，如图10-1所示，得出买家群体集中在20～40岁的女性，其次基于购买频率和消费需求进行分析，得出目标买家是注重生活、购买能力适中的群体。

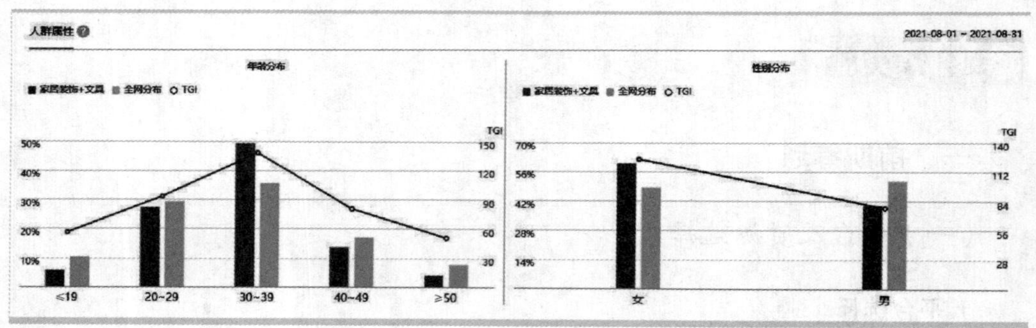

图10-1　百度指数搜索“家居装饰+文具”人群属性结果

二、淘宝网店申请

淘宝平台开店操作可以分为PC端注册和移动端注册两种途径，这两种途径注册步骤基本相同，均由用户注册和创建网店两个部分组成。现以PC端为例进行说明。

淘宝网店注册

用户注册是淘宝网注册的基础，不论是买家还是卖家都需要完成用户注册，在完成用户注册后才能进行开店相关的操作。

步骤1：网店注册。

首先进入淘宝网首页，点击右上角的“免费开店”，如图10–2所示。接着就会跳转到淘宝招商首页，然后选择“个人开店”，如图10–3所示。

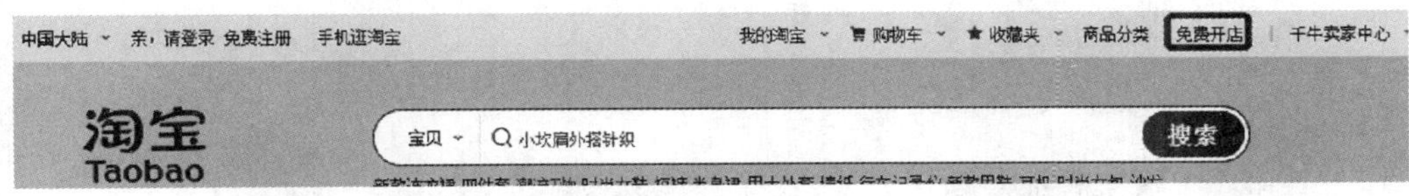

图10–2　点击“免费开店”

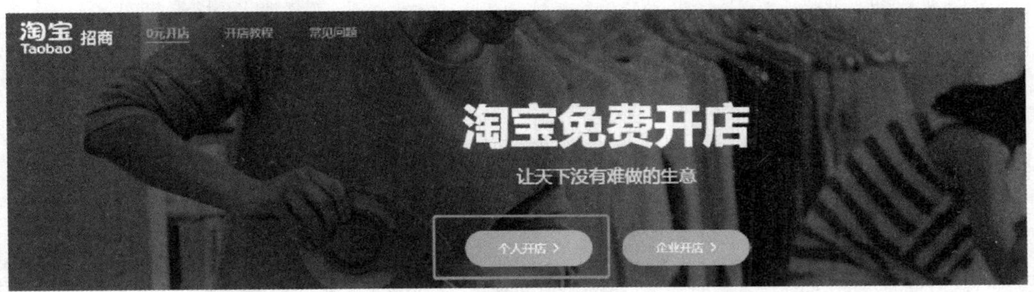

图10–3　选择“个人开店”

根据个人开店的提示，填写店铺名称、手机号码，并填写验证码完成验证，开店资料填完之后，点击“0元开店”，如图10–4所示。

个人开店

店铺名称　请输入店铺名称

手机号码　中国大陆 +86

验证码　请输入校验码　发送

已阅读并同意以下协议淘宝平台服务协议、隐私权政策、法律声明、支付宝及客户端服务协议、支付宝隐私权政策、淘宝网卖家服务协议、消费者保障服务协议、支付宝支付服务协议

同意钉钉获取账号名及手机号，用于激活钉钉、绑定店铺、加入淘宝官方群

0元开店

图10–4　填写开店信息

步骤2：支付宝认证。

开店资料填完之后，在开店前，还需要进行支付宝认证及店铺实际经营人的实人认证。进入千牛卖家中心首页，如图10-5所示。

图10-5　千牛卖家中心首页

点击“支付宝认证”—“去认证”，显示二维码，点击手机支付宝扫一扫，即可进行认证，如图10-6所示。认证成功后，支付宝认证结果会显示已认证，如图10-7所示。

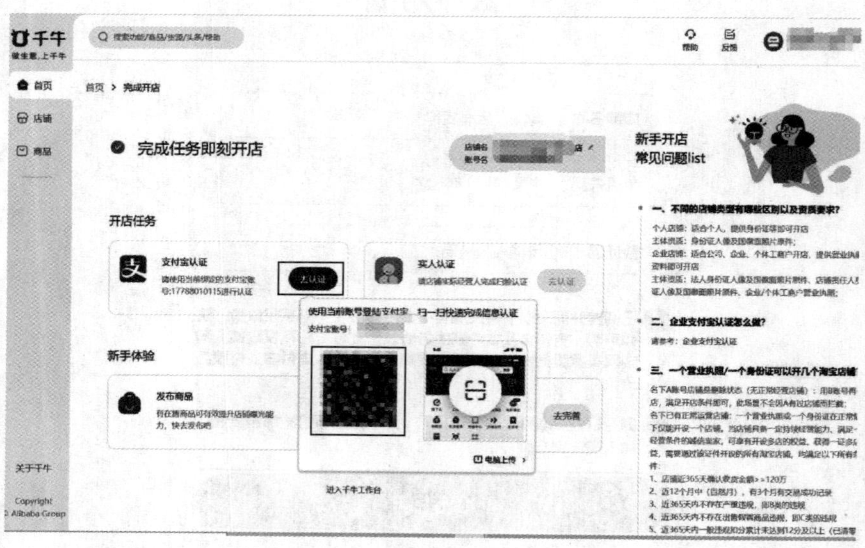

图10-6　支付宝认证页面

图 10–7　支付宝已认证页面

支付宝认证还需要上传个人身份证正面和反面，如图 10–8 所示。身份验证完成后会显示“身份信息已完善”，点击“完善成功，领取保障”即可完成身份验证，如图 10–9 所示。

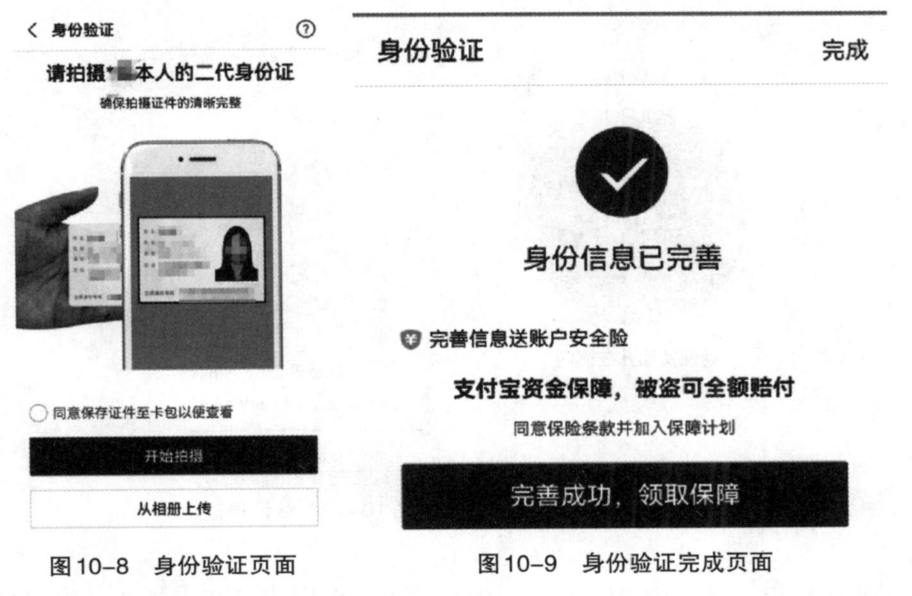

图 10–8　身份验证页面　　图 10–9　身份验证完成页面

步骤3：实人认证。

支付宝认证完成后，需要进行实人认证。如图10–10所示，点击“去认证”，打开淘宝手机客户端扫描实名认证码（如无，则需要下载安装淘宝手机客户端并登录），根据认证提示，完成人脸认证，如图10–11所示，在认证通过后页面会提示“认证通过”，如图10–12所示。

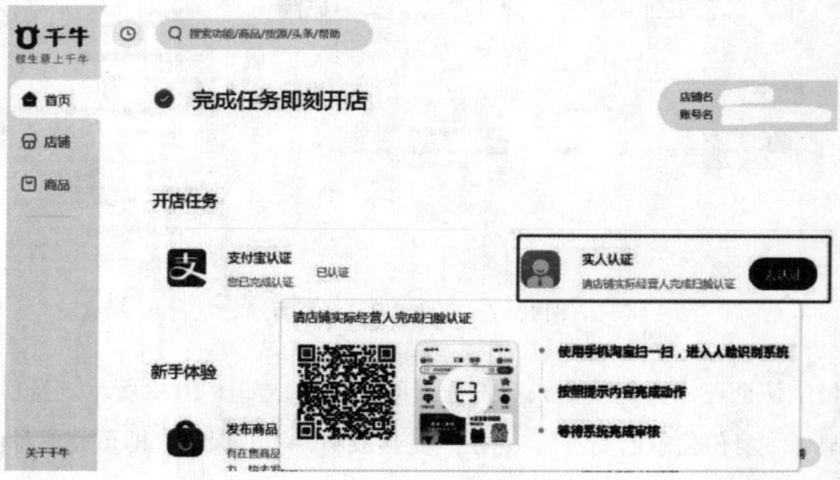

图10–10　扫码认证

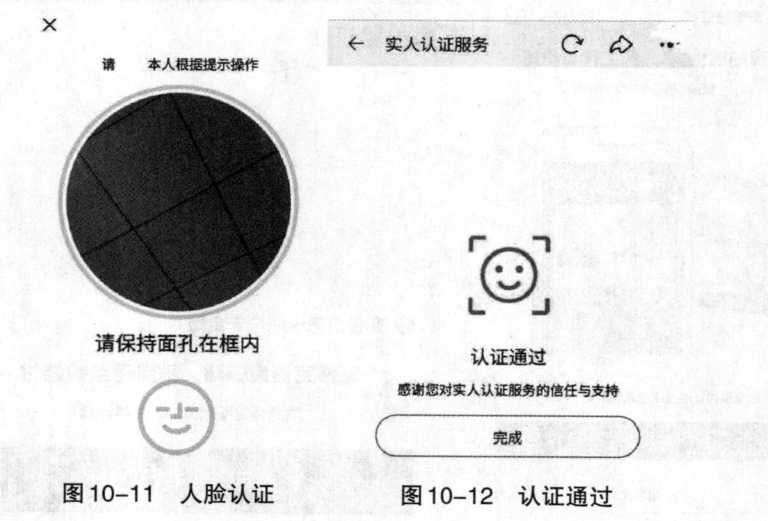

图10–11　人脸认证　　图10–12　认证通过

认证通过后，进入淘宝千牛卖家中心首页，即完成了开店任务，如图10–13所示。

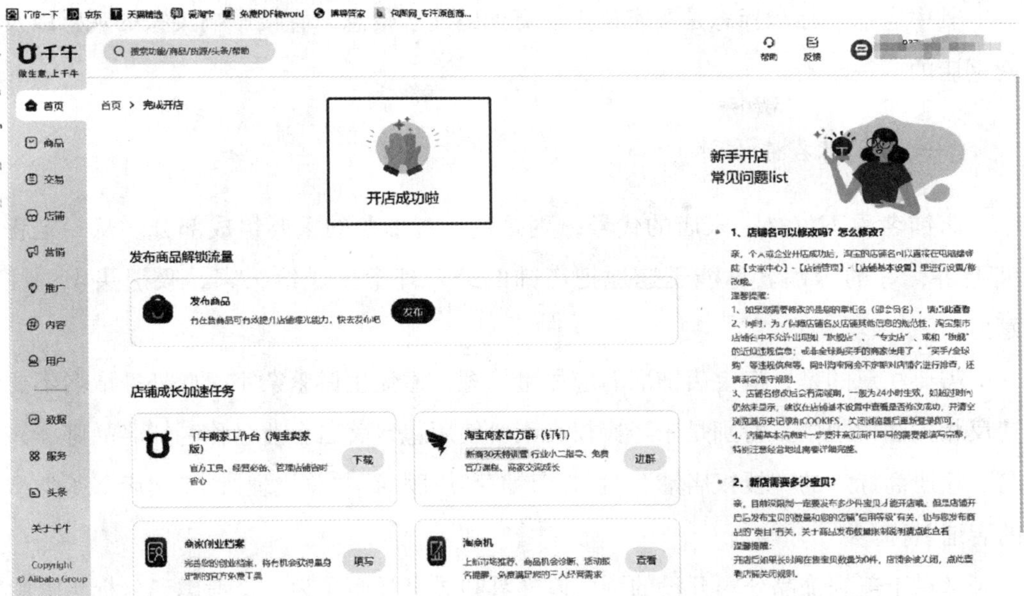

图 10–13　开店成功页面

三、网店信息完善

网店基本信息的完善主要包括了店铺名称、店铺ID、店铺标志、联系地址等几部分信息，如图10–14所示。

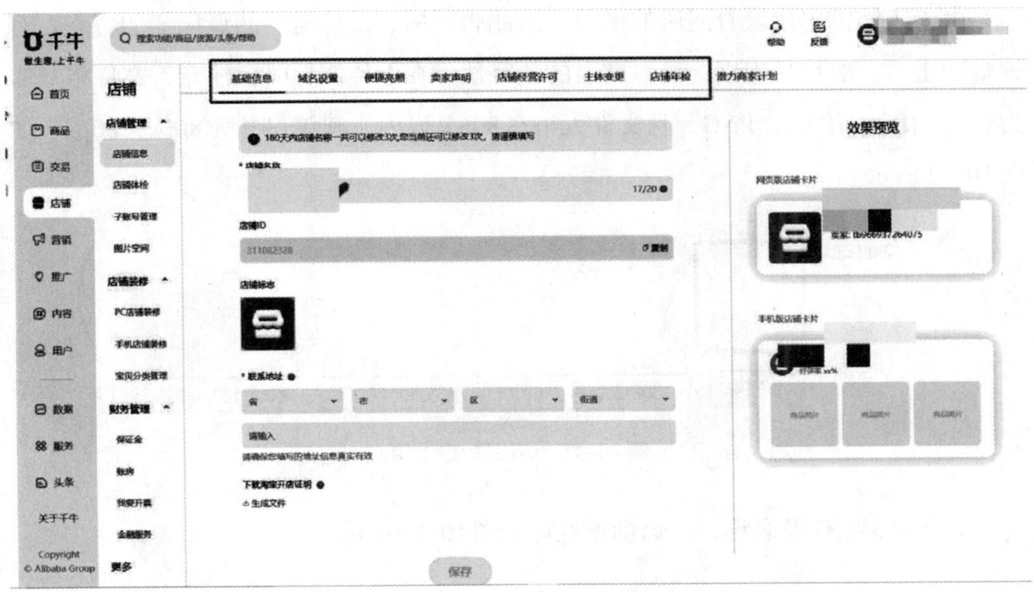

图 10–14　网店基本信息完善页面

其中店铺名称和标志是买家最先注意到的网店信息，直接影响买家的观感以及对网店的第一印象。

（一）店铺名称设计

店铺名称不仅是一家店的代号，更是其外观形象的重要组成部分。从一定程度上讲，好的店铺名称能迅速地把店铺的经营理念传递给买家，吸引买家的注意力。

需要注意的是，淘宝店铺取名应尽量简短，避免生僻繁杂字，此外，取名不要违反相关法规规则，特别是未经授权，不要使用包含著名企业名称、知名品牌、人名、注册商标等的“授权店铺”“官方店铺”“旗舰店”“总代理”“专卖店”等类型的店铺名称。

义乌市美妮饰品公司开设的网店以文具和居家类商品为主，考虑到目标买家中女性居多，且集中在20～40岁，喜欢新鲜、有趣、时尚的设计，所以采用了拟人化设计，将网店命名为“阿凡大叔居家百货”，既交代了自身形象，又传达了网店经营的类目。

（二）店铺标志设计

由于店铺标志代表着网店的形象，因此店铺标志设计需要凸显店铺的特点，有视觉冲击力，醒目易识别，彰显网店的独特性。在上传图标时应注意，文件格式需为GIF、JPG、JPEG、PNG，且文件大小在80KB以内，建议尺寸为80px×80px，如图10-15所示。

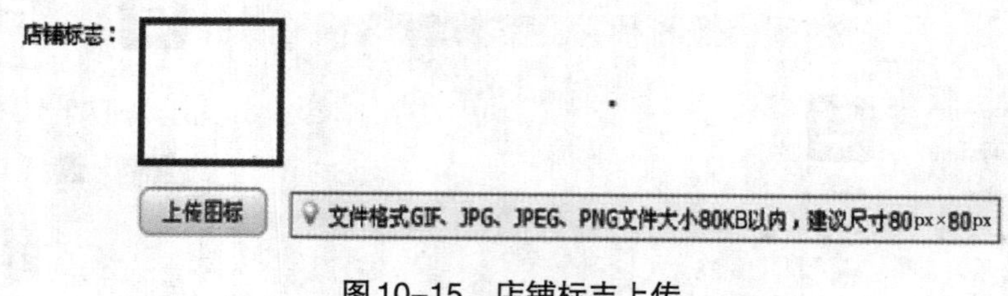

图10-15　店铺标志上传

结合网店定位及名称，店铺标志设计如图10-16所示。

图10–16　店铺标志

在店铺基本设置中，填写好店铺名称，上传设计好的店铺标志，“阿凡大叔居家百货”店铺在完成以上内容后，即可完成店铺基本设置的填写，如图10–17所示。其他信息可以在店铺经营过程中不断添加和完善。

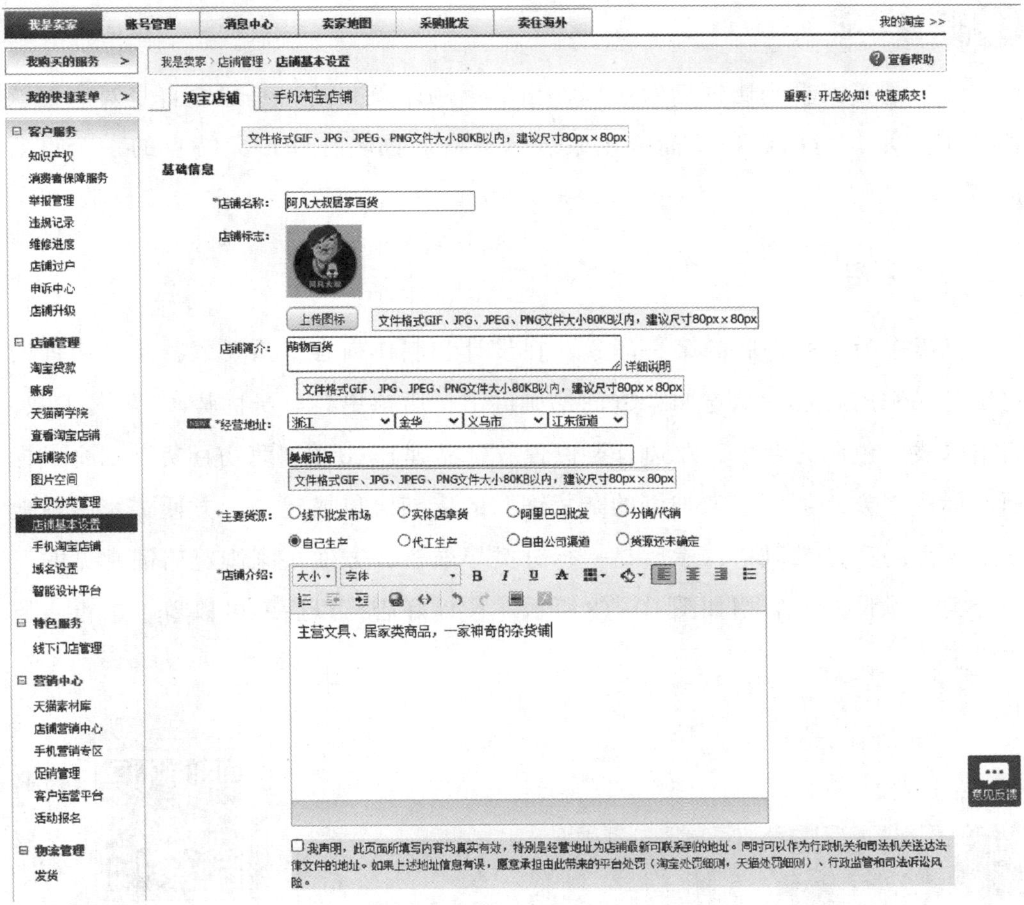

我是卖家　账号管理　消息中心　卖家地图　采购批发　卖往海外　我的淘宝 >>

我购买的服务 >　我是卖家 › 店铺管理 › 店铺基本设置　查看帮助

我的快捷菜单 >　淘宝店铺　手机淘宝店铺　重要：开店必知！快速成交！

客户服务：知识产权　消费者保障服务　举报管理　违规记录　维修进度　店铺过户　申诉中心　店铺升级

店铺管理：淘宝贷款　账房　天猫商学院　查看淘宝店铺　店铺装修　图片空间　宝贝分类管理　店铺基本设置　手机淘宝店铺　域名设置　智能设计平台

特色服务：线下门店管理

营销中心：天猫素材库　店铺营销中心　手机营销专区　促销管理　客户运营平台　活动报名

物流管理：发货

文件格式GIF、JPG、JPEG、PNG文件大小80KB以内，建议尺寸80px×80px

基础信息

*店铺名称：阿凡大叔居家百货

店铺标志：

上传图标　文件格式GIF、JPG、JPEG、PNG文件大小80KB以内，建议尺寸80px×80px

店铺简介：购物百货　详细说明

文件格式GIF、JPG、JPEG、PNG文件大小80KB以内，建议尺寸80px×80px

*经营地址：浙江　金华　义乌市　江东街道

美妆饰品

文件格式GIF、JPG、JPEG、PNG文件大小80KB以内，建议尺寸80px×80px

*主要货源：线下批发市场　实体店拿货　阿里巴巴批发　分销/代销　自己生产　代工生产　自由公司渠道　货源还未确定

*店铺介绍：主营文具、居家类商品，一家神奇的杂货铺

我声明，此页面所填写内容均真实有效，特别是经营地址为店铺最新可联系到的地址。同时可以作为行政机关和司法机关送达法律文件的地址。如果上述地址信息有误，愿意承担由此带来的平台处罚（淘宝处罚细则，天猫处罚细则）、行政监管和司法诉讼风险。

意见反馈

图10–17　店铺基本设置

任务二　网店装修管理

任务分析

“阿凡大叔”（阿凡大叔居家百货简称，后文同）在完成网上开店之后，接下来要做的是将商品发布到网店中，而商品发布不是将商品进行简单罗列就好，而是应该站在视觉引流的角度去装修自己的网店。好的店铺装修不但能提高商品的成交率，更能带给买家视觉美感的享受。而店铺装修，主要从店招、海报、商品分类栏、自定义区模块着手美化。

任务实施

店招是买家看到店铺后对店铺作出的第一印象判断，是建立自身对店铺认识的第一步，所以店招是商家用来展示自身店铺名称和形象特点的一个重要途径。

一、店招

店招作为访客进店的第一印象，在设计和制作内容上需要紧密结合店铺的定位与品牌的特性，从这两个方面挖掘诉求，店招更具自身优势。“阿凡大叔”店招以浅蓝色调为背景，左边首要位置放置品牌Logo和“萌物百货”四个大标题，标题下方添加“一家神奇的杂货铺”的店铺定位描述语，方便买家清楚地了解店铺的产品及风格，然后是一行分类导航栏，方便买家浏览店铺常见的商品分类，设计好的店招如图10-18所示。设计好店招以后就可以着手进行店招装修了。

图10-18　店铺的店招

步骤1：登录千牛卖家中心，鼠标移至页面左侧栏的“店铺”按钮并点击，在弹出的选项框中选择“店铺装修”项，如图10–19所示。随后再点击“PC端店铺装修”，进入基础页，如图10–20所示。

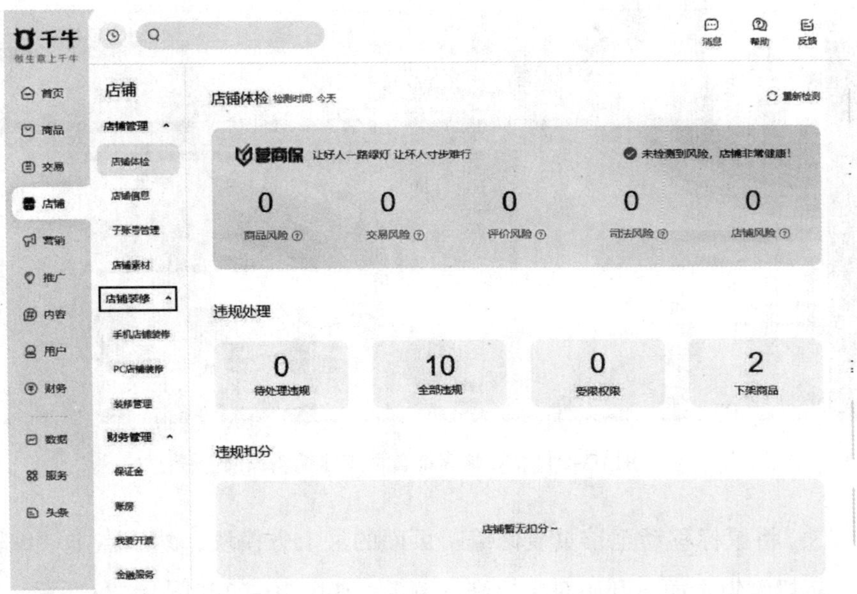

图10–19　千牛卖家中心页面

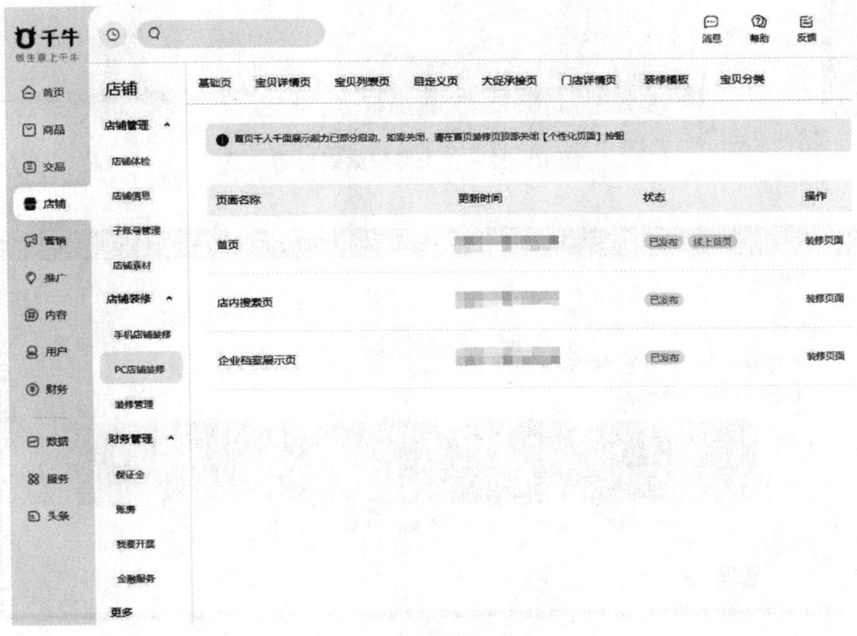

图10–20　PC端店铺装修基础页

步骤2：在PC端店铺装修基础页，会看到“首页”“店内搜索页”和“企业档案展示页”三个页面名称，点击“首页”—“装修页面”，进入店铺首页装修编辑页面，如图10–21所示。

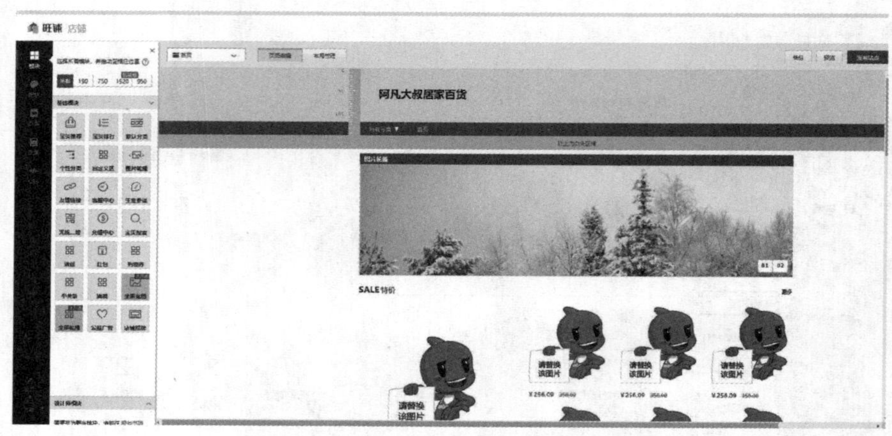

图10–21　PC端店铺首页装修编辑页面

步骤3：将鼠标移动至首页装修编辑页面的最上方模块，然后点击“编辑”选项，进入店招编辑页面，开始对店招进行编辑，如图10–22和图10–23所示。

图10–22　首页装修编辑页面

图10–23　店铺招牌（店招）编辑页面

进入编辑页面后，点击“背景图”—“选择文件”，然后页面将会跳转成如图10–24所示的页面。点击图中“上传新图片”下方的“添加图片”，会进入上传图片页面，如图10–25所示。

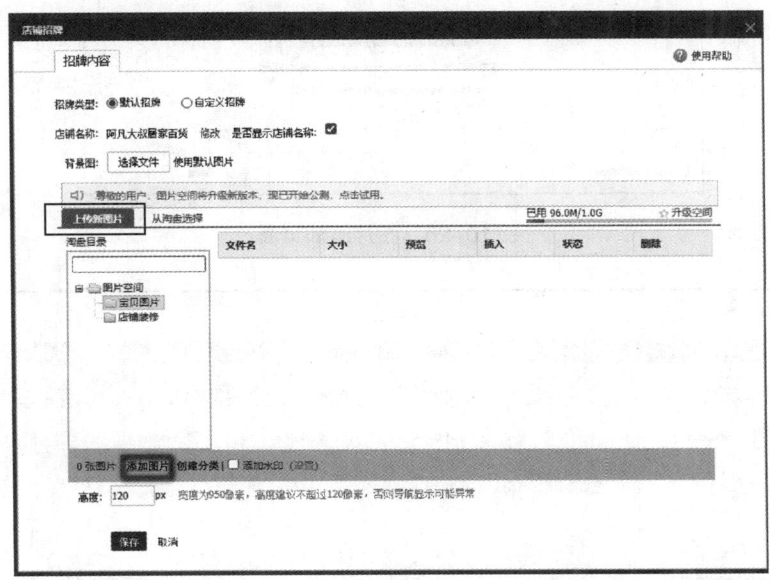

图10–24　添加图片页面

图10–25　上传图片页面

然后双击图10–25中的店铺装修，再点击右上方的“上传”，进入图10–26所示页面，将设计好的店招图片拖至框内，会出现如图10–27所示页面，确定无误后点击“确定”即可完成图片上传。

上传完后，重新添加图片，在选择文件中选择上传后的店招图片，如图10–28所示，接着取消“是否显示店铺名称”，然后点击“保存”即可完成店招装修，装修完成的店招，如图10–29所示。

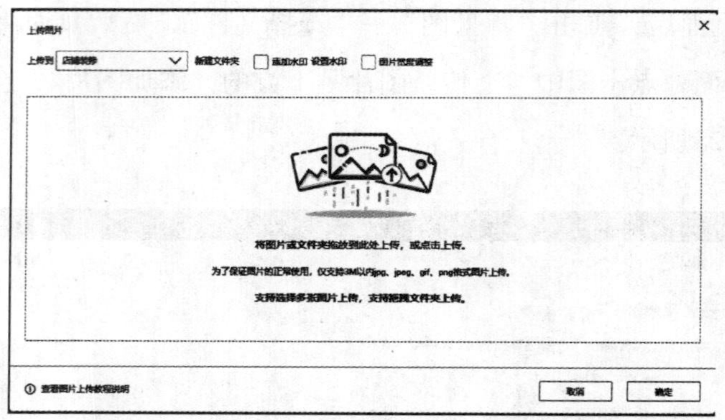

图 10–26　图片添加页面

图 10–27　添加店招图片页面

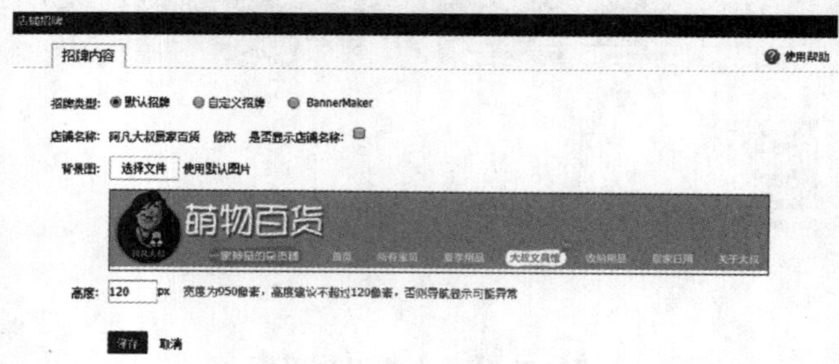

图 10–28　上传店招图片页面

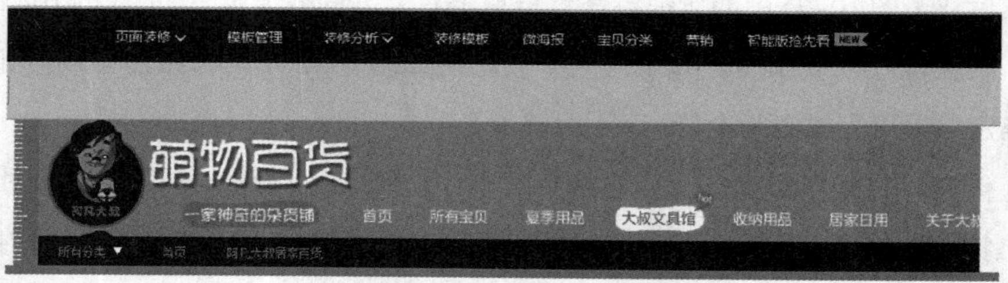

图 10–29　店招装修效果

店铺装修完成后，可点击页面顶端的“发布站点”按钮，发布成功后，PC端页面将立即生效。

二、海报

海报设计是一种视觉传达的表现形式，一张好的海报可以生动地传达店铺的产品信息和各类店铺活动情况，吸引买家关注。从设计的角度来说，点线面的灵活运用是店铺海报视觉营销的关键。

“阿凡大叔”在进行淘宝海报设计时，考虑到店铺风格和买家的心理要素，对画面中的内容、元素以及表现形式整体考虑和安排，使得画面最终达到均衡的设计方式，并需要有充分的视觉冲击力，做到内容精炼，以图为主，文案为辅凸显主题，设计好的海报如图10–30所示。

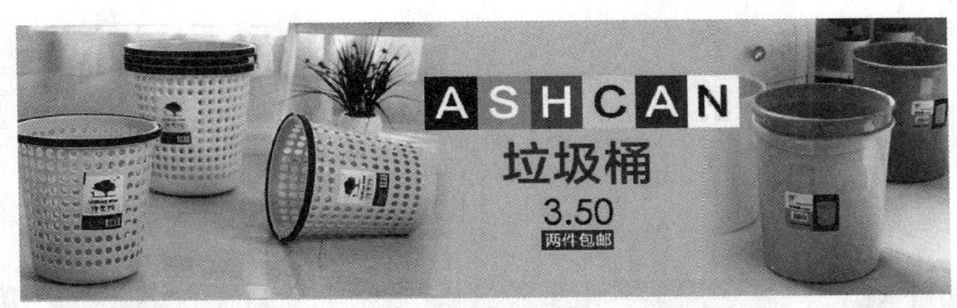

图10–30　店铺海报

接下来将设计好的海报上传至后台，首先进入店铺装修页面，如图10–31所示，在图片轮播模块中点击“编辑”按钮，进入海报编辑页面，同店招图片上传步骤一样，完成图片上传后，选择要上传的海报即可，然后点击“保存”按钮，如图10–32所示，即可完成海报的装修，如图10–33所示。

图10–31　店铺装修页面

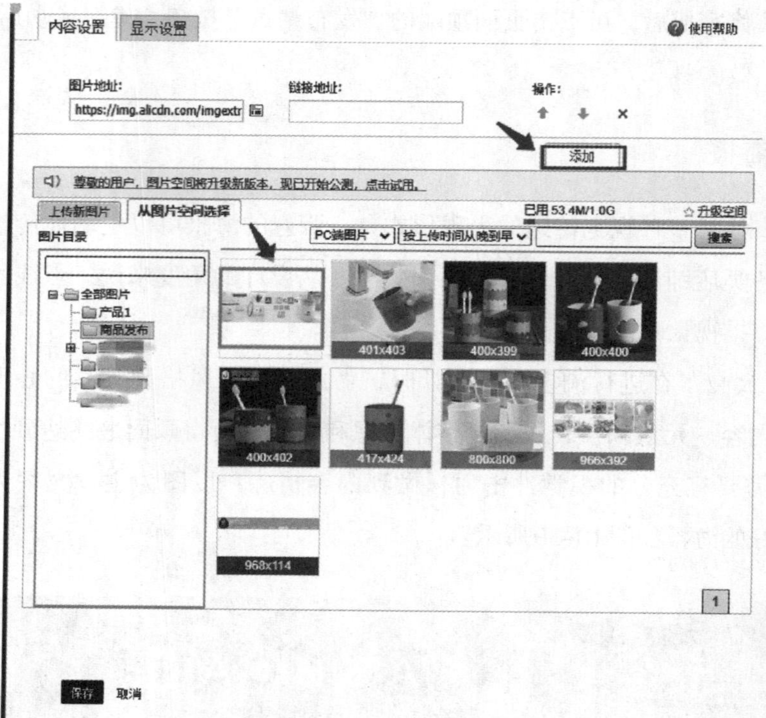

图 10–32　上传海报页面

图 10–33　海报装修效果

三、商品分类栏

商品分类的作用是从用户体验的角度出发，为了更方便、快捷地让买家找到自己想要的商品。分类栏内容的呈现有文字和图片两种链接方式，想要快速吸引买家的目光，“阿凡大叔”决定将每项店铺类目制作成图片。

首先进入店铺装修页面，如图10–34所示，在宝贝分类模块中点击“编辑”按钮，进入宝贝分类管理页面，

图10–34　店铺装修页面

在宝贝分类管理页面中有两个选项，分别是添加手工分类和添加自动分类。添加手工分类就是手动添加产品的分类；自动添加是根据系统给出的产品属性自动进行分类，如图10–35所示。

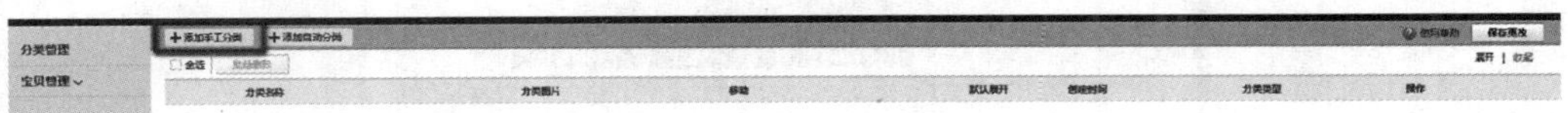

图10–35　宝贝分类管理页面

以添加手工分类为例进行添加分类，首先点击“添加手工分类”，然后对应的在下方会出现分类编辑模块，点击“添加子分类”按钮，下方会出现子分类编辑模块，在一个产品分类下可以有多个子分类，如图10–36所示。

图10–36　添加商品分类页面

点击添加图片前的“+”来添加商品图片，这里添加图片的方式有“内部图片地址”和“插入图片空间图片”两种，“内部图片地址”是将图片链接粘贴到地址框保存即可，如图10–37所示；使用“插入图片空间图片”时，有“上传新图片”和“从图片空间选择”两种上传方式，如图10–38所示，这里可根据需求进行添加。

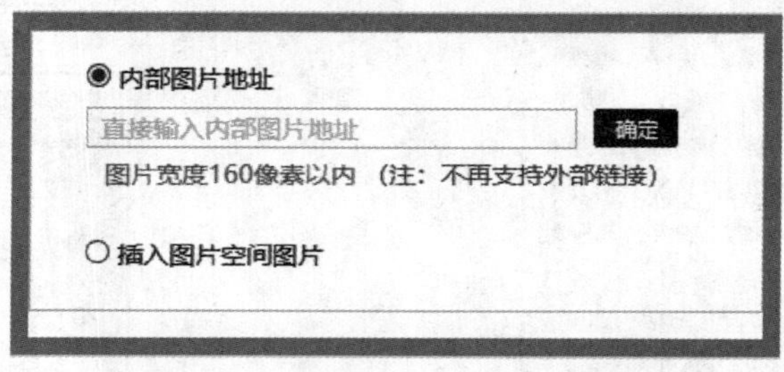

图10–37　添加商品图片页面

图10–38　插入图片空间图片页面

添加完成后点击“保存更改”，店铺商品分类栏的装修就完成了。

四、自定义区模块

自定义区模块里可以根据卖家的需求添加图片、文字以及HTML代码，“阿凡大叔”将这些元素进行组合，利用嵌套的排版，让每个商品点击后可以直接到达该商品的详细页面，让买家最快捷和最直接地对商品进行了解和购买。设计好的自定义区模块图片如图10–39所示。

图10–39　自定义区模块图片

接下来将设计好的自定义区模块图片上传至后台，首先进入店铺装修页面，在“基础模块”中选择“自定义区”（如图10–40所示）后跳转至“自定义内容区”，在“自定义内容区”模块中点击“编辑”按钮，如图10–41所示。

图10–40　“基础模块”—“自定义区”

图 10–41　自定义内容区页面

进入自定义内容编辑页面，在编辑页面有标题、文本、图片、代码等的编辑和选择，如图 10–42 所示，点击插入空间图片的图标选择需要上传的图片，然后点击“插入”，确认后点击“确定”，即可完成自定义模块的装修，如图 10–43 所示。

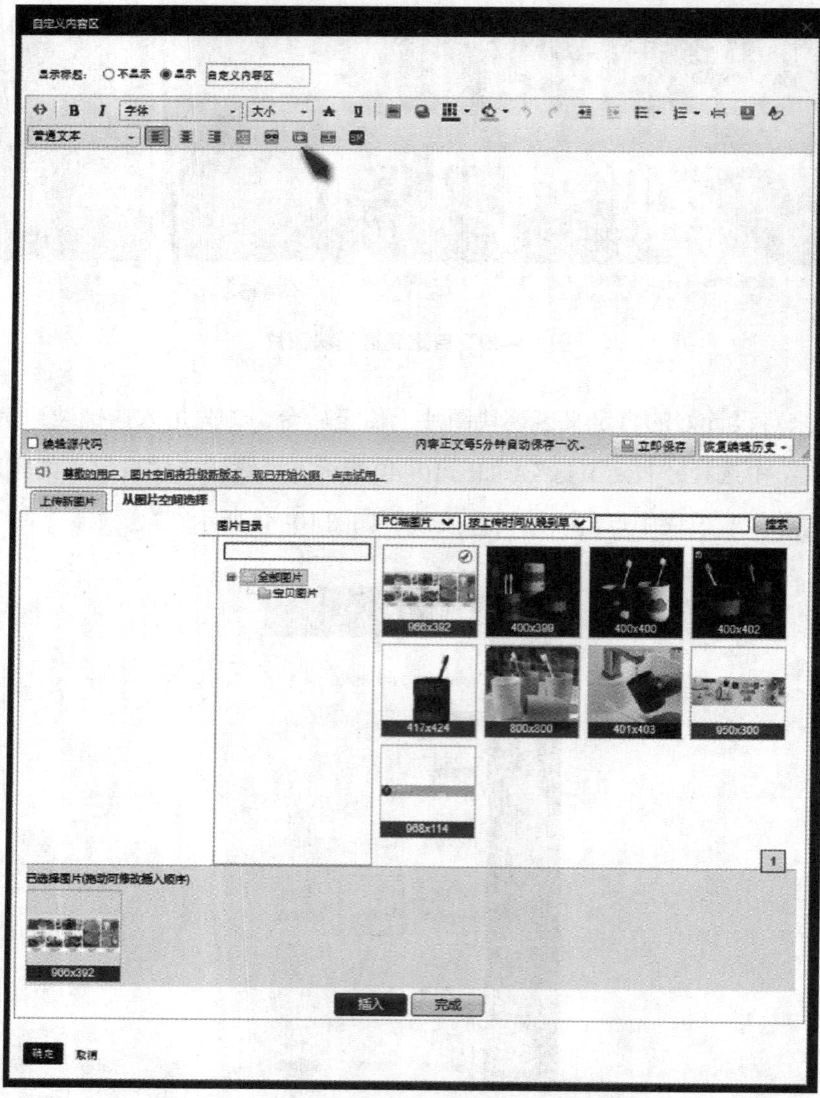

图 10–42　自定义内容区编辑页面

图 10–43　自定义内容区装修效果

任务三　商品发布管理

任务分析

商品发布管理包括上传商品主图、确认商品类目信息、填写基础信息、填写销售信息、填写支付信息、填写物流信息及图文描述等环节，以“阿凡大叔”需要上新的一款洗漱杯为例，开展网店商品的发布管理工作。

任务实施

一、进入“发布宝贝”页面

卖家登录淘宝账号，进入千牛卖家中心，点击左侧导航栏中的“商品—商品管理—发布宝贝”，如图 10–44 所示，进入商品发布页面，如图 10–45 所示。

二、上传商品主图

商品主图的选择需要考虑比例的协调，要凸显商品的特性和细节。进入商品发布页面后，点击上传商品主图中“添加上传图片”按钮，分别上传 5 张洗漱杯的实物拍摄图，尺寸均为 800px × 800px，如图 10–46 所示，上传主图，完成之后，如图 10–47 所示。

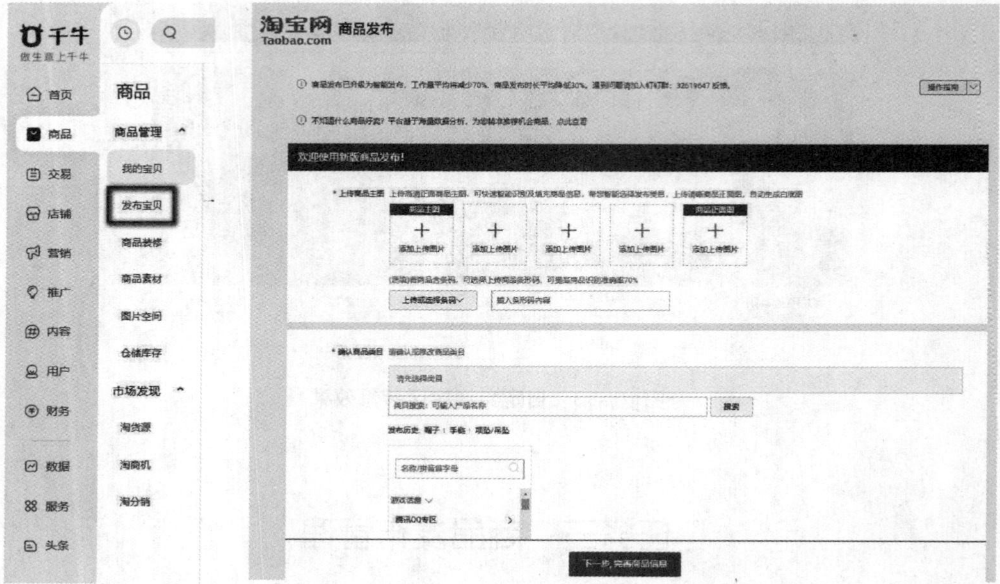

图 10–44　点击“商品—商品管理—发布宝贝”

图 10–45　进入商品发布页面

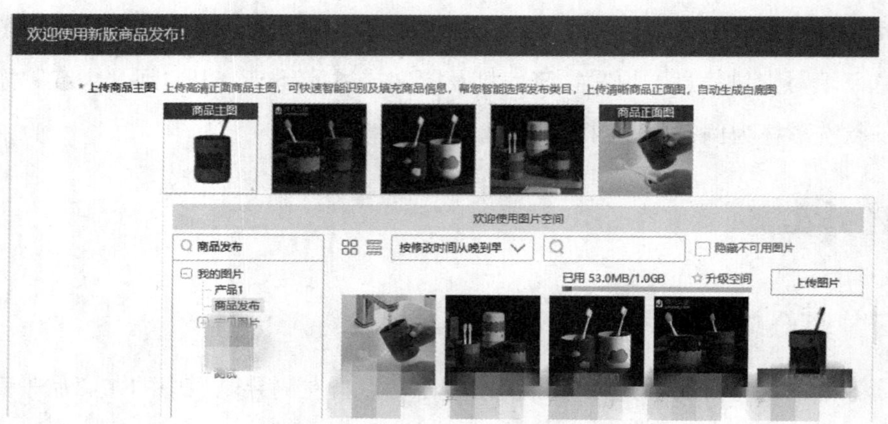

图 10–46　上传商品图片

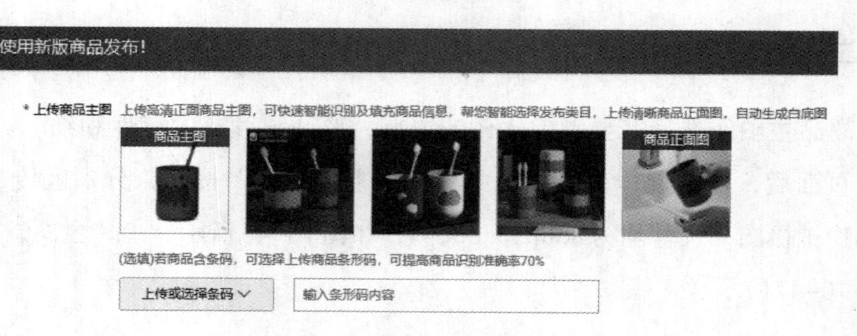

图 10–47　添加商品主图

三、确认商品类目

在上传完主图之后，系统会根据输入的关键词自动匹配相近类目，如图10–48所示，商品类目为“家庭/个人清洁工具—卫浴/置物用具—洗漱杯”，符合商品的类目，点击“下一步，完善商品信息”按钮。

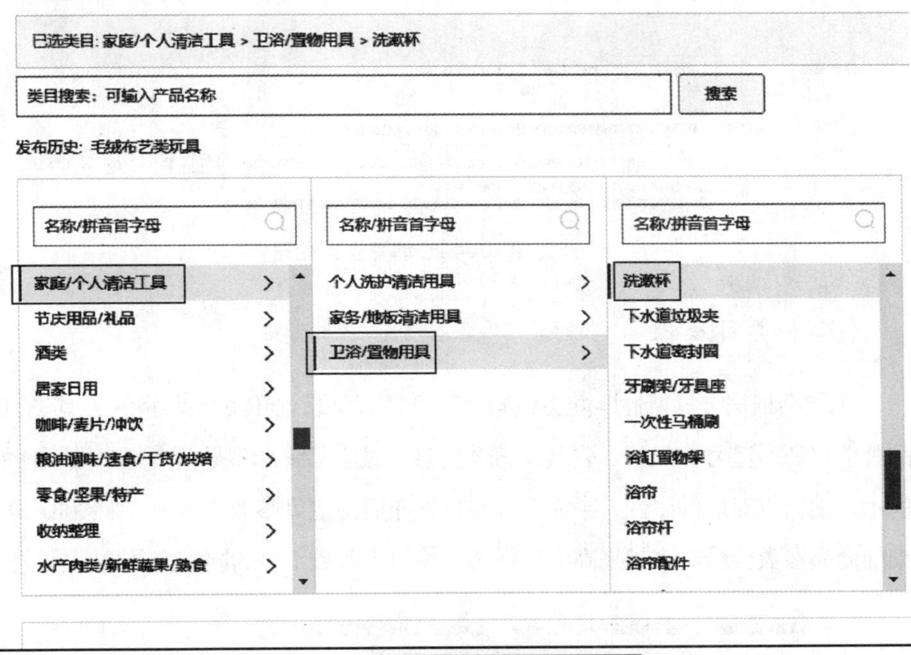

图10–48　确认商品类目

四、填写基础信息

洗漱杯的基础信息包括宝贝标题、类目属性、宝贝类型、采购地、店铺分类等。

（一）宝贝标题

卖家撰写宝贝标题时，需要分别确定标题中的核心词、属性词、长尾词和促销词。“阿凡大叔”在确定核心词时，参考淘宝首页的类目划分，确定该款洗漱杯的类目词为洗漱杯，产品词为刷牙杯；结合商品本身的信息和发布商品时官方需要填写的宝贝属性信息，确定属性词为塑料套装；参考多种长尾词选取方法，确定长尾词为家用、简约、环保、情侣、创意、可爱。最后卖家需要将核心词、属性词、长尾词和促销词组合起来，确定商品标题为“漱口杯家用简约环保洗漱杯刷牙杯情侣牙刷杯子创意可爱塑料套装”，如图10–49所示。卖家完成标题撰写，后期需要统计、分析标题数据并进行优化，这样才能使得宝贝的搜索权重逐渐上升。

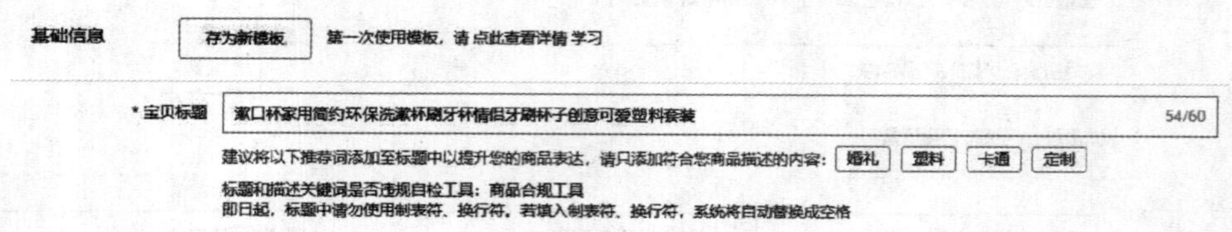

图10–49　填写宝贝标题

（二）类目属性

系统会根据宝贝特性匹配类目属性，“阿凡大叔”上传的是洗漱杯，其类目属性包含品牌、材质、型号、风格、安装方式等信息，其中品牌和型号信息是必填项，如图10–50所示，编辑好对应的属性，会显示到宝贝发布后的宝贝参数栏目中，如图10–51所示。详细的商品参数会给买家带来高度信任感，相对于参数不全的同类商品更容易被接受。

类目属性　错误填写宝贝属性，可能会引起宝贝下架或搜索流量减少，影响您的正常销售，请认真准确填写！

重要属性 4/4　填完*项即可发布上架

请根据实际情况填写产品的重要属性，填写属性越完整，越有可能影响搜索流量，越有机会被消费者购买。　了解更多

*品牌　阿凡大叔　　材质　塑料

未找到需要的品牌，点击申请

*型号　F380

风格　卡通

其他属性 2/2　其他参数的补充说明

适用场景　生活洗漱　　安装方式　其他

图10–50　填写类目属性

（三）宝贝类型、采购地信息

如图10-52所示，根据上传宝贝的特性，在“宝贝类型”选项中选择“全新”，“采购地”选项中选择“中国内地（大陆）”。

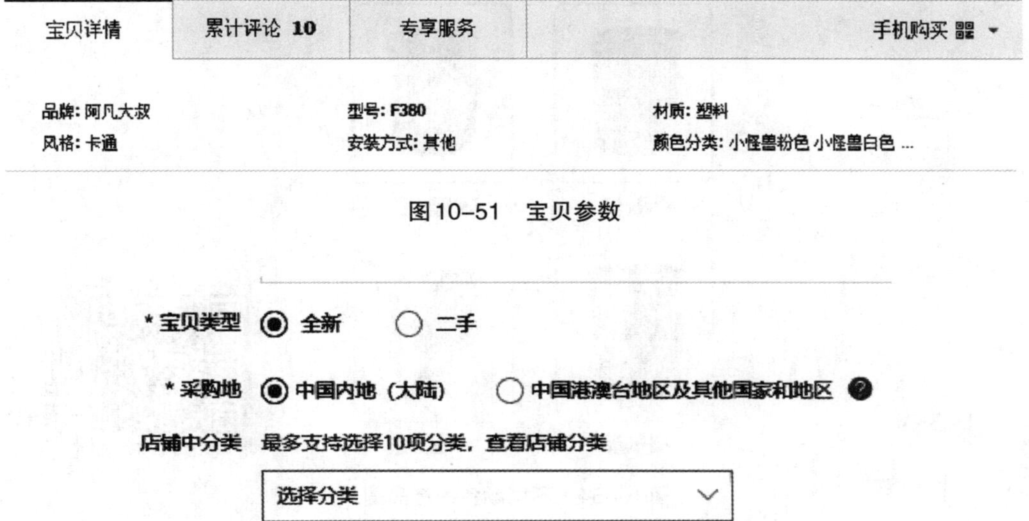

图10-51　宝贝参数

图10-52　填写宝贝类型、采购地信息

五、填写销售信息

销售信息包含颜色分类、一口价、总数量、商家编码等，如图10-53所示。

销售信息　存为新模板　第一次使用模板，请点此查看详情学习

颜色分类　请选择或直接输入主色，标准颜色可增加搜索/导购机会，还可填写颜色备注信息（偏深、偏亮等）！查看详情
属性图上传功能更新，亲可以在sku设置中找到图片上传入口哦！
颜色名称最大长度为30个字符(15个汉字)
选择或输入主色　备注（如偏深偏浅等）
开始排序

* 一口价　元
本类目常规价格值范围是0.10元-9999.00元之间，请规范标价行为

* 总数量　1　件
总数量范围是1件~100000000件之间，默认为1件

商家编码　0/64

商品条形码　0/32

图10-53　填写销售信息

“阿凡大叔”的洗漱杯有四个配色，如图10–54所示，根据商品信息先填写颜色分类：绿+红、蓝+橙、粉+紫、蓝+灰。接下来按照不同的颜色填写宝贝销售规格，其中包括一口价、总数量、商家编码、商品条形码，如图10–55所示。

图10–54　不同颜色的产品图

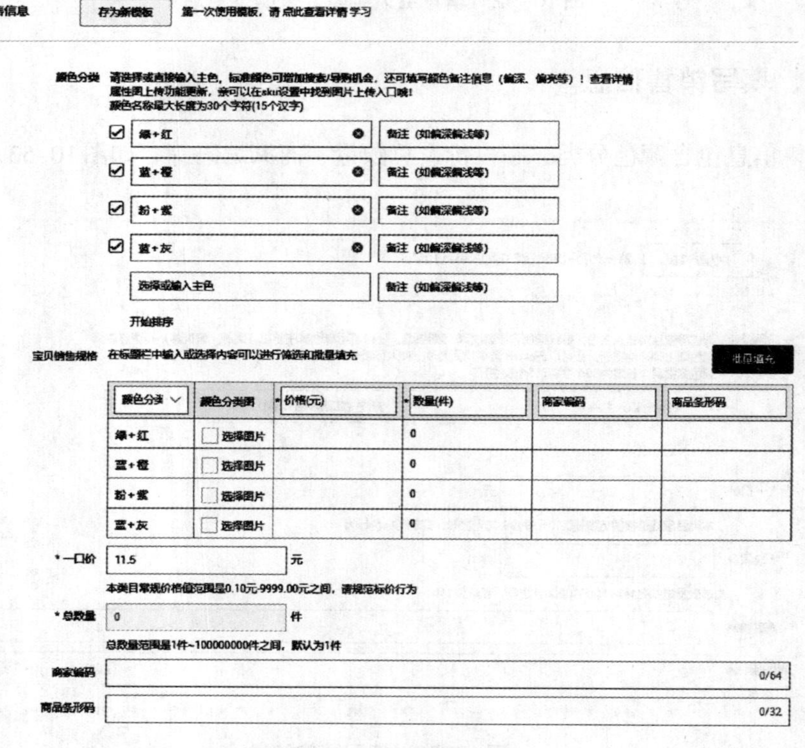

销售信息　存为新模板　第一次使用模板，请点此查看详情学习

颜色分类　请选择或直接输入主色，标准颜色可增加搜索/导购机会，还可填写颜色备注信息（偏深、偏亮等）！查看详情
属性图上传功能更新，亲可以在sku设置中找到图片上传入口哦！
颜色名称最大长度为30个字符(15个汉字)

- ☑ 绿+红　备注（如偏深偏浅等）
- ☑ 蓝+橙　备注（如偏深偏浅等）
- ☑ 粉+紫　备注（如偏深偏浅等）
- ☑ 蓝+灰　备注（如偏深偏浅等）
- 选择或输入主色　备注（如偏深偏浅等）

开始排序

宝贝销售规格　在标题栏中输入或选择内容可以进行筛选和批量填充　批量填充

颜色分类	颜色分类图	*价格(元)	*数量(件)	商家编码	商品条形码
绿+红	选择图片		0		
蓝+橙	选择图片		0		
粉+紫	选择图片		0		
蓝+灰	选择图片		0		

*一口价　11.5　元
本类目常规价格值范围是0.10元-9999.00元之间，请规范标价行为

*总数量　0　件
总数量范围是1件~100000000件之间，默认为1件

商家编码　0/64

商品条形码　0/32

图10–55　填写销售信息

六、填写支付信息

商品的支付信息包括付款方式、库存计数、售后服务，“阿凡大叔”根据实际情况进行填写，其中付款方式选择“一口价（普通交易模式）”，库存计数选择“买家拍下减库存”，售后服务选择“退换货承诺”，如图10–56所示。

支付信息

* 付款方式　全款预售入口于2021年8月3日下线,已设置的商品可正常售卖!后续可使用发货合约，设置步骤见:操作手册

◉ 一口价(普通交易模式)　○ 预售模式

* 库存计数　◉ 买家拍下减库存　○ 买家付款减库存

售后服务　☐ 提供发票

☑ 退换货承诺　凡使用支付宝服务付款购买本店商品，若存在质量问题或与描述不符，本店将主动提供退换货服务并承担来回邮费

图10–56　完善支付信息

七、填写物流信息

“阿凡大叔”在完成商品的支付信息之后，接下来需要完善商品的物流信息。进入物流信息设置页面，如图10–57所示，其中包括提取方式、区域限售。

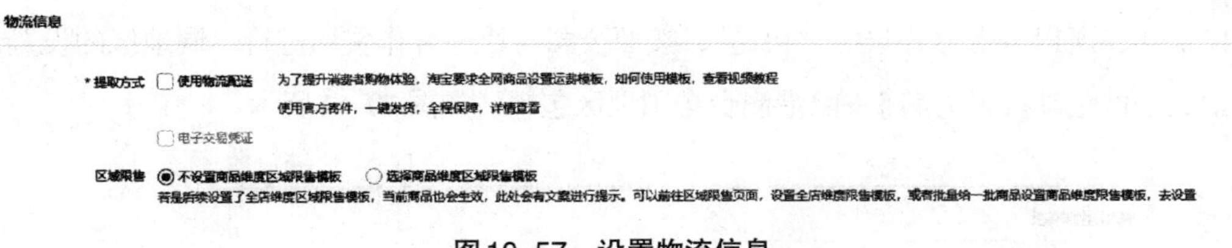

图10–57　设置物流信息

提取方式选择“使用物流配送”，运费模板选择已有或新建运费模板，如图10–58所示。

* 提取方式　☑ 使用物流配送　为了提升消费者购物体验，淘宝要求全网商品设置运费模板，如何使用模板，查看视频教程

使用官方寄件，一键发货，全程保障，详情查看

运费模板 *　新建运费模板　刷新模板数据

☐ 电子交易凭证

图10–58　运费模板页面

由于该洗漱杯享受满5件包邮优惠，所以需要新建运费模板，点击右侧的“新建运费模板”，进入运费模板设置页面，如图10-59所示，点击“新增运费模块”，设置相关内容。

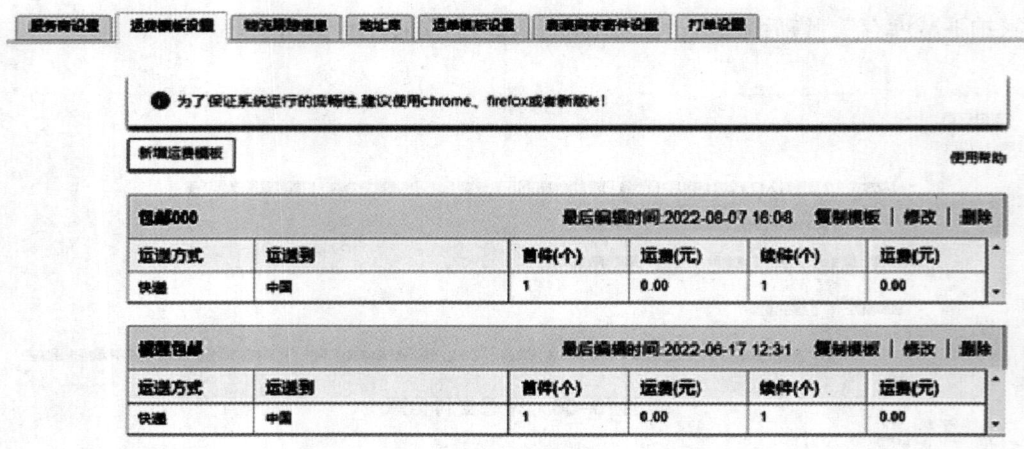

包邮000　最后编辑时间:2022-08-07 16:08　复制模板 | 修改 | 删除

运送方式	运送到	首件(个)	运费(元)	续件(个)	运费(元)
快递	中国	1	0.00	1	0.00

模型包邮　最后编辑时间:2022-06-17 12:31　复制模板 | 修改 | 删除

运送方式	运送到	首件(个)	运费(元)	续件(个)	运费(元)
快递	中国	1	0.00	1	0.00

图10-59　运费模板设置

新增运费模板需要设置的内容包括模板名称、发货地、发货时间、是否包邮、计价方式及运送方式等，如图10-60所示。模板名称设置为“洗漱杯5件包邮活动”，是否包邮选择“自定义运费”，计价方式选择“按件数”。由于“阿凡大叔”合作的是百世快递，所以运送方式选择“快递”，按照公司与快递合作费用进行不同地区的设置，指定条件包邮设置为满5件除港澳台全国地区包邮，如图10-61所示。

新增运费模板

模板名称：　运费计算器

* 发货地：请选择...

发货时间：请选择...　绑定此运费模板的商品，需在付款成功后的相对发货时间内完成发货并揽收，逾期将承担延迟发货责任详情

* 是否包邮：◉自定义运费　○包邮

* 计价方式：◉按件数　○按重量　○按体积

运送方式：除指定地区外，其余地区的运费采用"默认运费"

☐快递

☐EMS

☐平邮

☐指定条件包邮 New 可选

保存并返回　取消

图10-60　新增运费模块设置

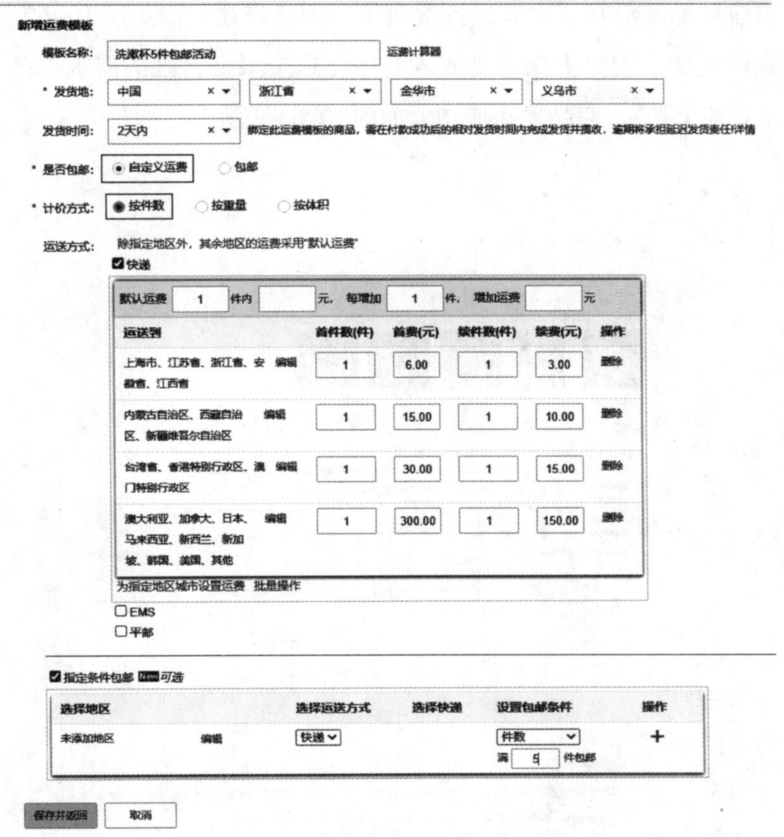

图10-61　填写运费模板设置内容

八、完善图文描述

图文描述信息主要包括电脑端宝贝照片、主图视频、电脑端描述、手机端描述、上架时间，其中电脑端宝贝照片、电脑端描述、上架时间是必填项，电脑端宝贝照片在第二步上传主图时已经完成，电脑端描述设计需要上传宝贝详情页，设计详情页图片时，应该从买家的角度出发，比如针对该款洗漱杯，买家通常首先会考虑自己是否需要更换洗漱杯，这款洗漱杯是否是自己喜欢的风格；其次会考虑洗漱杯的材质是否环保、安全，杯子设计是否方便清洁，容量是否合适；最后才会考虑到售后服务，所以详情页的设计要遵循首屏聚焦、价值塑造、强化卖点、统一设计风格的要点。接下来将设计好的详情页图片上传至后台，详情页除了可以展示图片，还可以展示微视频、文字、源码等。

所有的信息都编辑好就可以进行发布了，图文描述页面如图10-62所示，发布可以选择立即上架、定时上架或者放入仓库，这个根据自己的需求选择。“阿凡大叔”选择“立即上架”，商品发布成功，如图10-63所示。

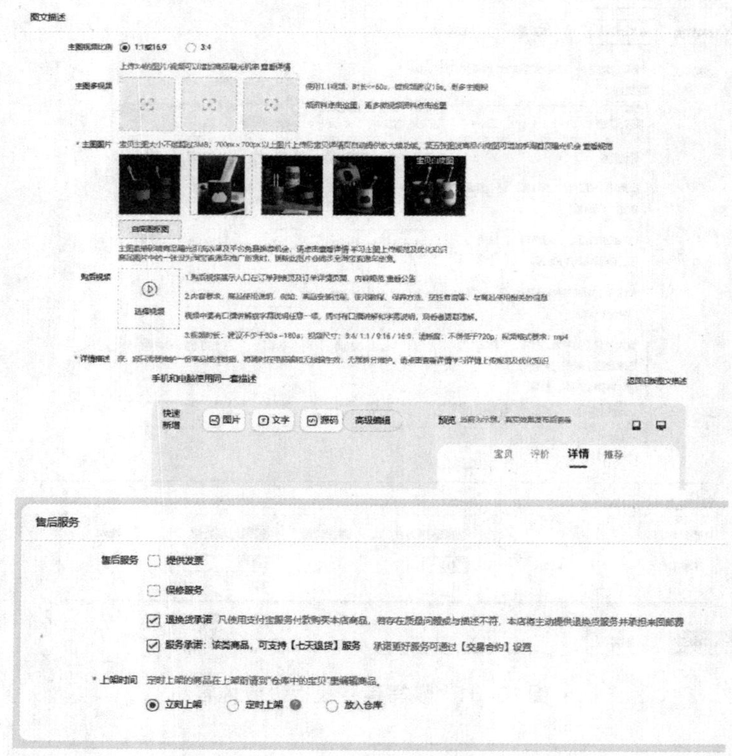

图10-62 图文描述信息的设置

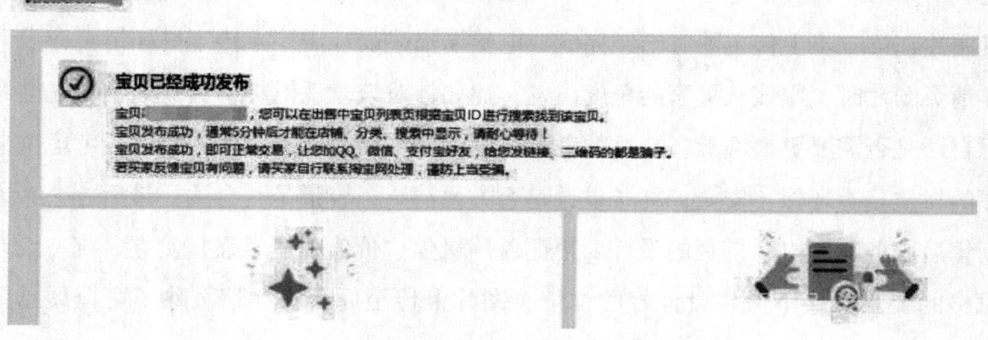

图10-63 商品发布成功

任务四　网店流量导入

任务分析

网店流量导入主要包括以下几大途径：站内流量导入和站外流量导入，其中站内流量导入包括免费流量导入，如天天特卖、聚划算、淘金币等，付费流量导入，如直通车、极速推等；站外流量导入包括有微博营销流量导入、微信营销流量导入、其他常见方法流量导入等。“阿凡大叔”分别用以上几个途径来进行流量的导入。

任务实施

一、站内流量导入

站内流量导入包括免费流量导入和付费流量导入。免费流量导入包括宝贝标题、宝贝图片、营销活动等，也可以通过付费工具引入商业付费流量，为店铺的产品带来大量的曝光机会。目前淘宝卖家常用的付费工具是淘宝联盟、直通车等，对比各类付费工具的特点，并结合店铺自身情况，商家决定通过淘宝联盟为产品进行导流，提高店铺整体的销量。

“阿凡大叔”开通淘宝联盟后，首先需要设置淘宝联盟后台通用计划的佣金比率。

打开如图10–64所示页面，点击“通用计划”，在需要设置的类目下设置相应的佣金。卖家进入类目佣金的设置页面，不同的类目有不同的佣金比率设置范围，比如收纳整理，官方要求的佣金范围为1.5%～50%，“阿凡大叔”将该类目的佣金比率设置为20%，如图10–65所示。

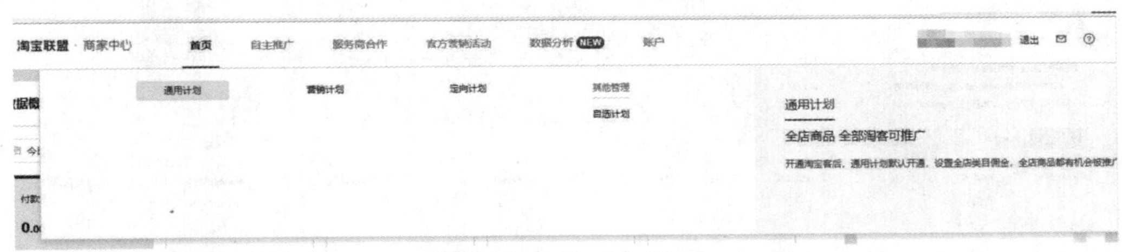

图10–64　通用计划页面

图 10-65　通用计划设置佣金比率

除了通用计划外，“阿凡大叔”根据不同资源位的淘宝客，进行单独的计划设置，方便后续管理和数据监测分析。

卖家点击后台首页的“定向计划”，进入定向计划页面，如图 10-66 所示。然后点击“新建计划”就可以进行计划内容的编辑，包括基本信息、推广设置等（部分如图 10-67 所示），设置完计划内容后，点击“确认创建”即可完成定向计划的添加。

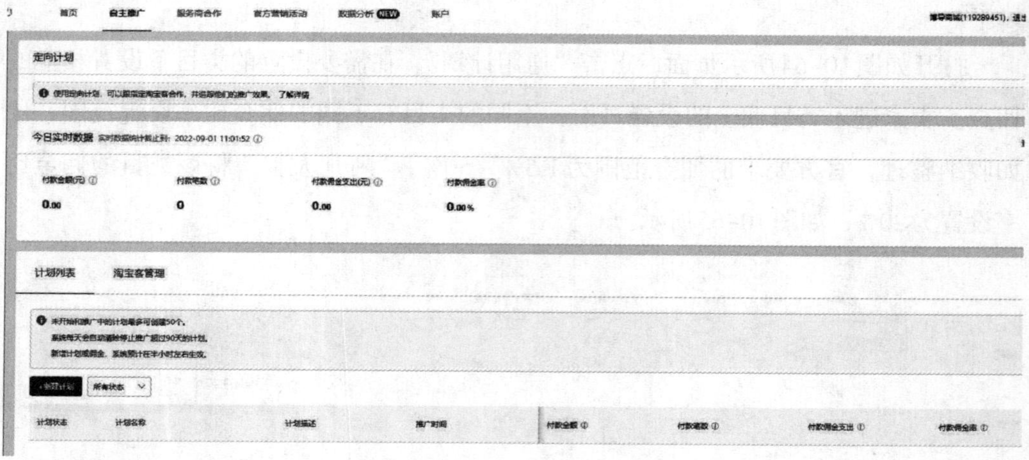

图 10-66　定向计划页面

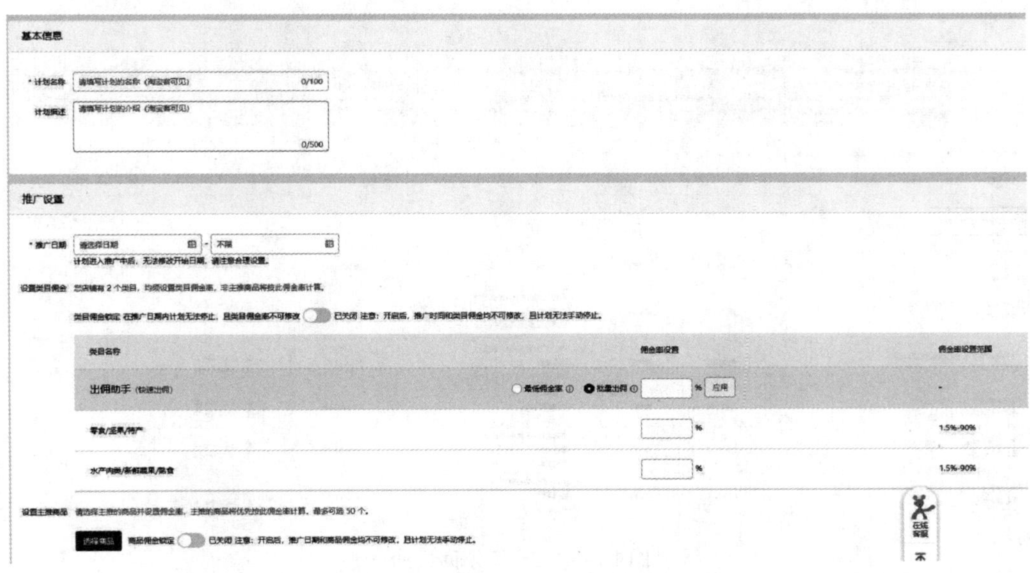

图10-67　定向计划编辑页面（部分）

淘宝联盟后台设置完之后，“阿凡大叔”的运营专员需要进行日常的淘宝联盟招募工作。结合多种淘宝联盟招募方式的特点，“阿凡大叔”选择利用后台公告和其他淘宝联盟常聚集的网站进行招募。

卖家进入淘宝联盟后台，点击“官方营销活动”，通过参与官方渠道及营销活动，获取官方流量加持，推广效果有保障，如图10-68所示。

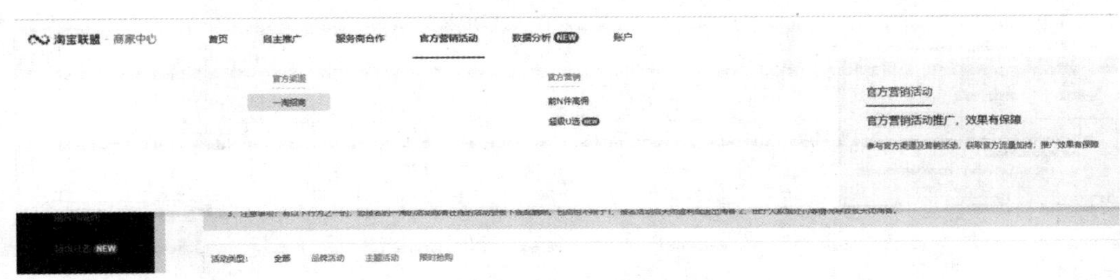

图10-68　淘宝联盟官方营销活动

报名一淘招商定向活动计划，获得确定性流量，可帮助商家新品/单品打爆、新客/全店成交。如图10-69所示，选择“我能参加的活动”即可选择相应的营销推广活动。

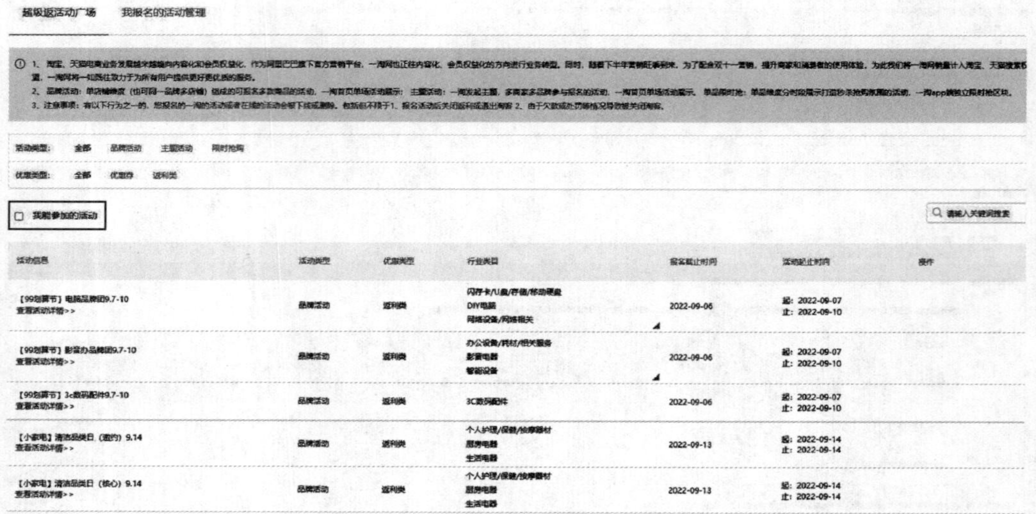

图 10–69　一淘招商页面

前 N 件高佣是一个满足快速打爆需求的推广利器，支持针对商品设置前 N 件专属佣金，在预算可控情况下更好地提升推广效果，提升爆发力，前 N 件高佣的招商页面如图 10–70 所示。

“阿凡大叔”运营专员日常工作还需要根据后台数据进行分析总结。如图 10–71 所示，可以查看推广效果概览，包括付款佣金支出、付款服务费支出、付款金额等，还可以通过点击“更多数据”查看其他数据，如点击数等。

图 10–70　前 N 件高佣的招商页面

数据汇总　　更多数据　下载报表

付款佣金支出(元)	付款服务费支出(元)	付款佣金率	付款服务费率	付款金额(元)
99,999.00	9,999.00	10.00%	10.00%	999,000.00
较前一日 10%↑	较前一日 10%↑	较前一日 10%↑	较前一日 10%↑	较前一日 10%↓

图10–71　淘宝联盟数据汇总效果概览

二、站外流量导入

站外流量导入不仅包含常用的微博营销流量、微信营销流量，还有一些其他常见的流量导入方式，比如店铺水印促销引流、淘宝逛逛引流、视频直播引流等。“阿凡大叔”根据店铺的特点及情况，选择微博和微信营销流量导入的方法对店铺进行引流。

（一）微博营销流量导入

在微博营销流量导入方面，“阿凡大叔”主要以与店铺产品相关的内容类和与粉丝互动类的内容，吸引更多的潜在买家，为店铺的产品进行大量曝光，促使买家产生购买行为。

1. 内容类

开展内容类的曝光店铺新产品、原创视频、使用技巧等，如图10–72所示，同时为了丰富微博内容，“阿凡大叔”也会不定期更新一些人生感悟等内容，如图10–73所示。

图10–72　曝光店铺新产品的微博

5月24日 00:34 来自 华为Ascend Mate7

人生就像不停在用的铅笔，开始很尖，但慢慢的就磨的圆滑了。不过，太过圆滑了，就差不多又该换"削"了。

图10–73　更新人生感悟的微博

2. 互动类

有效、多种形式的互动是提高粉丝活跃度与忠诚度的重要方法，比如买家秀互动，如图10–74所示，将更具吸引力的买家秀微博进行转发或是原创，侧面宣传产品的质量、受欢迎程度等。"阿凡大叔"卖家在"愚人节"发起抽奖活动，如图10–75所示，吸引更多的粉丝，为店铺导入更多流量。

1月2日 14:41 来自 华为Ascend Mate7

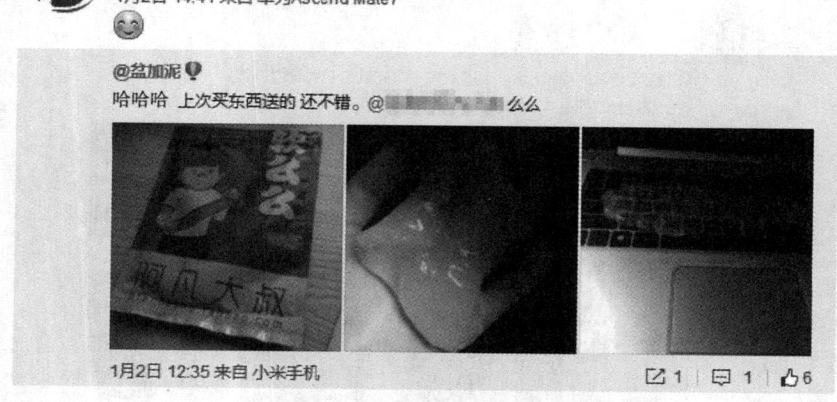

图10–74　买家秀互动

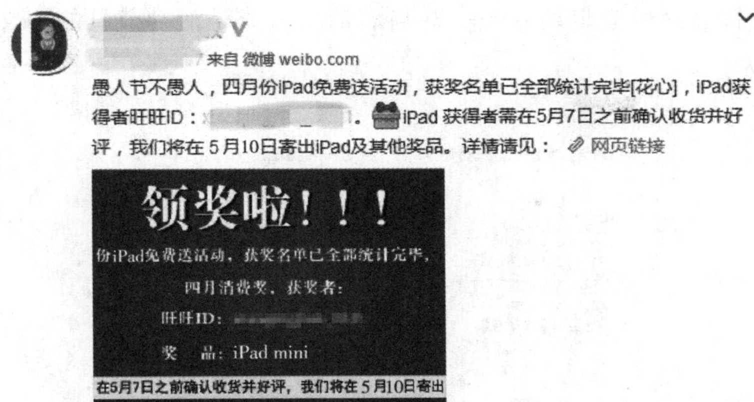

图10–75　微博抽奖活动

（二）微信营销流量导入

微信营销具有强关系和点对点的特点，因此很多淘宝卖家利用微信营销为店铺导流，"阿凡大叔"也将微信营销作为布局移动端的必备战略之一。微信营销可以通过微信公众号和朋友圈实现，"阿凡大叔"选择微信公众号作为导流工具，图文消息编辑是公众号日常较为重要的工作之一，打开公众号后台，进入图文消息编辑区，对图文内容进行编辑，"阿凡大叔"结合之前的推送效果，一般都是选择两则图文内容，编辑完成并预览确定无误后，点击"保存并群发"，直接向全部买家推送内容，如图10–76所示。

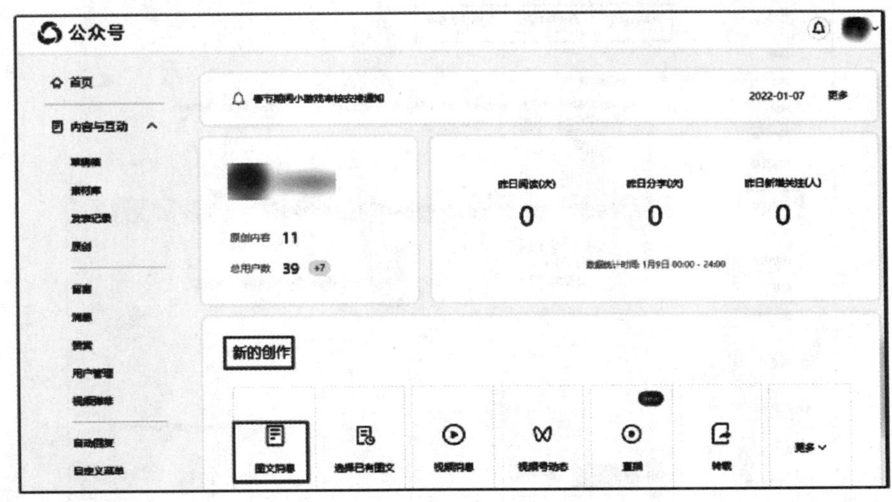

图10–76　新建图文消息

阿凡大叔公众号会定期发布一些与店铺相关或是活动节日的图文信息。如图10-77所示。

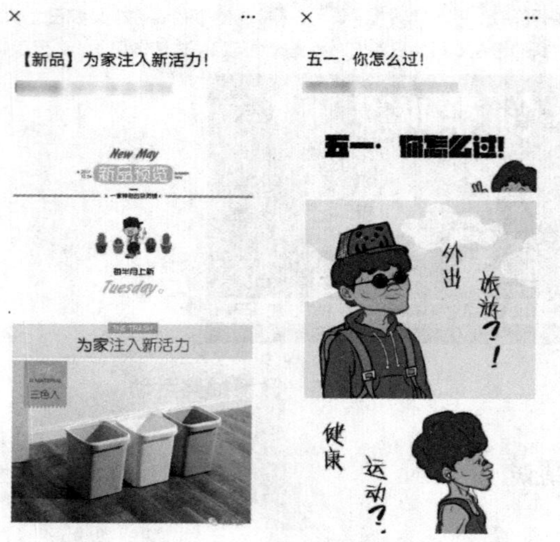

图10-77 “阿凡大叔”公众号的图文推送

公众号的自动回复功能能够减少人工回复的工作量，提高服务的效率。目前公众号的自动回复包括三个内容：关键词回复、收到消息回复、被关注回复。卖家进入公众号平台，单击“自动回复”，进入编辑页面，如图10-78所示。

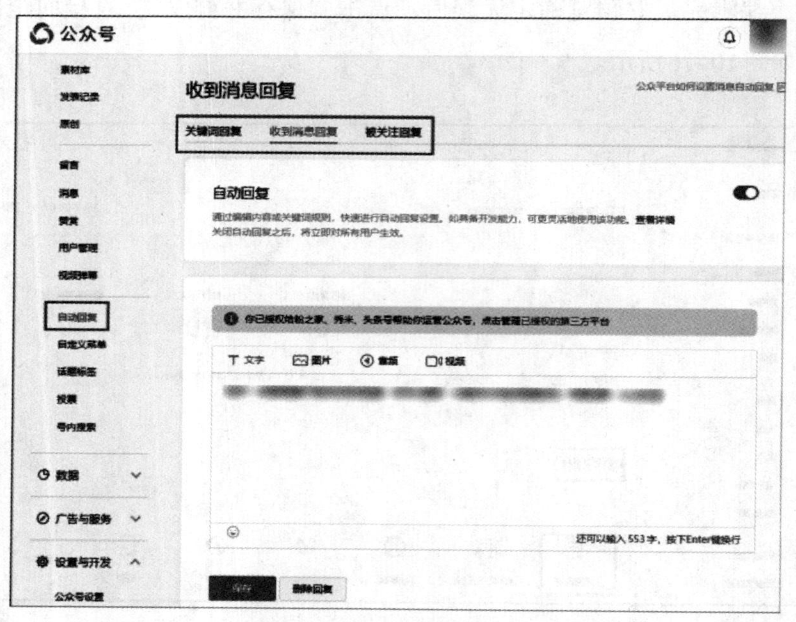

图10-78 “自动回复”的设置

素养园地

淘宝发布2021非遗消费趋势

2021年7月16日，文旅产业指数实验室联合淘宝在上海淘宝造物节现场发布了一份《非物质文化遗产消费趋势报告》。报告显示，在过去一年里，淘宝非遗消费持续快速增长，有14个非遗产业带年成交过亿元，非遗老字号成交规模连续3年上涨。淘宝上非遗类活跃手工艺店铺数量已超过25000家，还有近5000家非遗相关店铺加入了阿里巴巴原创保护计划。非遗店主活跃的背后，是他们获得了认同。这一年里，淘宝非遗商品买家规模达到亿级，“85后”和“90后”已成为这类商品的消费主力。

作为日常使用程度较深的商品，陶瓷相关的非遗产业带规模十分可观。德化陶瓷产业带、潮州陶瓷产业带、景德镇陶瓷产业带、宜兴紫砂陶产业带分别占据了成交规模前五位中的四席。有意思的是，规模最大的前五个产业带中，唯一非陶瓷类的曲阳石雕，同时也是成交增速较快的产业带之一。

“除了商家工具和日常指导，每年我们也为手艺人提供专属的曝光机会，比如淘宝造物节、非遗购物节、线下市集等，来多维度帮助这类店铺发展，让他们能在接受商业检验后更好地传承。”淘宝手艺人业务负责人湘南表示：“对非遗传承人而言，淘宝不仅是一个交易平台，也是一个展示的窗口、传播的渠道。”

资料来源：人民网（http://ent.people.com.cn/n1/2021/0716/c1012-32160389.html），有改动。

知识链接

店铺权重是搜索排名的依据，权重高，排名自然就靠前，那如何提高店铺权重呢?

一、店铺权重类型

1.类目权重

店铺类目太多会造成店铺权重的不稳定，最好是只卖一种类目的产品。因为若店铺卖的产品包含多个不同类目的产品，那系统会自动识别店铺成交金额和数量综合占比最高的类目，店铺类目权重的排名也会依次按照从占比高的类目到占比低的类目进行排序。

2. 单品权重

主要是由产品的销售额和收藏加购决定的，产品卖得越好，收藏加购越多，系统会认为这款产品越受欢迎，自然也会给这款产品加权扶持，所以说，店铺要是有很多款这样的产品，那店铺整体权重和流量都会有很大的提升。

3. 推广权重

只有买家具有购买意向，搜索相关的产品关键词才会展示推广页面，如直通车的搜索推广主要受质量分的影响。那卖家就要保证所挑选产品的关键词热度高、点击率高并且每天的消耗稳定来提高质量分，从而起到低价引流的作用。

4. 活动权重

从每个月的官方活动中挑选符合自己类目的活动报名，活动开始后，商品都会有额外的展示流量，从而可以实现更多的收藏加购和转化。

二、如何提升权重

1. 鼓励买家收藏加购

收藏店内宝贝，表示买家对宝贝和店铺较为认可；加购店内宝贝，表示买家有购买这一宝贝的可能。宝贝收藏加购越多，宝贝人气、权重就越高，店铺的整体权重提升越快。

2. 提高两个率

两个率指宝贝点击率、宝贝转化率。宝贝的点击率及转化率表现好，自然排名也就越高。宝贝点击率高，表示宝贝对买家的吸引力强；宝贝转化率高，表示买家对宝贝的购买意愿强。

3. 重视DSR评分维护

DSR评分，指系统计算最近180天内所有买家对店铺描述相符、服务态度、发货速度三项打分的平均值，是淘宝衡量卖家服务水平的重要指标之一。店铺DSR评分越高，店铺权重就越重，宝贝自然搜索权重就会不断提升，宝贝排序也会不断靠前。

同步实训

一、实训概述

本实训项目要求学生围绕网店运营的全流程，通过教师提供的网站素材，认真学习，并结合本教材完成网店运营的整体项目实施。掌握网上开店、网店装修、商品发布及网店流量导入的整个操作流程。

二、实训步骤

实训一：网上开店

教师布置经营文具类商品网店的前期准备任务，学生完成文具行业的市场调研分析。

步骤1：利用百度指数分析工具（https：//index.baidu.com），搜索核心关键词“文具”，查看搜索结果。

步骤2：将百度指数搜索结果截图，并将分析结果填入表10–1。

表10–1　　百度指数数据及分析结果

搜索结果截图	分析结果
截图粘贴	根据搜索曲线，判断厨具的热销时间

实训二：网店装修管理

学生拟定一款商品，为店铺进行装修设计。

1.店招设计

步骤1：确定店招设计思路。

步骤2：收集素材。素材包括图片、文字、动图等。

步骤3：设计并制作店招。

步骤4：保存店招图片，提交给教师。

2.海报设计

步骤1：确定海报主题。

步骤2：收集素材。素材包括图片、文字、Logo元素等。

步骤3：设计并制作海报。

步骤4：保存海报图片，提交给教师。

实训三：商品发布

请学生列举出商品发布的流程中所包含具体操作步骤的对应内容，填写至表10–2中。

表 10–2　　　　商品发布步骤及对应内容

序号	步骤名称	对应内容
1	上传商品主图	
2	确认商品类目	
3	填写基础信息	
4	填写销售信息	
5	填写支付信息	
6	填写物流信息	

实训四：网店流量导入

请学生列举出网店流量导入途径及具体形式，填写表 10–3。

表 10–3　　　　网店流量导入途径及具体形式

序号	流量导入途径	列举具体形式
1		
2		
3		
4		
5		

参考资料

【参考书目】

［1］王红蕾，安刚．移动电子商务［M］．2版．北京：机械工业出版社，2018.

［2］商玮，段建．网店数据化运营［M］．北京：人民邮电出版社，2018.

［3］禤圆华．网店运营［M］．北京：中国财富出版社，2021.

［4］吴成，王薇．网店运营综合实战［M］．重庆：重庆大学出版社，2021.

【参考网站】

［1］i博导：https：//www.ibodao.com

［2］天下网商：https：//www.iwshang.com

［3］阿里巴巴集团·知识产权保护平台：https://ipp.alibabagroup.com/policy/cn.htm

［4］阿里妈妈·万堂书院：https：//shuyuan.taobao.com

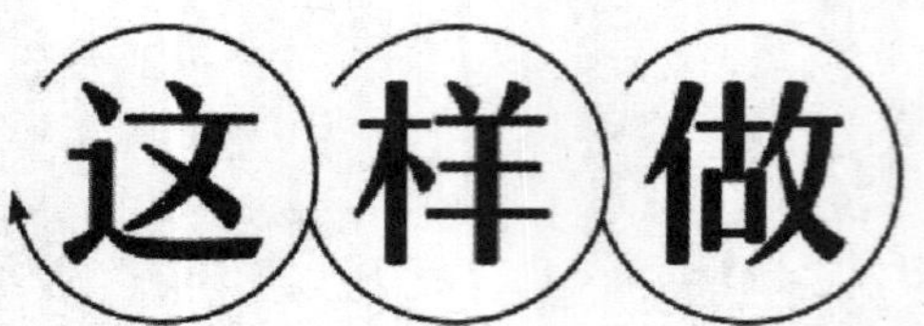

轻松玩转网店运营

NO.1 学 **教学课件 / 教学设计**

扎实专业基本功，新手避坑指南

NO.2 练 **课后习题 / 单元试卷**

实战分析：你在哪个环节出错了？

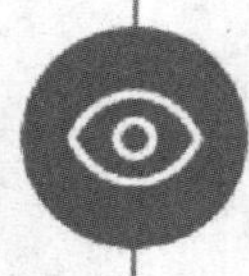

NO.3 看 **高清彩图 / 精品课程 / 教学案例**

如何引爆自然流量，增加店铺销量？

微信扫码
获取专属资源